● 宋明理学研究丛书

罗从彦理学思想研究

福建省社会科学院　　宋明理学研究中心　编
中国社科院哲学所

张品端　主　编
罗荣贵　罗昭庆　副主编

图书在版编目（CIP）数据

罗从彦理学思想研究/张品端主编.--厦门：厦门大学出版社，2023.12
（宋明理学研究丛书）
ISBN 978-7-5615-9114-7

Ⅰ.①罗… Ⅱ.①张… Ⅲ.①罗从彦(1072—1135)-理学-哲学思想-研究 Ⅳ.①B244.7

中国版本图书馆CIP数据核字(2023)第184468号

责任编辑	薛鹏志
美术编辑	李嘉彬
技术编辑	朱　楷

出版发行	厦门大学出版社
社　　址	厦门市软件园二期望海路39号
邮政编码	361008
总　　机	0592-2181111　0592-2181406(传真)
营销中心	0592-2184458　0592-2181365
网　　址	http://www.xmupress.com
邮　　箱	xmup@xmupress.com
印　　刷	厦门市明亮彩印有限公司

开本　720 mm×1 000 mm　1/16
印张　23.25
插页　2
字数　380千字
版次　2023年12月第1版
印次　2023年12月第1次印刷
定价　90.00元

本书如有印装质量问题请直接寄承印厂调换

厦门大学出版社　　　　厦门大学出版社
微信二维码　　　　　　微博二维码

出版说明

"宋明理学研究丛书"是福建社会科学院·中国社会科学院哲学所宋明理学研究中心组织各地学者研究宋明理学的成果而出版的系列学术丛书。

2005年10月,本中心成立以来,致力于收集整理宋明理学,特别是闽中理学的文化遗产,先后推出一批具有重要理论价值和实践意义的研究成果。这些学术研究成果有古籍整理、学者论集和个案研究专著等。组织出版"宋明理学研究丛书",是本中心进一步加强研究成果出版的规范化、制度化建设的重要举措。

今后,我们将视财力情况,逐年组织宋明理学研究的学者,有计划地开展课题研究,然后将其研究成果编入"宋明理学研究丛书"陆续出版。我们希望通过丛书系列学术著作的出版,展示本中心在这方面的学术成就,同时为宋明理学研究优秀学术成果的面世创造出版条件。

"宋明理学研究丛书"分设宋明理学家研究、理学著作研究、理学学派研究、宋明理学在海外研究等方面内容,出版包括专著、论文集、学术资料、古籍整理等。

出版"宋明理学研究丛书"是一项浩大的工程。我们殷切期待并欢迎五湖四海的贤哲都来关心、支持和参与这项工作,为丛书各辑的出版提供指导和帮助,共同为弘扬中华优秀传统文化,促进中外学术交流而努力!

宋明理学研究中心

2012年6月

目 录

导　言 …………………………………………………………… 张品端 / 1

罗子之争 ………………………………………………………… 张建光 / 3
罗从彦理学思想浅论 …………………………………………… 张品端 / 6
再论罗从彦在闽中理学的历史地位 ………………… 薛鹏志　高令印 / 13
罗从彦哲理诗析评 ……………………………………………… 解光宇 / 27
从《遵尧录》看罗从彦的政治思想 …………………………… 常建华 / 37
罗从彦"无为而治"思想探源 ………………………………… 陈国代 / 50
论道南学派的构建
　　——以罗从彦和陈渊为中心 …………………………… 周元侠 / 62
从《遵尧录》看罗从彦的礼学思想 …………………………… 王志阳 / 76
"教化者,朝廷之先务"
　　——罗从彦教化思想论略 ……………………………… 冯会明 / 90
罗从彦《勉李愿中》诗五首探析 ……………………………… 程　荣 / 98

坚守、创新与奠基:罗从彦及其道南学派 …………………… 宋冬梅 / 104
罗从彦对"龟山门下指诀"的继承与发展 …………………… 肖胜龙 / 111
罗从彦与杨时 …………………………………………………… 曾学榕 / 118
谈罗从彦与李侗的师生情 ……………………………………… 林明盛 / 123
谈杨时与罗从彦的师承关系 …………………………………… 李云生 / 130

1

从《遵尧录》看罗从彦在程朱理学中的传承作用 …………… 黄太勇/135
浅议罗从彦的心法主张及其现代价值 ………………………… 罗小平/144
罗从彦思想在道南理学发展中的贡献 ………………………… 李国柱/154
罗从彦政治思想及其对客家人的影响 ………………………… 廖远骝/158
罗从彦理学思想的当代价值 ……………………………… 金 婷 敏 北/167
罗从彦理学文化旅游资源开发略论 …………………………… 兰宗荣/176

谈罗从彦思想对台湾罗氏宗亲的影响 ………………………… 罗氏馆/188
浅谈明溪四贤祠与客家民性 ………………………… 王必金 王贵明/191
罗从彦生平事迹与启示 ………………………………………… 杨思浩/198
罗从彦生平事迹考略 …………………………………………… 饶建华/203
延平《罗氏族谱》中的宋元文献 ……………………………… 陈利华/208
《豫章文集》明刻蓝印本与清正谊堂刻本比较 ……… 虞丽杰 玛莉娅/222
重订罗豫章从彦先生年谱 ……………………………………… 罗小平/234

附　录
《豫章文集》……………………………………………… 林仟典 点校/243
豫章文集卷首
　　豫章文集序(张泰) …………………………………………… 245
　　豫章先生年谱 ………………………………………………… 246
豫章文集卷一　经解 ……………………………………………… 249
豫章文集卷二　集录
　　遵尧录序(罗从彦) …………………………………………… 250
　　遵尧录一 ……………………………………………………… 251
豫章文集卷三　集录
　　遵尧录二 ……………………………………………………… 259
豫章文集卷四　集录
　　遵尧录三 ……………………………………………………… 267
豫章文集卷五　集录
　　遵尧录四 ……………………………………………………… 275
豫章文集卷六　集录
　　遵尧录五 ……………………………………………………… 283

豫章文集卷七　集录
　　遵尧录六 ··· 291
豫章文集卷八　集录
　　遵尧录七 ··· 299
豫章文集卷九　集录
　　遵尧录别录 ··· 307
豫章文集卷十　集录
　　二程先生语录 ··· 314
　　龟山先生语录 ··· 323
豫章文集卷十一　杂著
　　议论要语 ··· 324
豫章文集卷十二　杂著
　　春秋指归序 ··· 329
　　韦斋记 ··· 330
　　诲子侄文 ··· 331
　　与陈默堂书 ··· 332
豫章文集卷十三　诗 ··· 333
豫章文集卷十四　附录上 ··· 339
豫章文集卷十五　附录中 ··· 344
豫章文集卷十六　附录下 ··· 348
豫章文集卷十七　外集 ··· 356
豫章文集跋（谢鸾） ··· 361
重刻罗豫章先生集序（留保） ····································· 362

《豫章文集》点校后记（林仟典） ································· 363

导 言

◎ 张品端

2021年是罗从彦949周年诞辰,为了纪念他对"洛学闽化"的理论贡献,宋明理学研究中心与武夷学院朱子学研究中心、南平市罗从彦文化研究会,于2021年12月18日在武夷山举办了"从罗从彦到朱熹:道南理学发展"研讨会。来自山东、江西、安徽、福建和台湾地区的50多位专家学者参加了本次会议。这次会议对杨时、罗从彦、李侗和朱熹的生平事迹、理学思想、理论特色、历史地位及其相关问题展开广泛、深入的探讨,获得了丰硕的学术成果。

清人蒋垣在《八闽理学源流》中说:"闽将乐杨时……建阳游酢皆从二程受业。濂、洛之教入闽,由此而盛。"当时,闽中不但出现了像杨时、游酢、胡安国等一批重要的理学家,而且形成了诸如道南学派、豸山学派、武夷学派等理学学派。就道南学派而言,杨时把程氏之学传给罗从彦、陈渊和陈瓘等,罗从彦传至李侗和朱松等。他们在闽中建书院,授徒讲学,开展洛学闽化的学术创新活动,形成独特的理论思想、学术风格和文化特点。从理学渊源关系而言,杨时开创的道南学派是中原理学南移后的一种发展。就本质上来说,道南学派的学术思想即道南学,是在特定历史条件下形成的。

朱熹闽学的出现,与道南文化这一背景有关。实际上,就闽学而言,洛学闽化是沿着两条学脉平行演进的:一是杨时道南学脉,即从程颢—杨时—罗从彦—李侗而至朱熹;二是胡安国武夷学脉,即从程颐—谢良佐—胡安国—胡宪而至朱熹。可见洛学闽化在闽中明显具有道南学脉与武夷学脉二重化特征。如果说道南学脉传承二程洛学的理本论,那么武夷学脉则提出了性本论。而朱熹闽学则从本体论上融合了这两学脉的特色,从而构成自身性、理二重结构的独特风格。

武夷学脉与道南学脉对北宋理学传授有着明显的各自特点。如对张载关学，武夷学脉重《正蒙》，道南学脉重《西铭》。又如对四书学，武夷学脉重《论语》，道南学脉重《中庸》。道南学脉的刘勉之教朱熹注重《西铭》与《中庸》，体现了道南学脉的风格；胡宪教朱熹注重《论语》与《正蒙》，体现了武夷学脉的风格。杨时道南学脉以《中庸》为入道之要，胡氏武夷学脉以《论语》入路，都为朱熹诠释四书、开创四书学奠定了根基。如胡宪的《论语会议》成为朱熹《论语集注》的一种重要思想来源之一。

早期闽中理学学者对北宋理学的阐发，无论在理论上或是在实践上都为后来以朱熹闽学的建立创造了条件，提供了丰富的思想资料来源和有益的理论思维经验。应该说，如果没有早期闽中理学的出现，那么朱熹闽学的出现是没有前提的。

这里应该说明的是，这次研讨会的主题是"从罗从彦到朱熹：道南理学发展"，而收到的论文也有关于杨时、罗从彦、李侗和朱熹的研究。为了纪念罗从彦949周年诞辰及其对"洛学闽化"的贡献，本论集只选取专论罗从彦思想及其相关问题的论文。另外，论集还附录了《四库全书》中收录的《豫章文集》（点校），以方便大家开展研究。由于编辑时间紧迫，书中不可避免地存在错漏和不足，只能祈求得到读者的谅解。我们真诚希望本书的出版能为读者提供一些有益的启示，也欢迎有兴趣的读者参与道南理学的讨论，以推动早期闽中理学的深入研究。

（作者单位：武夷学院朱子学研究中心）

罗子之争

◎ 张建光

罗从彦（1072—1135年），字仲素，世称豫章先生。生于北宋熙宁五年（1072年），卒于南宋绍兴五年（1135年），享年64岁。罗从彦去世后112年的淳祐七年（1247年），宋理宗下诏谥号"文质"。至明万历间从祀文庙，至康熙帝赐其"奥学清节"，成为先儒罗子。何称"仲素、豫章"？母怀其时，曾"梦文星堕怀，化一秀士，手捧白璧，喜而寤生"。其父便"以其美而彦者名从彦，璧洁而素又居仲，故字仲素"。豫章则是远祖居住地（江西南昌）。何为"文质、才子"？"道德博厚曰文，言行相应曰质，而德才兼备则被人称为才子。"所谓"奥学清节"，则说明其学问玄深，治学严谨，道德高尚。正如朱熹所赞扬说："罗先生严毅清苦，殊可畏。"

罗从彦最大的贡献是在新旧儒学继往开来上。明代学者欧阳佑有番话说得很好："自龟山载道而归也，程师即喜之曰：'吾道南矣。'然或继承匪人，抑或从演其源而扬其波耶？幸有豫章罗先生，受业龟山之门，独得不传之秘。故自有先生之学，一传而为李延平，再传而为朱晦翁，由是海滨邹鲁，于斯盛哉！"说的是杨时负道东南，一传罗从彦，二传李侗，三传朱熹，最终集理学之大成。儒学凤凰涅槃成为新儒学，在这个过程中，罗子起了重大作用，堪称"道南第二家"。明万历四十二年（1614年）六月，他被从祀文庙，列西庑先儒第十六位，称为"罗子从彦"。能够受此殊学的全国仅有156人。

罗从彦身后留下了身份之谜，他是哪里人，有没有子嗣的问题，始终困扰着后人，以致康熙帝褒奖他的亲笔御书都无法送达，只好一直存在延平道南祠中。

清嘉庆十八年（1813年），延平道南祠发生一场关于罗从彦地籍和脉系之争的官司。一位自称是罗从彦后裔的沙县人罗希濂,拿着本县版的《罗氏族谱》,勾结延平妇人罗吴氏,要求在今日延平水南街道罗从彦特祠所属的田产悉数划归她的门下。延平罗氏族人连忙控告到县衙,昏庸的县老爷杨桂森糊里糊涂地误断罗从彦无嗣,将朝廷所给的优惠全部判给了对方。延平罗氏只得上诉到延平府衙,官司进入白热化状态。

延平知府雷维霱是个细心人。他仔细翻查府志、县志和延平罗氏的族谱,找了与罗子关系密切的另外三贤杨时、李侗、朱熹后裔调查,多次认真审理,终于大白了真相。原来这是一起由沙县罗希濂通过挖补、添注、篡改族谱,妄图冒混罗从彦后裔,进而侵占祠堂田产的大案。于是下令将罗希濂押发"经历司"管押,并延请"延平四贤"后裔代表到堂见证,监督执行判决结果,规定日后再有此事,"均准罗氏子孙并杨、李、朱三贤子孙呈官究治"。

官司尘埃落定,但在历史岁月长河中,有关罗子身份不实之说,总会沉渣泛起。参与人员不仅有官员,也有专家学者,甚至后裔族人。一个简单的问题变得复杂万分,一个明了的事实却成了历史公案。看来,争夺名人自古如此,今后也不会消停。出于功利或者虚荣,也许有意,也许无心,似乎这是难以避免的社会现象。客观地看,争夺名人也是注重文化,似乎争比不争为好。关键在于争什么。

应争事实。中国有句古话:"事实胜于雄辩。"中国史学家治史强调训诂和论证。籍贯本来没有多大学术成分,"籍"指的是一个人家庭所从事的职业,"贯"则指一个人的出生地。两者合一,就是记录一个人的出生地和家庭对朝廷负担徭役种类的登记文件。一般是"三代成籍",其祖先所在地则称"祖籍"。古代对"籍贯"的填写是十分严格的,科举考试中若是填错,那就丧失了所有的资格。武夷学院陈利华教授翻阅了大量历史文献,不辞辛苦地田野调查,严谨细致地论证得出:罗子出生地——延平区儒罗村,罗子成长地——延平区水南街道罗源村,罗子安葬地——延平区水南街道上地村横际自然村,罗子先祖开基地——延平区夏道镇篁路村。此地原称"篁乡",因为罗子的曾祖父罗文弼来此地开基定居,所以后人称其为"罗篁"。罗子的母亲、夫人及三世孙均葬于此。陈利华教授以无可辩驳的事实,缜密的逻辑分析,说明罗子是地地道道的延平人。"风景依稀识故乡,客中犹忆是延平",这才是争论的正道。相比之下,那种大胆假设、大肆作假,诸如假文献、假遗址,甚至假墓地的做法,立显下作不堪。因为假离丑恶不远。

应争保护。江南多风雨,自然的,还有社会的。罗子文化遗存保护问题很大,他一生著作丰富,但大多佚失。他是个好诗人,给李侗就写了五首,其中"彩笔画空空不染,利刀割水水无痕。人心安得如空水,与物自然无怨恩",至今为人所称道。很遗憾,他的诗歌也失散不少。罗氏遗址主要分布在闽北、闽西和广东,原本简陋朴素,像罗氏家祠和书院,当时就是"短墙矮屋,石径蔬园,过者兴叹"。至今更是破败不堪。最让人扼腕的是康熙大帝为其题匾的"奥学清节"御书下落不明。我想与其你来我去争夺罗子之名,倒不如双方全力以赴,抢救保护罗子文化遗产。正像实有技术在申报专利前要自己负责一样,罗子遗产保护首先应由罗氏宗亲担当,当然地方党委政府也责无旁贷。但中国人讲求家国情怀,文化传承更是家族传承,除非子孙不肖。

应争精神。名人的真正价值在于他们的精神及对人类的贡献。儒家圣贤以"明明德,亲民,止于至善"为纲领,胸怀"为天地立心,为生民立命,为往圣继绝学,为万世开太平"的政治理想,践行"八条目":格物、致知、正心、诚意、修身、齐家、治国、平天下,尊德性,道问学,实现人生的最大抱负。罗子就是其中的典型。陈利华教授把罗从彦的精神归纳为五个方面:批判精神、抗金精神、以静为宗精神、上承杨时下启李侗道统精神、集理学之大成精神。他的"奥学清节"更是留下了千古佳话。罗子求学杨时才三天,便感"汗涔浃背",说:"不至是,几虚度过一生矣。"杨时说《易》,无意间讲到"伊川说甚善"。罗子牢记在心,于是变卖家中田产,换作盘缠,前往洛阳向理学宗师程颐求教,书写了与"程门立雪"同等意义的"鹭田杖藜"。

因此,罗子本身的道德精神就是争与不争的最好答案。

(作者单位:政协南平市委员会)

罗从彦理学思想浅论

◎ 张品端

罗从彦(1072—1135年),字仲素,号豫章,宋南剑州剑浦县(今南平市延平区)人。他是杨时的及门弟子,二程再传门人。41岁时,他"闻同郡龟山杨先生继绝学于河洛,出仕萧山","慨然鬻田,徒步请谒",于政和二年(1112年)赴萧山拜访杨时。他开始似乎对杨时之说还有所怀疑,后徒步赴洛阳亲见程颐,问有关《周易》之学,听程颐之教对照杨时的观点,"具是实"。于是他归而师事杨时二十余年。杨时对罗从彦学识表示赞赏,他说:"惟从彦可与言道。"后来,朱熹也说:"龟山倡道东南,士之游其门者甚众。然潜思力行、任重诣极,如仲素一人而已。"[①]张伯行在《罗豫章文集序》中说,罗从彦"尽得龟山不传之秘"。又说,李侗"……绍豫章之学,独深得其阃奥"。[②]

罗从彦对二程理学的传播,主要是整理二程的著作。从杨时给胡安国信中可知,罗从彦亦有收集整理二程遗著之贡献,"伊川先生语录在念,未尝忘也。但以兵火散失,收拾未聚。旧日惟罗仲素编集备甚,今仲素已死于道途,行李亦遭贼火。已托人于其家寻访,若得五六,亦便下手矣"。[③] 今存《二程集》中的《外书》卷六,有"罗氏本拾遗"近150则,均分别注明明道、伊川语。杨时在绍兴四年(1134年)订定《二程粹言》,参照了罗从彦所收集的语录。

---

① (元)脱脱:《宋史》卷四二八,《罗从彦传》,北京:中华书局,1985年点校本,第12743页。

② 朱熹:《延平问答·附录》,朱杰人等主编:《朱子全书》第13册,上海:上海古籍出版社,合肥:安徽教育出版社,2002年,第362页。

③ 杨时:《杨时集》卷二〇,《答胡康侯》书九,林海权点校,福州:福建人民出版社,1993年,第489页。

李侗为罗从彦的重要传人。宋徽宗政和六年（1116年），他闻郡人罗从彦从学杨时，得二程"不传之学"，便慕名而拜罗从彦为师。当时李侗受佛学影响较深，罗从彦针对李侗的思想，作诗"圣道由来自坦夷，休迷佛学惑他歧。死灰槁木浑无用，缘置心官不肯思"①，勉李侗。李侗"从之累年，受《春秋》、《中庸》、《语》、《孟》之说"②，并学其静坐，"静中看喜怒哀乐未发前气象，而求所谓'中'者。久之，而天下之理该摄洞贯，以次融释，各有条序，从彦亟称许焉"。③罗从彦在《与陈默堂书》中赞许"后生李愿中（李侗）者，向道甚锐，曾以书求教，趋向大抵近正"。李侗24岁从学于罗从彦后，亦屏居山田，结茅水竹之间，"谢绝世故四十余年，食饮或不充，而怡然自适"④。他一生弃科举，穷经谈道，"不著作，不作文，颓然若一田夫野老"。

罗从彦上接杨时开创的道南之学，并通过李侗开启朱熹之闽学。李侗说："从源头体认来，与之论难，见儒者络脉"；"自见罗先生（从彦）来，未见有如此者"。⑤李侗这无异认定，朱熹通过他上接罗从彦之学。

罗从彦先后著有《春秋指归》《中庸说》《春秋毛诗语解》《语孟师说》《台衡录》《议论要语》《二程龟山语录》等著作。这些都是罗从彦理学思想的重要著作。此外，他50多岁时，在罗浮山撰写完成的《遵尧录》，则体现了他对宋代的政治、社会民生问题的关注。

下面就罗从彦在洛学闽化中的理论贡献及其理学思想做一些分析。

一、以"仁为体，义为用"的仁义观

从罗从彦的著作中，我们可看出他对二程理学的传承和发展。罗从彦收集整理二程遗书，在一定程度上反映了他的思想倾向。如他收集的《二程语录》有伊川曰："仁，理也；人，物也。以仁合在人身言之，乃是人之道也。"在其《遵尧录》卷二中又进一步说："立人之道，曰人与义。仁体也，义用也，行而宜之志谓也。"在罗从彦看来，仁与义的关系，即仁为体，义为用。通过整理二程著述，罗从彦形成了自己的仁义观。

---

① 李侗：《李延平集》卷四，《勉李愿中五首》，上海：商务印书馆，1936年。
② （元）脱脱：《宋史》卷四二八，《李侗传》，北京：中华书局，1985年点校本，第12746页。
③ （元）脱脱：《宋史》卷四二八，《李侗传》，北京：中华书局，1985年点校本，第12746页。
④ （元）脱脱：《宋史》卷四二八，《李侗传》，北京：中华书局，1985年点校本，第12747页。
⑤ 李侗：《李延平集》卷三，《与罗博文书》，台北：新文峰出版有限公司，1984年，第4页。

罗从彦认为仁义礼智四德是立身之本,他说:"仁义礼智,所以是立身之本,而缺不可。故孟子以恻隐之心为仁之端,而无恻隐之心则非人;以羞恶之心为义之端,而无羞恶之心则非人;以辞让之心为礼之端,而无辞让之心则非人;以是非之心为智之端,而无是非之心则非人。李林甫为宰相,在廷之臣非人也。"①为什么呢?罗从彦解释说,这是因为"掊克生灵,无恻隐之心;阿附宦官,无羞恶之心;势利相倾,无辞让之心;上下雷同,无是非之心。夫一端之亡,亦非人矣,况四端俱亡,安得谓人?宜乎有天宝之乱"。②

这些看法是罗从彦对社会观察所得出的。他认为"掊克生灵""阿附宦官""势利相倾""上下雷同",为社会混乱的四种恶劣的行为,它与仁义礼智是背道而驰的。虽说的是"天宝之乱",其实指的是现实社会。在罗从彦看来,此"四恶"与仁政背道而驰,社会必乱。罗从彦深感当时社会危机严重。

"四恶"当中,罗从彦把"掊克生灵"看成是与"仁"相对立的劣行,是首恶。生灵受到糟蹋,恻隐之心泯灭无存,仁政渺茫,国家危殆。加之阿谀奉承之风成为官场主流,为一己之私和权势互相倾轧,比比皆是。一言堂使朝廷和社会毫无生气,四端尽亡,社会肌体病入膏肓。这是罗从彦痛心疾首的呼吁。他呼吁有识之士,呼吁青年应该振作精神,横扫"四恶",勤勉义礼,救社会之将亡。罗从彦在《自警》诗中写道:"性地栽培恐易芜,是非理欲谨于初。孔颜乐地非难造,好读诚明静定书。"

二、以"理"为本体,以"体用"诠释"理一"与"分殊"

理学开山祖周敦颐根据《易传》,吸取道教和佛学的某些思想,把"太极"作为本体,而二程则把"理"或"天理"作为世界的本原。程颐说:"天下之物皆能穷,只是一理、一物之理应万物之理。"③二程讲"理"本"太极"未提到的基本范畴。杨时将两者贯通,把太极解释为"自然之理",他说:"既有太极,便有上下;有上下,便有左右前后;有左右前后四方,便是四维。皆自然之理也。"④这里所说的"上下"是指"两仪",即天地。所谓"前后左右",是指"四象",即春夏

---

① 罗从彦:《罗豫章集》卷一一,《议论要语》,上海:商务印书馆,1936年。
② 罗从彦:《罗豫章集》卷一一,《议论要语》,上海:商务印书馆,1936年。
③ 程颢、程颐:《二程集》(上册),北京:中华书局,1981年点校本,第157页。
④ 杨时:《南都所闻》,《杨时集》卷一三,福州:福建人民出版社,1993年,第339页。

秋冬。

　　罗从彦对杨时的"自然之理"做了本体的提高。他明确提出,天地万物的本源是"理"。罗从彦在《中庸说》中说"天地之先是理","有理而后有物"。这就确立了"理"先于"物"的存在。应该说,这是对周敦颐和二程本体论思想的发挥。后来,朱熹继承罗从彦,用"无形而有理"解释"无极而太极",提出"太极只是一个极好至善之道理"。他说:"太极只是天地万物之理。在天地言,则天地中有太极;在万物言,则万物中各有太极。"①

　　"理一分殊"的思想,虽可溯源于佛教华严宗的理事关系,但"理"并非其哲学最高范畴。宋代,周敦颐在《通书》中说"一实万分",张载在《西铭》中说:"民,吾同胞;物,吾与也。"提出"民胞物与"。程颐把他们的这一思想概括为"理一分殊",作为哲学概念正式提出。"理一分殊"的思想是程颐在回答杨时关于张载《西铭》的疑问时提出来的。绍圣三年(1096年),杨时去信给程颐请教,问《西铭》之书,发明圣人微意至深,然言体而不及用,恐其流遂至于兼爱"②,认为《西铭》虽阐发了"仁之体",却没有讲"仁之用",如此就可能导致墨子之兼爱说。程颐在复信中说:"《西铭》明理一而分殊,墨氏则二本而无分。分殊之弊,私胜而失仁;无分之罪,兼爱而无义。"③程颐认为理一与分殊均不可偏废,就如仁与义。杨时正是通过对"理一分殊"概念的阐发,既继承了二程之学的立场,又说出了张载《西铭》之中的未尽之意,并且将"理一分殊"赋予普遍意义,使之成为早期闽中理学道南学派的一个重要的哲学范畴。

　　杨时认为"理一分殊"具有普遍意义的同时,进而以仁与义诠释理一与分殊。他说:"天下之物理,理一分殊。知其理一,所以为仁;知其分殊,所以为义。"④这就将本体的"理"和现实的伦理紧密地联系起来,丰富了其伦理道德的意蕴。

　　罗从彦继承了其师的观点,并用体用关系阐发"理一分殊"思想。他说:"仁,体也;义,用也。行而宜之之谓也。"⑤这就使其师杨时的观点更加明确。从体用处说"理一分殊",把"理一分殊"之说应用到道德修养上,知如何去实现仁的品德修养,知所谓"分殊",使二程超越时空绝对的"理",与现实沟通更

---

① 黎靖德编:《朱子语类》卷一,北京:中华书局,1986年,第1页。
② 杨时:《杨时集》卷一六,《寄伊川先生书》,福州:福建人民出版社,1993年,第400页。
③ 程颢、程颐:《二程集》(上册),王孝鱼点校,北京:中华书局,1981年,第609页。
④ 黄宗羲:《宋元学案》卷二五,《龟山学案》,北京:中华书局,1986年,第953页。
⑤ 罗从彦:《罗豫章集》卷二,《遵尧录》二,上海:商务印书馆,1936年。

密切了。

李侗对"理一分殊"的认识又有新的发展。他在罗从彦"体用兼备"思想的基础上,更重视分殊,强调阐明"理之用"的重要性。他认为"理不患不一,所难者分殊耳。此其要也"。① 又说:"然要见一视同仁气象,却不难,须是理会万殊,虽毫发不可失,方是儒者气象。"② 可见李侗特别重视"分殊",而且对分殊的认识强调要很细致,做到毫发不可失。

早期闽中理学道南学派的格物穷理方法,正是注重从具体的分殊事物入手,认为经过对分殊的积累,自然会上升到对理的认识。这种注重对"理一分殊"思想的阐发,强调以"殊"求"一"的理论,亦是道南学派的明显理论特征。

三、以"默坐澄心","静中体认未发"之旨

"默坐澄心"是理学家的一种认识和修养方法。二程教人"且静坐","每见人静坐,便叹其善学"。③ 明代的陈献章就曾说过:"伊川先生每见人静坐,便叹其善学。此一'静'字,自濂溪先生'主静'发源,后来程门诸公递相传授。至于豫章、延平,尤专提此教人,学者亦以此得力。"④

杨时极重"默坐澄心"之法,他说:"某尝有数句教学者读书之法云:以身体之,以心验之,从容默会于幽闲静一之中,超然自得于书言象意之表。"⑤

罗从彦对其师杨时"默识中道"的存养功夫,认真予以践履。他曾入罗浮山筑室静坐三年,"以体验天地万物之理"。他作诗云:"静处观心尘不染,闲中稽古意尤深。周诚程敬应粗会,奥理休从此外寻。"⑥ 罗从彦"观心"所追求的"奥理",他认为可以从周敦颐的"诚"和二程的"敬"中去寻求。心中一尘不染,闲中体验天地万物之理,便可进入一种"彩笔书空空不染,利刀割水水无痕。人心但得如空水,与物自然无怨恩"⑦的境界。

---

① 朱熹:《宋嘉定姑孰刻本延平答问跋》,《延平答问》(附录),朱杰人等主编《朱子全书》第13册,第354页。
② 朱熹:《延平答问》,朱杰人等主编《朱子全书》第13册,第324页。
③ 程颢、程颐:《二程集》,北京:中华书局,1981年点校本,第432页。
④ 黄宗羲:《明儒学案·白沙学案上》,北京:中华书局,1985年,第83页。
⑤ 杨时:《杨时集》卷一二,《余杭所闻》,福州:福建人民出版社,1993年,第318页。
⑥ 罗从彦:《罗豫章集》卷一三,《观书有感》,上海:商务印书馆,1936年。
⑦ 罗从彦:《罗豫章集》卷一三,《勉李愿中五首》,上海:商务印书馆,1936年。

如何体验"喜怒哀乐未发"的状态,罗从彦明确提出了"静中体验未发之中"的思想。所以后人多说罗从彦为学是"以主静为宗"①,理由有:一是罗从彦曾筑室于罗浮山,静坐穷理,即通过内心的体悟把握天理;二是罗从彦主张"于静中看喜怒哀乐未发时作何气象,不惟进学有力,亦是养心之要"。② 这种未发之"中"做何"气象",实际上只可意会不可言传,但毕竟包含"进学"和"养心"的双重内容,二者之间是一体互发的关系。罗从彦认为进学与养心的目的都在于"大本"未发时的"气象",如此的"气象",既是指圣贤洒落超脱的境界,又同时意味着哲学的本体,后者也就是所谓"中"。

对此,罗从彦的弟子李侗曾回忆说:"曩时,某从罗先生学问,终日相对静坐,只说文字,未尝及一杂语。先生极好静坐,某时未有知,退入室中,亦只静坐而已。先生令静中看喜怒哀乐未发之谓中,未发时作何气象。"③

罗从彦还把"静坐"的要义传给了李侗,"常教延平静中看喜怒哀乐未发时作何气象。盖以寂然不动之中,而天下万事万物之理莫不由是而出。故必操存涵养,以为应事接物之本"。④ 李侗实际上原原本本地继承了罗从彦的"静坐"。他说:"某自少时从罗先生学问,彼时全不涉世故,未有所闻入,闻先生之言,便能用心静处寻求。……而迄于今更无进步处,常切静坐思之。"⑤ 又说:"大率有疑处,须静坐体究,人伦必明,天理必察。于日用处着力,可见端绪,在勉之尔。"⑥李侗也将"静坐"教与朱熹,朱熹说:"李先生教人,大抵令于静中体认大本未发时气象分明,即处事应物自然中节。此乃龟山门下相传旨诀。"⑦

罗从彦"以主静为宗"的修养论,成为早期闽中理学学者追求"静养"境界的特征。实际上,"体验未发之中"的心性锻炼,是一种追寻哲学本体和提高道德境界的综合进程。

---

① 罗天广:《重刻豫章先生集序》,《罗豫章集》卷首,上海:商务印书馆,1936年。
② 徐远和:《洛学源流》,济南:齐鲁书社,1987年,第288~289页。
③ 朱熹:《延平答问》,朱杰人等主编:《朱子全书》第13册,第322页。
④ 张伯行:《豫章先生集原序》,《罗豫章集》卷首,上海:商务印书馆,1936年。
⑤ 朱熹:《延平答问》,朱杰人等主编:《朱子全书》第13册,第323页。
⑥ 朱熹:《延平答问》,朱杰人等主编:《朱子全书》第13册,第341页。
⑦ 朱熹:《答何叔京》书二,《朱文公文集》卷四〇,朱杰人等主编:《朱子全书》第21册,第1802页。

四、对"四书"学思想的阐发

宋代以后,中国正宗的儒家思想主要体现在"四书"之中。朱子的《四书章句集注》完成了中国思想史上的一次转变,即从注重五经到注重四书的转变。这次转变始自二程,而由朱子所完成。在这种转变的过程中,罗从彦为该书提供了思想资料。

《宋史·学道传·序论》说:"(二程)表彰《大学》《中庸》二篇,与《语》《孟》并行,于是上自帝王传心之奥,下至初学入德之门,融会贯通,无复余蕴。"从这段文字可见,四书并行最初是出于二程的提倡。杨时师承二程,对四书予以高度的重视。他说:"余以为圣学所传具在此书,学者宜尽心焉。"[①]

北宋政和元年(1111年),罗从彦在南京(今河南商丘)杨时门下学四书,后来他写成《语孟师说》《中庸说》《议论要语》《二程龟山语录》等名著,对四书进行了阐述。罗从彦这些著述,为朱熹注释"四书"提供了重要依据,为朱熹《四书章句集注》成书提供了丰富的思想资料。

以上对罗从彦在洛学闽化的理论贡献及理学思想做了一些分析,不难看出他对洛学闽化做出了努力。如果没有杨时、罗从彦、李侗等闽中学者续传洛学,并奠定洛学闽化的基础,那么朱熹闽学的出现应该是没有前提的,也是没有可能的。明代程敏政说:"无龟山则无朱子。"杨时外,还应加上罗从彦和李侗。可以说,无杨时则无朱子,无罗从彦和李侗亦无朱子。

(作者单位:武夷学院朱子学研究中心)

[①] 杨时:《杨时集》卷二六,《题中庸后示陈知默》,福州:福建人民出版社,1993年,第620页。

再论罗从彦在闽中理学的历史地位

◎ 薛鹏志　高令印

一、奥学清节,笃志周孔心法

　　罗从彦(1072—1135年),字仲素,自号豫章,学者称豫章先生,生于北宋神宗熙宁五年(1072年),卒于南宋高宗绍兴五年(1135年),南剑州剑浦县(今南平市延平区)罗源里人。罗从彦原籍豫章(今江西南昌),唐宪宗元和十五年(820年),远祖罗周文由江西洪州豫章迁至今福建沙县,任县尉,是为罗氏入闽始祖。至北宋仁宗天圣年间(1023—1031年),七世祖罗觉民由沙县迁至剑浦县城(今南平市延平区)。罗从彦的祖父十世祖罗世南迁居于剑浦县(今南平)溪南罗源里,罗从彦出生于此。

　　罗从彦自幼颖悟,不为言语文字之学。10岁能诗,13岁从吴仪(字国华)学经学。于世俗嗜好淡泊,官满便入罗浮山筑室静坐,怡然自得。挚友陈渊评说:"仲素晦迹求志,人罕知者";"奥学清节,真南州之冠冕也"。宋徽宗崇宁二年(1103年),到沙县西郊洞天岩讲学9年。绍兴二年(1132年),以特奏名授惠州博罗县主簿。绍兴五年(1135年)卒于官,享年六十有四岁。据绍兴二十二年(1152年)六月罗从彦族弟罗革《题集二程语孟解卷后》云:"自广回,卒于汀州之武平县。"此说较为可信。主要著述有《遵尧录》《诗解》《春秋指归》《语孟师说》《中庸说》《台衡录》《议论要语》《春秋毛氏语解》《二程龟山语录》《豫章问答》《诗文集》等,多佚失,后人结辑为《罗豫章先生集》。清康熙四十五年(1706年),康熙帝御书赐罗从彦祠额"奥学清节"。

罗从彦的生平事功以《宋史》本传记述最为详尽，历为明清府县志的人物记传相递因袭。《宋史》卷四二八《罗从彦传》载云：

> 罗从彦，字仲素，南剑人。以累举恩为惠州博罗县主簿。闻同郡杨时得河南程氏学，慨然慕之，及时为萧山令，遂徒步往学焉。时熟察之，乃喜曰："惟从彦可与言道。"于是日益以亲，时弟子千余人，无及从彦者。从彦初见时三日，即惊汗浃背，曰："不至是，几虚过一生矣。"尝与时讲《易》，至乾九四爻，云："伊川说甚善。"从彦即鬻田走洛，见颐问之，颐反复以告，从彦谢曰："闻之龟山具是矣。"乃归卒业。
>
> 沙县陈渊，杨时之婿也，尝诣从彦，必竟日乃返，谓人曰："自吾交仲素，日闻所不闻，奥学清节，真南州之冠冕也。"既而筑室山中，绝意仕进，终日端坐，间谒时将溪上，吟咏而归，恒充然自得焉。
>
> 尝采祖宗故事为《遵尧录》，靖康中，拟献阙下，会国难不果。尝与学者论治曰："祖宗法度不可废，德泽不可恃。废法度则变乱之事起，恃德泽则骄佚之心生。自古德泽最厚莫若尧、舜，向使子孙可恃，则尧、舜必传其子。法度之明莫如周，向使子孙世守文、武、成、康之遗绪，虽至今存可也。"又曰："君子在朝则天下必治，盖君子进则常有乱世之言，使人主多忧而善心生，故治。小人在朝则天下乱，盖小人进则常有治世之言，使人主多乐而怠心生，故乱。"又曰："天下之变不起于四方，而起于朝廷。譬如人之伤气，则寒暑易侵；木之伤心，则风雨易折。故内有林甫之奸，则外必有禄山之乱；内有卢杞之奸，则外必有朱泚之叛。"
>
> 其论士行曰："周孔之心使人明道，学者果能明道，则周孔之心，深自得之。三代人才得周孔之心，而明道者多，故视死生去就如寒暑昼夜之移，而忠义行之者易。至汉、唐以经术古文相尚，而失周、孔之心，故经术自董生、公孙弘倡之，古文自韩愈、柳宗元启之，于是明道者寡，故视死生去就如万钧九鼎之重，而忠义行之者难。呜呼，学者所见，自汉、唐丧矣。"又曰："士之立朝，要以正直忠厚为本。正直则朝廷无过失，忠厚则天下无嗟怨。一于正直而不忠厚，则渐入于刻；一于忠厚而不正直，则流入于懦。"其议论醇正类此。
>
> 朱熹谓："龟山倡道东南，士之游其门者甚众，然潜思力行、任重诣极，如仲素一人而已。"绍兴中卒，学者称之曰豫章先生，淳祐间谥文质。①

---

① （元）脱脱等：《宋史》卷四二八，《罗从彦传》，北京：中华书局，1985年。

罗革《题集二程语孟解卷后》云："仲素笃志好学。推研义理,必欲到圣人止宿处。以王氏解经释字,虽富赡详备,然终不得圣贤大学之意。遂从龟山(杨时)游,抠衣侍席二十余载,独闻至当。"①罗从彦师事杨时四次。(1)北宋哲宗元符三年(1100年),杨时职事浏阳,被诬告,罢官返乡将乐,在含云寺讲学,罗从彦前往受教,时年29岁。(2)北宋徽宗政和元年(1111年),杨时在南京(今河南商丘)任职,是年七月、八月,罗从彦前往受学,时年40岁。(3)北宋徽宗政和二年(1112年),杨时赴浙江萧山任知县,罗从彦前往受学,时年41岁。(4)政和七年(1117年),杨时在毗陵(今江苏常州)任提点均州明道观,罗从彦前往受学,时年46岁。

罗从彦在师事杨时过程中,曾直接到河南向程颐求教,验证杨时所教。有一次罗从彦问杨时《周易》上的问题,杨时讲了后,罗从彦有疑色,杨时便说："以前我是听伊川(程颐)先生讲的,他讲得可透彻呢。"罗从彦便立即鬻田裹粮、筹够资费到河南洛阳拜程颐为师。他听程颐讲《周易》之后,说："以前我听龟山先生的讲解也是这样。"回闽后,便专心向杨时问学,"尽得龟山不传之秘"②。

罗从彦初听杨时讲学,即"惊汗浃背",认为不向杨时问学,是虚度此生。因此,他在杨时门下非常努力学习,杨时"弟子千余人,无及从彦者"③,认为唯从彦可以言道。

罗从彦务遵周孔道统,言必称孔孟,"传道卒赖之"。如《宋史》本传所载,罗从彦清楚地看到,"周孔之心使人明道,学者果能明道,则周孔之心,深自得之。三代人才得周孔之心,而明道者多,故视死生去就如寒暑昼夜之移,而忠义行之者易。至汉唐以经术古文相尚,而失周孔之心,故经术自董生、公孙弘倡之,古文自韩愈、柳宗元启之,于是明道者寡,故视死生去就如万钧九鼎之重,而忠义行之者难。呜呼,学者所见,自汉唐丧矣"。

罗从彦之学传授给李侗。李侗于24岁时拜罗从彦为师,其缘由为李侗判断"孟氏之后,道失其传,枝分派别,自立门户,天下真儒不复见于世"。罗从彦之学得程氏、龟山真传,足为天下"真儒道范"。李侗求师书云:

---

① (宋)罗从彦:《豫章文集》卷十六,《附录下》,四库全书本。
② (宋)罗从彦:《罗豫章先生集》卷首,(清)张伯行:《重刻罗先生集序》,上海:商务印书馆,1936年。
③ 《豫章罗氏族谱·从彦公传》。

其惟先生服膺龟山先生之讲席有年,况尝及伊川先生之门,得不传之道于千五百年之后。性明而修,行完而浩,扩之以广大,体之以仁恕,精深微妙,各极其至,汉唐诸儒无近似者。至于不言而饮人以和,与人并立而使人化,如春风发物,盖亦莫知其所以然也。凡读圣贤之书,粗有识见者,孰不愿得授经门下,以质所疑。至于异论之人,固当置而勿论也。①

"得不传之道于千五百年之后",是程颐对其兄程颢的评论。"儒者之道,可以善一身,可以理天下,可以配神明而参变化。"因此,李侗师事罗从彦,"愿受业于门下,以求安身之要"。李侗说道:"故吾可舍,今我尚存。昔之所趋,无途辙之可留。今之所受,无关键之能碍。"誓将孜孜于斯道,"死而后已"。于是李侗"从之累年,授春秋、中庸、语、孟之说"。

李侗自谓"冶铸于先生者既久,熏炙于先生者最深"。绍兴十年(1140年),罗从彦归葬故里,李侗为撰《豫章罗先生墓志铭》,对罗从彦终生肩任道统的历史地位做出确切允当的评价。《豫章罗先生墓志铭》记述:

其曾大父文弼,大父世南,父神继,奕叶潜鳞,代有齿德,以故积美厚而发祥宏。先生出于其间,天纵英敏,冲龄而然。稍壮,则宛委坟索,靡弗彻览,著为文章,形为吟咏,粹然一轨于正。已闻同郡龟山杨先生继绝学于河洛,筮仕萧山。先生慨然鬻田,徒步请谒。及见,而喟然叹曰:"不至是,几虚一生。"遂修北面礼于杨,而杨亦深器先生,两人相得欢甚。既归,筑室山中,杜门静业。虽以特奏擢科,主簿博罗,而胸次澹然泊然。揆厥所志,盖不以簪裾为华,而以担荷道统为已任。生平雅好著述,编牒鳞集,不可枚纪。纪其大者,若《遵尧》、《台衡》、《春秋解》、《诗解》、《语孟师说》、《中庸说》、《议论要语》、《二程、龟山语录》、《弟子答问》诸篇。而于道德事功,纪纲法度,彝伦日用之间,凿凿乎其言之也。至若怡情鬯性,舒写心灵于吟讽间,不徒大有唐韵。其于继往开来、肩任道统之意,在在跃露诸载。杀青者不论,论其逸者,所云问津挽予之句,是何蕴抱,是何局度乎?以侗椎鲁之质,偏驳之资,冶铸于先生者既久,熏炙于先生者最深。虽不能金玉其词,以绘所为粹质温中之模,乃敢忍于脉脉,不令真儒道范寿于永永乎!②

后世尊崇朱熹,清张伯行重刊诸儒文集,乃援用《尚书·禹贡》"导河积石

---

① 《延平答问·初见罗豫章先生书》。
② 同治《南平县志》卷二十四,《艺文志》。

至于龙门"的典故,形象地比喻罗从彦是朱熹师承的渊源所在,称赞"其承先启后之功,岂不伟哉"。张伯行《罗豫章文集序》文曰:

> 由孔孟而下,斯道之传,开于周子,盛于二程,而大会于朱子。朱子继周程之统者也,顾其渊源一脉,实自龟山而豫章而延平的然相承,如河源之发于昆仑,由积石历龙门而东注以放于海也。斯道之传,盖匪偶然。中间若无潜思力行任重诣极如罗豫章先生者,又安足以肩承先启后之任乎?先生(指罗从彦)为人严毅清苦,年四十一岁始受学于龟山之门,计其时亦已晚矣。
>
> 夫学者惟无志于学则已,有志于学,虽其前之溺于流俗误于歧趋者,一旦亲承大儒之训,翻然勃然即可以得乎!吾性之所固有而圣贤之道,求诸日用而无乎不在,独未有笃志求道如先生者耳。当时龟山弟子千余人,何人不告以伊洛所传之学,乃一闻至论,遂惊汗浃背,自悔虚过一生。非先生之笃志,其孰能超然自拔如是。且既从龟山授业,又裹粮走洛而见伊川,既得伊川指示,又归而卒业于龟山,抑何求道之勇也。迨后尽得龟山不传之秘,筑室罗浮山中,绝意仕进,终日危坐,以体验天地万物之理。盖其造道成德有非世人之所及知者矣。
>
> 先生之学传之者,李延平也。常教延平静中看喜怒哀乐未发时作何气象,盖以寂然不动之中,而天下万事万物之理莫不由是而出故,必操存涵养以为应事接物之本。此龟山心法深得伊洛之传者也。延平答朱子问学,必举罗先生绪言相谆勉,其谨师传以成后学如是。至朱子扩而充之,致广大尽精微,使孔孟周程之旨融会归一,如万派之朝宗于大海。而先生居三传之中,一脉渊源的然有自,亦如河之由积石历龙门以东注也。其承先启后之功,岂不伟哉。先生少著述,惟遵尧录、二程语录及杂著议论要语,学者合而观之,可以知先生之学,即可知周程朱子相承之学矣。
>
> 康熙四十八年(1709年)己丑孟冬穀旦,仪封后学张伯行书于榕城之正谊堂①

---

① 张伯行:《罗豫章文集序》,(宋)罗从彦:《罗豫章先生集》卷首,上海:商务印书馆,1936年。

二、穷理尽性，主静体证为宗

罗从彦的理学思想，跟二程、杨时一样，罗从彦把理作为世界的本体。他反复强调："天地之先也是理"①；"有理而后有物"。② 罗从彦入罗浮山筑室"静坐三年，所以穷极天地万物之理"。③ 他提倡"默坐澄心，体认天理"，就是通过静坐体证天理，而不是格物而穷理。罗从彦说："学问之道不在多言，但默坐澄心，体认天理。若是，虽一毫私欲之发，亦退听矣。"

于静中观（穷）理，以"主静为宗"。④ 这是罗从彦理学思想比较突出的特色。周敦颐以主静开宗，后来程颐，以及朱熹，为了与佛教禅宗的主静区别开来，以"敬"易"静"，提出主敬。而罗从彦仍以主静为宗，这说明其学说具有自己的特点。罗从彦说：

> 古人所以进此道者，必有由而然。夫《中庸》之书，世之学者尽心以知性，躬行以尽性者也。而其始则曰："喜怒哀乐之未发谓之中。"其终则曰："夫焉有所倚！肫肫其仁，渊渊其渊，浩浩其天。"此言何谓也？差之毫厘，缪以千里，故《大学》之道，在知所止而已。苟知所止，则知学之先后。不知所止，则于学无由进矣。

主静，主要是教导学者在静坐中观照和体悟喜怒哀乐未发之前的气象。罗从彦认为，"于静中观喜怒哀乐未发时作何气象，不惟进学有力，亦是养心之要"。⑤ 这就是心性修养要从喜怒哀乐未发、思虑未萌的本然状态开始下工夫。只要能于静中体认到大本未发时气象分明，处事应事接物就会自然合理、中节。清张伯行在《罗豫章文集序》中述说：

> 先生（指罗从彦）之学，传之者，李延平也。常教延平静中看喜怒哀乐未发时作何气象，盖以寂然不动之中。⑥

张伯行接着以"静本动用，心体理心"释罗从彦的未发说。这种"静复见体"的工夫是逆觉体证之路。

---

① （宋）罗从彦：《罗豫章先生集》卷六，《中庸说》。
② （宋）罗从彦：《罗豫章先生集》卷一〇，《议论要语》。
③ （宋）罗从彦：《罗豫章先生集》卷首，冯梦得：《文集原序》，上海：商务印书馆，1936年。
④ （宋）罗从彦：《罗豫章先生集》卷首，罗天广：《重刻豫章先生集序》。
⑤ （宋）罗从彦：《罗豫章先生集》卷一〇，《议论要语》。
⑥ （宋）罗从彦：《罗豫章先生集》卷首，张伯行：《罗豫章文集序》。

罗从彦的"以主静为宗"的修养工夫,是跟程颢、杨时一脉相承的。后来的李侗也以此教导朱熹,而朱熹始终未契入此逆觉体认之路。

杨、罗、李一脉相传的"指诀",是体会所谓"未发之中"。这是杨时从程颢那里学来的。《礼记·中庸》曰:"喜怒哀乐之未发之谓中,发而皆中节谓之和。中也者,天下之大本也;和也者,天下之达道也。致中和,天地位焉,万物育焉。"这就是说,人在喜怒哀乐未发之前有一种纯是理的精神本体,它是天下的根本,体察了它,人就达到了圣人的境界,天下也就可以得到治理了。杨时说:"学者当于喜怒哀乐未发之际以心体之,则中之义自见。执而勿失,无人欲之私焉,发而中节矣!发而中节,中固未尝亡也。孔子之恸,孟子之喜,因其可恸、可喜而已,于孔、孟何有哉?其恸也,其喜也,中固自若也。"①

在杨时看来,能做到这一点,就是遵循了天理。这是"静复以见体"的工夫,是逆觉体证之路。罗从彦从学于杨时20多年,其真得力处,亦是"静复以见体"的体证工夫。李侗也是如此。朱熹在《答何叔京》中说:"李先生教人,大抵令于静中体认大本未发时气象分明,即处事应物,自然中节。此乃龟山门下相传指诀。"②

朱熹早年依据李侗的教导,体会所谓"未发之中",苦参"中和",始终未能契入逆觉体证之路。朱熹后来回忆说:

> 当亲炙之时,贪听讲论,又方窃好章句训诂之习,不得尽心于此,至今若存若亡,无一的实见处,辜负教育之意。……及其也,渐次昏暗淡泊;又久则遂泯灭,而顽然如初无所睹。此无他,所见者,非卓然真见道体之全,特因闻见揣度而知故耳。③

这说明朱熹对他所谓"未发之中"不予重视,未曾学进去,并且还提出批评。据《朱子语类·杨氏门人》载述:

> 道夫言:"罗先生教学者静坐中看'喜怒哀乐未发谓之中',未发作何气象。李先生以为此意不惟于进学有力,兼亦是养心之要。而《遗书》有云:'既思,则是已发。'昔尝疑其与前所举有碍,细思亦甚紧要,不可以不考。"

---

① 《杨时集》卷二一,《书六·答学者其一》,福州:福建人民出版社,1993年。
② (宋)朱熹撰,陈俊民校编:《朱子文集》卷四○,《答何叔京》,台北:德富文教基金会,2000年,第1699页。
③ (宋)朱熹撰,陈俊民校编:《朱子文集》卷四○,《答何叔京》,台北:德富文教基金会,2000年,第1699页。

> 直卿曰:"此问亦甚切。但程先生剖析毫釐,体用明白;罗先生探索本源,洞见道体。二者皆有大功于世。善观之,则亦'并行而不相悖'矣。况罗先生于静坐观之,乃其思虑未萌,虚灵不昧,自有以见其气象,则初未害于未发。苏季明以求字为问,则求非思虑不可,此伊川所以力辨其差也。"
>
> 先生曰:"公虽是如此分解罗先生说,终恐做病。如明道亦说静坐可以为学,谢上蔡亦言多着静不妨。此说终是小偏。才偏,便做病。道理自有动时,自有静时。学者只是'敬以直内,义以方外',见得世间无处不是道理,虽至微至小处亦有道理,便以道理处之。不可专要去静处求。所以伊川谓'只用敬,不用静',便说得平。也是他经历多,故见得恁地正而不偏。"①

对此,《宋元学案·豫章学案》黄宗羲按评曰:

> 罗豫章静坐看未发气象,此是明道以来下及延平一条血路也。盖所谓静坐者,不是道理只在静处,以学者入手,从喘汗未定之中,非冥心至静,何处见此端倪? 久久成熟,而后动静为一。若一向静中担阁,便为有病。故豫章为入手者指示头路,不得不然。朱子则恐因药生病,其言各有攸当也。

可以说,朱熹认为对道理"不可专要去静处求",对罗从彦的"默坐澄心"教法一直未有契会。于是朱熹别走蹊径直承程颐的思路,确立了已发、未发说。朱熹自述道:

> 乃在未发上面用不上工夫,不免急迫浮露。后仔细咀嚼伊川遗教,特是"涵养须用敬,进学则在致知"二语,才涣然冰释,为问题找到了满意的答案。从此认定性即是理,心则周流贯彻,通贯乎未发已发,在未发时只是涵养,已发之后则用省察。如此静养动察,分有所属,而敬贯动静。②

朱熹在《答吴晦叔》第四书中说:

> 夫易,变易也。兼指一动一静、已发未发而言之也。太极者,性情之妙也;乃一动一静、未发已发之理也。故曰"易有太极",言即其动静阖

---

① 《朱子语类》卷一〇二,《杨氏门人·罗仲素》,北京:中华书局,1986年,第2596~2597页。
② (宋)朱熹撰,陈俊民校编:《朱子文集》卷七五,台北:德富文教基金会,2000年,第3786页。

辟,而皆有此理也。若以易字专指已发为言,是又以心为已发之说也。此固未当,程先生言之明矣。①

在朱熹看来,未发时只是涵养,已发之后则用省察。心之未发,性体不动。心之已发,情用发动。主张存养为未发之前,省察为已发之际。存养于未发之前则可,与善者却于已发之际观之。此说渊源于程颐,亦只阐发李侗之体认未发气象说与张栻之察识端倪说。朱熹于撰成《中庸章句》时,主戒慎恐惧于未发,强调存天理之本然;系慎独于已发,强调遏人欲于将萌,不使其滋长于隐微之中。喜怒哀乐,情也。其未发,则为性。四情虽不皆恶,而情之萌动,不得性之条理,则为恶。存养固不可无,而省察亦不可废。朱熹说存养与省察,防遏人欲于未发与将萌。若只言省察不言存养,缺乏深潜纯正。若只言存养不言省察,则无日用工夫,陷于枯禅静坐。心之为物,未发、已发,收敛扩散而无息。故存养与省察须交互媒介。此即存养、省察之辩证论。在未发时只是涵养,已发后则用省察。如此静养动察,分有所属,而敬贯动静,因而必须以居敬为主。省察包括格物致知。知者,认识主体;物者,认识对象。把主客对列,形成认识与被认识的关系。以吾心之知穷事物之理,知其理之所以然与其所当然,此即格物致知。穷至事物之理,就能推进人之知识。

朱熹在《答陈师德》第一书中说:

> 尝闻之程夫子之言曰:"涵养须是敬,进学则在致知。"此二言者,实学者立身进步之要。而二者之功,盖未尝不相交发也。然夫子教人持敬,不过以整衣冠、齐容貌为先;而所谓致知者,又不过读书史、应事物之间,求其理所在也。……抑读书之法,要当循序而有常,致一而不懈,从容乎句读文义之间,而体验乎操存践履之实,然后心静理明,渐见意味;不然,则虽广求博取,日诵五车,亦奚益于学哉?②

"持敬"即"居敬",也就是尽心。居敬,是无事时敬在心上,集中注意力使心不受外物的干扰;有事时敬在事上,使心处事接物合乎道德伦理标准。这是一种知行并重的修养方法和认识方法。这种方法,是朱熹继承程颐的思想,又有所发展。在朱熹看来,居敬、致知之极即是穷理。天下事物莫不有理,而理具载于圣贤之书中,存在于事物之内,通过格物就能求其理之所在。

---

① 《朱子文集》卷四二。
② 《朱子文集》卷五六。

三、道南中坚,追谥祀庙垂范

杨时、罗从彦、李侗都是宋时福建南剑州人,被称为理学"南剑三先生",或称"道南三先生"。他们是闽中早期理学的代表者,是二程洛学发展到朱熹闽学的中间环节。对于二程洛学流派的传授系统,朱熹的私淑弟子真德秀做过全面的概括,宋元明清时代的一些理学著作,基本上都是按照真德秀所说的这个线索进行阐述的。真德秀说:

> 二程之学,龟山得之而南传之豫章罗氏(从彦),罗氏传之延平李氏(侗),李氏传之朱氏(熹),此一派也;上蔡谢良佐传之武夷胡氏(安国),胡氏传其子五峰(宏),五峰传之南轩(张栻),此又一派也。朱、张之学,最得其宗。[①]

在朱熹之前,二程洛学传入福建,实得力其高第闽人杨时,杨时传罗从彦,再传李侗,三传而得朱熹。"南剑三先生"是洛学传入闽中的道南学派的重要人物,他们都是朱熹闽学的先驱者。

清左宰《游定夫文集序》说:"孔孟之道得二程而明,故朱子以二程继闻知之统。二程之教得游、杨而广,故先儒以游、杨为亲炙之宗。"

清蒋垣《八闽理学源流》谓:"自杨时传二程之理学于闽,其道大行";"盖朱子生于闽之尤溪,受学于李延平及崇安胡籍溪、刘屏山、刘白水数先生。学以成功,故特称闽。盖不忘道统所自"。

闽学是相对于其他地域性的学派濂、洛、关、浙东、江西等而言的。朱熹之前的闽中理学,只能算作闽中早期理学。早期闽中理学亦称道南学派,除杨时一系外,有的没有发展起来,有的传至外省,在闽中没有形成比较严密的学术派别和思想体系;而杨时一系也仅传授至李侗为止,朱熹实际上未承其学。对于朱熹思想之上承脉络,今人蔡仁厚有综合的说明。他说:

> 从师承上说,朱子当然是延平弟子;但若专就理之脉传而言,朱子实不传龟山、延平之学。黄梨洲所谓"龟山三传而得朱子,而其道益光",实只是单从师承上说的仿佛之见。朱子所光大的,乃是伊川之道,并非龟山之道。龟山一脉,实到延平而止。[②]

[①] 真德秀:《真文忠公读书记》卷三一。
[②] 蔡仁厚:《新儒学的精神方向》,台北:学生书局,1984年,第211页。

可见,程颢、杨时、罗从彦、李侗是一系,在闽中至李侗而止。朱熹和杨、罗、李只是有师承关系,并未真正传其道。朱熹思想不是附此系而发展壮大起来的,而是直承程颐等人的理学思想。就闽学渊源于洛学来说,闽学属程颐、朱熹一系。朱熹通过他们继承和发展了北宋周敦颐、程颢、程颐、张载等人的理学思想,集理学之大成,建立起庞大的严密的闽学思想体系。

罗从彦担荷周孔道统,道南论道,在闽中理学的传授中具有承上启下的中坚地位。明徐阶《祭罗文质公祠文》击中要节:"道南之传,前后五公,惟公之生,实居其中。四公视公,如肘有腕,腕病而脱,手臂衡断。公视四公,如轴负轮,轴折不支,轮仆以困。伟哉!惟公缵杨铸李,程得成终,朱得成始。身任继开,道兼授受,四公之功,皆公之有。"

有谓"重道莫大于崇儒,崇儒莫大于优爵"。罗从彦卒后,宋宁宗嘉定六年(1213年),郡守刘允济缴进《遵尧录》,乞赐谥。宋理宗淳祐六年(1246年)三月,福建提刑杨栋奏请谥状,送太常寺丞陈协谥议,请谥罗从彦为"文质"。《谥议》文曰:

> 若罗公从彦,可谓有德有言之隐君子矣。初,龟山得伊洛之学,倡道东南,士之游其门者甚众。其潜思力行,任重诣极,辈流中推公一人而已。当徽庙时,居乡授徒,守道尤笃,而同郡李公侗传其学。厥后朱文公熹,又得李公之传,其道遂彰明于世。学者仰之如泰山北斗者,其端皆自公发之。公延平人,既没之后,家无子孙,故其遗言不多见于世。嘉定七年,郡守刘允济始加搜访,得公所著《遵尧录》八卷,进之于朝。其书四万言,大要谓艺祖开基,列圣继统,若舜禹遵尧而不变。至元丰改制,皆自王安石作俑,创为功利之图,浸兆裔夷之侮。是其眷眷不忘君之心,岂若沮溺辈,素隐行怪之比邪!谨按谥法,道德博厚曰文,言行相应曰质。公师友渊源,洞明天理,可谓道德博厚矣;清介绝俗,著书有闻,可谓言行相应矣。请谥公为"文质"云云。

淳祐七年(1247年)十月,礼部郎官周坦《覆谥议》曰:

> 罗公从彦,不求闻达于世,胸次抱负,不少概见。独得其大者,所谓道德问学之渊源,上承伊洛之正派,下开中兴以后诸儒之授受,昭然不可泯也。公受学龟山之门,其潜思力行,任重诣极,同门皆推敬之。义理之学,正郁于时。一线之传,赖是得以仅存。观其在罗浮山静坐三年,所以穷天地万物之理,切实若此。著《遵尧录》一篇,述皇朝相传宏规懿范,及名臣硕辅论建模划。下及元丰功利之人,纷更宪度,贻患国家。撮要提

纲,无非理乱安危之大者。公之学,其明体适用略可推矣。奉常谥公曰"文质",于法为宜。

宋理宗淳祐七年(1247年)十月,诰赠太师邹国公,谥文质。诰曰:

> 故儒罗从彦,学宗正派,行洁清标。受伊洛之传于龟山,后学为之仰止;启朱氏之宗于李侗,前哲赖以羽盟。虽乐道畎亩之中,而所著遵尧诸录,凛然不忘主上之心。即静守罗浮,而所垂翼圣数言,恪然无忝明道之志。潜思力行,任道诣极,道博也,德厚也。清介绝俗,著述垂休,言顾行也,行顾言也。慨念往功,宜行褒异。兹特赠名儒罗先生谥文质。

理学名家从祀文庙,充分体现了其在中国儒学发展史上的历史地位。南剑三先生均于明代从祀于文庙。明弘治九年(1496年),追封杨时为将乐伯,从祀孔子庙廷,位列西厩宋儒司马光之下、胡国安之上。史载:"诸儒从祀于孔门者,非有功于斯道不可。然道非后学所易知也,要必取证于大儒之说,斯可以合人心之公。""自两程子嗣孔孟不传之统,及门之士得以道见许者,龟山(杨时)一人而已。盖龟山一传为豫章罗氏,再传为延平李氏,以授朱子,号为正宗。"

关于罗从彦、李侗二儒并议入祀孔子庙廷,"若罗从彦、李侗从祀,在元至正,则浙江行省有议;在明朝,则学臣金贲亨、周弘祖等有议"。明万历三十三年(1605年)经巡抚徐学聚、巡按方元彦题请从祀。将乐廪膳生员林钿奏疏云:

> 溯自杨中立载道而南,为后世学士之鼻祖。乃衍中立之心传者,罗仲素也;承仲素之嫡派者,李愿中也。由罗、李以递传于朱夫子,见知闻知,统系相接;师传弟习,前后一源。譬之河流,杨中立星宿发脉也,而罗、李以及朱夫子亦犹历济、漯、淮、汉,以达于海者也。……

> 盖二儒者,其衍道南之脉,即以衍千圣之传绪于不坠。其开紫阳之统,即以开六经之日月于中天。兹遇宗师大人主张风教,羽翼宗盟,乞将地方真儒奏请从祀庙廷,庶崇儒重道之典益光,而仰止景行之心均慰。

万历三十七年(1609年)三月二十一日,福建提督学道、按察司佥事熊尚文奏疏云:

> 罗从彦所著各经解书说颇富,惜其年久散佚,独有《遵尧录》七卷、《别录》一卷,合四万余言。衍释之所发者,焕乎作述之规范,辨微之所明者,炯然今古之章程。臣近得成化旧本,重校正之,亦足为其经世实学之征。李侗生平不在著述、文字上着脚,即语在《性理大全》,亦皆杂记。惟

有师弟问答,出朱熹手编者一,后学续编者二,合数千余言。批答于问条者允矣。洙泗之心法指授于札记者,跃然伊洛之真诠。臣近得成化旧本,重编集之,亦足为其潜心性命之券。夫自大本之旨不明,学者谁知不睹不闻中有此真命脉。从彦教侗静中看喜怒哀乐未发之中,庶几窥见其奥,自知止之。传绝响学者,谁知事物扰攘中有此真把柄。侗语熹:事虽纷纭,还须我处置,庶几默透其宗。我明朝罢黜其说,独遵尚朱注。二百年来,名卿硕辅、高贤大良,取功名者,以之为筌蹄;志道德者,以之为津筏。试观师弟问答,渊源有自。浅言之谓,读紫阳之注者,即延平之徒,可也;深言之谓,成朱子者,与生朱子者等,可也。徒用其青,而顿忘其蓝,恐非所以彰国家报功之厚。尊生之本,而遗学之源,尤非所以弘师门锡类之仁。

……夫杨时载道而南,罗从彦亲承嫡派,李侗衍其绪,而后朱熹接其传。是朱熹之于李侗、罗从彦,犹孟子之于子思、曾子也。配享孟子,而因配享孟子之师,成宪具在;从祀朱子,而因从祀朱子之师,事体相同。我皇上崇尚理学,特从祀王守仁、陈献章、胡居仁等,而罗、李之贤又不啻度越诸儒之前者,此自圣朝不容缺之典也。学者苟不徒溺志功名,而直身任斯道之统,则由濂洛以来,杨与朱之间,亦自吾学不容断之脉络也。

万历三十七年(1609年)六月十五日,礼部奏请补议真儒罗从彦、李侗从祀:

今巡按方元彦疏举罗、李二儒列祀庙廷,夫二儒潜心正学,上接伊洛之传,下启紫阳之绪,真圣统之正派也。罗豫章既为杨龟山入室弟子,李延平又为朱紫阳宗其嫡派,当时业跻杨与朱于俎豆之列,乃独于二儒而靳之何欤?我朝称道术,必曰孔孟,必曰程朱。然孔子倡道于洙泗,有曾子、子思相继发明,而后孟子接其传。程氏倡道于伊洛,得罗豫章、李延平相承正宗,而后朱子衍其绪,则罗、李之功实与曾子、子思等。故从祀之典,在元至正则浙江行省有议,在朝则学臣金贲亨、周弘祖等有议。今日此举,正系万代瞻仰者。

万历四十一年(1613年)十二月二十六日礼部题覆疏云:

今巡按福建御史方元彦疏举罗、李二儒列祀庙廷,二儒恬养岩栖,潜心正学,精修诣极,油然有得。上接伊洛之传,下启紫阳之绪,真儒囿之巨擘,而圣统之正派也。罗豫章既为杨龟山入室弟子,李延平又朱紫阳宗其嫡派。当时业跻杨与朱于俎豆之列,乃独于二儒而靳之,何欤?从祀巨典,须博谋之儒臣,采之廷论,从公品隲而议覆可也。

……臣等看得二贤于宋儒中亦特称焯焯,未可多得,乃数百年来未崇俎豆,诚为缺典。且我国家功令所宗独程朱之学,乃二贤一以为绍后,一以为开先,其有功于道学甚巨。今天下虽名宗程朱学,而高明之士往往欲跳而出其上,至以笃行有余,超悟不足少之。夫程子之笃实,非二贤不传;朱子之笃实,非二贤不启。而二贤固非颛以笃行显者也,学者诚进而观焉,实见其大本大原,最精最粹。如衣之挈领,而条理各归;如水之得源,而流行自畅。恍然可以识性命之真,诚明之合。崇实行者,固不忧拘板,即希妙悟者,当亦不坠空虚,岂至有以致知而非力行,亦岂有以力行而黜致知者哉?即有功于程朱亦甚巨。然则允学臣及抚按诸臣所请,亟与崇祀,非特百年应举之旷典,抑亦今时正学之急务也。伏乞皇上鉴二贤学术之咸至,览诸臣撰议之皆同,即将二贤分列宋儒胡安国之下、朱熹之上,入庙从祀。庶正学不泯、巨典重光,而于世道人心有补矣。[①]

因此,罗从彦和李侗二贤同时于明万历四十二年(1614年)从祀文庙,位列胡安国之下、朱熹之上。

(作者单位:厦门大学出版社;厦门大学哲学系)

[①] 顺治《延平府志》卷二十二,《艺文志》,厦门:厦门大学出版社,2010年。

罗从彦哲理诗析评

◎ 解光宇

罗从彦(1072—1135年),南剑州剑浦县(今南平市延平区)人,字仲素,世称豫章先生。从杨时学,又问学于程颐。高宗建炎四年(1130年),以特科授博罗主簿。后入罗浮山静坐,研习学问,绝意仕进,为朱熹所推尊。卒谥文质。由商务印书馆1936年出版的《罗豫章集》,收录了罗从彦诗,目录上为"卷之十·诗二十七首",但其内容为26首,少一首。《古诗文网》为完整的27首,对照诗文,少的一首是《翠云岩次陈默堂韵》:

济渡游丹洞,穿林惹翠云。迩来多野趣,殊觉少尘纷。

笑日花迎客,临岩鸟唤群。真机皆自得,此道与平分。

罗从彦的27首诗,大部分为哲理诗,以诗言志,表明其理学思想。现选六首试解析之。

一、观书有感

静处观心尘不染,闲中稽古意尤深。

周诚程敬应粗会,奥理休从此外寻。

翻译:心在静处一尘不染(心静观物不会染上尘埃),

在闲静的时候研究古人的深邃思想意犹未尽。

领会周敦颐"诚"和二程"敬"的思想,

深奥的"理"(哲理)就在其中。

解析:在宋代理学道统中,为周敦颐→二程→朱熹,周敦颐被尊称为理学开山祖师。在二程→朱熹这个环节中,有杨时→罗从彦→李侗,如张伯行曰:

"由孔孟而下,斯道之传,开于周子,盛于二程,而大会于朱子。朱子继周程之统者也。故其渊源一脉,实自龟山而豫章而延平,的然相承。如河源之发于昆仑,由积石历龙门而东注以放于海也。斯道之传,盖非偶然,中间若无潜思力行、任重诣极,如罗豫章先生者,又安足以肩承前启后之任乎?""先生居三传之中"(《罗豫章集·原序》),足见罗从彦在理学道统中的地位。

在这首诗中,罗从彦注重"静",在"静"的场域下,心不染尘,体认"理"或"天理",这可以说是对周敦颐"诚"和二程"敬"的继承和发扬。周敦颐在《通书》中提出"立诚"和"主静"学说。《通书》论"诚"曰:

> 诚者,圣人之本。"大哉乾元,万物资始",诚之源也。乾道变化,各正性命,诚斯立焉。纯粹至善者也。故曰:"一阴一阳之谓道,继之者善也,成之者性也。"元、亨,诚之通;利、贞,诚之复。大哉《易》也,性命之源乎!(《通书·诚上》)

这是说"诚"是圣人的根本特征。生成万物的"乾元"是"诚"的本源,"诚"乃是天道、人道的合一,纯粹至善。同时诚又是五常(仁、义、礼、智、信)之本,是道德性命的根源。

那么,究竟什么是诚?《通书》说,"无妄则诚","诚,无为","寂然不动者,诚也"。诚即无妄、无为、寂然不动,所以"诚则无事"。如"圣,诚而已矣",则圣人无事。因诚本身是至善的,故不需用功。一般人怎样才能达到圣人的境界呢?周敦颐提出"无欲""主静"的修养方法:

> 圣可学乎?曰:可。曰:有要乎?曰:有。请闻焉。曰:一为要。一者,无欲也。无欲则静虚动直。静虚则明,明则通;动直则公,公则溥。明通公溥庶矣乎!(《通书·圣学》)

一般人学圣首先要无欲,"必惩忿窒欲,迁善改过而后至"。只有无欲,才能做到静虚动直。周敦颐还提出"慎动":

> 动而正曰道,用而和曰德。匪仁、匪义、匪礼、匪智、匪信,悉邪矣。邪动,辱也;甚焉,害也。故君子慎动。(《通书·慎动》)

刘宗周笺注说:"慎动,即主静也。主静则动而无动,斯为动而正矣。离几一步便是邪。"(《宋元学案·濂溪学案》)

周敦颐的"无欲""主静"思想对程朱理学产生重要的影响。如朱熹就认为周敦颐的"无欲"与程子"主一之谓敬"的意思是一样的。"主静"中的静虚无欲思想源于佛、道,自周敦颐"援道入儒"后,便成儒家的重要修养方法。从"诚""静"思想发展链条中可见,罗从彦主"静",其"静"融汇了周敦颐"诚"和二程"敬"的思想,在"静"中修身养性,体认哲理乃至天理。

二、自　警

性地栽培恐易芜,是非理欲谨于初。
孔颜乐地非难造,好读诚明静定书。

翻译:栽培人性要防止荒芜(习相远),
　　　善良的初心能够存理灭欲辨别是非。
　　　"孔颜之乐"的境界不是高不可攀不可达到,
　　　就看自心是否诚明静定。

解析:该诗名为"自警",即自我警示之意,不忘初心,时刻保持着"性本善"状态。孟子认为人性是善的,孟子以水比喻:

水信无分于东西,无分于上下乎?人性之善也,犹水之就下也。人无有不善,水无有不下。今夫水,搏而跃之,可使过颡;激而行之,可使在山。是岂水之性哉?其势则然也。人之可使为不善,其性亦犹是也。(《孟子·告子上》)

性善论是孟子人性学说的核心,但这种善并不是说人人天生就是善人,而只是"善端",是善的萌芽,需要培养、扩充。孟子虽然强调人的本性中有"善端"、"良知"和"良能",但不是说人生来就是有完善的道德。社会上的人确实有不善的。孟子把人的不善归结为"不能尽其才",他说:"若夫为不善,非才之罪也。……或相倍蓰而无算者,不能尽其才者也。"(《孟子·告子上》)"才"指人生来就有的质料,也就是性。不善者就是没有很好地培养"善端"。人能否培养和扩充自己的"善端",主要取决于自身的主观愿望和努力。孟子举舜为例,说明舜一心向善,故为圣人:"舜之居深山之中,与木石居,与鹿豕游,其所以异于深山之野人者几希。及其闻一善言,见一善行,若决江河,沛然莫之能御也。"(《孟子·尽心上》)所以向善者取决于主观的"心",即要养心,养心才能培养、扩充"善端"。

如何"养心"?孟子认为"养心莫善于寡欲"(《孟子·尽心下》),因为追求过多的物质欲望会使人失去善性,故孟子反对"求利"和"多欲",以"寡欲"为养心的主要内容。如果不能"寡欲"而丧失善性,就应该努力把它找回来,恢复善之本性:"仁,人心也;义,人路也。舍其路而弗由,放其心而不知求,哀哉!人有鸡犬放,则知求之;有放心而不知求。学问之道无他,求其放心而已矣!"(《孟子·告子上》)这就是所谓"求放心"。

可见要保持初心的"性本善","养心"非常重要。"养心"即修身养性,宋代理学家在继承孟子的"养心"思想基础上,发明了不少修身养性的方法和功夫,如诗中说的"诚明静定书"。"定"即程颢的《答横渠先生定性书》,是程颢和张载讨论"定性"问题的一封书信,称为《定性书》。朱熹的语录中有一条云:"《定性书》说得也诧异,此性字是个心字意。"(《朱子语类》卷九十五)即说"定性"的实质就是"定心"。张载希望得到"定性",但"犹累于外物",以致不得不动心。程颢回答说:

> 所谓定者,动亦定,静亦定,无将迎,无内外。苟以外物为外,牵己而从之,是以己性为有内外也。且以性为随物于外,则当其在外时,何者为在内?是有意于绝外诱而不知性之无内外也,既以内外为二本,则又乌可遽语定哉?(《定性书》)

张载累于外物不能定性,"以性为有内外",导致"以外物为外,牵己而从之"。这样,己性为内,外物为外,外物引诱己性,使己性逐于外物而不能定。程颢认为必须认识己性与万物一体,无所谓内外之分。"仁者浑然与物同体","天地之用,皆我之用",只有认识己性与万物一体,才能做到"动亦定,静亦定"。

"己性与万物一体,己性无内外",这不是一般人能做到的,只有那些圣人才能做到。"夫天地之常,以其心普万物而无心;圣人之常,以情顺万物而无情。故君子之学,莫若廓然而大公,物来而顺应。"(《定性书》)天地化生万物,天地之心也就是万物之心,万物与天地一体。圣人之情顺应万物,圣人之心好像一面镜子,能照一切东西。那么,一般人与圣人的根本区别在何处呢?"人之情各有所蔽,故不能适道,大率患在于自私而用智。自私则不能以有为为应迹,用智则不能以明觉为自然。"(《定性书》)一般人与圣人的根本区别在于,一般人"自私"和"用智",圣人则"廓然而大公"。一般人的思想行为都是以自己的利益为出发点,出于自私的动机,都是有所为而为,而不是对于事物的自发反映,故"自私则不能以有为为应迹"。

"自私"和"用智"是不知"性之无内外也"。如果以"内外为二本",这就必然"累于外物",不能抵御外物对自己的诱惑。所以"定性"必须做到:

> 与其非外而是内,不若内外之两忘也。两忘则澄然无事矣。无事则定,定则明,明则尚何应物之为累哉!圣人之喜,以物之当喜;圣人之怒,以物之当怒。是圣人之喜怒,不系于心而系于物也。(《定性书》)

张载以己性为内外,这样永远达不到"定性"的精神境界。若想"定性",就必须"内外之两忘也",以"内外为一本"。所谓"内外为一本",就是以义理纲常为内的"天理",统率人的情感欲望,行动不能超越义理和伦理纲常所规定的范围。只有这样,方能"澄然无事","无事则定,定则明",这样"性"就"诚明静定"了,从而乐道,达到"孔颜之乐"的境界。

三、示书生

知行蹊径固非艰,每在操存养性间。
此道悟来随寓见,一毫物欲敢相关?

翻译:知行合一并不太难,
关键是平日里执持心志养其性善。
明白这个道理可在日常生活中体现,
一毫的物欲不存心里哪有关联?

解析:这首诗是教导学生的,主要强调"操存养性"的重要性。这里的"知",主要是指纲常伦理道德规范等;"行"指生活实践。在儒学史上就知行关系问题有过讨论,但理学家更关注"知"后面的"天理","行"后面的"人欲"("物欲")。宋理学家往往把人的情感欲望谓之"人欲",把伦理道德、纲常义理看作是"天理"。"天理"与"人欲"是对立的,要维护伦理道德与纲常义理的"天理",就必须克服"人欲"。当然,这里的"人欲"并不是指人生存的本能,而是指违背伦理道德与纲常义理的欲望。正常的"人欲"是无可非议的,如在法度内以及伦理道德规范内的饮食男女。但超越正常的界限就是"欲",就有问题了。朱子说过:"欲是情发出来底,心如水,性犹水之静,情则水之流,欲则水之波澜。"(《朱子语类》卷五)水之波澜的"欲",就会导致破堤。由于"心统性情",罗从彦认为必须"操存养性",才能"存理灭欲",才能在生活中克服"欲",乃至无"一毫物欲"。

四、勉李愿中(其一)

圣道由来自坦夷,休迷佛学惑他歧。
死灰槁木浑无用,缘置心官不肯思。

翻译:孔孟之道来自光明大道是生活的真理,

不要被佛学迷惑而走入歧路。

佛学的说教如同死灰槁木无经世致用，

不要不去思考空有大脑。

解析：李愿中，即李侗(1093—1163年)，字愿中，世称延平先生，是罗从彦的弟子，朱熹的老师。从儒学史可见，儒家一般都"排佛老"。从诗中看，李侗着迷于佛学，罗从彦以诗批判佛学，赞扬儒学，因为佛学主旨是出世，无治国平天下之功，劝其不要被佛学迷惑走入歧途。而儒学主旨是入世，主张修齐治平，为家国造福。

五、勉李愿中(其三)

今古乾坤共此身，安身须是且安民。

临深履薄缘何事，只恐操心近矢人。

翻译：古今人之生命来自阴阳乾坤，

你做官不仅要自己安身立命还要安民。

古人为什么要强调"如临深渊，如履薄冰"？

就是担心为官不能为民造福反而伤人。

解析：这首诗体现了儒家修齐治平、为人民服务的思想。儒家认为君子首先要修身，即修心性和学问，这样才能安身立命。学而优则仕，不能满足于个体的安身，还要"达则兼济天下"，即治国平天下。在做官的时候，更要牢记古人教导"如临深渊，如履薄冰"，即敬事、勤政、廉政，为民造福，切记不能在官位上欺压人民、祸害一方，成为伤人的造箭工匠。

六、勉李愿中(其四)

彩笔书空空不染，利刀割水水无痕。

人心但得如空水，与物自然无怨恩。

翻译：用彩色的笔书写"空"字，"空"则不染其色，

用利刀割水水却没有留下痕迹。

人心要像"空"和"水"那样不染色不留迹，

在红尘中就会超脱无物欲(人欲)之累。

解析：这首诗主要谈如何克服人欲问题。如天理(道心)主宰人心(主观

意识),人心可抵御物欲对人的侵袭,即不染其色、不留痕迹,这主要取决于"人心"。如何使"人心但得如空水"?即不受一毫物欲侵袭,故"养心""操存养性"等功夫相当重要。程颢的《定性书》为解决这一问题提供了方法论的指导。

附录:罗从彦诗二十七首

1.《观书有感》
　　静处观心尘不染,闲中稽古意尤深。
　　周诚程敬应粗会,奥理休从此外寻。

2.《自警》
　　性地栽培恐易芜,是非理欲谨于初。
　　孔颜乐地非难造,好读诚明静定书。

3.《示书生》
　　知行蹊径固非艰,每在操存养性间。
　　此道悟来随寓见,一毫物欲敢相关?

4.《颜乐斋》
　　山染岚光带日黄,潇然茅屋枕池塘。
　　自知寡与真堪笑,赖有颜瓢一味长。

5.《邀月堂(台)》
　　矮作垣墙小作台,时邀明月写襟怀。
　　夜深独有长庚伴,不许庸人取次来。

6.《送南剑王守归(二首)》其一
　　三年政化被生民,甘雨祥风溢剑津。
　　解组幡然赋归去,攀辕无计可留徇。

7.《送南剑王守归(二首)》其二
　　未把阳关三叠吟,且将谬句写离心。
　　千寻浩浩镡溪水,别恨不知谁浅深。

8.《勉李愿中(五首)》其一
　　圣道由来自坦夷,休迷佛学惑他歧。
　　死灰槁木浑无用,缘置心官不肯思。

9.《勉李愿中(五首)》其二

不闻鸡犬闹桑麻,仁宅安居是我家。
耕种情田勤礼义,眼前风物任繁华。

10.《勉李愿中(五首)》其三
今古乾坤共此身,安身须是且安民。
临深履薄缘何事,只恐操心近矢人。

11.《勉李愿中(五首)》其四
彩笔书空空不染,利刀割水水无痕。
人心但得如空水,与物自然无怨恩。

12.《勉李愿中(五首)》其五
权门来往绝行踪,一片闲云过九峰。
不似在家贫亦好,水边林下养疏慵。

13.《自述》
松菊相亲莫厌频,纷纷人世只红尘。
自怜寡与真堪笑,赖有清风是故人。

14.《题一钵庵》
可怜萱草信无忧,谁谓幽兰解结愁。
欲得寸田断荆棘,只消长伴赤松游。

15.《挽吉溪吴助教(二首)》其一
室富真儒业,门多长者车。
明经方教子,得第已荣家。
性守仍知分,天然不爱奢。
百年成古昔,行路亦咨嗟。

16.《挽吉溪吴助教(二首)》其二
新生夸踯躅,旧德叹凋零。
冷带商岩月,光凌处士星。
布衣难得禄,白首易穷经。
追想今何在,溪流对洞庭。

17.《颜乐亭用陈默堂韵》
平时仰止在高山,要以亭名乐内颜。
颠倒一生浑是梦,寻思百计不如闲。
心斋肯与尘污染,陋巷宁容俗往还。
坚守箪瓢心不改,恐流乞祭向墦间。

18.《寄傲轩用陈默堂韵》
　　自嗟踽踽复凉凉,糊口安能仰四方。
　　目送归鸿心自远,门堪罗雀日偏长。
　　家徒四壁樽仍绿,侯户千头橘又黄。
　　我醉欲眠卿且去,肯陪俗客语羲皇。

19.《濯缨亭用陈默堂韵》
　　十载犹缁京洛尘,归欤那复厕朝绅。
　　君今谈笑青油幕,我但巍峨乌角巾。
　　江汉更从尼父濯,衣冠宁羡屈原新。
　　欲赓孺子沧浪咏,会意须还舍瑟人。

20.《题静亭》
　　鼎创新亭静更幽,四时景象镇长留。
　　端如和气里谈笑,恍若春风中泳游。
　　排闼山供蓝色重,凭栏水拥璧光浮。
　　我来登赏无穷趣,好把篇诗与唱酬。

21.《送延年行》
　　圣言天远海潭潭,独在潜心久泳涵。
　　猥念百家非己好,妄将一贯与君谈。
　　贤如赐也才知二,学若陈亢只得三。
　　此道误来因自足,却随鹏鸟话图南。

22.《再用韵送延年》
　　心源寂静映寒潭,每欲操存更养涵。
　　顾我日思攀剧论,荷君时与得高谈。
　　眼前旧识知多少,物外深交没二三。
　　幸久相亲频握手,遽成分别又东南。

23.《和延年岩桂》
　　几树芬芳檀与沉,枝枝若占却家林。
　　风摇已认飘残菊,日照浑疑缀散金。
　　仙窟移来成美景,东堂分去结清阴。
　　我今不愿蟾宫折,待到蟾宫向上吟。

24.《题德士退庵》
　　牛头山顶锁烟霞,檐月松风即我家。

筏渡有情新活计,袋空无物旧生涯。
已将黄叶分双手,却捃白茅占一窊。
会得懒慵归去路,索然忘鸟更忘花。

25.《贺田溪张公迁居》
华构经营占地灵,浓岚环合数峰青。
苟完公子方成室,趋训儿孙已过庭。
岂止一时夸壮丽,定知百世享安宁。
顾惟善颂非张老,只贡汤盘往日铭。

26.《和张公叙别古风》
良工创新第,潇洒侔洞府。经营未毕工,四面方兴渚。
蛟龙忽夜徙,空中震雷雨。亲旧贺于门,主人迎孔户。
连唤凤儿来,藏书几多部。为我张广筵,酬宾酌以旅。
人谓主公贤,敦朴嗤峻宇。规模出心匠,务卑由乃祖。
欲图久安逸,勿辞暂劳苦。忠孝阐门家,诗礼光族绪。
居室云苟完,谦冲弥自处。玉石不分别,鹤鸡谩为侣。
顾予局促辈,乡评少推许。尝游庄岳间,喜作齐人语。
何幸天相之,幡然交邹鲁。早年钦大名,驰书聊以序。
比来揖清风,谈笑挥玉麈。见之名利尽,久侍岂无补。
素志以深酬,青眼犹相与。默念汤盘颂,未为倾肺腑。
何当惠古风,锦绣施笺楮。妙曲诚寡和,取则凭柯斧。

27.《翠云岩次陈默堂韵》(录自古诗文网)
济渡游丹洞,穿林惹翠云。迩来多野趣,殊觉少尘纷。
笑日花迎客,临岩鸟唤群。真机皆自得,此道与平分。

(作者单位:安徽大学中国哲学与安徽思想家研究中心)

从《遵尧录》看罗从彦的政治思想

◎ 常建华

罗从彦(1072—1135年),字仲素,宋南剑州剑浦县(今南平市延平区)人,徙居沙县,世称豫章先生,谥文质。杨时(世称龟山先生,1053—1135年)曾先后师事程颢、程颐二程,得传濂洛周敦颐理学。罗从彦则是杨时的学生,罗从彦又传学于李侗(世称延平先生,1093—1163年),再传理学集大成的朱熹,所以罗从彦是理学传播史上的重要人物,罗从彦是一位思想家。在元人脱脱等撰的《宋史》中,罗从彦入"道学传",可见古人对罗从彦思想的重视。流传至今的罗从彦著述,只有十七卷的《豫章文集》,而《豫章文集》的主要内容是第2~9卷的《遵尧录》。《遵尧录》四万余言,是罗从彦编辑宋代君臣事迹加以议论的著作,靖康元年(1126年)成书,拟献朝廷,遇国难不果。所以《遵尧录》是表达罗从彦政治思想的著作,在现有资料的前提下,从《遵尧录》探讨罗从彦政治思想应当成为罗从彦研究的基本课题。虽然今人对罗从彦的政治思想有所论述,但还需要继续深入研究。

一

《遵尧录》篇首有罗从彦自序,首先论述了写作该书的动机。他说:"尧舜三代之君不作也久矣。"宋朝一祖开基,三宗绍述,纪纲法度"皆足以追配前王之盛"。在太平兴国初年,太宗曾对宰相说:"朕嗣守基业,边防事大,万机至重,当悉依先朝旧规,无得改易。"仁宗见东封、西祀及修玉清宫等过侈,告诫自己:"如此之事,朕当戒之。"罗从彦认为这"二圣"是"知所以绍述者",所以太宗之世无复更张,终仁宗之世都在恭俭。他继续指出,至神宗熙宁、元丰年间(1068—1085年)功利之说杂然并陈,徽宗宣和末年遂召金人犯阙之变。今皇帝受禅登基,遭遇金兵威胁的时难。铲除熙丰弊法(指王安石变法),"一以遵祖宗故事为言,四方企踵以望太平矣"。有人说王安石的影响还在,天下皆其徒,是抱薪而救火。罗从彦说自己正是担心此点,仿唐吴兢作《贞观政要录》、本朝石介《圣政录》,"因采祖宗故事,四圣所行可以阖今传后者,以事相比,类纂录之。历三季而书成,名曰圣宋遵尧录"。罗从彦在国家内忧外患当头之时,为了拯救国家,用三个季度即9个月辑录本朝历史写成该书。根据序言结尾所署日期"靖康丙午十月"与序中"今皇帝受禅"之句判断,《遵尧录》的写作开始于靖康元年(丙午,1126年)正月,至十月成书。罗从彦打算把《遵尧录》献给刚登基的新皇帝钦宗,供皇帝治国参考。

接着,罗从彦介绍了《遵尧录》的编纂方法。他说:"其间事之至当而理之可久者,则衍而新之;善在可久而意或未明者,则'释'以发之。以今准古,有少不合者,作'辨微'以著其事。"即对于朝廷所行合理可以持久的事情重新提出,对于朝廷所行可以持久而意义不明确的事情阐释,对于朝廷所行不合古代圣贤要求的加以"辨微"。此外,又"得宰相李沆等及先儒程颢共十人,择其言行之可考者附于其后"。如此,"创始开基之事,庙谟雄断,仁心仁闻,则于其君,见之袭太平之基业,守格法行故事,竭尽公忠;则于其臣,见之爱及熙丰之弊,卒归于道"。达到规劝皇帝按照"祖宗故事""竭尽公忠",大臣总结"熙丰之弊"归于道的目的。最后表达了罗从彦的愿望:"不久朝廷清明,金人宾伏,且当有以来天下之言,辄纪岁月以俟采择。"

可见《遵尧录》的主旨是以"祖宗故事"与名相先儒的事迹告诫君臣继承传统,以弥补王安石新法带来的社会不稳定,从而面对金兵的南侵。

《遵尧录》共计八个部分,前四部分分别论述太祖、太宗、真宗、仁宗四位皇帝。后四部分论述贤相名臣,其中第五部分论述李沆、寇准、王旦、王曾,第六部分论述杜衍、韩琦、范仲淹、富弼,第七部分论述司马光、程颢,最后一部分为"别录",有"司马光论王安石"、"陈瓘论蔡京"。显然,别录的形式有所不同,采取人物评论的方式,以表达对王安石与蔡京的不满。

《遵尧录》各部分的编排形式一致,都是先介绍人物的言行,然后发表议论。这些议论又分两种类型:一是"臣从彦释",即解释人物的言行,共计32条;二是"臣从彦辨微曰",即对人物的言行发表自己的见解,多持批评或保留的态度,共计24条。值得注意的是,"臣从彦辨微曰"24条都出现在论述皇帝的前四部分,这是因为罗从彦在此主要就皇帝的治国与君臣关系阐述自己的看法,也应当是罗从彦政治思想中最重要的部分。

《遵尧录》是在钦宗靖康元年(1126年)成书的,这时北宋政权已经历太祖、太宗、真宗、仁宗、英宗、神宗、哲宗、徽宗、钦宗九位皇帝,然而《遵尧录》论述的皇帝只有太祖、太宗、真宗、仁宗前四位,表明罗从彦只认可这四位皇帝的政治成就,认为他们确立了宋朝的基本制度。希望钦宗等后世帝王以太祖、太宗、真宗、仁宗为典范,治国安天下。因此,《遵尧录》的主旨是论述"祖宗故事",也可以说是论述"祖宗法度"和"祖宗家法",目的在于法祖。

罗从彦上书谈"祖宗故事"在当时不是偶然的,宋朝还有不少士大夫建议遵守"祖宗家法"。北宋哲宗时期,吕大防《进祖宗家法札子》认为:"自三代以后,唯本朝百二十年中外无事,盖由祖宗所立家法最善。"他总结的"祖宗家法"主要有事亲之法、事长之法、治内之法、待外戚之法、尚俭之法、勤身之法、尚礼之法、宽仁之法,共八项。还说:"至于虚己纳谏,不好田猎,不尚玩好,不用玉器,不贵异味。此皆祖宗家法,所以致太平者。"认为尽行家法,足以治理天下。钦宗初年,李纲也请深考祖宗之法,一一推行。北宋中后期的这些上书,希望依靠祖宗家法完成守成大业。从家法形成过程来看,主要是创业君主和守成明君留下的方针政策。如钦宗时李光请求讨论"祖宗故事"以守成,强调的是"太祖太宗以英文烈武戡定祸乱,创业垂统,规模宏远矣。五宗(按指真宗、仁宗、英宗、神宗、哲宗)守成以至道君,上皇继述之美,天下治安几二百年",建议"绍复祖宗故事"。南宋高宗时,赵元镇上书说:"国家之有天下也,始以太祖之武,建创业垂统之功;继以仁宗之仁,得持盈守成之道,致治之术。先后相成,垂裕后昆,为法万世。"他更强调太祖与仁宗创立家法的重要性,建议高宗法太祖之武与仁宗之仁,把祖宗之法作为家法。比较而言,罗从彦也最服膺太祖、仁宗"二圣",不过他也论述了太宗、真宗的事迹。

今人对宋代祖宗家法的研究也值得注意。有学者指出:"宋代经过太祖、太宗两朝,法制基本已完善,形成有宋后世所习称的'祖宗法制''祖宗家法'。在治国成规上,皇帝握立法与否决之权,宰辅理事,握行政之权,'共治天下',是所谓成法。"更有学者就如何看待"祖宗家法"提出自己的看法,认为北宋初很快形成了一整套权力制约体系,并成为所谓"祖宗家法"的重要组成部分之一。研究者将死守祖宗家法视为造成北宋积弱不振直至最后灭亡的重要原因。其实在宋朝的三大基本国策中即强干弱枝、重文轻武、守内虚外,与祖宗家法之间不能画等号。对于祖宗家法,应做具体分析。形成于宋太宗两次北伐燕云失败之后的守内虚外国策当然应当加以否定,强干弱枝、重文轻武国策仅适应北宋初期的形势,不能视为一成不变的金科玉律,此后理当及时加以调整。至于权力制约体系,既有造成政府机构臃肿、办事效率低下的消极作用,又有防止权力恶性膨胀、减缓腐败蔓延速度的积极意义。从总体上说,北宋亡国并非死守,反倒是放弃作为祖宗家法重要组成部分的权力制约体系所致。祖宗家法应当受到历史的肯定。

结合古今学者的论述,可见"祖宗家法"在宋史中的重要性,《宋史》罗从彦本传引述在罗从彦思想时,分为"论治"和"论士行"两部分。"论治"部分反映出罗从彦的政治思想。其内容如下:

> 祖宗法度不可废,德泽不可恃。废法度则变乱之事起,恃德泽则骄佚之心生。自古德泽最厚莫若尧、舜,向使子孙可恃,则尧、舜必传其子。法度之明莫如周,向使子孙世守文、武、成、康之遗绪,虽至今存可也。

又曰:

> 君子在朝则天下必治,盖君子进则常有乱世之言,使人主多忧而善心生,故治。小人在朝则天下乱,盖小人进则常有治世之言,使人主多乐而怠心生,故乱。

又曰:

> 天下之变不起于四方,而起于朝廷。譬如人之伤气,则寒暑易侵;木之伤心,则风雨易折。故内有林甫之奸,则外必有禄山之乱;内有卢杞之奸,则外必有朱泚之叛。

这三段话均见于罗从彦的《议论要语》,其核心是说维持国家稳定的关键是遵守祖宗法度,朝廷用人应当用忧国忧民的"君子",而不是歌颂盛世的"小人",国家的安危系之于朝廷内部。这些内容比较准确地反映了罗从彦思想,可谓切中要害。《宋史》评论罗从彦"议论醇正",说明他的思想非常符合儒家正统观念。

二

下面根据自己的体会,具体探讨《遵尧录》所体现的罗从彦政治思想。在罗从彦总结的"祖宗故事"中,比较强调君臣之道,重视皇帝与宰相的修养以及二者的关系,试图建立儒家正统思想的稳定意识形态。

在为君之道方面。罗从彦认为君道在于心正,他说:"人君者,天下之表,若自心正则天下正矣。自心邪曲,何以正天下。"①帝王的嗜好当淡然无欲,他说:"太宗语李至曰:'人君当淡然无欲,不使嗜好形见于外,则奸邪无自入焉。'可谓善矣。"②纳谏是君王的美德,他指出:保申之能谏,楚文王之能从,其事见于刘向《说苑》,"太宗提出言之,取其大意,非特施于一己与子孙也,且以示天下后世,使知人君纳谏之美,有至于此也"。③ 又说:"太宗时内廷给事不过三百人,皆有所掌,不可去也。武程疏远小臣妄陈狂瞽,帝不罪之,以来天下之忠言,可谓善矣。"④君主应存德意,他说:"仁宗承平之久,纪纲不振,盖因循积习之弊耳。然能为太平天子四十二年,民到于今称之,以德意存焉故也。况德意既孚于民而纪纲又明,则其遗后代宜如何耶。"⑤批评以非理之说佐治,他说:"今其言曰皇后梦羽衣数百人从一仙官自空而下,曰此托生于夫人,则非理矣。"⑥天子所为,要须有以风动天下。他说:"孟子曰:'仁言不如仁声之入人深也。'仁言、仁声有以异乎,曰仁言为政者,道其所为仁声,民所称道,此不可不知也。夫天子所为,要须有以风动天下,如汉光武起循吏卓茂而以太傅处之,魏以毛玠为尚书,唐以杨绾为宰相是也。区区命令,非所以感人也,彼汉唐之君何足道哉!然一时之间所为合理尚足以感动,况以尧舜之道革易天下者乎。"⑦

　　君主赏罚应劝功惩罪。罗从彦说:"赏罚者,人主之大柄也。赏所以劝功,罚所以惩罪,天下共之。太祖时臣僚中有功当进官,此天下之大公也。帝不喜其人欲勿进,此蔽于私者也。"⑧君主赐予应有可称。他说:"赐予虽出于人君之仁,要受其赐必有以称之可也。"⑨察州县官吏,善恶关乎为治,他说:"察州县官吏,善恶自有常典,又时遣专使辨其能否疲软苛刻以闻,而褒黜之,足以为治矣。"⑩君王应能够辨别君子小人,否则为旷职,他说:"尧舜之时,垂拱无为而天下太平者,以其举元凯去四凶也。夫君子与小人相为消长,虽文

---

① 罗从彦:《豫章文集》,《文渊阁四库全书》第 655 册,北京:中华书局,1987 年,第 656 页。
② 罗从彦:《豫章文集》,《文渊阁四库全书》第 655 册,北京:中华书局,1987 年,第 663 页。
③ 罗从彦:《豫章文集》,《文渊阁四库全书》第 655 册,北京:中华书局,1987 年,第 664 页。
④ 罗从彦:《豫章文集》,《文渊阁四库全书》第 655 册,北京:中华书局,1987 年,第 666 页。
⑤ 罗从彦:《豫章文集》,《文渊阁四库全书》第 655 册,北京:中华书局,1987 年,第 687 页。
⑥ 罗从彦:《豫章文集》,《文渊阁四库全书》第 655 册,北京:中华书局,1987 年,第 688 页。
⑦ 罗从彦:《豫章文集》,《文渊阁四库全书》第 655 册,北京:中华书局,1987 年,第 689 页。
⑧ 罗从彦:《豫章文集》,《文渊阁四库全书》第 655 册,北京:中华书局,1987 年,第 657 页。
⑨ 罗从彦:《豫章文集》,《文渊阁四库全书》第 655 册,北京:中华书局,1987 年,第 658 页。
⑩ 罗从彦:《豫章文集》,《文渊阁四库全书》第 655 册,北京:中华书局,1987 年,第 679 页。

明之世不能,必天下无小人。虽乱世不能无君子,唯能辨之,使各当其分。此南面之事,而天子之所守者也。故进君子远小人,则为宜其职;忠佞杂处小人在位,则是旷职矣。天子而旷其职,则乱亡而已矣。"①同时也认为用人区分"善恶不可太察"。②

　　为臣之道方面。罗从彦认为大臣应"兼善泽民,以天下为心,不忘王室"。③ 主张大臣要善于规谏君主,他说:"古者忠臣之事君也,造次不忘纳君于善,有剪桐之戏者,则随事箴规;违养生之戒者,则即时戒正。"④又说:"杨亿文章擅天下,真宗使处翰林,则是亿有文章而帝有亿也。孔子曰:'天何言哉,四时行焉,百物生焉。'以亿之才艺,其处翰林之日非不久也。不能纳其君以文章融于性与天道,使间言得行,何所归咎耶。"⑤批评李沆不能谏君之失。他主张乐与人为善,团结与自己政见不同的人。他说:"世俗之人,莫不喜人同乎己,而恶人异于己也。同于己而欲之,异于己而不欲者,以出乎众为心也。以出乎众为心,则以其不大故也,唯大为能有容,善者共说之,不善者共改之,宜无彼己之异。故舜曰大舜,禹曰大禹者,明乎此而已矣。若衍存心至公,而乐与人为善,不以必出于己为胜,其舜禹之徒与。"⑥他以宰相和台谏官为例,希望大臣忠于职守,敢于建言。他说:"凡为天下国家者,其安危治乱,是非得失,必有至当之论,至正之理,而宰相行之,台谏言之,其总一也。至于宰相或取充位,则台谏不可以无言。台谏或非其人,则宰相不得以缄默,趋于至当而已矣。"⑦主张同僚中当以有才者为重,如此才有利于国家。

　　强调朝廷的用人之道。用人不可过分挑剔,罗从彦指出:"真宗尝谓宰相曰:'朕于庶官中求其才干者尚多有之,若以德行则罕见其人矣。'夫德行之门必有忠孝,未有德不足而忠孝能全者也。真宗尝谓宰相曰:'臣僚中有被谤言达朕听者,咨之于众,似得其实。'然为臣为子鲜有无过之人,但能改过知非即为善也,况朝廷不以一眚废人终身之用乎。"⑧强调用人之策。以寇准为例,说

---

① 罗从彦:《豫章文集》,《文渊阁四库全书》第 655 册,北京:中华书局,1987 年,第 711 页。
② 罗从彦:《豫章文集》,《文渊阁四库全书》第 655 册,北京:中华书局,1987 年,第 708 页。
③ 罗从彦:《豫章文集》,《文渊阁四库全书》第 655 册,北京:中华书局,1987 年,第 707 页。
④ 罗从彦:《豫章文集》,《文渊阁四库全书》第 655 册,北京:中华书局,1987 年,第 657～658 页。
⑤ 罗从彦:《豫章文集》,《文渊阁四库全书》第 655 册,北京:中华书局,1987 年,第 679 页。
⑥ 罗从彦:《豫章文集》,《文渊阁四库全书》第 655 册,北京:中华书局,1987 年,第 703 页。
⑦ 罗从彦:《豫章文集》,《文渊阁四库全书》第 655 册,北京:中华书局,1987 年,第 704 页。
⑧ 罗从彦:《豫章文集》,《文渊阁四库全书》第 655 册,北京:中华书局,1987 年,第 673 页。

明"人才各有所用,自非大贤不可责备"。① 又主张"用人以德器为先,才大而德不足只为累耳"。②

至于君臣关系。要求君主对大臣有礼,大臣知廉耻。他说:"古者,君臣之间礼义廉耻而已矣。上知有礼而不敢慢其臣,而下知廉耻以事其君,上下交修,则天下不足为也。"③批评君主过分专制,不相信大臣,他说:"真宗咸平中,命宰相枢密陈御边之计,帝总揽而裁定之,他日对便殿内出阵图,谕之曰:'朕虽经划如此,以付诸将,尚恐有所未便,卿等审观可否,更同商议。'而李沆等以为尽合机宜,此于制胜一时之策,可谓善矣。然非常行之道也,自古朝廷之事可付之相,边事付之将。苟自中制之,立为阵图以授之,内外不相及,必有失机会者矣。古人云阃外之事将军主之,此最为知言也。"④以皇帝不相信宰相王旦事例,指出君臣一体,"人主于宰相,疑则勿任,任则勿疑"。⑤ 有学者指出,徽宗同其列祖列宗一样,始终将最后决定权和宰相任免权紧握在手。他在位 26 年,更换宰相 13 人,宰相任期一般极短,大多不到两年。其中刘正夫任期最短,仅 7 个月;何执中、王黼任期较长,也无非 6 年左右。罗从彦此言实属有所感而发。

君臣应合心同谋。他说:"小人之权幸可畏也久矣,以仁宗之英明急于图治,晏殊为相,群贤在朝,天下拭目以望太平,而富范等各条具其事,以时所宜先者方施行之。欧阳修又以天子更张政事,忧悯元元,而劳心求治之意,载于制书,以讽晓训敕在位者,可谓一时之良。而峥于逸间,不果其志,何耶? 古者人君立政立事,君臣相与合心同谋,明足以照之,仁足以守之,勇足以断之,为之不暴。而持之已久,故小人不得以措其私,权幸不得以摇其成。若庆历之事锐之于始,而不究其终,君臣之间毋乃有未至耶? 致治之难,古今之通患也,可胜咤哉。"⑥特别是关于皇帝与宰相的关系方面,他认为君主应知命相,说:"太宗之命吕端也,说者谓宰相之任在乎登进贤才,黜远庸佞,而总其纲目,万事自理。故曰天子择宰相,宰相择百官,非才之人不可虚授,其言是已。

---

① 罗从彦:《豫章文集》,《文渊阁四库全书》第 655 册,北京:中华书局,1987 年,第 695 页。
② 罗从彦:《豫章文集》,《文渊阁四库全书》第 655 册,北京:中华书局,1987 年,第 695 页。
③ 罗从彦:《豫章文集》,《文渊阁四库全书》第 655 册,北京:中华书局,1987 年,第 657 页。
④ 罗从彦:《豫章文集》,《文渊阁四库全书》第 655 册,北京:中华书局,1987 年,第 671 页。
⑤ 罗从彦:《豫章文集》,《文渊阁四库全书》第 655 册,北京:中华书局,1987 年,第 697 页。
⑥ 罗从彦:《豫章文集》,《文渊阁四库全书》第 655 册,北京:中华书局,1987 年,第 690 页。

若太宗者,其知所以命相者欤。"①宰相应当进贤退不肖,他说:"古者进退人臣自有道,而宰相者乃辅天子以进贤退不肖者也,不可不谨也。"②又说:"宰相之职在于进贤退不肖,古之人有举之至于同朝而人不以为德,有废黜之终其身而人不以为怨者,合于至公故也。故举一贤使天下之人知如是者皆可勉,去一不肖使天下之人知如是者皆可惩,无非教也。"③用人当重人望,他说:"王旦章圣时在中书最久,每进用朝士必先望实,苟人望未孚,则虽告之曰某人才、某人贤不骤进也,此真救弊之良图也。曾之当国也,遵行其言,人皆心服,非已行之验故耶。"④宰相应出于公心,他说:"宰相以天下为己任者也,推公心由直道,务使下情通以防壅蔽,不亦善乎。而恶闻忠言则其人可知已。仁宗时执政者禁越职言事,弼因论日食请除其禁,此亦尧舜明四目、达四聪之意,而治乱之机也。"⑤

　　立后对于君主与国家很重要,罗氏也有所论述。特认为皇后不可改易,指出:"古者天子立六官,三公九卿二十七,大夫八十一,元士以听天下之外治,天子后立六宫三夫人九嫔二十七世妇八十一御妻,以听天下之内治。故曰天子听男教,后听女顺;天子理阳道,后治阴德。终身不变者也。礼有七出,为大夫以下者言之,天子无废后之文,诸侯无废夫人之事。是以关雎乐得淑女以配君子,忧在进贤不淫其色,采择之法在审其初而已。所以防色欲窒逸间、杜僭乱治乱祸福之机在于此矣。仁宗时郭后以无子愿避后位入道,理之所不可者也。故仲淹等争之,至伏阙论列,当时执政之人不知以尧舜待其君,乃引其君使蹈汉唐弊法,可胜惜哉。"⑥又认为皇帝亡后不可复娶,他说:"男女之配终身不变者也,故礼天子、诸侯不再娶,说者谓天子诸侯内职具备,后夫人亡可以摄治,故无再娶之礼。唐啖氏亦曰古者诸侯一娶九女,元妃卒则次妃摄行内事,无再娶之文。故《春秋》之法,仲子不得为夫人。由是言之,则天子可知矣。明道中郭后入道,宰相等劝帝复娶曹后,其累盛德,盖不特章

---

① 罗从彦:《豫章文集》,《文渊阁四库全书》第 655 册,北京:中华书局,1987 年,第 660 页。
② 罗从彦:《豫章文集》,《文渊阁四库全书》第 655 册,北京:中华书局,1987 年,第 658 页。
③ 罗从彦:《豫章文集》,《文渊阁四库全书》第 655 册,北京:中华书局,1987 年,第 700 页。
④ 罗从彦:《豫章文集》,《文渊阁四库全书》第 655 册,北京:中华书局,1987 年,第 699 页。
⑤ 罗从彦:《豫章文集》,《文渊阁四库全书》第 655 册,北京:中华书局,1987 年,第 709 页。
⑥ 罗从彦:《豫章文集》,《文渊阁四库全书》第 655 册,北京:中华书局,1987 年,第 688~689 页。

献服未除也。后之为人君者可不戒哉,可不戒哉。"①太后临朝之事,皆非治世典礼也。他说:"周成王嗣位之初,摄政者周公而已。炎汉以来乃有太后临朝之事,而后世袭其例,遂以两宫称之。或曰二圣,皆非治世典礼也。"②罗从彦尊奉尧舜之道,实际上是儒家三代大同世界的政治理想,因此罗从彦强调确立儒学的官方意识形态地位。他主张尊奉儒学正统,屏弃佛道。首先主张道术在于知有圣人,他指出:"道术不明久矣,汉兴有盖公者治黄老,曹参师之。其言曰治道贵清净,而民自定是也。然其相汉也不过遵何之法,勿失而已矣。非圣人之诚也,圣人之诚,感无不通,故所过者化,所存者神,其感人也。不见声色而其应之也捷于影响,此尧、舜、孔子之道也。"③君主尊孔为知本。他指出:"唐时诏郡邑通得祀社稷、孔子,独孔子用王者事,以门人为配,自天子以下,北面拜跪,荐祭不敢少忽者,非以其为万代之法故耶。行之未几,而浅于学者智不及此,乃请东揖,以杀太重,历朝循而不改。逮及我宋,章圣皇帝之幸曲阜也,奋独见之明,特展拜以表严师崇儒之意,德之盛者也。若章圣皇帝,可谓知所本矣。古者帝王称号,因时而已,非德有优劣也。唐明皇既追封先圣为王,袭其旧号可也。加之以帝号而褒崇之亦可也,顾时君所欲何如耳。"④他批评太宗景慕老子学说,指出:"老氏刍狗之说,取其无情而已。以圣人之神化言之,则不见其诚;以万物化生言之,则不见其感。世有为孔老之说者,岂其因循前人偶未之思故耶。夫鼓万物不与圣人同忧者,天之道也,圣人则不免有忧矣。若使百姓与万物等,而一以刍狗视之,则亦何忧之有?故老氏之学大者天之,则诋訾尧舜不屑世务,其下流为申韩者有之矣。"⑤还从立人之道在于仁与义方面,认为应戒老子之说。他指出:"《孟子》曰:'仁之实,事亲是也;义之实,从兄是也;智之实,知斯二者弗去是也。'夫立人之道曰仁与义,仁体也,义用也,行而宜之之谓也。所谓智者知此二者而已。及其行之也,若禹治水,然行其所无事而已矣。尧舜之治不出乎此。自周道衰,洙泗之教未作,而世所谓智者不然,机变之巧杂然四出,故鸟乱于上,鱼乱于下,人乱

---

① 罗从彦:《豫章文集》,《文渊阁四库全书》第 655 册,北京:中华书局,1987 年,第 689 页。
② 罗从彦:《豫章文集》,《文渊阁四库全书》第 655 册,北京:中华书局,1987 年,第 699 页。
③ 罗从彦:《豫章文集》,《文渊阁四库全书》第 655 册,北京:中华书局,1987 年,第 667 页。
④ 罗从彦:《豫章文集》,《文渊阁四库全书》第 655 册,北京:中华书局,1987 年,第 675~676 页。
⑤ 罗从彦:《豫章文集》,《文渊阁四库全书》第 655 册,北京:中华书局,1987 年,第 668 页。

于中。此老氏之所以戒也,非公天下者之言也。"①不仅批评道家,还认为佛学不合尧、舜、孔子之道。他说:"佛氏之学端有悟入处,其言近理,其道宏博,世儒所不能窥,太宗之言是已。然绝乎人伦,外乎世务,非尧、舜、孔子之道也。夫治己治人,其究一也。"②因此,君主应远于佛仙之学。他说:"圣人尽道,以其身所行率天下,盖欲天下皆至于圣人。佛仙之学不然,是二之也。故君子不贵也。"③

在儒学经典中,罗从彦特别看中《春秋》与《中庸》。他说:"愚闻之师曰:'《春秋》之书,百王不易之通法也。'自周道衰,圣人虑后世圣王不作,而大道遂坠也。故作此一书,若语颜渊为邦之问是也。此书乃文质之中,宽猛之宜,是非之公也。"④又说:"《中庸》之书,此圣学之渊源,六经之奥旨者也。天下大治,天其或者无乃有意斯文,将以岂悟天下后世故耶。"⑤还指出:"《中庸》之书,孔子传之曾子,曾子传之子思,子思述所授之言以著于篇。中者天下之大本,庸者天下之定理,故以名篇。此圣学之渊源,六经之奥旨者也。汉唐之间,读之者非无其人,然而知其味者鲜矣。自仁祖发之,以其书赐及第进士王尧臣等,厥今遂有知之者。昔者尧舜相授不越乎此,而天下大治,天其或者无乃有意斯文,将以岂悟天下后世故耶。"⑥在尖锐的民族斗争面前,他也认为帝王应知霸王之道,他说:"《孟子》曰:'以力假仁者霸,霸必有大国;以德行仁者王,王不待大。'又曰:'霸者之民欢虞如也,王者之民皞皞如也。'善乎孟子之言,昔孔子没孟子继之,惟孟子为知霸王者也。夫学至于颜孟,则王道其几之矣。故知圣人之学者然后可与语,王道不知,圣人之学不可与语也。不知圣人之学,骤而语之,曰此霸道也,此王道也,必惑而不信矣。圣人不作,自炎汉以来有可称者莫不杂以霸道,汉宣之言是也。若唐贞观中海内康宁,帝曰:'此魏征劝我行仁义之效也。'盖亦假之者也。神宗时以司马光之学犹误为之

---

① 罗从彦:《豫章文集》,《文渊阁四库全书》第 655 册,北京:中华书局,1987 年,第 667 页。
② 罗从彦:《豫章文集》,《文渊阁四库全书》第 655 册,北京:中华书局,1987 年,第 668~669 页。
③ 罗从彦:《豫章文集》,《文渊阁四库全书》第 655 册,北京:中华书局,1987 年,第 669 页。
④ 罗从彦:《豫章文集》,《文渊阁四库全书》第 655 册,北京:中华书局,1987 年,第 684 页。
⑤ 罗从彦:《豫章文集》,《文渊阁四库全书》第 655 册,北京:中华书局,1987 年,第 684~685 页。
⑥ 罗从彦:《豫章文集》,《文渊阁四库全书》第 655 册,北京:中华书局,1987 年,第 684~685 页。

说,又况其下者乎。然则霸王之道要须胸中灼然,当时宰相未必能知也。"①

罗从彦既然强调儒家政治思想,所以敬天、法祖、勤政、爱民的儒家治国主张自然也是他看中的。

罗从彦有民本的思想。太祖建隆初扬泗饥民多死者,沈伦请发军储以贷之,罗从彦认为这是"知本",而太祖则"善听言"。罗从彦指出:"人君之所以有天下者,以有其民也。民之所恃以为养者,以有食也。所恃以为安者,以有兵也。《书》曰:'民为邦本,本固邦宁。'昔孟轲氏以民为贵,贵邦本也。故有民而后有食,有食而后有兵。自子贡问政、孔子所答观之,则先后重轻可知矣。"②也主张君主应勤政。真宗曾出《勤政论》以示群臣,宰相更请出示朝廷。罗从彦赞赏勤政,他说:"帝自咸平初以至祥符,躬亲庶政十有五年,而在京诸司,每以常行事务诣便殿取裁,事无大小,一决宸衷。故孙冕、王嗣宗等得以言之。……帝既以冕奏,颇知大体。又降诏以奖谕嗣宗,可谓能听言矣。而宰相乃请以'勤政论'出示朝堂,孔子所谓将顺者岂其然耶。"③还认为事天之礼不可缺。他指出:"古者岁一郊,牲用茧栗,器用陶匏,无甚繁费,取其恭诚而已。今三岁一有事焉,已非古典。若赏赐士卒,乃太祖一时之命,后因以为例。议者犹欲不给新兵,以渐去之,而两府以下皆赐金帛,何耶?王嗣宗知财用数目而已,固不足与议礼。蒙正名臣也,谓前代停郊谒庙,盖因灾沴。今无故罢禋祀,典礼无据,且水旱无常,不幸有故,用前代故事可乎?善乎,真宗之能守也,不计郊坛一日之费,事天之礼不可阙也,若士卒赏赐可革,革之;两府以下金帛可削,削之。一主于恭诚,孰曰不可。"④由于敬天思想,认为天书之降非天理,他说:"昔尧舜命重黎绝地天通,罔有降格,恐人神杂糅故也。使天书之降,果真有之,盖已非尧舜之治矣。以理考之,穹然默运于无形之中,而四时行焉,百物生焉,此天之理也。天岂谆谆然有物以命之乎?远求前古未之或闻,下验庶民无所取信。而王旦乃以龙图授羲龟书锡禹比之,使帝之精诚一寓于非,所寓可胜惜哉。"⑤正因为罗氏的正统儒家思想,他不赞同封禅,

---

① 罗从彦:《豫章文集》,《文渊阁四库全书》第655册,北京:中华书局,1987年,第681～682页。
② 罗从彦:《豫章文集》,《文渊阁四库全书》第655册,北京:中华书局,1987年,第650页。
③ 罗从彦:《豫章文集》,《文渊阁四库全书》第655册,北京:中华书局,1987年,第677～678页。
④ 罗从彦:《豫章文集》,《文渊阁四库全书》第655册,北京:中华书局,1987年,第678页。
⑤ 罗从彦:《豫章文集》,《文渊阁四库全书》第655册,北京:中华书局,1987年,第680页。

认为"不以尧舜三代之君为法者,皆妄作也"。①

面对宋金对峙,民族斗争激化,他主张谨慎进行战争。认为"师旅之兴必有谓",后世"有和戎克定之说"不足尚,"古者天子有道守在四夷,《诗》曰'莫敢不来享,莫敢不来王'是也。及其为中国患也,则亦驱之出境而已。……此圣人之格言,万世不易之理也"。②罗从彦主张依照"祖宗故事"行事,他批评王安石"变更祖宗法度,创为新说"③,主张恪守祖宗之法。他说:"自英庙以至神宗之初,光每与吕诲同论祖宗之制,盖惩于此矣。王安石用事,又复启之,蔡京恃以为奸,其权大盛。天下之士争出其门,根株蟠结,牢不可破,遂为腹心,痼疾可胜言哉!今则祖宗之法具在,但守之勿失,推之万世,虽至于无穷可也。"④罗从彦也能比较辩证地看待王安石变法,如他批评司马光的议论之失,不知"天子之孝在于保天下","去元丰间人与罢免役二者"也是失误之处。⑤ 同时,罗从彦还批评王安石"伤于太刻"。⑥

三

《遵尧录》反映了罗从彦以"祖宗故事"为当政者提供统治经验的想法,主张遵守"祖宗法度",反对纷乱的政局。意在纠正王安石变法后带来的政治不稳定与社会动荡,从而面对金朝的威胁。他所举出的"祖宗故事"明君贤臣事迹,主要是用儒家的价值观判断的,也就是说要确立儒家思想在意识形态中的正统地位。

徽宗时代,北宋内忧外患严重,罗从彦居乡授徒,传播道学。然而他位卑未敢忘国,"处江湖之远而忧其君",上书建言,体现出士人对国家、民族的历史责任感。后人评论《遵尧录》说:"大抵以我国家一祖开基,列圣继统,纲正目举,无汉唐杂霸之未醇。君圣臣贤,若舜禹遵尧而不变。备述太宗凡边防

---

① 罗从彦:《豫章文集》,《文渊阁四库全书》第 655 册,北京:中华书局,1987 年,第 680 页。
② 罗从彦:《豫章文集》,《文渊阁四库全书》第 655 册,北京:中华书局,1987 年,第 696~697 页。
③ 罗从彦:《豫章文集》,《文渊阁四库全书》第 655 册,北京:中华书局,1987 年,第 706 页。
④ 罗从彦:《豫章文集》,《文渊阁四库全书》第 655 册,北京:中华书局,1987 年,第 713 页。
⑤ 罗从彦:《豫章文集》,《文渊阁四库全书》第 655 册,北京:中华书局,1987 年,第 716 页。
⑥ 罗从彦:《豫章文集》,《文渊阁四库全书》第 655 册,北京:中华书局,1987 年,第 725~726 页。

事机之重,尽守规模,复言仁祖承封祀宫室之余,益加恭俭。揄扬丕宪,推本深仁。大而郊庙宫掖之严,次而朝廷郡国之政,或释言以极发明之旨,或辨微以寓讽谏之诚。末陈元丰间改制之因,皆自王安石作俑之过,管心鞅法,创为功利之图;章倡蔡随,浸兆裔夷之侮。"[①]虽然罗从彦的主张在当时未被采纳,但是作为思想史的资料却长存世间,他的痛心疾首之言,无愧于其生活的时代。

(作者单位:南开大学中国社会史研究中心)

---

① 罗从彦:《豫章文集》,《文渊阁四库全书》第 655 册,北京:中华书局,1987 年,第 761 页。

罗从彦"无为而治"思想探源

◎ 陈国代

一

《论语·卫灵公第十五》曰:"子曰:'无为而治者,其舜也与?夫何为哉,恭己正南面而已矣。'"①罗从彦于北宋靖康元年(1126 年)十月作成《圣宋遵尧录》一书,援引孔子称赞帝舜无为而治之理念:"孔子称舜曰:'无为而治者,其舜也与?恭己正南面而已矣。'夫舜之所以无为者,以百揆得其人,九官任其职故也。"②两段文字略有不同,讲述位居天子者在治理天下时的思想行为问题,突出"无为"与"有为"的辩证关系。"无为而治"的意思,按通常解释是"自己无所作为而使天下得到治理",此"自己"是尧舜一样的圣人。罗从彦致力于儒家思想研究,沿用孔子思想阐述,但又做了补充说明:舜帝恭己正南面而无所为,关键在于先前建立完善的管理制度,明确提出"奋庸美尧之事"的远大目标,选拔使用天下贤才去具体实施,也就是有了管理制度、奋斗目标、人才资源三大方面的保障。朱子也认为:"无为而治者,圣人德盛而民化,不待其有所作为也。独称舜者,绍尧之后,而又得人以任众职,故尤不见其有为之迹也。恭己者,圣人敬德之容。既无所为,则人之所见如此而已。"③充满内

---

① 朱熹:《论语集注》卷八,《四书章句集注》,北京:中华书局,2006 年,第 162 页。
② 罗从彦:《豫章文集》卷四,《遵尧录三·真宗》,《影印文渊阁四库全书》第 1135 册,上海:上海古籍出版社,1989 年,第 677 页。
③ 朱熹:《论语集注》卷八,《四书章句集注》,北京:中华书局,2006 年,第 162 页。

圣外王的哲理思想,也是为"回向三代"思潮找到根源,"要人就尧舜三代源头处理会来"。①

唐尧虞舜是中华民族的精神象征,后世言道德者多道尧舜,显然有其深刻道理。据《史记·五帝本纪第一》记载:天下归舜时,不仅保留帝尧使用德高望重而分管四方的四岳,还委任"禹、皋陶、契、后稷、伯夷、夔、龙、倕、益、彭祖"十位大臣和"十二牧"。任用数年后,"此二十二人咸成厥功"。②禹受命治理天下江河湖海,"禹平水土,置九州",设置扬、荆、豫、青、兖、雍、冀、燕、齐九大州,而"舜以冀州之北广大,分置并州。燕、齐辽远,分燕置幽州,分齐为营州。于是为十二州也"。即新增设幽、并、营三州,而成扬、荆、豫、青、兖、雍、冀、燕、齐、幽、并、营等十二州,委派州牧管理地方事务,诸侯"莫敢辟违"③,做到天下一盘棋。以上可以看出当时由天子、四岳、十个大臣、十二州牧和百官众吏,构成国家管理队伍的主干,与之相适应的是管理制度,以及制度下的社会运作。

早在帝尧时期,舜受命代理天子职权,已经选拔贤人、流放"四凶族",赢得天下诸侯的拥护。《尧典》记载,帝舜听取四岳对禹、皋陶、契、弃、伯夷等十人的德行评价而实施具体分工,承担任务,其中命禹担任"司空",治理水土;命弃担任"后稷",掌管农业,百谷按时种植得以丰收;命契担任"司徒",推行教化,百姓亲和;命皋陶担任"士",执掌刑法,正天下罪恶,民各伏得其实;命倕担任"共工",主掌工师,百工致功;命益担任"虞",掌管山林,而以朱虎、熊罴为佐,山林湖泊得到开垦利用;命伯夷担任"秩宗",主持礼仪,典三礼,形成上下咸让;命夔为乐官,掌管音乐和教育;命龙担任"纳言",负责发布命令,收集意见。设官分职,委任责成。仅彭祖的具体职位坟典不载,未可详知,推测与饮食卫生保健有关。又"命十二牧论帝德,行厚德,远佞人,则蛮夷率服"④,即舜命十二牧论帝尧之德,又敦之于民,远离邪佞之人。而在后世宋儒对"德"的理解,是圣人心中本有而持守不失仁义礼智信,也是人们共同生活及行为的准则和规范。其中禹率领团队,号令诸侯,动员子民,治理水患,开疆

---

① 黎靖德:《朱子语类》卷一一三,《朱子十》,北京:中华书局,1986年,第2741页。
② 司马迁:《史记》卷一,《五帝本纪第一》,二十四史简体字本,北京:中华书局,1999年,第32页。
③ 司马迁:《史记》卷一,《五帝本纪第一》,北京:中华书局,1999年,第32页。
④ 司马迁:《史记》卷一,《五帝本纪第一》,北京:中华书局,1999年,第29页。

辟土,耕作生产,稳定民心,建立不朽功勋,"唯禹之功为大"。① 可见优秀团队合力协助天子治理天下,收功之大。

从《史记》资料可以看出,自从黄帝统一天下各部落之后,华夏疆域非常辽阔。到了帝尧时期,非常重视处理好个人与族群、社会之间的关系,"能明驯德,以亲九族。九族既睦,便章百姓。百姓昭明,合和万国"。② 帝尧不仅树立道德风范,而且达到天下和合发展。帝尧命羲和、羲仲、羲叔、和仲、和叔从东南西北中的不同方位,观察天文地理,摸清动物习性,掌握植物生长规律,总结劳动生活经验,制定太阳历,指导春夏秋冬四时生产,"信饬百官,众功皆兴"。③ 于是有理论经验指导,百业兴盛,物产收成可观,民众生活改善,已经凸显出科学精神与人文关怀的双重性。舜帝继承与弘扬帝尧"天下为公"的伟大精神,继续推动社会进步。

二

在尧统御天下时,许多平原地区遇到严重水患困扰,四岳推荐鲧去治理。由于浩大工程,鲧治水方法欠妥,工作作风蛮横,不能协调各方力量,"九年,功用不成"④,受到严惩。许多地方一直没能摆脱洪涝灾害,直至帝尧谢世也没有妥善解决。六十一岁的舜继位时,之前已有二十八年代理天子之政的工作经验,需要完成帝尧造福人类的美好愿望,还需要派能人去完成"平水土"的重大任务,听从四岳以"伯禹为司空,可成美尧之功"⑤的建议,起用鲧之子禹主持兴修天下水利工程。禹受命治理天下水患十三年,三过家门而不入,奔走各地,导流疏浚,引流入海,逐渐平息黄河、长江两大水系流域水患。开辟大片农田,发展种养生产,营造宜居环境,天下遂得其利。因为禹治水获得成功,逐步实现帝尧的天下平治的美好愿望,故而禹有大功受到舜的重用。

在天下治理大见成效时,帝舜召开隆重表彰大会,论功行赏,并倾心听取功臣们的治理经验与建议。据《史记·夏本纪第二》记载:"帝舜朝,禹、伯夷、皋陶相与语帝前。"帝舜在皋陶、伯夷发表治国理政的建言献策之后,请大禹

---

① 司马迁:《史记》卷一,《五帝本纪第一》,北京:中华书局,1999年,第32页。
② 司马迁:《史记》卷一,《五帝本纪第一》,北京:中华书局,1999年,第12页。
③ 司马迁:《史记》卷一,《五帝本纪第一》,北京:中华书局,1999年,第13页。
④ 司马迁:《史记》卷一,《五帝本纪第一》,北京:中华书局,1999年,第16页。
⑤ 司马迁:《史记》卷二,《夏本纪第二》,北京:中华书局,1999年,第38页。

发言。禹向帝舜进言说："於,帝!慎乃在位,安尔止。辅德,天下大应。清意以昭待上帝命,天其重命用休。"①中国古代文献称三皇五帝,乃由大部落酋长发展成为天下共主,受到普遍尊重。人们敬天,非常重视"帝"之"位",以"帝"聪明才智高于众人,便是天生之子,也称"天子"。郑玄注《中候敕省图》云:"德合五帝坐星者,称帝。"又《坤灵图》云:"德配天地,在正不在私,曰帝。"按郑玄对禹进言的解释是:"安汝之所止,无妄动,动则扰民。"也就是帝舜听从大禹的建议,执行当初制定的方针策略,顺天道治世,不轻举妄动,不扰民。

大禹克勤克俭,又能敬天,治水期间,走遍天下,对各地的地形、习俗、物产等皆了如指掌,还完善州一级的基层制度建设,以帝都为中心,由近及远,"辅成五服②,至于五千里。州十二师,外薄四海,咸建五长,各道有功。苗顽不即功,帝其念哉"。③ 也就是大禹把尧舜的仁心大爱推广到普天之下,但也有南方三苗国君未伏王化,"自古诸侯不用王命",需要帝舜留意加强管理。禹被擢为"百揆",与皋陶、契、后稷、伯夷、夔、龙、倕、益、彭祖为"九官"以及"十二牧"。这种架构,实为后世建立中央政府与省级政府之先导。

由于尧舜以仁德治理天下,群臣推广教化,故皋陶"作士以理民",讲究以德修身,而禹提出以德治世的原则,要地方管理者遵行中央王朝政策,"各以其职来贡,不失厥宜。方五千里,至于荒服",南抚交趾,西戎渠廋,北戍息慎,东长鸟夷④,派军镇守四方边疆,管辖疆域范围大于帝颛顼时期"北至于幽陵,南至于交趾,西至于流沙,东至于蟠木"。⑤ 管理措施更加完善,且管理有效,"四海之内咸戴帝舜之功"。⑥ 有了武功文治,才有上下相安,天下才能达到长久稳定的局面。"皋陶于是敬禹之德,令民皆则禹。不如言,刑从之。舜德大明"。⑦ 合大禹、皋陶两人治国理政的主张,便是以德导善,以刑惩恶,主辅分

---

① 司马迁:《史记》卷二,《夏本纪第二》,北京:中华书局,1999年,第59页。
② 五服:即规定天子帝畿以外五百里的地区叫甸服,再外五百里叫侯服,再外五百里叫绥服,再外五百里叫要服,最外五百里叫荒服。甸、侯、绥三服,进纳不同的物品或负担不同的劳务。要服,不纳物服役,只要求接受管教、遵守法制政令。荒服,则根据其习俗进行管理,不强制推行中央朝廷政教。
③ 司马迁:《史记》卷二,《夏本纪第二》,北京:中华书局,1999年,第60页。
④ 司马迁:《史记》卷一,《五帝本纪第一》,北京:中华书局,1999年,第32页。
⑤ 司马迁:《史记》卷一,《五帝本纪第一》,北京:中华书局,1999年,第9页。
⑥ 司马迁:《史记》卷一,《五帝本纪第一》,北京:中华书局,1999年,第32页。
⑦ 司马迁:《史记》卷二,《夏本纪第二》,北京:中华书局,1999年,第60页。

明,不失于一偏,于是有"天下明德皆自虞帝始"①之说。

从帝喾治民"平等而执中正"以来,帝尧之德,帝舜之德,大禹之德,一脉相承,内涵都是仁义礼智,"而修身之道,则为中"②,无所偏倚,可以概括为"中正公平",即《尚书》的"允执厥中"。且通过制度化管理加以巩固,并由大臣、群牧、百官推广到四面八方,远及边疆少数民族地区。而舜有大智慧,一向以德化民,知动而动,知止而止,就是不轻易干预百揆统九卿,九卿领十二牧,百官分职明责,共同治理天下,社会秩序井然,于是便有顺应历史趋势发展的"无为而治"。因此,唐虞之治世,疆土之辽阔,民心之安定,令后世向往。中国思想界之理想社会研究,以及欧洲思想界之"乌托邦"研究,皆可作为案例。

而提出"无为而治"治国思想理念的人,首先是懂得因势利导的大禹。而后来老子依照圣人言"我无为而民自化,我好静而民自正"③立教,王弼翻译成"圣人言我道承天,无所改作,而民自化成;圣人言我好静,不言不教,民皆自忠正",就是说古代圣人无所作为而自化,清净不挠而民自归正。其源便是出于大禹所劝帝舜"无为而治"之说。老子曾担任周朝典籍文献管理员,饱读古籍,以博学闻名于世。春秋末年,老子看到周王朝越来越衰败,诸侯纷争,天下大乱,民不堪其苦,便弃官归隐,骑青牛西行,路过函谷关时,受关令尹喜之请,著述五千言,借以阐述人要遵循天道自然虚静无为之主旨,其中要求"人法地,地法天,天法道,道法自然"之哲理,尤为后世津津乐道。老子所著五千言者,后世称《道德经》,司马迁说:"老子所贵道,虚无,因应变化于无为,故著书辞称微妙难识。"④老子谈论形上哲理,文辞称微妙难识,一般人难以理解,但其学说源于道德立论,充满辩证思维,故对中国哲学发展具有深刻的影响。

《史记·老子韩非列传第三》记载"孔子适周,将问礼于老子",得到一番指教,回途对弟子曰:"鸟,吾知其能飞;鱼,吾知其能游;兽,吾知其能走。走者可以为罔,游者可以为纶,飞者可以为矰。至于龙,吾不能知其乘风云而上天。吾今日见老子,其犹龙邪!"⑤当时孔子三十四岁,问学老子,有所受益⑥,但对老子高深玄妙之说并不能完全融会贯通,后来也没有追步老子高蹈物

---

① 司马迁:《史记》卷一,《五帝本纪第一》,北京:中华书局,1999年,第32页。
② 蔡元培:《中国伦理学史》,长春:吉林出版集团,2016年,第10页。
③ 《老子道德经》,王弼注本,清古逸丛书本,第6页。
④ 司马迁:《史记》卷六三,《老子韩非列传第三》,北京:中华书局,1999年,第1713页。
⑤ 司马迁:《史记》卷六三,《老子韩非列传第三》,北京:中华书局,1999年,第1702页。
⑥ 鲍鹏山:《孔子传》,北京:中国青年出版社,2012年,第59页。

外,而是直面现实世界,开创了儒学新天地。孔子思想与老子学说不同,孔子有自己的伟大抱负,周游列国,不断向诸侯、重臣推广仁德学说思想,到处碰壁,不得行其志。晚年回到故乡,聚徒讲学布道,整理文献典籍,倾心完成《诗》《书》《礼》《乐》《易》《春秋》,乃集历代礼乐文章之大成,后世儒家奉为六经,为修身治世之宝典。孔子"集唐虞三代积渐进化之思想,而陶铸之,以为新理想"①,而"《大学》之道,在明明德,在亲民,在止于至善"②的伟大理论,以尧舜为学习仿效楷模,"尧舜者,孔子所假以表其理想而为模范之人物者也"。③ 孔子说舜当政的时候,沿袭帝尧的主张,治理天下,有条不紊,表明圣人所要做的就是以德治国,以德化民。用清儒王夫之的语言来表达则是"尧舜之治,尧舜之道为之;尧舜之道,尧舜之德为之"。④

三

罗从彦作为大宋子民,深受尧、舜、禹、汤、文、武、周公以王道思想治理天下的影响,在《遵尧录序》里说:"尧舜三代之君不作也久矣!自获麟⑤以来,讫五代,千五百余年,惟汉唐颇有足称道。汉大纲正,唐万目举,然皆杂以霸道而已。有宋龙兴,一祖开基,三宗绍述,其精神之运,心术之动,见于纪纲法度者,沛乎大醇,皆足以追配前王之盛。故其规模亦无所愧焉。"⑥北宋有太祖、太宗、真宗、仁宗、英宗、神宗、哲宗、徽宗和钦宗九任皇帝,自神宗而事已难为矣,谋变法度,反以致乱也。

尧舜三代之君,以德受命,行仁德治世。汉唐帝王,以功承命,杂以霸道。唐末五代之乱世,几十年战乱,民不堪其苦,人们要求结束分裂战乱、实现安定统一的呼声越来越高,统一的历史趋势已经形成,故作为周世宗的最得力助手赵匡胤,在世宗去世后,"乃乘如狂之乱卒控扶以起"⑦,代幼稚恭帝以自

---

① 蔡元培:《中国伦理学史》,长春:吉林出版集团,2016年,第13页。
② 朱熹:《大学章句》,《四书章句集注》,北京:中华书局,2006年,第3页。
③ 蔡元培:《中国伦理学史》,长春:吉林出版集团,2016年,第13页。
④ 王夫之:《宋论》卷六,《神宗》,北京:中华书局,2016年,第115页。
⑤ 获麟:孔子七十一岁时,颜回英年早逝,有一只瑞兽麒麟受伤,孔子不再著述《春秋》,后人称之为"绝笔于获麟"。
⑥ 罗从彦:《豫章文集》卷二,《遵尧录序》,《影印文渊阁四库全书》第1135册,第647页。
⑦ 王夫之:《宋论》卷一,《太祖》,北京:中华书局,2016年,第1页。

立,黄袍加身,建立赵宋王朝。在王安石眼中:"太祖躬上智独见之明,而周知人物之情伪。指挥付托,必尽其材,变置施设,必当其务。故能驾驭将帅,训齐士卒,外以捍夷狄,内以平中国。于是除苛赋,止虐刑,废强横之藩镇,诛贪残之官吏,躬以简俭,为天下先。其于出政发令之间,一以安利元元为事。"①此举虽为大势所趋,但毕竟所受之命非以德,亦非以功,难以心安理得。太祖要赢得天下人心,就要谋天下之安,消灭藩镇割据政权,故而南征北伐,但至死未能完成统一大业的宏伟目标。太宗嗣业,要保持与贯彻太祖制定的大政方针,在太平兴国初尝谓宰相曰:"朕嗣守基业,边防事大,万机至重,当悉依先朝旧规,无得改易。"太宗"无复改张"的是大政方针,但采取一系列措施,建设政治制度,也称官制改革②,以适应新朝治理。真宗东封西祀,大修玉清宫等,耗费大量物力财力,而仁宗见此过侈之举,明确表示"如此之事,朕当戒之"。于是有"终太宗之世,无复改张;终仁宗之世,一于恭俭"③之说,表明太宗不改太祖的初心本意,仁宗谨戒真宗的奢侈之心,为后代君主做出表率。

《宋史》说:"真宗英悟之主。其初践位,相臣李沆虑其聪明,必多作为,数奏灾异以杜其侈心,盖有所见也。"④咸平四年(1001年)七月己卯,"边臣言契丹谋入寇"⑤,真宗命宰相、枢密陈御成之计,皇帝总览而裁定之"。过几天,君相对便殿内,真宗出阵图,谕之曰:"朕虽经画如此以付,尚恐有所未便,卿等审观可否,更同商议。"而李沆等只能表示尽合机宜。尽管真宗谓宰相曰:"军国之事无巨细,必与卿等议之,朕未尝专断,卿等固亦无隐,以副朕意。"亮出高姿态,但在深宫大院里经画作战图以付前线是不妥的,满足不了战场瞬息万变的应对。罗从彦认为"自古朝廷之事,可付之相,边事付之将。苟自中制之,立为阵图以授之,内外不相及,必有失机会者矣",引古人"阃外之事,将军主之"为最知言。

当时秘书丞孙冕对真宗"事必躬亲"有不同看法,上奏曰:"在京诸司,每

---

① 王安石:《临川先生文集》卷四一,《本朝百年无事札子》,《影印文渊阁四库全书》第1105册,第315页。
② 贾玉英:《略论宋太宗的官制改革》,参见邓广铭、漆侠等编《宋史研究论文集·1987年年会编刊》,石家庄:河北教育出版社,1989年,第94页。
③ 罗从彦:《豫章文集》卷二,《遵尧录序》,《影印文渊阁四库全书》第1135册,第647页。
④ (元)脱脱:《宋史》卷八,《本纪第八》,二十四史简体字本,北京:中华书局,1999年,第115页。
⑤ (元)脱脱:《宋史》卷六,《本纪第六》,二十四史简体字本,北京:中华书局,1999年,第77页。

以常行事务诣便殿取裁,况边事烦剧,圣虑焦劳,务在依违,互相蒙蔽,纵其保位,甚非称职。唐景龙中,名臣姚廷均奏言律令格式,陈之象魏,奉而行之,事无不理。比见诸司官僚不能遵守,事无巨细,皆悉奏闻,且为君在乎任臣,而臣在乎奉法,万机之繁,不可遍览。所以设官分职,委任责成,古帝王垂拱之化,盖在于此。自今若军国大事,及条式无文者,听奏取旨。余据章旨合行者,各令准法处分,其别生凝滞,故有稽迟,望许御史奏劾。"真宗曰:"冕之此奏,颇知大体,当下诏切戒之。"至大中祥符四年(1011年),太常博士王嗣宗又上言:"陛下躬亲庶政,十有五年,小大之事,一取宸断。自今望陛下除礼乐征伐大事之外,其余细务,责成左右。"有大臣说:"嗣宗不知朝廷事务。"真宗曰:"此颇识大体,当降诏奖之。"真宗肯定孙冕和王嗣宗奏言的背后,正好反映出宋代中央集权制中君权高于相权,相权高于士权,有严格的等级观念。虽然士权低,但士族大,可为治理国家大事发声者多,对相权、君权也有一定的限制作用。

李沆、孙冕和王嗣宗针对真宗躬亲庶政"必多作为"、"事无巨细,皆悉奏闻"和"小大之事,一取宸断"的行为持批评态度,尽管在语言表述上是批评臣子懒惰不作为,实则是皇帝高度揽权,完全束缚了大臣发挥职责作用,而劝皇帝遵行天道,学习舜帝"无为而治",该放权的还是要放,以制度保证贤人治国。罗从彦对此很赞同,且为此进行辨微,撰文说道:"孔子称舜曰:'无为而治者,其舜也与?恭己正南面而已矣。'夫舜之所以无为者,以百揆得其人,九官任其职故也。帝自咸平初以至祥符躬亲庶政十有五年,而在京诸司,每以常行事务诣便殿取裁,事无大小,一决宸衷,故孙冕、王嗣宗等得以言之。"①然而真宗由前期"必多作为"转向中后期"无所作为",特别是"澶渊既盟,封禅事作,祥瑞沓臻,天书屡降,导迎奠安",抑直任佞,东封泰山,西祀汾阴,大修玉清宫,致使出现"一国君臣如病狂然"之怪象,令人唏嘘。罗从彦认为真宗不能领会舜帝"无为而治"的精神,而做了"补充说明",尤其是对舜帝"百揆得其人,九官任其职"的选贤用能思想,从管理制度的角度做了补充说明,使"无为而治"的内涵更加清晰,更切实用。

罗从彦受"唐吴兢作《贞观政要录》,本朝石介亦有《圣政录》"的启发,在金兵铁蹄践踏中原之后作《圣宋遵尧录》,而"采祖宗故事,四圣所行,可以闾

---

① 罗从彦:《豫章文集》卷四,《遵尧录三·真宗》,《影印文渊阁四库全书》第1135册,第677页。

今传后者,以事相比类纂录之,历三季而书成",期望不久"朝廷清明,金人窜伏,且当有以来天下之言,辄纪岁月以俟采择"。①罗从彦为了大宋江山社稷着想,希望钦宗皇帝"一以遵祖宗故事"②来治理。宋太祖英明,"善于知人,指挥付托,必尽其材。变置施设,必当其务。故能驾驭诸将帅,对外防御周边的少数民族,对内平诸侯。去除苛政,禁止酷刑,废黜强横的藩镇,诛灭贪残的官吏,并亲自以简明为天下先,其政令全以利民为目的"③,必然引出对"宋初南北用兵、统一全国的同时,宋太祖赵匡胤还采取了一系列措施,巩固和加强了专制主义中央集权,进而创立了一整套为其后代奉若圭臬的'祖宗家法'"④,或云"祖宗法度"。

"祖宗家法"或云"祖宗之法",内涵包括国与家的制度建设,在实践中存在死守与变通的问题,每见于宋臣的奏论中,如《宋史·吕大防传》曰:"自三代以后,唯本朝百二十年中外无事。盖由祖宗所立家法最善,臣请举其略。自古人主事母后,朝见有时,如汉武帝五日一朝长乐宫;祖宗以来事母后,皆朝夕见。此事亲之法也。前代大长公主用臣妾之礼,本朝必先致恭,仁宗以侄事姑之礼见献穆大长公主,此事长之法也。前代宫闱多不肃,宫人或与廷臣相见,唐入阁图有昭容位;本朝宫禁严密,内外整肃。此治内之法也。前代外戚多预政事,常致败乱。本朝母后之族皆不预,此待外戚之法也。前代宫室多尚华侈,本朝宫殿止用赤白,此尚俭之法也。前代人君虽在宫禁,出舆入辇。祖宗皆步自内廷,出御后殿,岂乏人力哉?亦欲涉历广庭,稍冒寒暑,此勤身之法也。前代人主,在禁中冠服苟简。祖宗以来,燕居必以礼,窃闻陛下昨郊礼毕,具礼谢太皇太后,此尚礼之法也。前代多深于用刑,大者诛戮,小者远窜。惟本朝用法最轻,臣下有罪,止于罢黜,此宽仁之法也。至于虚己纳谏,不好畋猎,不尚玩好,不用玉器,不贵异味,此皆祖宗家法,所以致太平者。"吕大防推广祖宗家法以进,认为哲宗皇帝"不须远法前代,但尽行家法,足以为天下"。⑤丰稷亦向哲宗进奏云:"祖宗家法粲如日星,自古帝王践祚之初,未有不以节用爱民为宗庙社稷之永图。奈何奢侈之端,生于微而不自知,

---

① 罗从彦:《豫章文集》卷二,《遵尧录序》,《影印文渊阁四库全书》第1135册,第648页。
② 罗从彦:《豫章文集》卷二,《遵尧录序》,《影印文渊阁四库全书》第1135册,第648页。
③ 乔继堂等:《中国皇帝全传·中》,北京:中国社会科学出版社,2003年,第1053页。
④ 乔继堂等:《中国皇帝全传·中》,北京:中国社会科学出版社,2003年,第1005页。
⑤ (元)脱脱:《宋史》卷三四〇,《列传·吕大防传》,二十四史简体字本,北京:中华书局,1999年,第8667页。

及佞心一动,穷天下之欲不足为其乐。则政事荒,纪纲乱,天下之势利去矣。"①靖康元年(1126年)四月戊申,置详议司于尚书省,讨论祖宗法。②

到了南宋,仍有大臣重提"祖宗家法",如吏部侍郎陈俊卿谓本朝无以戚属为相,因向孝宗言:"祖宗家法,外戚不与政,最有深意,陛下所宜守。"③如史浩向孝宗奏曰:"唐虞之世,四凶极恶,止于流窜。三考之法,不过黜陟,未尝有诛戮之科。诛戮大臣,秦、汉法也。太祖制治以仁,待臣下以礼,列圣传心,迨仁宗而德化隆洽,本朝之治,与三代同风,此祖宗家法也。"④仁宗之世,贤相相继⑤,辅成功业。如彭龟年述祖宗之法为《内治圣鉴》"大抵为宦官、女谒之防"以进,目的在于防范诸如皇后李氏干政,光宗曰:"祖宗家法甚善。"⑥可见"祖宗家法"内容丰富,诸臣都是要皇帝不改祖宗的初心本意,且要用好用活法度,而不是尽弃祖宗法度。如朱子客观地说:"祖宗之所以为法,盖亦因事制宜以趋一时之便,而其仰循前代、俯徇流俗者尚多有之,未必皆其竭心思、法圣智以遗子孙,而欲其万世守之者也。是以行之既久而不能无弊,则变而通之,是乃后人之责。"⑦只有"竭心思,法圣智"而制定的法度,才能行之久而无弊,其他不完善之法,则要完善,有弊者则要革除。良法当固守,弊法当革除,这才是可取的制法精神。罗从彦认为:"祖宗法度不可废,德泽不可恃。废法度,则变乱之事起;恃德泽,则骄佚之心生。自古德泽最厚莫若尧舜,向使子孙可恃,则尧舜必传其子。至于法度,莫若周家之最明,向使子孙世守,则历年至今犹存可也。"⑧赵宋家法不若周家之法严明,意味着"祖宗法度"不全都是金科玉律,当守则守,当改得改,只有依照完善法度,才能保障社会运

---

① 李朴:《丰清敏公遗事》,明刻本,第17页。
② (元)脱脱:《宋史》卷二三,《本纪第二十三》,二十四史简体字本,北京:中华书局,1999年,第285页。
③ (元)脱脱等:《宋史》卷三八五,《列传·钱端礼传》,二十四史简体字本,北京:中华书局,1999年,第9341页。
④ (元)脱脱等:《宋史》卷三九六,《列传·史浩传》,二十四史简体字本,北京:中华书局,1999年,第9501页。
⑤ (元)脱脱等:《宋史》卷四五,《本纪第四十五》,二十四史简体字本,北京:中华书局,1999年,第596页。
⑥ (元)脱脱等:《宋史》卷三九三,《列传·彭龟年传》,二十四史简体字本,北京:中华书局,1999年,第9450页。
⑦ 朱熹:《晦庵先生朱文公文集》卷七〇,《读两陈谏议遗墨》,上海:上海古籍出版社,1989年,第3381页。
⑧ 罗从彦:《豫章文集》卷一一,《杂著·议论要语》,明刻蓝印本,第116页。

行。罗从彦为二程再传弟子,至北宋末年尚为一介布衣,作为赵宋子民,爱国忠君之心,昭然可鉴。为此,南宋官员陈协表彰罗从彦"先生可谓有德有言之隐君子矣"。①

然而,北宋只有大半个中国,至多说统一汉民族生活区,始终没有完成天下统一,一直处于内忧外患之中,内则各地寇乱此起彼伏,外部则有少数民族建立起来的敌对国家虎视眈眈,构成军事威胁,如在北方有契丹族所建立的辽国,在西北有党项族所建立的西夏国,以及后来崛起于白山黑水间的女真族所建立的金国,为利益动干戈,死伤难以计数,损耗大量的物力财力人力。而宋君品格魅力远不能与尧舜相比,宰相与众臣虽各有所长,然难同舜之"百揆""九官""十二牧"相比,如宋神宗赵顼与宰相王安石就是一个实例,朱子给出:"神宗极聪明,于天下事无不通晓,真不世出之主,只是头头做得不中节拍。如王介甫为相,亦是不世出之资,只缘学术不正当,遂误天下。"②

王安石有雄心壮志,居金陵,有重名,士大夫期以为相。熙宁初,神宗皇帝方励精图治,急于用人,张商英言:"知江宁府王安石经术道德,宜在陛下左右。"③神宗欲用王安石,问侍读孙固:"王安石可相否?"对曰:"安石文行甚高,处侍从献纳之职,可矣。宰相自有其度,安石狷狭少容。必欲求贤相,吕公著、司马光、韩维其人也。"④而鲜于侁恶安石沽激要君,对人说:"是人若用,必坏乱天下。"⑤可谓内外已知王安石非天下第一流人物而发出预警,但锐意革除旧弊的神宗皇帝难以找到"宽裕温柔,足以有容",兼有"发强刚毅,足以有执"⑥的人为相,正好"撞着介甫出来承当"⑦,便起用王安石持国政。神宗"措意立法,自谓庶

---

① 胡广:《性理大全书》卷四〇,《罗从彦》,明嘉靖二十二年(1543年)刻本,第1644页。
② 黎靖德:《朱子语类》卷一二七,《本朝一·神宗朝》,北京:中华书局,1986年,第3046页。
③ (元)脱脱等:《宋史》卷三五一,《列传第一百一十》,二十四史简体字本,北京:中华书局,1999年,第8838页。
④ (元)脱脱等:《宋史》卷三四一,《列传第一百》,二十四史简体字本,北京:中华书局,1999年,第8687页。
⑤ (元)脱脱等:《宋史》卷三四四,《列传第一百三》,二十四史简体字本,北京:中华书局,1999年,第8730页。
⑥ 黎靖德:《朱子语类》卷一二九,《本朝三·人物》,北京:中华书局,1986年,第3085页。
⑦ 黎靖德:《朱子语类》卷一三〇,《本朝四·人物》,北京:中华书局,1986年,第3095页。

几尧、舜"①,王安石有了得君行道的好机会,可谓千载一时,却因"学术不是"②,天资有拗强处,"狷狭少容",不能容正人而用小人任事,终以才气不足致纷乱而"坏天下"③,不能上副属任,成就富国强兵之事业。神宗事事要理会,惑理财之说,间老成之谋,兴疆场之事,终无宁日。"《诗》云:'时靡有争,王心载宁。'王安石之为相,可谓致天下之争,而君心不宁矣。"④至死如此。

纵观北宋,在国家治理上有可取之处,然"国家百年承平,其实规模未立"⑤,于天下非统一格局而求国家"无为而治",只能是奢想,但又不失启迪意义。

(作者单位:武夷学院朱子学研究中心)

---

① (元)脱脱等:《宋史》卷三四六,《列传第一百五》,二十四史简体字本,北京:中华书局,1999年,第8759页。
② 黎靖德:《朱子语类》卷一三〇,《本朝四·人物》,北京:中华书局,1986年,第3095页。
③ (元)脱脱等:《宋史》卷三四五,《列传第一百四》,二十四史简体字本,北京:中华书局,1999年,第8741页。
④ (元)脱脱等:《宋史》卷三四四,《列传第一百三》,二十四史简体字本,北京:中华书局,1999年,第8739页。
⑤ 黎靖德:《朱子语类》卷一三〇,《本朝四·人物》,北京:中华书局,1986年,第3096页。

论道南学派的构建

——以罗从彦和陈渊为中心

◎ 周元侠

道南学派起码有两种理解,一种是狭义上的,即杨时—罗从彦—李侗—朱熹的闽学传承,这也是洛学到闽学的发展过程;另一种是广义的,指二程洛学南传,这就包括了二程其他弟子在福建之外的传播,其中最突出的莫过于以胡为代表的湖湘学和以吕氏为代表的浙学。很多学者已经从不同的角度对道南学派进行了研究,有的学者认为道南学派不能等同于闽学,也不能等同于杨时一系的学术群体。有的学者通过对"吾道南矣"之说的来源进行文献学分析,认为"道南"之说来自后世对朱子权威的追崇。[①] 杨时的身后形象乃是陈渊等弟子的人为塑造,而非历史上真实的"活龟山"。[②] 无论"吾道南矣"出处是否来自杨时传人的自我"追崇",洛学南传作为文化史事件还是真

[①] 顾宏义在《"吾道南矣"说的文献学考察》(《宋史研究论丛》2011年第1期,第480~504页)中认为"吾道南矣"是朱熹之前并没有人引用过,甚至在朱熹死后,很多学者并不认可杨时在南传二程之学过程中的独尊影响,度正认为杨时与游酢并列传道,真德秀认为二程之学南传分为杨罗李朱代表的闽学一派、谢胡张代表的湖湘学一派、周恭叔和刘元承传为永嘉之学,魏了翁也认为游酢、杨时、谢良佐、胡安国等对洛学南传皆有其功。宋理宗时期,因朱学大盛,"道南"之学已然成为独尊的二程传人。向世陵在《理气性心之间——宋明理学的分系与四系》(长沙:湖南大学出版社,2006年,第67~118页)一书中亦将湖湘学和闽学共同作为道南学派,认为由二程兄弟开创并由杨时传承而下的学派,总称为"道南"学派,其中闽学(道学)和湖湘学(性学)是主要的两支。刘京菊在论文《"吾道南矣!"——道南学派之考辨》(《孔子研究》2008年第2期,第68~75页)中指出:"道南学派是指在闽地传播洛学直至南宋朱熹闽学建立这一动态的学术发展历程,是以纵向传衍为主,呈散居状态的学术派别,包括杨时、游酢及其后学罗从彦、李侗。"

[②] 朱学博、和溪:《杨时身后形象的人为塑造——兼论杨时墓志撰写的风波》,《复旦学报》2020年第3期,第32~42页。

实存在的,从师承关系或者思想发展来看,闽学和湖湘学显然都是洛学南传中的重要两支。从历代学术史的叙述来看,道南学派主要是指以杨时为代表的闽学,至于湖湘学是否属于道南学派,应是见仁见智。回溯胡安国对自己的师承关系以及对待杨时传洛学的态度,似乎不宜将之与以杨时为代表的道南学派混为一谈。众所周知,即使在福建境内,二程弟子众多,理学派别林立,为何最终学术史将道南学派固定在杨罗李朱这一单线传承的脉络呢?"吾道南矣"话语如何出现并传播似乎不能完全解答这一明清学术史的共识。本文试图从三个方面展开论述:"吾道南矣"与罗从彦之间的关联,陈渊塑造的杨时形象及其道统意识,罗从彦及其门人对道南学派的构建过程。

一、"吾道南矣"话语与罗从彦之间的关联

道南之说来自"吾道南矣",据顾宏义研究,宋代最早记载"吾道南矣"的文献是朱熹编纂的《二程外书》和《伊洛渊源录》。朱熹在《外书》中注明此言引自《龟山语录》,但今本《龟山语录》并无此语,尽管考虑到《龟山语录》在南宋可能有不同版本,但是当时所有引用《龟山语录》的人都没有引过"吾道南矣"。吕本中所撰《行状》、胡安国所撰《墓志铭》中也无此语。因此,顾宏义认为杨时独传"程学正宗"的地位"实是因朱熹而被追崇的"。[1] 诚然,无论朱熹生前,还是在死后一段时候内,学界普遍认为游酢、杨时、谢良佐、胡安国等对于洛学南传皆有其功,但随着朱熹地位的逐渐确立,时人始有引用"道南"之说者。宋理宗时期,朱学大盛,于是"吾道南矣"话语权大增,在一定程度上说,"道南之学"的定名,当与熊禾有着相当的关系。[2] 此后,道南学派与杨罗李朱之间的关系几成共识,《宋元学案》中《豫章学案》下有一段吴梓材的按语可加以佐证,曰:"李文靖以下,谢山始称《道南学案》。后改延平,与文质合称《豫章延平学案》,定《序录》则专称豫章。"[3] 可见以道南之名指代罗从彦和李延平在黄宗羲、全祖望那里是成立的。而着眼于福建地区理学脉络传承的《道南源委录》和《道南源委》开头就是二程、杨时、游酢及其门人后学,作者

---

[1] 顾宏义:《"吾道南矣"说的文献学考察》,《宋史研究论丛》2011年第1期,第498页。
[2] 顾宏义:《"吾道南矣"说的文献学考察》,《宋史研究论丛》2011年第1期,第501~503页。
[3] 黄宗羲:《宋元学案》第2册,北京:中华书局,1986年,第1270页。

言:"是编既名道南,凡所载诸儒,皆自杨、游以下。其杨、游以上,如漳中蔡蒙斋及海滨四先生非不立说著书,昌明正学,然不得以道南名,故不录。"①第一卷先介绍二程,杨时、杨迪父子,然后是游酢、王苹、胡安国、胡寅、胡宏等。第二卷以罗从彦开头,可见杨时、罗从彦的地位相当突出。纵观明清两代,"道南"俨然成为福建理学的专利,不仅大多数学术史著述人自然地将福建朱子学者均归为道南一系,甚至福建社会民众也普遍认同"道南"与福建文化传播之间的关联。②

真实的历史和书写的历史之间可能存在诸多差距,顾宏义和朱学博通过对"吾道南矣"话语出处以及陈渊等弟子对杨时形象塑造的文献分析,论述了"吾道南矣"话语以及杨时的历史形象极有可能并非历史事实,本文将进一步分析为何这种层累塑造的杨时形象以及道南之说最终形成了学术史的共识。换言之,为何道南学派更普遍地被看作杨罗李朱这一学术传承脉络,而不是其他传承谱系?解答这个问题的关键就是必须集中论述两点:罗从彦一系究竟在道南学派的建构和杨时道统地位形象的塑造中起到什么样的作用?他与杨时的"首座弟子"陈渊的杨时形象塑造有什么不同?

《二程外书》注"吾道南矣"出自《龟山语录》,但今本《龟山语录》却没有这句话,顾宏义分析了三种情况:一是《二程外书》所引文字出处有误;二是今传本《龟山语录》已非全本,有脱文;三是朱熹编纂《二程外书》时所引之《龟山语录》与今传世本《龟山语录》非同版本。③ 其实,无论是《二程外书》还是《龟山语录》,都与罗从彦有莫大的关系,据《豫章集》载:

> 按《沙阳志》,先生所辑有《杨文靖公语录》一卷。今考之《龟山语录》,凡四卷,未知所录何卷。《行实》云:第三卷先生所录,然卷中所明,每称"仲素"。疑书于他人之笔,或者但见此卷记先生所问为多,遂以为先生所录耳。又第四卷毗陵所闻,注云:辛卯七月自沙县来,至十月去。萧山所闻,注云:壬辰五月,又自沙县来,至八月去。或疑此卷先生所录。然先生受学龟山,在政和二年壬辰,则辛卯所录亦非先生笔意者。陈默堂所录,亦未可知。今既不知所录(笔者按:《四库全书》有"姑存其概于

---

① 朱衡:《道南源委》第1册,上海:商务印书馆,1936年,《凡例》,第1页。
② 详见萧仕平:《"吾道南矣"文化意识的历史继承和时代转进——从新加坡道南学堂的创建和命名到集美学村道南楼的"道南"蕴意》,《2014年海峡两岸(集美)龙舟文化节论坛论文汇编》,2016年,第52~58页。
③ 顾宏义:《"吾道南矣"说的文献学考察》,《宋史研究论丛》2011年第1期,第485页。

此"),以俟知者。①

一般认为《龟山语录》第三卷和第四卷是罗从彦所录,但都存在疑问,文集作者认为也可能是陈渊记录了罗杨的问答。在《龟山语录》版本无法印证的情况下,不妨先从《二程语录》和《二程外书》的整理者入手进行分析。向世陵指出,二程著作的整理主要有罗从彦、胡安国、侯仲良、杨时、胡宏等人参与,最终的完成是朱熹。其中罗从彦搜集整理得最为完备,《杨龟山集》有两封信述及编集《二程语录》之事,其一曰:"《伊川先生语录》在念,未曾忘也。但以兵火散失,收拾未聚。旧日为罗仲素编集备甚,今仲素已死于道途,行李亦遭贼火,已托人于其家寻访之。若得五六,亦便下手矣。"②又一云:"《伊川先生语录》昔尝集诸门人所问,以类相从,编录成帙,今皆失之。罗仲素旧有一本,今仲素已死,托其婿寻之,未到。"③据此可知,罗从彦是《二程语录》的重要整理者,整理得最完备,但因罗从彦的去世,资料损失很多。现存《豫章文集》中的二程语录,乃是从《二程外书》中转录过来的,并非其原貌。向世陵说:"做一个大胆估计,后来传下的《二程语录》,有相当一部分应当是杨时、罗从彦和胡安国三方所保存的语录汇集。"④众所周知,语录部分的《遗书》和《外书》均系朱熹编订。所谓"外书",乃因来源混杂、精粗不一而只能被归之为"外",在《外书》中列有罗从彦和胡安国所集语录,然罗从彦所集未言删减,胡安国所集则只取"其不见于诸篇者附于此"。⑤朱熹编纂《二程外书》,并非凭空捏造,应该是有据可依的资料汇编,"吾道南矣"极有可能出自罗从彦整理的资料,毕竟《龟山语录》《二程语录》的整理都有罗从彦的资料,即使他整理的文献遭到毁坏,但留下来的部分很可能就有"吾道南矣"的话语。

既然胡安国也是《二程语录》的整理者,为何"吾道南矣"的话语不会出自胡安国之手?最直接的证据就是胡安国与陈渊关于《行状》以及《墓志铭》辩论中涉及的两点:二是关于胡安国的师承,一是胡安国对杨时在道统中的定位。吕本中《行状》有:"陈公瓘、邹公浩皆以师礼事先生,而胡公安国诸人实

---

① 罗从彦:《豫章罗先生文集》卷一〇,北京:海豚出版社,2018年,第230页。
② 罗从彦:《豫章罗先生文集》卷一〇,北京:海豚出版社,2018年,第229页。
③ 罗从彦:《豫章罗先生文集》卷一〇,北京:海豚出版社,2018年,第229页。
④ 向世陵:《理气性心之间——宋明理学的分系与四系》,长沙:湖南大学出版社,2006年,第70~71页。
⑤ 向世陵:《理气性心之间——宋明理学的分系与四系》,长沙:湖南大学出版社,2006年,第67~118页,第71页。

传其学。"胡安国对此说法十分不满,陈渊不得不回信致歉:"'邹陈以师礼事龟山,胡公实传其学。'此居仁作《行状》,失于审详之过。铭序中不及,渊知其意矣!"①另外,关于杨时从学二程的情况,吕本中《行状》载:"熙宁中,(杨时)既举进士得官,闻河南两程先生之道,即往从之学。是时从两先生学者甚众,而先生独归。闲居累年,沉浸经书,推广师说。"②胡安国《墓志铭》则说:"宋嘉祐中,有河南二程先生得孟子不传之学于遗经,以倡天下,而升堂睹奥,号称高弟,在南方则广平游定夫、上蔡谢显道与公三人是也。"③吕本中突出杨时传二程之学的独尊地位,而胡安国则将游酢、谢良佐和杨时三人并称。当然这与胡安国的师承有关,胡安国自言:"吾于谢、游、杨三公皆义兼师友,实尊信之,若论其传授,却自有来历。据龟山所见在《中庸》,自明道先生所授;吾所闻在《春秋》,自伊川先生所发。"④朱熹也说:"毕竟文定之学,后来得于上蔡者为多。他所以尊上蔡而不甚满于游、杨二公。"⑤由此可见,胡安国对杨时并非独尊的态度,他不可能为了拔高杨时的地位,记录或者传出"吾道南矣"的话语。吕本中虽然在《行状》中有拔高老师地位的意思,但似乎没有树立杨时独尊的道统意识,否则"吾道南矣"这样的话语不可能不写入《行状》。

正像胡安国所说,二程的传人起码有游酢、谢良佐和杨时等人,而胡安国更倾向于传承谢良佐学说,杨时和游酢同龄同乡同门,为何道南学派的传承者是杨时,而不是游酢?《宋元学案》的两段按语可以作为注解:

> 豫章之在杨门,所学虽醇,而所得实浅,当在善人、有恒之间。一传为延平则邃矣,再传为晦翁则大矣,豫章遂为别子。甚矣,弟子之有光于师也!述《豫章学案》。⑥

> 廌山游文肃公在程门鼎足谢、杨,而遗书独不传,其弟子亦不振。五峰有曰:"定夫为程门罪人,何其晚谬一至斯与!"予从诸书稍搜得其粹言之一二,述《廌山学案》。⑦

---

① 陈渊:《默堂集》,《四部丛刊三编》(66),上海书店,1986年,《又论龟山墓志中事》卷十七,第8页。
② 朱熹:《伊洛渊源录》卷十,《行状略》,《朱子全书》第12册,上海:上海古籍出版社,合肥:安徽教育出版社,2002年,第1061页。
③ 朱熹:《伊洛渊源录》卷十,《墓志铭》,《朱子全书》第12册,第1048页。
④ 朱熹:《伊洛渊源录》卷十,《龟山志铭辩》,《朱子全书》第12册,第1056~1057页。
⑤ 朱熹:《朱子语类》卷一百一,《朱子全书》第17册,第3394~3395页。
⑥ 黄宗羲:《宋元学案》第2册,第1269页。
⑦ 黄宗羲:《宋元学案》第2册,第993~994页。

作为学派而言,除了有显赫的师承、系统的思想之外,更需要有后学的延续。在这一点上,杨时较游酢更有优势,《龟山学案》记载的杨时弟子非常多,弟子后学需要另立学案者多达二十多个,这就意味着宋元时期有二十多个学派与杨时有直接的师承关系。与之相比,《廌山学案》则只列了吕本中、曾开、陈侁、江琦等寥寥数人,当然这也与游酢去世较早有关。关键问题在于道南学派将领袖地位归于杨时,确实离不开门人的层累建构,特别是陈渊和罗从彦。但在确立杨时的道南学派创始人身份上,罗从彦较陈渊贡献更大。

二、陈渊塑造的杨时形象及其道统意识

陈渊既是杨时的女婿,又是弟子,学术造诣也很突出,而且他为塑造杨时的正面形象做出很大的努力,最明显的证据莫过于围绕墓志铭与胡安国之间的辩论。① 但是陈渊似乎在塑造杨时的道统传人形象上并无太大作为,据《默堂学案》序录:"龟山弟子遍天下,默堂以爱婿为首座。其力排王氏之学,不愧于师门矣! 惜其早侍了斋,禅学深入之,而龟山亦未能免于此也。所以不得不输正统于豫章。"②陈渊尽管是"首座",但他深入禅学,导致并不在乎儒佛之辨,自然也就不太在意道统传人的形象塑造。陈渊对佛教的沉溺自然有家学渊源,陈渊师承叔祖陈瓘,《默堂集》所录的很多唱和诗歌,谈禅说偈,毫无顾忌。比如他给李郁(李郁亦师承陈瓘和杨时,亦是杨时的女婿)做了四首偈语,其一曰:"声外闻和岂待言,棒头犹是老婆禅。如何更被文殊惑,却道维摩但默然。"③他在给同门萧顗(萧顗既是杨时弟子,亦是朱松的老师)的诗中说:"了斋已复归黄壤,便恐人间此道微。后代不知谁得法,只今无复敢传衣。"④除了禅味十足的诗歌之外,他还有很多直接谈论佛学的题记,比如与弟子兼女婿邓肃论及《楞严咒》⑤,还有《题了斋所书解禅偈后》《题了斋所书佛语卷

---

① 详见朱学博、和溪:《杨时身后形象的认为塑造——兼论杨时墓志撰写的风波》,第32~42页。
② 黄宗羲:《宋元学案》第2册,第1264页。
③ 陈渊:《默堂集》,《四部丛刊三编》(66),《次韵李光祖南山四偈》卷九,上海:上海书店,1986年,第2页。
④ 陈渊:《默堂集》,《道出南浦见萧子庄十首》卷七,上海:上海书店,1986年,第6页。
⑤ 陈渊:《默堂集》,《答邓志宏正言》卷十九,上海:上海书店,1986年,第10页。

后》《书了斋笔供养发愿文》等。① 在他看来,杂于禅的陈瓘与龟山之学并无不同:"龟山、了斋,其道则兄弟也。"②相比之下,罗从彦、李侗对儒佛之辨则更加分明果断。朱熹对此有一段中肯的评论:"(杨时)其徒如萧子庄、李西山、陈默堂皆说禅,龟山没,西山尝有佛经疏追荐之。唯罗先生却是着实子细去理会。"③

陈渊既然沉溺于佛学,自然也就缺乏树立独尊杨时的道统意识。他对游酢、范冲、胡安国等都有很高的评价,认为他们跟杨时一样,都是道统的继承者。他一直想拜师游酢,已经拜师杨时并做其女婿之后,仍想见见游酢。他在信中说:

> 始某过建阳,问道于将乐杨公,公怜而教之。既而许妻以女,道路南北,迨三年,然后成昏。成昏今一年矣,非惟寅缘葭莩之幸,实有幸于得毕其学问之素志,庶几不虚作一世人也。先生与公朋友,故某闻先生于公为多,夫道一而已矣。而所因以入者,门户则众,某今于道亦未也。使颜孟并出于仲尼之门,安得不两见之,以究其所以学乎?故渊虽受教于杨公,知其与先生无异矣,而犹欲一见先生,不能自释也。④

这里陈渊以"颜孟"比较杨时与游酢,不知在他心目中,谁是颜回,谁是孟子?要之,他认为杨时与游酢"道一""无异",并无区别。同样,他对胡安国的评价更加具体,他说:

> 孟轲既没,圣学莫继。杨墨虽衰,异端犹炽。……宋兴百年,此蠹仍在。众正汇升,群邪冰解。讫于荆舒,谓得其要。引聘援瞿,凿经谈妙。末流滔天,正涂孔埋。帝闵其然,是兴二程。天人靡间,内外两尽。体极无始,而有感应。王氏未衰,此道已行。发其幽光,元祐之仁。大程所传,龟山具体。小程《春秋》,公得其髓。正名定分,别嫌明微。如权在衡,锱铢不欺。自公少年,文已惊世。况有此书,密传孔志。孔志所在,孟子拟之。其辟杨墨,《春秋》启之。……念昔龟山,与公为友。相望巍然,泰山北斗。龟山云亡,世失其师。公又逝矣,人将焉依?赖有遗编,

---

① 陈渊:《默堂集》卷二十二,上海:上海书店,1986年,第8、9、12页。
② 陈渊:《默堂集》,《道出南浦见萧子庄十首》卷七,上海:上海书店,1986年,第6页。
③ 朱熹:《朱子语类》卷一百一,《朱子全书》第17册,上海:上海书店,1986年,第3372~3373页。
④ 陈渊:《默堂集》,《与游定夫先生》卷十五,上海:上海书店,1986年,第19页。

圣心所传。①

陈渊对杨时和胡安国的师承再次做出说明，大程传杨时，小程传胡安国，这说明二者同为二程洛学的传人，同为"泰山北斗"。甚至在他心目中，胡安国更接近孔子的道统，因为他认为胡安国的《春秋传》乃是"密传孔志"之书，乃"圣心所传"，在《祭龟山先生文》中反而缺少这种高度评价。在这两篇祭龟山先生文中，陈渊对龟山的评价较为平淡，远不及对胡安国的评价高：

> 先生清而不隘，和而不流，淡然无营，心逸日休，其体之于身而安也，亦以是施于民；其行之于畎亩而宜也，亦以是达于朝廷。故退不为崖异之行，而进不求矫激之名。盖所谓从容而自中，岂智巧果敢之足云乎。公尝谓孟子之所谓善，子思之所谓诚，实同名异，而皆达于孔子之仁。仁固无私，诚不自成，故能合内外、通物我、无分于天人也。伊洛得之，明以授我。我行乎中，用惟其可。或畔乎此，辨而正之，期于万世。②

尽管陈渊也看到了杨时作为伊洛之学传人的身份，但他对杨时的理解更偏重文士、隐士的视角，正如他在一首诗中描述的那样："龟山涉世若虚舟，触处忘怀得自由。道大不容长役役，心闲无事只休休。"③大概因为对杨时在道统传承中的作用没有深刻认识，导致他对于自己传道的定位也似乎没有自信。他在给范冲的信中说：

> 前后过予之词，有渊所不敢承者，又推原道学所自，谓渊亲传师说，独绍正宗，尤为难当。久不具报者，虽出于因循，其实不知所以答也。皇恐、皇恐！渊为儿时已知诵先给事所著《唐鉴》。后既冠，稍通文义，朝夕玩味，常恨不见其人。又五六年，始见龟山，因得出其门下。龟山盖学于伊洛，而得其传者。尝以《唐鉴》所论质之，乃知先给事所得，实与伊洛之学无异辙也。④

范冲是罗从彦的讲友，是范祖禹的儿子，司马光的后学。身为杨时大弟子兼女婿的陈渊对于范冲所说的"亲传师说，独绍正宗"，过于"惶恐"，以致"不知所以答也"。对于陈渊来说，龟山所传伊洛之学与司马光、范祖禹的学说之间"无异辙"，显然陈渊不是独尊杨时道统的支持者。

---

① 陈渊：《默堂集》，《祭胡宝学》卷二十一，上海：上海书店，1986年，第10～11页。
② 陈渊：《默堂集》，《祭龟山先生文》卷二十一，上海：上海书店，1986年，第9～10页。
③ 陈渊：《默堂集》，《道出南浦见萧子庄十首》卷七，上海：上海书店，1986年，第6页。
④ 陈渊：《默堂集》，《答范益谦郎中》卷十九，上海：上海书店，1986年，第16页。

陈渊对儒家经典的态度和理解上,也看不出他有强烈的儒家道统意识。在《学者以孔孟为师》中,他说:"今欲学者以孔孟为师,则必使之知大中至正之道。自更科以来,天下学士无所适从。若朝廷尚不免以文章取人,谓宜明诏有司,审所去处,毋溺于诸子百家之说。唯大中至正之道是从,俾尧舜禹汤文武周公之志,复行于今,岂唯今日学者之幸,将天下后世实幸?"①陈渊认为以孔孟为师就是不要沉溺于诸子百家之说,而其实当时孔孟道统最大的障碍在于佛道,而不是诸子百家。他认为的孔孟之道就是"大中至正之道",从某种程度上说,释家、道家似乎也算得上"大中至正之道"。总之,陈渊深于禅学,所以他尊崇儒家道统的意识并不强烈,认为老师兼岳父的杨时只是众多传承伊洛之学中的一员,自己也称不上是"独绍正宗"。

陈渊的后学也较为凋零,《默堂学案》只列了一个弟子沈度,正是他整理了《默堂集》,他在序言中评价陈渊说:

  自孟子没,道学失传……宋兴,河南二程夫子受学于濂溪周茂叔先生,讲明道学,究圣贤之蕴,发千载不传之妙,学者趋之如水赴壑。时惟龟山杨先生睹奥入室,尊所闻而行所知,尽得其传焉。明道德之归,以觉斯人,以善天下。然是道也,不绝如线,则有陈公知默以刚明果毅之姿,得师友源流之正。②

沈度的这段评价可以对照李侗初见罗从彦的书信(详见下文)体会。沈度与朱熹有过接触,乾道四年(1168年),陈渊以直龙图阁知建宁府,"是时朱子在崇安,为属吏,创立社仓,均籴备贷,先生以钱六万缗助其役。仓成,民赖之,朱子为记其事"。③另据《默堂集》,邓肃是他的弟子兼女婿,以诗文见长,理学思想较少发挥,二人曾在通信中讨论过《楞严咒》,可知佛学是他们的话题之一。

陈渊与罗从彦是好友,他高度评价罗从彦:"自得吾仲素,乃复有切磨论难之益,而今而后知学之可进矣,幸甚、幸甚。"④他希望罗从彦能找到传承人,罗从彦很是重视陈渊的意见,他回信说:

  从彦承喻:圣道甚微,有能于后生中得一个半个,可以与闻于此,庶

---

① 陈渊:《默堂集》,《学者以孔孟为师》卷十四,上海:上海书店,1986年,第18页。
② 陈渊:《默堂集》,《序》,上海:上海书店,1986年,第1~2页。
③ 黄宗羲:《宋元学案》第2册,第1267页。
④ 陈渊:《默堂集》,《答罗仲素》卷十五,上海:上海书店,1986年,第23页。

几传者愈广。吾道不孤,又何难之不易也?从彦闻尊兄此言,犹着意询访,近有后生李愿中者,向道甚锐,曾以书求教,趋向大抵近正。谩录其书,并从彦所作小诗呈左右,未知以为然否?①

也就是说,李侗在拜师罗从彦之前,已经得到陈渊的关注。应该说,罗从彦和陈渊都很欣赏李侗,陈渊在给李延平的信中说:"仲素晦迹求志,人罕知者,吾友独能自拔流俗而师尊之,其为识虑,岂浅浅者所能窥测?圣学无穷,得其门者或寡,况堂奥乎?孔子之门,从游者三千,独得颜子为殆庶,又不幸短命,道之难也如此。"②陈渊虽对自己"独绍正宗"不太自信,但对罗从彦、李侗师徒传道却很有信心。

胡寅在给沈度写《复斋记》时,说:"子沈子,默堂之高弟,而默堂盖龟山之回、骞也,其授受不差而训明有素矣。"③胡寅给陈渊的定位也颇值得玩味,颜回和闵子骞虽都是孔子德行科的好学生,但终归不是传道之人,孔子的传道之人乃是曾子。对于杨时来说,罗从彦、李延平一支则是他的传道之人。杨时道南学派创始人的形象还是靠罗从彦一系三代逐渐构建起来。

三、罗从彦、李侗、朱熹对杨时道统地位的构建

在二程弟子中,都有杂于禅的倾向,杨时也不例外,但是黄震认为杨时"幸而传之罗仲素,罗仲素传之李愿中,李愿中传之朱晦翁,晦翁遂能大明程子之学"。④ 此语诚然,罗从彦能成为道南学派传承脉络中的关键一环,不得不归功于李侗、朱熹光大其说。由于罗从彦留下来的资料很少,他的主要形象是通过李侗口述、朱熹记录得以传给后人的。罗从彦和李侗的关系恰如陈渊所说,罗从彦"晦迹求志,人罕知者",而李侗慧眼独具,却能"师尊之"。这说明李侗对杨时和罗从彦的认知绝对是超凡脱俗的,他在给罗从彦的第一封信中说:

恭惟先生乡丈服膺龟山之讲席有年矣,况尝及伊川先生之门,得不

---

① 罗从彦:《豫章罗先生文集》卷一二,《与陈默堂书》,北京:海豚出版社,2018年,第254页。
② 罗从彦:《豫章罗先生文集》卷一七,《答延平先生书》,北京:海豚出版社,2018年,第310页。
③ 胡寅:《斐然集》,《复斋记》卷二一。
④ 黄震:《黄氏日抄》卷四十一。

传于千五百岁之后。性明而修,行完而洁。扩之以广大,体之以仁恕。精深微妙,各极其至。汉唐诸儒,无近似者。至于不言而饮人以和,与人并立而使人化,如春风发物,盖亦莫知其所以然也。凡读圣贤之书,粗有识见者,孰不愿得授经门下,以质所疑。至于异论之人,当置而勿论也。①

李侗先评价罗从彦乃得"不传于千五百岁之后",然后对罗从彦的人格形象、学养程度进行描述,认为罗从彦远远超过汉唐诸儒。这肯定是从直传二程洛学之道的视角去评述。李侗给罗从彦的第一封信就预示了传道人不同凡响的眼光和信心,正如罗从彦向陈渊所描述的那样,李侗"向道甚锐","趋向大抵近正"。而对照陈渊祭龟山先生文、沈度对陈渊的评价,谁是杨时一系最终的传道人,似乎不容置疑了。

罗从彦的另一名弟子朱松,也是朱熹的父亲,他眼中的杨时亦是独尊道统的形象。朱松在《代郑德与祭龟山先生文》中说:"道丧千载,圣远年堙。矧曰国家,莫善其身。三川之郊,笃生至人。公甫筮仕,抠衣其门。圣有遗训,俗学所霾。手摩层云,日星昭回。六十余年,学者有师,斯文所寄,天亦眷之。"②在朱松看来,二程是"至人",所传圣人之学犹如日月星辰一样光明,杨时之学乃是"斯文所寄"。又朱松在《杨遵道墓志铭》中说:"二程先生既没,天下师尊其道者,推杨氏,谓徽猷公龟山先生,不敢名。"③这里明确说杨时传承了二程的圣人之道,并受到天下士人的尊崇。朱熹在淳熙十五年(1188年)写《跋杨遵道遗文》时,一方面不忘批评杨迪行丧礼用佛教仪式,一方面对父亲在《墓志铭》中所言表示赞同,朱熹说:

> 独《忏经疏》"祔母而始迁远祖,享先而杂用异教",虽云代作,恐亦非公所宜为者。岂其岁月久远,次辑之际,容或有乱真者欤?敬书其后如此,以告观者,使不唯于杨公之学有以考焉。又于吾先君子之作,有以信其非世俗谀墓之文也。④

然而朱松在《上谢参政书》中把二程和司马光之学说并列而提,把二程之

---

① 罗从彦:《豫章罗先生文集》卷一六,《见罗先生书》,北京:海豚出版社,2018年,第285~286页。
② 朱松:《韦斋集》卷十二,《代郑德与祭龟山先生文》,《朱子全书外编》第3册,上海:华东师范大学出版社,2010年,第199页。
③ 朱松:《韦斋集》卷十二,《杨遵道墓志铭》,《朱子全书外编》第3册,第193页。
④ (宋)朱熹:《晦庵先生朱文公文集》卷八十二,《跋杨遵道遗文》,《朱子全书》第24册,第3881~3882页。

学的另一个传人谢良佐捧得很高,他说:

> 窃闻往者三川之间,程氏兄弟推本子思、孟轲,以《中庸》为宗。而司马文正公考正经史,深于治道,皆卓然有功于圣人之门。盖尝诵读其诗书,考质于师友,而闻其略矣。夫达天德之精纯,而知圣人之所以圣;诚意正心于奥突之间,而天下国家所由治。推明尧、舜三代之盛,修己以安百姓,笃恭而天下平者,始于夫妇,而其极也,察乎天地。此程氏之学也。尊德教,贱功利,奖名节,端委庙堂,则忠信恭俭足以刑。主德于四方,而朝廷尊;燕处于家,则孝友廉让足以化其国人。其酌古以准今,则治乱存凶之效,如食粟之必饱,食堇之必毙。此司马氏之学也。程之门人,某高第称谢氏,不及见也。新郑晁公尝受学于司马之门,往以事游郑,拜晁公于溱、洧之上。时方冥悬,不能有所质问,而今皆逝矣。①

谢参政乃谢克家,是谢良佐的后人,朱松在心中最后评价谢参政是:"恭惟参政大资,伊傅王佐之学,宗本六经,网罗百氏,陶毓精粹,以善其身;发挥德业,以善天下。固以质之圣贤而无愧矣。视学于程氏者,实为近属,而晁外舅也。周旋二公之间,其师友渊源,妄意臆决之说,岂能窥测其万一哉!"②他认为谢克家得到程氏和司马氏之学的传承,所以希望谢克家"收而教之方……将继此以进"。朱松对谢克家的赞美是由于他对二程以及司马氏之学的传承,也意味着朱松并不把杨时之学当作二程的唯一学说,甚至二程也不是千百年以来唯一的道统传承者,起码二程与司马光在朱松的心目中是并列的,这一点与陈渊评价范冲与司马光之学时秉持了相似的立场。但是到了朱熹那里,也许是受到有强烈儒佛之辨、道统意识的李侗的影响,朱熹在纪念李侗和朱松以及其他杨门弟子后学的文字中,都极力强调杨时一系的独尊道统地位。

朱熹在为父亲所写《行状》中认为杨时从二程那里得到了圣贤不传之遗意,他说:

> 既又得浦城萧公顗子庄、剑浦罗公从彦仲素而与之游,则闻龟山杨氏所传河洛之学,独得古先圣贤不传之遗意。于是益自刻厉,痛刮浮华,以趋本实。日诵《大学》、《中庸》之书,以用力于致知诚意之地。自谓下急害道,因取古人"佩韦"之义。以名其斋,蚤夜其间,以自警饬。由是向

---

① 《韦斋集》卷九,《上谢参政书》,《朱子全书外编》第3册,第156~157页。
② 《韦斋集》卷九,《上谢参政书》,《朱子全书外编》第3册,第157页。

之所得于观考者,益有以自信而守之愈坚。①

朱熹认为朱松从罗从彦那里问学之后,"痛刮浮华,以趋本实",日诵《大学》《中庸》,继承了罗从彦之学。这一点可从罗从彦所写的《韦斋记》中得到佐证,《韦斋记》曰:

> 予始以困掩未能遂志,因作舫斋陆海中,且思古人所以进此道者,必有由而然。久之,乃喟然叹曰:自孟轲氏没,更历汉唐,寥寥千载,迨无其人有能自树立者。不过注心于外,崇尚世儒之语而已。与之游孔氏之门人,于尧、舜之道,其必不能至矣。夫《中庸》之书,世之学者尽心而知性,躬行以尽性者也,而其始则有"喜怒哀乐之未发,谓之中",其终则曰:"夫焉有所倚?肫肫其仁!渊渊其渊!浩浩其天!"此言何谓也?差之毫厘,谬以千里。故《大学》之道,在知所止而已。苟知所止,则知学之先后;不知所止,则于学无自而进矣。漆雕开之学曰:"吾斯之未能信。"曾点之学曰:"异乎三子者之撰。"颜渊之学曰:"回虽不敏,请事斯语矣。"而孔子悦开与点,称颜回以"庶几",盖许其进也。此予之所尝自勉者也。故以圣贤则莫学而非道,以俗学则莫学而非物。乔年才高而智明,其刚不曲于俗,其学也方进而未艾。斋成而明年,使人来求记于余,余辞以不能则非朋友之义,欲蹈袭世儒之语则非吾心。故以其常所自勉者并书之,使人知其在此而不在彼也。②

朱松的"韦斋"与罗从彦的"舫斋"都是为了进学求道命名的书斋,《韦斋记》透露出罗从彦对朱松的殷切期望,透露出朱松与罗从彦求道过程中的相通、传承。特别是罗从彦对孔孟之道统,《大学》《中庸》以及孔门弟子的点评都在朱熹后来的《四书集注》等著述中得到很好的贯彻和传承。在朱松和李侗的影响之下,朱熹有明确树立杨时的道统独尊的倾向,他在《祭延平李先生文》中说:"道丧千载,两程勃兴。有的其绪,龟山是承。龟山之南,道则与俱。有觉其徒,望门以趋。"③而在李侗的另一位弟子罗博文也认为罗从彦、李侗所传正是伊洛之学,所谓"延平先生之传乃某伯祖仲素先生之道,河洛之学,源流深远"。④

---

① (宋)朱熹:《晦庵先生朱文公文集》卷九十七,《朱子全书》第25册,第4506~4507页。
② 《韦斋集》,《附录一》,《韦斋记》,《朱子全书外编》第3册,第227~228页。
③ (宋)朱熹:《晦庵先生朱文公文集》卷八十七,《祭延平先生文》,《朱子全书》第24册,第4064~4065页。
④ 《豫章罗先生文集》卷一四,北京:海豚出版社,2018年,第274页。

朱熹在很多场合都表达了推尊杨时的道统观念,他在《西山先生李公墓表》中说:"龟山既受学于河南程氏,归以其说教授东南,一时学者翕然趋之。"[①]西山先生是李郁,是杨时的三女婿,他的儿子、孙子都问学于朱熹,朱熹在给李郁之子李吕的信中云:"某少时读程氏书,年二十许,始得西山先生所著《论》《孟》诸说读之,又知龟山之学横出此枝,而恨不及见也。既而得从何兄叔京游,乃知足下盖得其家传者。"[②]这里提到的何叔京,是何镐,是朱熹写《伊洛渊源录》的主要助手。何镐妻的叔父是李郁。何镐之父何兑,自马伸上接二程,尤以二程《中庸》之学最称专精。[③]

要之,朱熹在纪念杨时弟子的文字中都表明了杨时的独尊道统地位,再加上《伊洛渊源录》的主要参与者也是杨时的弟子后学,所以"道南学派"伴随着《伊洛渊源录》中"吾道南矣"的话语,逐渐传播并流行开来,也是顺理成章的事。不难想象,即便没有"吾道南矣"这段记录,按照罗从彦、李侗和朱熹自觉而强烈的继承千百年来道统的意识,料想应该也会有其他类似的名称来概括这一学术传承脉络。从另外方面讲,正像胡安国并不赞同将杨时塑造成洛学的唯一传承人一样,与罗从彦同时的陈渊,与李侗同时的沈度,与朱熹同时的吕祖谦和张栻,他们都没有要树立唯一学术脉络传承的道统意识。这一点从编写《伊洛渊源录》的过程中也可以看出,自始至终,撰写《伊洛渊源录》最积极的都是朱熹,尽管从搜集材料到具体写作过程,吕祖谦、张栻给予很多指导意见和搜集材料的方便,但文集最后是由朱熹与何镐合作完成。[④] 由于朱熹本人的师承关系及其所接受的道统观念,《伊洛渊源录》突出了杨时是道南学派的创始人,就是极为自然的事情了。

(作者单位:福建省社会科学院哲学所)

[①] (宋)朱熹:《晦庵先生朱文公文集》卷九十,《西山先生李公墓表》,《朱子全书》第24册,第4178页。
[②] 李清馥:《闽中理学渊源考》(上册),上海:商务印书馆,2018年,第100~101页。
[③] 陈祖武:《中国学案史》,北京:东方出版中心,2008年,第31页。
[④] 关于《伊洛渊源录》成书过程,详见陈祖武:《中国学案史》,第31~36页。

从《遵尧录》看罗从彦的礼学思想

◎ 王志阳

罗从彦(1072—1135年),是道南学派的扛鼎人物[①],但是目前学术界对罗从彦的研究主要集中于罗从彦的理学思想,如张立文的《论罗从彦的内圣外王之道》、常建华的《从〈遵尧录〉看罗从彦的政治思想》,主要是从罗从彦的理学思想及具体政治思想来考察罗从彦的思想。这虽有助于揭示罗从彦的理学思想及政治思想,但是明显未及深入罗从彦理学思想与政治思想形成的根本原则,故本文以罗从彦的《遵尧录》为基础来分析罗从彦各种思想的形成根基应该是其礼学思想。

一、礼是政治活动的标准

致君尧舜是中国历代士大夫的终极政治愿望,历孔子以来均是如此,如孔子说:"何事于仁,必也圣乎!尧、舜其犹病诸!"[②]孔安国注:"君能广施恩惠,济民于患难,尧舜至圣,犹病其难。"[③]朱子注曰:"言此何止于仁,必也圣人能之乎!则虽尧舜之圣,其心犹有所不足于此也。"[④]那么不管是汉唐儒,还是

---

① 张立文:《论罗从彦的内圣外王之道》,《孔子研究》2006年第5期,第4页。
② 朱熹:《四书章句集注》,上海:上海古籍出版社,合肥:安徽教育出版社,2002年,第117页。
③ 何晏集解、邢昺疏:《论语注疏》卷六,清嘉庆二十年(1815年)南昌府学重刊宋本十三经注疏。
④ 朱熹:《四书章句集注》,上海:上海古籍出版社,合肥:安徽教育出版社,2002年,第117~118页。

宋代新儒家,都是以尧舜作为中国圣君而存在的榜样。故罗从彦《遵尧录》的编撰目的正是致君尧舜,如其序说:"尧舜三代之君不作也久矣,自获麟以来,讫五代千五百余年,惟汉唐颇有足称道。汉大纲正,唐万目举,然皆杂以霸道而已。有宋龙兴,一祖三宗绍述,其精神之运,心术之动,见于纪纲法度者,沛乎大醇。皆足以追配前王之盛,故规模亦无所愧焉。"①那么罗从彦就是为了从一祖三宗政治实践中总结出足以追配尧舜三代圣王的事迹,以求致其时代君王恢复到宋初一祖三宗的水平,而其所取得的成绩保存于一祖三宗的纪纲法度之中。至于具体的纪纲法度内容,兹述如下:

在具体的政治实践之中,礼是各项政治措施实施的标准。《遵尧录》载:

> 臣从彦释曰:人君之所以有天下者,以有其民也。民之所恃以为养者,以有食也。所恃以为安者,以有兵也。《书》曰:"民为邦本,本固邦宁。"昔孟轲氏以民为贵,贵邦本也。故有民而后有食,有食而后有兵。自子贡问政孔子所答观之,则先后重轻可知矣。太祖建隆初,扬泗饥民多死者,沈伦请发军储以贷之,此最知本者也。况军储又出于民乎!夫以廪粟振民,固有召和气,致丰稔之道。然水旱无常,万一岁荐饥无所收,取伦之言,是为不信也。呜呼!太祖可谓善听言者也。②

此处所用词为"释",则依据《遵尧录序》体例"善在可久而意或未明者则释以发之"。那么罗从彦以此事为善事,值得大力阐扬。罗从彦此处未言及任何礼义内容,但是我们却可以推知其最重要原则就是遵循礼仪,如扬泗饥荒,当开仓赈济百姓,其所持原则就是用荒礼、军礼之法,即"以荒礼哀凶札"③。其义是:"荒,人物有害也。《曲礼》曰:'岁凶,年谷不登,君膳不祭肺,马不食谷,驰道不除,祭事不悬,大夫不食粱,士饮酒不乐。'"④这些措施的内在礼义是节省财政开支以支持救灾等各项工作,其内涵正如郑玄注:"皆自为贬损,忧民也。礼:食,杀牲,则祭先。有虞氏以首,夏后以心,殷人以肝……不治道,为妨民取蔬食也。……"与之相对应的军礼亦是以爱民而作为其核心精神,如《司马法》曰:"古者贤王明民之德,尽民之善,故无废德,无简民。

---

① 罗从彦:《豫章文集》卷二,《文渊阁四库全书》本。
② 罗从彦:《豫章文集》卷二,《文渊阁四库全书》第 655 册,北京:中华书局,1987 年。
③ 朱熹等:《仪礼经传通解》,上海:上海古籍出版社,合肥:安徽教育出版社,2002 年,第 1100 页。
④ 朱熹等:《仪礼经传通解》,上海:上海古籍出版社,合肥:安徽教育出版社,2002 年,第 1100 页。

……古者戍军三年不兴,睹民之劳也。"①"战道:不违时,不历民病,所以爱吾民也。不加丧,不因凶,所以爱夫其民也。冬夏不兴师,所以兼爱民也。故国虽大,好战必亡;天下虽安,忘战必危。"②那么战争之道是以爱民护民作为核心精神,则军储是作为战争而准备的,其功能自然不能背离爱民护民,否则就是好战必亡之道,因为民不聊生则军储已无意义。

与此相反,君主忽略礼的原则,则会使国家陷入无序状态之中。《豫章文集》卷七载:

> 神宗熙宁中,召拜左仆射平章事。弼既至,未见有于上前言灾异皆天数,非人事得失所致者,弼闻之,叹曰:"人君所畏唯天,若不畏天,何事不可为者?去乱亡无几矣。是必奸臣欲进邪说,故先导上以无所畏,使辅拂谏诤之臣无所复施其力,此治乱之机也。"即上书数千言,杂引《春秋》及古今传记人情物理以明其决不然者。时方苦旱,群臣请上尊号及作乐,帝不许,群臣固请作乐,弼言故事有灾变,皆彻乐,恐上以同天节故,使当上寿,故未断其请。臣以为此盛德事,正当示夷狄乞并罢上寿,从之。即日而雨,弼又上疏,愿益畏天,戒远奸佞,近忠良。帝亲书诏答之曰:"敢不铭诸肺腑,终老是戒。"弼既上疏,谢复申戒不已,愿陛下待群臣不以同异为喜怒,不以喜怒为用舍。弼始见帝,帝问边事,弼曰:"陛下即位之初,当布德行惠。愿二十年,口不言兵,因以九事为戒。"③

此处所言内容实与前述太祖朝事件相似,只是神宗朝已非太祖朝的政治环境,故有凶荒之年。众臣劝解神宗上尊号及作乐之事,而富弼以荒礼来应对灾变之事,其结果是"即日而雨"以解除旱灾之害。与此相同,富弼反对君主言兵,其原因正是兵者凶器,其君主当以布德行惠的爱民之举作为自身行事的准则,而不该言及兵事,以免有误百姓,其原则亦如《司马法》所说:"古者以仁为本,以义治之之谓正,正不获意则权,权出于战,不出于中人。是故杀人安人,杀之可也。攻其国,爱其民,攻之可也。以战止战,虽战可也。故仁

---

① 朱熹等:《仪礼经传通解》,上海:上海古籍出版社,合肥:安徽教育出版社,2002年,第1171页。
② 朱熹等:《仪礼经传通解》,上海:上海古籍出版社,合肥:安徽教育出版社,2002年,第1172页。
③ 罗从彦:《豫章文集》卷七,北京:中华书局,1987年。

见亲,义见说,智见恃,勇见方,信见信。内得爱焉,所以守也;外得威焉,所以战也。"①而君主守军礼的表现不在于言兵之事,当是行《周礼》"'仲春教振旅','遂以蒐田'也"②"'仲秋教治兵','遂以狝田'也"③,则自然将军事训练融入于日常行政之中,而不失于仁之义。

不仅军政大事要以礼作为施行的标准,君王的日常举措亦当以礼作为施行标准,否则将置国家于危险之境。《豫章文集》卷二载:

> 臣从彦辨微曰:古者忠臣之事君也,造次不忘纳君于善。有剪桐之戏者,则随事箴规。违养生之戒者则即时戒正,不敢嘿嘿也。太祖于后苑挟弓弹雀,当时臣僚中有以急事请见者,岂近是耶?及犯帝怒,因以齿之坠也,而警之以史官,使人君动作不敢非礼,莫大之益也。④

太祖挟弓弹雀,本是小事,但是罗从彦却从礼的视角来看待其内容的严肃性,因为太祖随意挟弓弹雀本是违反了礼仪制度中的王朝之礼,即《月令》载:"(季秋之月)是月也,天子乃教于田猎以习五戎,班马政。……天子乃厉饰,执弓挟矢以猎,命主祠祭禽于四方。"⑤且天子射猎的作用不在于犬马之乐,而是为了练习战备与祭祀之用,即"教于田猎,因田猎之礼教民以战法也"⑥,"以所获禽祀四方之神也"。⑦ 那么太祖所弹雀之时至少违背了三方面的礼仪:一是活动的目的不纯,即太祖挟弓弹雀仅为取乐,故其臣说:"(寻常事)亦急于弹雀耳。"⑧二是活动的地点不对,即太祖挟弓弹雀的地点在后苑,显然是日常休闲之所,而非天子校猎之所,显然有失天子威仪。三是施行时间不对,即太祖挟弓弹雀在皇宫后苑,拥有足够多的鸟儿生活于此,则实非秋

---

① 朱熹等:《仪礼经传通解》,上海:上海古籍出版社,合肥:安徽教育出版社,2002年,第1172页。

② 朱熹等:《仪礼经传通解》,上海:上海古籍出版社,合肥:安徽教育出版社,2002年,第1167页。

③ 朱熹等:《仪礼经传通解》,上海:上海古籍出版社,合肥:安徽教育出版社,2002年,第1167~1168页。

④ 罗从彦:《豫章文集》卷二,北京:中华书局,1987年。

⑤ 朱熹等:《仪礼经传通解》,上海:上海古籍出版社,合肥:安徽教育出版社,2002年,第950~951页。

⑥ 朱熹等:《仪礼经传通解》,上海:上海古籍出版社,合肥:安徽教育出版社,2002年,第950页。

⑦ 朱熹等:《仪礼经传通解》,上海:上海古籍出版社,合肥:安徽教育出版社,2002年,第951页。

⑧ 罗从彦:《豫章文集》卷二,北京:中华书局,1987年。

末季节。正是违背君王礼仪,故臣子敢于当面直谏以纠正君王日常行为。正是君主日常行为的关注点会影响君主的行政效果,故罗从彦认为与君王个人行为密切相关的是后宫乱政之事,所以罗从彦要求朝廷要遵守古礼,避免后宫乱政。《豫章文集》卷六载:

> 臣从彦释曰:周成王嗣位之初,摄政者周公而已。炎汉以来乃有太后临朝之事,而后世袭其例。遂以两宫称之,或曰二圣,皆非治世典礼也。天禧中,物议籍籍,咸有所去就,盖母后听从小人之利。此安危祸福之机也,而世常蹈之,何耶?若曾之言,盖亦救其末而已。①

罗从彦在此提出了一种皇室政治的顽疾——后宫干政的问题,但是罗从彦不是直接从太后不能干政入手,而是以《周礼》的作者周公摄政一事开始讨论,即礼的最初制定者是皇室人员作为摄政者,从而将后世所谓成例的太后听政一事视为违礼行为。至于现实政治中的太后听政惯例则是源自汉代,但是在汉代,凡太后听政,都是处于社会动荡不安的危机之中,故有非治世典礼的结果。对此事的看法,本属于老生常谈,但是罗从彦能够跳出单纯就事论事的范畴,而以长治久安的客观视角看待仁宗与太后之间的关系,从而提出了一个尖锐的问题:如何避免后宫干政,以避免皇室陷入动荡不安的状况,故有"世常蹈之"的感慨。本来罗从彦将太后听政作为汉代以后才出现的政治产物,已然界定其为非统礼制,而且罗从彦将后宫干政看作是乱象之机,已然持否定的态度,故有"安危祸福之机"的说法。只是罗从彦不敢直言后宫干政属严重违礼事件,而仅述及王曾"救其末"。

二、礼的本质:政治改革的标准与诉求

政治行为需要以礼作为标准,而在现实的政治中,往往存在不合理的政治举措,则需要通过复归礼的本质以实现现实政治改革的诉求,而礼的本质则为现实政治改革提供了标准与改革方向。以礼作为改革政治陋习的标准,而其目标则是在政治活动中复归礼的本质。在传统政治生活之中,各类政治措施常因帝王的乾纲独断而出现各种随意性现象,故罗从彦意图通过整理礼学文献来实现以礼为标准的治国策略。《遵尧录一》载:"咸平五年,将议亲郊,盐铁使王嗣宗奏言:'郊祀烦费,望行谒庙之礼,而推庆赐。'吕蒙正曰:'前

---

① 罗从彦.《豫章文集》卷六,北京:中华书局,1987年。

代停郊谒庙,盖因灾。今无故罢禋祀,典礼无据。'真宗曰:'不惟典礼无据,郊坛一日之费所省几何?殊非寅恭事天之意也。'因诏三司,非禋祀所须,并可减省。"①这本是宋真宗朝的朝议小事,但是罗从彦将其放置于国家政策设立与存废的基本原则上,即政治措施的制定与实施标准,使其能够跳出具体事项而具有了政治改革标准的意义。《豫章文集》卷四载:

> 臣从彦辨微曰:古者岁一郊,牲用茧栗,器用陶匏,无甚繁费,取其恭诚而已。今三岁一有事焉,已非古典,若赏赐士卒,乃太祖一时之命,后因以为例。议者犹欲不给新兵,以渐去之,而两府以下皆赐金帛,何耶?王嗣宗知财用数目而已,固不足与议礼。蒙正,名臣也。谓前代停郊谒庙,盖因灾沴。今无故罢禋祀典礼,无据。且水旱无常,不幸有故,用前代故事可乎。善乎!真宗之能守也,不计郊坛一日之费。事天之礼,不可阙也。若士卒赏赐可革,革之。两府以下,金帛可削,削之。一主于恭诚,孰曰不可。神宗时,河北灾伤,两府乞不赐金帛,而司马光以为救灾节用,宜自贵近始。王安石乃引常衮辞赐馔事以难之,非知言者也。②

罗从彦赞成真宗保存郊祀之礼,其理由有二:一是包括郊祀之礼本不在于祭品与器物之贵,而是重在于对天的恭诚之心。这就是礼追求内在精神实质,而非外在的细枝末节。二是宋王朝施行三年一郊祀,其问题不在于郊祀之费,而在于郊祀之礼实行过程中出现赏赐过多的问题,这不属于郊祀之礼本身,完全可以通过改革来解决郊祀之礼施行费用过重的问题。以表面事项而言,罗从彦是在讨论宋真宗保存郊祀之礼,但是以实质而言,罗从彦是以郊祀之礼为对象,以托古改制的方式来进行政治改革,其原因有三:

一是以古礼的简洁与恭诚的精神来要求简化郊祀之礼的费用:"古者岁一郊,牲用茧栗,器用陶匏,无甚繁费,取其恭诚而已。"这是罗从彦对古代郊祀之礼的整体概括,有两方面特点:其一是郊祀祭品有茧栗之牲,祭器用简易的陶匏而已;其二是郊祀之礼的本质是取对天地的恭敬诚意之心而已。这正符合礼之本质,即"礼,与其奢也,宁俭;丧,与其易也,宁戚"。③朱子注曰:"礼贵得中,奢、易则过于文,俭、戚则不及而质,二者皆未合礼。然凡物之理,必

---

① 罗从彦:《豫章文集》卷四,北京:中华书局,1987年。
② 罗从彦:《豫章文集》卷四,北京:中华书局,1987年。
③ 朱熹:《四书章句集注》,上海:上海古籍出版社,合肥:安徽教育出版社,2002年,第84页。

先有质而后有文,这质乃礼之本也。"①正是古礼当以实质为基础,而非以礼仪的丰满程度为基础。这就是罗从彦以郊祀之礼以敬天为实质内容,以祭品的丰盛程度和礼仪的完备程度为外在之文的依据。这虽是以古礼作为标准来要求其时代施行,但是罗从彦将其界定于恢复礼的实质内涵,已然反对郊祀之礼中施行赏赐士卒及两府金帛的举措,有助于节省国家财政。但是罗从彦又反对单纯从财政的视角来看待问题,而是以恢复古礼的实质内容作为归宿,更为切合宋代的崇古文化心理特征,也是一种以复古为创新的改革思想。

  (富弼)至和中,召拜中书门下平章事,与文彦博并命宣制之日,士大夫相庆于朝。弼之为相,守格法,行故事,而附以公议。故百官任职,天下无事,以所在民力困弊,赋役不均,遣使分道相视,谓之宽恤民力。又弛茶禁以通商贾,务省刑狱,天下便之。六年,丁秦国夫人忧,罢春宴故事,执政遇丧,皆起复。弼以金革变礼,不可用于平世。仁宗五遣使,起之,卒不从命。②

  富弼注重古礼,以古礼作为臣子行事的规则,改变了宋代世俗社会里的普通礼仪变礼因素,虽然罗从彦未就此事发表评论,但是依据《遵尧录序》,罗从彦是高度重视此事的,且以全面赞成的观点看待此事。由此可以确定两件事:一是罗从彦以古礼作为事项的标准来行事,实反对普通社会礼仪的内容,而其内在因素在于通过正礼来强调政治的正当性,实有扭转社会风气投机取巧的作用;二是罗从彦以富弼的政绩作为基础,再谈及受正礼,具有强化正礼的正当性与权威性的作用,从而使行正礼具有了政治正面示范性作用。

  二是要求变革政治上的祖宗家法。恢复郊祀礼的实质是一种以复古为创新的思想,但是其最大阻力则是来自宋太祖开始施行的郊祀礼赏赐士兵及两府金帛之事,其原因在于两宋最重视祖宗家法。顾炎武的《宋朝家法》载:"宋世典常不立,政事丛脞,一代之制,殊不足言。然其过于前人者数事,如人君宫中自行三年之丧,一也;外言不入于梱,二也;未及末命即立族子为皇嗣,三也;不杀大臣及言事官,四也。此皆汉、唐之所不及,故得继世享国至三百余年。若其职官、军旅、食货之制,冗杂无纪,后之为国者并当取以为戒。"③其

---

① 朱熹:《四书章句集注》,上海:上海古籍出版社,合肥:安徽教育出版社,2002年,第84页。
② 罗从彦:《豫章文集》卷七,北京:中华书局,1987年。
③ 顾炎武:《日知录校释》,黄汝成集释,上海:上海古籍出版社,2006年,第919~920页。

题目就是宋朝家法,其所述内容是有宋一代一致延续施行的不成文规则,这是宋朝统治者所公认的规则,如史浩对宋孝宗说:"此则祖宗家法也。"①由此可见,在宋代的政治生活中,祖宗之家法已然成为其运行的基本原则。而在固守祖宗家法的宋代政治中,罗从彦亦清楚行郊祀礼要赏赐士卒和两府金帛,但是罗从彦却将其定性为"太祖一时之命",也就是说,宋太祖并没有命令此事成为定例,而改革祖宗家法的难度,在废除郊祀礼赏赐士卒一事上"议者犹欲不给新兵,以渐去之",则其遇到了巨大的阻力。其原因正是祖宗家法的威力,但是罗从彦知其事实,却依据"一主于恭诚,孰曰不可"的原则,强烈要求革除太祖所传的家法。可见罗从彦虽然是在讨论古礼,却意在以施行古礼本质来革新宋朝弊症之事。

三是以守古礼的精神来推动以民为本的思想。《〈礼记〉正义序》说:"夫礼者,经天地理人伦,本其所起在天地未分之前,故《礼运》云:'夫礼必本于大一。'是天地未分之前,已有礼也。礼者,理也,其用以治则与天地俱兴……"②"故圣王修义之柄、礼之序以治人情。故人情者圣王之田也,修礼以耕之,陈义以种之,讲学以耨之,本仁以聚之,播乐以安之。故礼也者,义之实也,协诸义而协,则礼虽先王未之有,可以义起也"。③ 这就是要把人情作为礼仪施行的基础,而人情的根本在于民心,这正是罗从彦以礼的实质来要求变革现实的政治措施的理论依据,故罗从彦才于文末再次谈及神宗时代河北灾伤事件的应对之事。从其文自然可知,罗从彦赞成司马光从贵近大臣开始采取救灾节用措施,再施行到两府赐金帛,而否定王安石以唐代常衮辞赐馔事来反对司马光的建议。事实上,从内容来看,罗从彦于此处突然加入神宗时代讨论救灾节用之事,显然和郊祀之礼是否施行无关。但是以内在道理而言,则是合理的,因为不管是郊祀之礼,还是救荒之礼,都是以礼的实质作为依据,再根据礼的本质来制定或者设计具体的礼仪内容,即以义起仪,以义节仪,从而达到预期的目标。

---

① 李心传:《建炎以来朝野杂记乙集》,北京:中华书局,2000年,第545页。
② 郑玄、孔颖达:《礼记正义序》,《礼记正义》,清嘉庆二十年(1815年)南昌府学重刊宋本十三经注疏。
③ 《礼记疏》卷第二十二。

三、国家繁荣兴盛的保障：礼是政治参与者成功的门槛

礼为政治成功的因素，但是政治的成功要立足于君臣的努力，故罗从彦也将守礼作为个人修身的准则。

首先，君王要以礼来作为修身的准则方能实现王者之业。致君尧舜是中国知识分子的梦想，而其实现的最重要途径是强化君王自身的道德水平，正如朱子所说："古者修身与取才、恤民与养兵皆是一事，今遂分为四。"①"（君）只看合下心不是私，即转为天下之大公。将一切私底意尽屏去，所用之人非贤，即别搜求正人用之"。② 朱子此念实非其首创，而是在罗从彦的思想之中已然呈现得十分明显，只是未及详述，只是以收录资料及简短评述呈现出来。《豫章文集》卷二载：

> 臣从彦辨微曰：学士职亲地禁，非谨重之士、有器识文章者不可居其任。陶谷不知为如何人，其在翰林也，太祖御便殿坐，召之前，却不进，卒使天子致礼于词学之臣，束带以见之。此其廉耻有足称者，非特谷也。古者君臣之间，礼义廉耻而已矣。上知有礼而不敢慢其臣，而下知廉耻以事君。上下交修，则天下不足为也。③

君主的言行举止代表君主的政治态度，更是君主修养水平的直接体现，而罗从彦在赞赏陶谷之时，亦敏锐地将此事上升到君臣关系的大事件之中。罗从彦由天子是否整齐着装接见臣子上升君臣关系和谐问题，其判断标准就是君臣之间的行为是否遵循礼的标准。这是正确的，因为天子见臣子要束带以接见，虽属小细节，却内含有一个重要的原则——礼中的"出门如见大宾"的原则，正如朱子引程子之言曰："'孔子言仁，只说出门如见大宾，使民如承大祭。看其气象，便须心广体胖，动容周旋中礼。惟谨独，便是守之之法。'或问：'出门、使民之时，如此可也。未出门、使民之时，如之何？'曰：'此俨若思时也，有诸中而后见于外。观其出门、使民之时，其敬如此，则前乎此者敬可

---

① 黎靖德：《朱子语类》，上海：上海古籍出版社，合肥：安徽教育出版社，2002年，第3512页。
② 黎靖德：《朱子语类》，上海：上海古籍出版社，合肥：安徽教育出版社，2002年，第3512页。
③ 罗从彦：《豫章文集》卷二，北京：中华书局，1987年。

知矣。非因出门、使民,然后有此敬也。"①而朱子对此下按语曰:"克己复礼,乾道也;主敬行恕,坤道也。"②那么程朱一系的学者均是将出门、使民之事作为管中窥豹的方式看待施行者自身内心世界对礼仪的恪守程度,亦是体现施行者对行为承受者地位的尊重程度,故有敬恕之说。因此罗从彦将君臣之间各守自身礼仪规范作为君臣相得的最重要指标,其效果就是解决天下各种难事,则国家兴盛局面就是自然而然的结果了。

与以礼待臣相对应,君主要以礼严格要求自己,方能真正贯穿于自身的政治实践之中,故罗从彦看重君王的日常行为情况。《遵尧录四》载:

> 仁宗为皇太子时,宾客李迪等常侍燕东宫,见帝容止端庄,虽优戏在前,亦不甚顾。他日因奏事言之,真宗曰:"平时居内中,亦未尝妄言笑也。"③

此条文献之下,未见罗从彦之按语,那么据《遵尧录序》,罗从彦将此条文献内容作为可以长期坚持使用的典型材料,可见罗从彦对此文献之倾心程度了。只是此条文献含有矛盾之处,仍旧需要我们辨析一二:一是身处太子之位的仁宗皇帝容止端庄,即使官方娱乐场所亦不改其情况,这是以礼仪作为自身行为的准则而加以严格遵循的结果。身为太子,主要有两重身份:君和臣二者,即对天子而言,其属子,亦是臣;对臣子而言,其处于储君之位,又是君。这是两种矛盾融为一体的身份,因为天无二日,国无二君,但是又要备位国家。故宋仁宗以礼要求自己,实有克己复礼之情况,即"颜渊问仁。子曰:'克己复礼为仁。一日克己复礼,天下归仁焉。……'颜渊曰:'请问其目。'子曰:'非礼勿视,非礼勿听,非礼勿言,非礼勿动'"④。那么宋仁宗在各类场合之中以礼仪标准要求自己,使其能够在官方娱乐之时,还保持储君的威严,亦从宋真宗与臣子对话之中,看到宋仁宗日常行为的严肃性。守礼也就成为一种永恒的政治行为,故罗从彦直接引入此条,而不再做任何的注解,亦是罗从彦对宋仁宗庙号的理解的结果。

---

① 朱熹:《四书章句集注》,上海:上海古籍出版社,合肥:安徽教育出版社,2002年,第168页。
② 朱熹:《四书章句集注》,上海:上海古籍出版社,合肥:安徽教育出版社,2002年,第168页。
③ 罗从彦:《豫章文集》卷五,北京:中华书局,1987年。
④ 朱熹:《四书章句集注》,上海:上海古籍出版社,合肥:安徽教育出版社,2002年,第167页。

与日常生活细节相随而来的是国家长治久安,故君主要恪守礼教,方能实现国家的长治久安。《豫章文集》卷七载:

> 臣从彦释曰:帝王之兴,寻常所谓才智艺能之士足以效一官一职者,非无其人。于千官百辟中求其最者,若兼善泽民以天下为心,不忘王室者,何其艰哉!仲淹以侍臣命知开封,谓赵张不足为,惟以辅翼天子政教为念。则其贤可知也。传曰:"器博者,无近用;道长者,其功远。"仲淹有焉。①

由此可知,帝王之兴就是国家强盛的景象,而罗从彦不是从范仲淹的政治改革来评价,反而是从范仲淹对臣子使命视角来看待君主对一个国家的重要性。罗从彦高度评价范仲淹的观点,其意有三:一是为臣之道不在于一城一池的治理,也不在于一事一物的处理,而是当持有以天下为心,且善于治民。二是在诸多政治之中,君主的政教实是政务之首。三是范仲淹在社会治理过程中以辅佐君主的政教作为核心内容,方能真正实现以天下为心,也才能真正实现泽被万民的效果。在君主的政教之中,最重要的政治是国君的教育,正如范仲淹自己所述,亦如朱子所说:"天下事有大根本,有小根本,正君心是大本。其余万事各有一根本,如理财以养民为本,治兵以择将为本。"②这是因为君主是一切政治事务的起点,亦是一切政治事务成败的关键,即"天下事,须是人主晓得通透了,自要去做,方得。如一事八分是人主要做,只有一二分是为宰相了做,亦做不得"。③ 故君主真正做到以德为政才是君主本分之事,亦是天下盛世的根本保障。《朱子语类》载:

> 问:"无为而天下归之。"曰:"以身率人,自是不劳力。礼乐刑政,固不能废。只是本分做去,不以智术笼络天下,所以无为。"④

朱子未言及其本分指什么,但是我们仍旧可以从此处获得大概内容,即本分是指以礼乐刑政为基础,按照君主的本分工作来落实自身的政治任务,而君主的政治任务就是修德,即"为政以德"(《论语·为政篇》),朱子解释说:"德与政非两事,只是以德为本,则能使民归。若是'所令反其所好',则民不

---

① 罗从彦:《豫章文集》卷七,北京:中华书局,1987年。
② 《朱子语类》,第3511页。
③ 《朱子语类》,第3512页。
④ 《朱子语类》,第791页。

从。"①那么民之所好的内容当是孟子所谓:"养生丧死无憾,王道之始也。"②其具体的情况则是"不违农时,谷不可胜食;数罟不入洿池,鱼鳖不可胜食也;斧斤以时入山林,材木不可胜用也。谷与鱼鳖不可胜食,材木不可胜用,是使民养生丧死无憾也"③,其内涵正是朱子所述:"此皆为治之初,法制未备,且因天地自然之利,而撙节爱养之事也。然饮食、宫室所以养生,祭祀、棺椁所以送死,皆民所急而不可无者。今皆有以资之,则人无所恨矣。王道以得民心为本,故以此为王道之始。"④正是以民心所向之事作为政治的根本,而达到其效果的最基础工作是养生丧死无憾,其行为的准则是政治行为当因天地自然之利以达到撙节爱养的目的,但是其内在却已含有礼的基本原则——礼以时为大,即"礼,时为大,顺次之,体次之,宜次之,称次之"。郑玄注:"言圣人制礼所先后也。"⑤则时节是作为制定具体礼仪规则的首要标准,自然也就是政治上需要最先考虑的问题。

其次,评判臣子当以礼作为衡量道德的准则。《豫章文集》卷六载:

> 臣从彦释曰:古之用人以德器为先。才大而德不足,只为累耳。准始荐丁谓于李沆,沆不可。准曰:"若丁谓之才,相公自度终能抑之乎?"及谓当国,又不能容之,斥其挟奸,不可以辅少主,遂取南迁之祸。准之南迁,可也。然使谓无所忌惮,得结雷允恭以图不轨,皆准之由。后之为大臣者,贪人之才而不究其德,可少戒哉。⑥

罗从彦此段对寇准的批评十分尖锐,而其所批评的内容是寇准爱丁谓之才,却未详细观察其道德品质,就莽撞地推荐丁谓,由此造成了后面的政治乱象。只是丁谓之乱及其品质之恶劣,于罗从彦时代而言,已是社会公论,但是罗从彦却不是简单地批评寇准之失,而是以守礼与否作为士大夫道德品质的一个关键标准,即罗从彦摘录其事:

---

① 《朱子语类》,第788页。
② 朱熹:《四书章句集注》,上海:上海古籍出版社,合肥:安徽教育出版社,2002年,第249页。
③ 朱熹:《四书章句集注》,上海:上海古籍出版社,合肥:安徽教育出版社,2002年,第249页。
④ 朱熹:《四书章句集注》,上海:上海古籍出版社,合肥:安徽教育出版社,2002年,第249页。
⑤ 郑玄、贾公彦:《仪礼注疏》,上海:上海古籍出版社,2008年,第960页。
⑥ 罗从彦:《豫章文集》卷六,北京:中华书局,1987年。

一日,会食政事堂,羹污准须。谓起,与拂之。准曰:"君为参预大臣,而亲为官长拂须者乎?"谓顾左右,大愧,恨之。①

罗从彦并未直言丁谓之奸诈品质,却特地摘抄丁谓与寇准交往过程中不守礼的一件小事,即丁谓要为寇准擦嘴巴之事,而寇准阻止此事。但是我们却可从此事中看到三方面内容:一是丁谓不顾礼仪规范而要为寇准擦嘴巴,这意味着丁谓不守礼;二是寇准阻止丁谓不顾礼仪地讨好自己的行为;三是丁谓谄媚寇准,而寇准拒绝被谄媚。那么丁谓谄媚寇准却反被嘲笑,由此形成了双方多年的仇恨。

正是未能及时识破丁谓的道德品质败坏情况,故寇准才以"丁谓负才而挟奸……皆不可以辅少主,恐乱陛下家事"。② 只是此时已然失去了限制丁谓飞黄腾达的时机了,故罗从彦才说"皆准之由",而其提出解决此问题的办法是"贪人之才而不究其德,可少戒哉"。只是罗从彦并未直言如何看清人之德,但是罗从彦在讲述史料之时,已经明确将其限定于为人处世要遵循的基本礼仪,否则就是道德败坏的表现。

与之相对应,统治者在使用人才之时,要多考察其真实情况,方能真正起用有才之人。《豫章文集》卷六载:

> 臣从彦释曰:古之士者,自十五入学,至四十而后仕。其意若曰善道以久而后立,人材以久而后成。故处之以燕间之地,而宽之以岁月之期,俾专其业,俟其志一定,则其仕也不迁于利,不屈于欲,道之于民而从,动之于民而民和,天下被其泽矣。后世怵于科举,自童稚间,已有汲汲趋利之意,一旦临民,则亦何所不至也。王旦,章圣时在中书最久,每进用朝士,必先望实。苟人望未孚,则虽告之曰某人才,某人贤,不骤进也。此真救弊之良图也。曾之当国也,遵行其言,人皆心服,非己行之验故耶。③

罗从彦从王旦、王曾的故事看到其内在成功的原因是遵从了人才成长的基本规律,即通过学习,再经历过诸多事项的锤炼,待达到不惑于外在利益与内在欲望,从而实现良好执政的预期效果。而如何判断一个人的才华与内在道德修养水准,则是从人望入手,其背后的逻辑正是个人遵循礼仪的情况,因为人望是以众多人士对某人的综合评价作为考量标准而得到的结论,其根本

---

① 罗从彦:《豫章文集》卷六,北京:中华书局,1987年。
② 罗从彦:《豫章文集》卷六,北京:中华书局,1987年。
③ 罗从彦:《豫章文集》卷六,北京:中华书局,1987年。

原因在于要避免个人因为私利而评价或者推荐人,其评判标准正是传统的礼学原则。《论语·学而第一》载:"有子曰:'礼之用,和为贵。先王之道,斯为美,小大由之。有所不行,知和而和,不以礼节之,亦不可行也。'"①朱子注曰:

  礼者,天理之节文,人事之仪则也。和者,从容不迫之意。盖礼之为体虽严,而皆出于自然之理。故其为用,必从容而不迫,乃为可贵。先王之道,此其所以为美,而小事大事无不由之也。②

朱子注解和的意思为"从容不迫",正合前述罗从彦所述"不骤进"的意思,亦是获得人望于众多士大夫的公论之中,正如朱子按语所说:"愚谓严而泰,和而节,此理之自然,礼之全体也。毫厘有差,则失其中正,而各倚于一偏,其不可行均矣。"③正是通过多方求证所考察人才能够达到和合之境,自然是众望所归,自然不会出现名不副实的弊端了。

综上所述,罗从彦通过收集北宋君臣事迹而编撰《遵尧录》,并通过自身的评论来体现自己的政治思想,主要有三方面:一是以礼作为政治实践的基本原则,力求扭转各种政治乱象;二是以复归礼的本质为原则实行改革政治陋习的方法;三是以礼作为君臣共同恪守的规则以保障国家繁盛。

(作者单位:武夷学院朱子学研究中心)

---

  ① 朱熹:《四书章句集注》,上海:上海古籍出版社,合肥:安徽教育出版社,2002年,第72页。
  ② 朱熹:《四书章句集注》,上海:上海古籍出版社,合肥:安徽教育出版社,2002年,第72页。
  ③ 朱熹:《四书章句集注》,上海:上海古籍出版社,合肥:安徽教育出版社,2002年,第72页。

"教化者，朝廷之先务"
——罗从彦教化思想论略

◎ 冯会明

宋明理学家有着修齐治平的抱负和皇皇天下的传道热情，具有积极的经世品格。"宋明理学家之精神，则几全用于教化"[①]，教化天下，移风易俗，实现"化其心，成其俗"的化俗理想，是其不懈追求。礼乐文明的再造是宋明理学化成天下的主要进路，实现乡村礼治是宋明理学教化天下的重点。

罗从彦就是一位具有"经济之志"的理学家，他重视道德教化的功用，强调"教化者，朝廷之先务""风俗者，天下之大事"[②]，把道德教化视为实现王道德治的前提。他认为教化的关键是正君心，皇帝要节欲、寡欲，成为天下道德的楷模，而士人是教化的主体，名节忠义、正直忠厚是士人立身、立朝之本。教化的核心内容是仁义与忠孝，其目的是为淳厚民心，化俗天下，以期实现国家的长治久安。而"中人之性，由于所习"的人性论则为他推崇教化提供了理论前提。

罗从彦一生以讲学授徒为主，地处僻乡，他的教化思想，大都停留在理论层面，很少有机会付诸实施而见实效。但罗从彦的不少主张，他的教化理论历久弥新，"传于后而久弥光"[③]，对于新时代乡村振兴的实施，特别是乡风文明建设仍然具有镜鉴作用。

---

① 黄克剑、钟小霖：《唐君毅集》，北京：群言出版社，1993年，第284页。
② 罗从彦：《罗豫章集·议论要语》，北京：中华书局，1985年，第101页。
③ 罗从彦：《罗豫章集》，北京：中华书局，1985年，第3页。

一、"教化者,朝廷之先务"——教化是长治久安之本

罗从彦(1072—1135年),字仲素,学者称豫章先生,宋南剑州剑浦县(今南平市延平区)人。罗从彦与杨时、李侗并称为"南剑三先生",是宋代闽学四贤之一,在闽学发展历程中是一位承前启后的著名学者。淳祐六年(1246年),宋理宗以其"道德博厚"、"言行相应",谥曰"文质"。

罗从彦从吴仪、杨时和程颐三位老师那里继承了儒家学说,"深造圣经之奥旨"。尤其是数次受教于龟山先生杨时,"伛侍二十余年,尽得不传之秘"。[①] 不仅学习了"龟山心法",更"深得伊洛之传",创立了豫章学派,李侗、朱松就是其著名门生。罗从彦对理气、太极等形而上的理论研讨不多,其学说更注重经世致用,"偏重于伦理道德学说""在社会政治、伦理等领域,却提出了一些值得注意的看法"。[②]

罗从彦特别重视道德教化的作用。他从"中人之性,由于所习"的人性论出发,强调"教化者,朝廷之先务"。认为王道教化是国家长治久安的根本,是实现王道德治的重要手段,是建立纯美社会风气的前提和保证。他对"天子"、"朝廷"、"士人"等不同阶层提出了不同的道德要求。他说:"教化者,朝廷之先务;廉耻者,士人之美节;风俗者,天下之大事。朝廷有教化,则士人有廉耻;士人有廉耻,则天下有风俗。或朝廷不务教化而责士人之廉耻,士人不尚廉耻而望风俗之美,其可得乎?"[③]

教化即政教风化,教育感化之意,《诗·周南》就有"美教化,移风俗"之说。罗从彦认为兴教化是朝廷的当务之急,是国家责无旁贷之责。只有朝廷君主重视道德教化,士人才有知廉知耻的良好节操,才能形成纯美的民风民俗。否则,朝廷不重教化而期望士人有廉耻,期望风俗纯美是不现实的。

教化是朝廷之先务,而教化的关键是正君心。罗从彦认为欲治天下者先正人心,欲正人心则先正君心。因为君主是天下之表率,君心正,天下人心才能正。他说:"人君者,天下之表。若自正心,则天下正矣。自心邪曲,何以正

[①] 罗从彦:《罗豫章集》,北京:中华书局,1985年,第1页。
[②] 徐远和:《洛学源流》,济南:齐鲁书社,1987年,第288页。
[③] 罗从彦:《罗豫章集·议论要语》,北京:中华书局,1985年,第101页。

天下？"①在罗从彦看来，君心正，则天下人心可正；君心邪，则天下人心必邪。所以道德教化应由朝廷自上而下进行，要从正君心开始。

如何"正君心"，罗从彦认为君主必须节制自己的欲望。他继承了二程的"存天理，去人欲"之说，认为圣人无欲，君子寡欲，众人多欲，君主要心正就要淡泊寡欲。他说："太宗语李至曰：'人君当淡然无欲，不使嗜好形见于外，则奸邪无自入焉。'可谓善矣。"②他借太宗之语，强调君主要寡欲，要节制自己的欲望，不使自己的嗜好表露于外，奸邪之徒也就无隙可入，无法投其所好了。

除了朝廷要承担教化的首要职责之外，士人也是兴教化的重要主体。《汉书·食货志上》："士农工商，四民有业。学以居位曰士。"士为四民之首，是社会的一个重要阶层，常言道："得士者昌，失士者亡。"因此，士人是兴教化的主体。士人是否有廉耻之心，会影响全社会的公序良俗。士人知廉有耻、品德高尚，就会形成君子之德风的社会示范效应。否则"士人无廉耻，社会无风俗"，连接受长期礼义道德教化的士人都无廉耻之心，就会导致天下风俗浇薄。罗从彦认为士不仅要知廉耻，还要有名节忠义。"名节忠义"是士的"立身之本"，他说："士之立身，要以名节忠义为本。有名节，则不枉道以求进；有忠义，则不固宠以欺君矣。"③有名节的人就不会为了升迁而百般钻营，违背自己为人处世的基本准则；忠义之士，也不会为巩固自己的地位而欺君罔上。

同时，正直忠厚也是士人立身、立朝之本。他说："士之立朝，要以正直忠厚为本。正直则朝廷无过失，忠厚则天下无嗟怨。二者不可偏也，一于正直而不忠厚，则渐入于刻；一于忠厚而不正直，则流入于懦。"对正直、忠厚做出了不同的要求，为臣正直的表现，就是心存至公，而无一己之私。忠君爱君，则是为臣忠厚的表现，"立朝之士，当爱君如爱父，爱国如爱家，爱民如爱子。然三者，未尝不相赖也，凡人爱君，则必爱国；爱国，则必爱民。未有以君为心，而不以民为心者"。④认为爱君、爱国、爱民三者一体，且相互依赖，凡爱君者必爱国，爱国者则必爱民。

罗从彦主张自上而下实行教化，似乎抓住了问题的核心，"但是在专制体制之下，没有有效监督的权力必然滋生腐败，当道德教化的任务由腐败的官

---

① 罗从彦：《罗豫章集·遵尧录》，北京：中华书局，1985年，第1页。
② 罗从彦：《罗豫章集·遵尧录》，北京：中华书局，1985年，第20页。
③ 罗从彦：《罗豫章集·议论要语》，北京：中华书局，1985年，第103页。
④ 罗从彦：《罗豫章集·议论要语》，北京：中华书局，1985年，第103页。

员来实行的时候,其道德必然是虚伪的"。①

二、"仁义兼隆"——仁义礼智是教化之核心内容

罗从彦认为教化的核心内容是仁义礼智,主张"仁义兼隆"。"仁"表现为"亲亲",是社会凝聚力的源泉;"义"表现为"尊尊",是社会秩序化的基础。仁与义二者是体用关系,他说:"夫立人之道,曰仁与义。仁,体也;义,用也。"②要以仁为体,以义为用。仁义也是君主的治国之术,是驭臣之策,提出了"仁义兼隆"的治国原则。他说:"仁义者,人主之术也。一于仁,天下爱之而不知畏;一于义,天下畏之而不知爱。三代之主,仁义兼隆,所以享国之于长久。"③如果君主只是一味用仁,滥施爱心,而忽视义的外在规范,老百姓就不会有畏惧之心,社会缺乏必要的约束,就会导致权威的失落。否则,也难以获得百姓的认同。统治者只有做到仁义并重,"仁义兼隆",才能使社会和谐有序。

罗从彦还认为仁义礼智也是一个人不可或缺的立身之本,是人之所以为"人"的基本条件。他说:"仁义礼智,所以为立身之本,而缺一不可。故孟子以恻隐之心为仁之端,而无恻隐之心则非人;以羞恶之心为义之端,而无羞恶之心则非人;以辞让之心为礼之端,而无辞让之心则非人;以是非之心为智之端,而无是非之心则非人。"④人只有具备四端,才能称为"人",否则就不能算"人"了。所以通过仁义礼智四端的教化,使人成为一个真正的人。

仁义礼智四端教化的外在表现则为"忠、孝"二字。他说:"君明,是君之福;臣忠,是臣之福。君明臣忠,则朝廷安天下治。父慈,是父之福;子孝,是子之福。父慈子孝,则家庭兴旺。"将君、臣、父、子等不同的角色规范在忠孝上面,只有每个人安分守己,恪守伦理规范,整个社会才能顺应天理,达到和谐状态。以孝治天下是两宋时期重要的道德准则,他认为天子之孝在于保天下,要拯救世风就要培育良好家风。修一身,齐一家,渐化一乡,渐化一地。正如朱熹所说:"一家仁,一国兴仁;一家让,一国兴让。"⑤在家庭教化中,要进行五伦之教和各种规矩的养成,做到"蒙以养正",重点在"孝","兴起教化,鼓

---

① 万绪珍:《罗从彦理学思想研究》,厦门大学硕士学位论文,2009年,第25页。
② 罗从彦:《罗豫章集·遵尧录》,北京:中华书局,1985年,第25页。
③ 罗从彦:《罗豫章集·议论要语》,北京:中华书局,1985年,第99页。
④ 罗从彦:《罗豫章集·议论要语》,北京:中华书局1985年,第100页。
⑤ 黎靖德:《朱子语类》,北京:中华书局,1986年,第357页。

舞品行,必以孝道为先"。他写的《诲子侄文》就是期望达到"入孝出弟,文行忠信。口不绝吟于六艺之文,手不停披于百家之篇。柜门之内,肃肃如也;闺门之外,雍雍如也"。① 这种孝悌和谐的家庭状态,正是他教化思想的具体体现,是他教化思想要达到的理想境界。

他还从仁体义用出发,提出了"德威不可偏",且"德深威浅"的观点。他说:"人之立身,可常行者在德,不可常行者在威。盖德则感人也深,而百世不忘;威则格人也浅,而一时所畏。然德与威不可偏废也,常使德胜威,则不失其为忠厚之士。"②"德"为"仁体",人先要有仁爱之心,培养自己良好的品德,以德感人,才能感人至深,影响长远,施行德治才能天下归心。而"威"是"义用",是建立在其地位和权势的基础上,会随他地位权势的丧失而丧失,难以持久,因此德深而威浅。

同样,要建立良好的社会秩序,赏罚也是不可缺少的重要手段。他说:"赏罚者,人主之大柄也。赏所以劝功,罚所以惩罪。"③要做到有功必赏,有罪必罚,以此惩恶扬善。在具体实施赏罚之时,主张立法不可不严,行法不可不恕。他说:"朝廷立法,不可不严;有司行法,不可不恕。不严,则不足以禁天下之恶;不恕,则不足以通天下之情。"④强调立法要严,使法律具有威慑力,但在具体实施刑罚时,要体现仁道原则,要有仁恕之心,有一定的灵活性。

罗从彦认为君主除了以仁义治国之外,还要修己任贤。君主要择人而任,治国要近君子,远小人。他在《议论要语》中说:"君子在朝,则天下必治。盖君子进则常有乱世之言,使人主多忧而善心生,故天下所以必治。小人在朝,则天下必乱。盖小人进,则常有治世之言,使人主多乐而怠心生,故天下所以必乱。"⑤常言道,生于忧患,死于安乐,朝廷有君子,则会时常进谏乱世之语,经常警诫君主,使国君因忧患而生警惕之心,才能使天下太平。而小人则相反,总在人主面前谎报形势一片大好,蒙蔽国君,使国君心生怠慢享乐之心,最终导致乱国祸民。所以"王者之道在于修己任贤",要知人善任,去佞除恶,"夫人主知贤而不能用,未若不知之为善;知佞而不能去,未若不知之为

---

① 罗从彦:《罗豫章集·议论要语》,北京:中华书局,1985年,第110页。
② 罗从彦:《罗豫章集·议论要语》,北京:中华书局,1985年,第104页。
③ 罗从彦:《罗豫章集·遵尧录》,北京:中华书局,1985年,第12页。
④ 罗从彦:《罗豫章集·议论要语》,北京:中华书局,1985年,第99页。
⑤ 罗从彦:《罗豫章集·议论要语》,北京:中华书局,1985年,第101页。

愈。苟知贤而不能用，则善无所劝；知佞而不能去，则恶无所惩"。①

由于个人品德的高低与朝廷政治清明与否休戚相关。因此，君主要任用品行端正的人。他说："名器之贵贱以其人。何则？授于君子则贵，授于小人则贱。名器之所贵，则君子勇于行道，而小人甘于下僚。名器之所贱，则小人勇于浮竞，而君子耻于求进。以此观之，人主之名器，可轻授人哉！"②国家公共权力、各种官职的贵与贱，取决于使用者的道德品质，取决于使用权力的人。权力由君子所掌握，则能发挥权力的用处，彰显权力的尊敬。否则，只能适得其反，权力给了小人，便会乱政。同时，认识一个人，要经长期的考验，不能为一时的表象所迷惑，"不可以求近功，图近利，非如世间小有才者，一旦得君暴露其器能，以钓一时之誉者。彼其设施，当亦有可观者。要之，非能致远者也"。③ 因为君子"能致远"，君子有高远的人生目标和理想追求，不会急功近利，鼠目寸光。

"中人之性，由于所习"的人性论，是罗从彦教化思想的理论基础。在人性论方面，他继承了二程性本善思想，二程认为"性即理也。……天下之理，原其所自，未有不善"。④ 罗从彦也承袭龟山先生的人性论，"人所资禀，故有不同者，若论其本，则无不善"。认为人之本性是善的，但由于受气禀的影响，而有了好坏善恶之分，有了圣人、愚人之别。他说："然而善者其常也，亦有时而恶也。犹人之生也，气得其和，则为安乐人。及其有疾也，以气不和，则反常矣。其常者，性也。"⑤圣人所禀之气，"纯粹而不偏"，至善至美。普通人所禀之气刚柔相杂，有善有恶。因此，普通人的人性是可善可恶的，没有天生的善性，也没有绝对的恶性，人性是善是恶，更多的是受后天环境之影响。他说："中人之性，由于所习。见其善则习于为善，见其恶则习于为恶。习于为善，则举世相率而为善。而不知善之为是，东汉党锢之士与夫太学生是也。习于为恶，则举世相率而为恶。而不知恶之为非，五代君臣是也。"⑥正因为中人之性有见善为善、见恶为恶的特点，所以教化就显得尤其重要，必须通过后天的教化以抑恶扬善。罗从彦人性善恶关键在于后天习染的观点，给人的道

---

① 罗从彦：《罗豫章集·议论要语》，北京：中华书局，1985年，第102页。
② 罗从彦：《罗豫章集·议论要语》，北京：中华书局，1985年，第100页。
③ 罗从彦：《罗豫章集·遵尧录》，北京：中华书局，1985年，第12页。
④ 程颢、程颐：《二程集》，北京：中华书局，1981年，第292页。
⑤ 罗从彦：《罗豫章集·遵尧录》，北京：中华书局，1985年，第35页。
⑥ 罗从彦：《罗豫章集·议论要语》，北京：中华书局，1985年，第104页。

德教化提供了更大的空间,成为他力主兴教化的理论依据。

罗从彦认为教化的目的在于得民心而实现长治久安。他说:"但做顺人心事,谁不从也?"①认为天下大治的前提是获得民心。因为"人君之所以有天下者,以有其民也;民之所恃以为养者,以有食也。所恃以为安者,以有兵也"。②认为人君只有获取民心才能获得天下,获得民心是天下大治的前提,也是教化的根本目的。通过教化获得了民心,有了民众的支持,就能形成良好的社风民俗,社会就能稳定,国家就可以长治久安。所以罗从彦的教化理论对于新时代乡村振兴的实施,特别是乡风文明建设,培育良好家风和淳朴民风,形成社会的公序良俗,仍然具有历史的镜鉴意义。

三、扛鼎道南学派的闽学宗师

罗从彦是一位有"经济之志"的理学家,他位卑不忘忧国,为解决两宋之交严峻的社会问题,提出了他的伦理道德教化学说。尽管他的教化理论不乏闪光之处,但困处乡间的现实,使他的教化思想和报国理想难以实现,只能是一种充满理想色彩的良好愿望。

罗从彦"是道南学派的扛鼎人物"③,在道南学派的形成与衍化过程中具有承先启后的地位。他的言传身教深深影响了弟子李侗,李侗称他:"统兼濂洛,脉衍弘农。肩圣辟佛,佑启颛蒙。循循敷诲,介介持躬。春风化雨,展矣儒宗。"明代学者欧阳佑就曾评述道:"自龟山载道而归也,程师即喜之曰:'吾道南矣。'然或继承匪人,抑何以演其源而扬其波耶?幸有豫章罗先生,受业龟山之门,独得不传之秘。故自有先生之学,一传而为李延平,再传而为朱晦庵。由是海滨邹鲁,于斯盛哉!"④张泰在《豫章文集序》中评价罗从彦:"先生上承伊洛、龟山之统,下启延平、晦庵之传,斯文一脉,万世是宗。"认为罗从彦上承二程、杨时,下启李侗、朱熹,"上承龟山道南之绪,下启晦翁大成之学",成为闽学发展史上承先启后的重要人物,"其思想构成了从二程、杨时到李

---

① 罗从彦:《罗豫章集·遵尧录》,北京:中华书局,1985年,第84页。
② 罗从彦:《罗豫章集·遵尧录》,北京:中华书局,1985年,第4页。
③ 张立文:《论罗从彦的内圣外王之道》,《孔子研究》2006年第5期。
④ 欧阳佑:《重刊罗先生文集序》,见罗从彦《罗豫章集》,北京:中华书局,1985年,第104页。

侗、朱熹的重要中介"。①

朱熹评价罗从彦,称其"觑气象于未发,浑神化于自然。任重诣极,行力思渊。清介鲜知乎,厥里严毅。独畏乎前贤,真儒正脉,先生嫡传"。《宋史》本传引朱熹的话评价罗从彦:"龟山(杨时)倡道东南,士之游其门者甚众。然潜思力行任重诣极如仲素,一人而已。"②"谓龟山门下千余,独豫章能任道"。

杨时的女婿陈渊对罗从彦的学问和为人十分钦佩,以"奥学清节"评价罗从彦人品与学问。他说:"自吾交仲素,日闻所不闻。其奥学清节,真南州之冠冕也。"③

罗从彦为学严毅清苦,一生以明道为己任。作为杨时的嫡传弟子,罗从彦治学重"静心"省察,认为修身养性是为"去心害""适正道"。他非常尊崇尧舜,著有《遵尧录》,主张通过效仿尧舜,维护尧舜在儒家中的正统地位,从而树立规矩、人伦、君臣之道。认为无论君臣,为政都要讲求仁义礼智、名节忠义、正直忠厚,自觉修身立命,做到不"掊克生灵",不"阿附宦官",不"势利相倾",不"上下雷同",不"枉道以求进",不"固宠以欺君",加强道德教化,才能使天下安宁。罗从彦一生著述颇丰,其弟子李侗撰《豫章罗先生墓志铭》称其"生平雅好著述,编牒鳞集,不可枚纪"。著有《诗解》《春秋指归》《语孟师论》《中庸论》《台衡录》《二程语录》《龟山语录》《遵尧录》《议论要语》等,可惜大都散佚,存世著作多收录于王云五主编的《罗豫章集》中。

绍兴五年(1135年),罗从彦自广东返闽,在汀州武平因病去世。因其子早殁,无人料理后事,直到绍兴十年(1140年)才由门人李侗扶柩还乡。淳祐七年(1247年),朝廷从福建提刑杨栋之请,赐谥"文质"。明万历四十二年(1614年),朝廷应福建督学熊尚文之请,罗从彦得以从祀文庙西庑先儒第十六位,称"罗子从彦",得到最高的礼遇。"潜思力行,懿德重八闽;奥学清节,高风垂九州"正是罗从彦学术人品的生动写照。

(作者单位:上饶师范学院马克思主义学院)

---

① 杨国荣:《罗从彦伦理思想发微》,《伦理学研究》2005年第4期。
② (元)脱脱:《宋史》卷四二八,《道学二·罗从彦传》,北京:中华书局,1977年,第12744页。
③ (元)脱脱:《宋史》卷四二八,《道学二·罗从彦传》,北京:中华书局,1977年,第12744页。

罗从彦《勉李愿中》诗五首探析

◎ 程 荣

罗从彦的诗大多数散佚,现存仅27首,其中赠送李侗的《勉李愿中》五首很耐人寻味,从中可以窥见李侗思想转变以及罗、李二人思想传承的轨迹。

李侗曾投身举业,直到24岁时听说罗从彦师从名儒杨时得二程"千古不传之绝学",才投书向罗从彦求道。当时,年轻的李侗受当时禅学风气影响,一度沉迷其中,在给罗从彦的信中快人快语直说自己"圣学未有见处",向老师和盘托出自己内心的思想困惑:佛家摒弃世俗嗜欲研求佛理,可以净化、安顿人的心灵,但与儒家追求修齐治平的理想有相背处,自己不知何去何从。作为回应,罗从彦作《勉李愿中》诗五首。

一、勉励李侗的五首诗

罗从彦赠李侗《勉李愿中(五首)》诗云:

其一

圣道由来自坦夷,休迷佛学惑他歧。
死灰槁木浑无用,缘置心官不肯思。

其二

不闻鸡犬闹桑麻,仁宅安居是我家。
耕种情田勤礼义,眼前风物任繁华。

其三

今古乾坤共此身,安身须是且安民。
临深履薄缘何事,只恐操心近矢人。

其四

彩笔书空空不染,利刀割水水无痕。
人心但得如空水,与物自然无怨恩。

其五

权门来往绝行踪,一片闲云过九峰。
不似在家贫亦好,水边林下养疏慵。

第一首诗,告诫李侗圣贤之学才是人生正途,佛学只能使人心如"死灰槁木"一般,对人世一切失去兴趣与热情,于社会人生一无用处。很多读书人为禅学所迷惑,沉浸其中不可自拔,主要原因是"心之官"不肯"思",导致圣贤之学难以为继,社会面临很多危机。此诗强调"心官"的重要作用,指出坚持正道直行的方法是要思考。

第二首诗,劝勉年轻的李侗要排除一切外在繁华的干扰,以儒家学说的核心思想"仁"安顿自己的心灵,将儒家提倡的礼义当作"情田"来耕耘。不管外在事物如何喧扰,我自静心做我家事,一切风物繁华,都只是过眼云烟。这是勉励李侗为学须静心、用心、尽心。

第三首诗,告诫李侗古往今来天地之间唯人最可贵,儒家将"安民"作为安身立命之本,行仁爱者要常常战战兢兢,如临深渊、如履薄冰。为什么呢?因为行仁爱好比射艺,射箭者先端正姿势而后才射出,放出去而没有射中,不去埋怨胜过自己的人,而是回过头来反躬自责罢了。这是劝勉李侗为学要"反求诸己",才能心底无私天地宽。

第四首诗,勉励李侗排除一切外界干扰,超越于是非、荣辱、恩怨、得失的利害关系,于"静处观心",荡涤尘垢,才能使心灵得到解放,达到自由裕如的境界,从而获得智慧与灵性。这是就读书人品格修养上提出的劝诫之词,颇有洞明世事、洞见人心的达观睿智。

第五首诗,劝勉追求举业的李侗不要汲汲于富贵,奔走于权贵之门,心志为名利所乱,荒废了圣贤之学,甚至沦为利蠹民贼。不如在家悠闲度日,不与世俗同流合污,即便固守困穷,也乐得林下风流、安闲自在。旨在强调圣贤之学高于利禄之学,追求孔颜乐处,安贫乐道。"观天地间乐意",在天地自然中寻求精神慰藉,此亦是"仁"之内涵的精神。而希圣希贤的前提是"静心",在自然中陶冶性情,保持本心。此诗以理学家清苦自守的人格追求勉励李侗。

这五首勉励李侗的诗大致有如下几层意思:

1.极言佛学之于世事无补,劝勉李侗避佛归儒。

2.学道应以思为上。

3.坚守仁义,安贫乐道。

4.不为物欲所缚,修己安人。

5.注重涵养心性,静处观心。

《勉李愿中》这五首诗主要是就个人之出处进退、际遇穷达寄予了殷殷的期望,充满了传统儒学的人文关怀,从学习方向和学习方法两方面对年轻的李侗进行谆谆教诲,在学习方向上鼓励李侗坚定圣贤之学,抛弃追求功名利禄的功利主义和"死灰槁木"一般毫无用处的佛禅之学,注重现实人生、积极入世以立德立功立言。从学习方法上,罗从彦首先主张思考的重要性,因为"心之官则思",其次认为"静心"是为学养心的关键。只有减少过多的物欲名利的干扰,使心性和悦闲适、纯净充盈,才能真正悟道。后来他在教导李侗时"尝令愿中于静中看喜怒哀乐未发作时作何气象",认为"默坐澄心","不唯进学有力,亦是养心之要",便是此组诗所传达思想的延续。罗从彦治学以至教育弟子,一向重视"为学之方",也重视"学成要何用",《勉李愿中》诗也是从这两方面启发李侗,对青年李侗有极大的启发教育意义。

二 《勉李愿中》诗的艺术特色

《勉李愿中》诗在艺术上的特色。

首先,是颇有"理趣"。罗从彦诗具有理学诗的共同特点,即好于诗中谈性理,虽然通俗,但流于枯燥,诗的韵味不足,确实如刘克庄《吴恕斋文集序》所说:"近世贵理学而贱诗赋,间有篇咏,率是语录、讲义之押韵者耳。"但《勉李愿中》诗说理却意蕴深长。为了达到劝学的目的,每一首诗都在说理,情感被"理"压制,忧世之心深藏在告诫之词后面,将治学的道理和方法寄托于日常生活常见的情景或自然景观中,抽象的理学术语夹杂融汇其中,使得境与理合,言在意外,从而深得理趣。如第二首诗,"鸡犬闹桑麻"、"眼前风物"都是日常生活情景,是具象的。作者托物言志,借以表达自己不为物役、坚守本心的理学思想。第四首诗:"彩笔书空空不染,利刀割水水无痕。人心但得如空水,与物自然无怨恩。"以生活中常见的现象说明"静处观心"、"淡泊无欲"的理想精神。将无形的抽象哲理寓于有形的具象生活细节中,自然贴切而又有生活气息,增强了诗的韵味,使人心领神会又回味无穷。

其次,是意象的构造,也是罗从彦诗充满理趣的重要原因。意象构造了较为具体形象的境界,使抽象的说理变得具体可感而通俗易懂,如第四首巧用"彩笔书空""利刀割水"的奇妙意象,"独照之匠,窥意象而运斤"[①],高手总是擅长以想象中的境界驭文谋篇、"刻镂无形",使抽象的道理豁然贯通。又如第五首用"闲云"、"九峰"、"水边"、"林下"营造成一种悠然闲静的气氛。正如钱钟书先生所说:"鸟语花香,而浩荡之春寓焉;眉梢眼角,而芳徘之情传焉。举万珠之一珠,以见一贯之无不贯,所谓理趣也,此也。"[②]在生活日用和山水田园中体验道之本意,于花香鸟语里领悟生命的真谛,展示生命的自足自乐,正是理学家本色。《勉李愿中》诗深含哲理,蕴哲理于形象,因此虽是说理诗却无理障之嫌。

再次,是善用各种修辞,如比喻、借代、引用典故说理。如第四首诗前两句比喻非常精妙,用生活中常见的现象暗喻人心在清除名利的纷扰后达到的一种虚静状态。第三句直接比喻人需在如"空水"般虚静的状态下才能进德修业。又如以"死灰槁木"喻禅学,以"鸡犬闹桑麻"代指外界浮躁、功利的世界。第二首诗以"仁宅安居"、"耕种情田"比喻潜心儒学,整首诗又暗喻为学要于静中观理。第五首"一片闲云过九峰……水边林下养疏慵",暗喻摆脱名利困扰才能养得天地间一团生气。以生动、形象的比喻、借代说明抽象的道理,增强了诗的可读性、趣味性,使人易于感知和接受,也使说理显得精辟透彻,使这五首劝学诗饱含了理趣。《勉李愿中》诗还引用典故增强说理的深度和说服力,如"缘置心官不肯思"援引《孟子·告子章句上·第十五节》:"心之官则思,思则得之,不思则不得也。"以及《书》曰"思曰睿"、"睿作圣"。说明思考的重要性,强调思考本身"体现了理学正统观点"。[③] "临深履薄"出自《诗经

---

① 祖保泉:《文心雕龙解说》,合肥:安徽教育出版社,1993年,第520页。
② 钱钟书:《谈艺录》,北京:生活、读书、新知三联书店,2001年,第653页。
③ 衷尔钜:《从洛学到闽学——综论杨时、罗从彦、李侗哲学思想及其历史作用》,《中州学刊》1991年第1期,第60页。

·小雅·小旻》:"战战兢兢,如临深渊,如履薄冰。""操心近矢人"出自《孟子》:"矢人岂不仁于函人哉?矢人唯恐不伤人,函人唯恐伤人。巫匠亦然。故术不可不慎也。孔子曰:'里仁为美,择不处仁,焉得智?'夫仁,天之尊爵也,人之安宅也。莫之御而不仁,是不智。不仁、不智,无礼、无义,人役也。人役而耻为役,由弓人而耻为弓,矢人而耻为矢也。如耻之,莫如为仁。仁者如射:射者正己而后发,发而不中,不怨胜己者,反求诸己而已矣。"虽出自孟子语,却能于旧中翻新,不漏痕迹,含蓄地说明了行仁义者要谨慎自省。用典虽然令诗意晦涩难懂,但借古证今,以有限之文字丰富了诗歌的内涵,增强了说理的权威性。

最后,是罗从彦的诗风格平淡朴素,亲切有味。一切如实说来,娓娓而谈,如话家常,以日常生活中常见的现象徐徐引申出治学处世之道,语言平淡朴素,明白简洁,不事辞藻,无意求工,却意味深长。作为理学家,罗从彦决不板起面孔说教,也不故作玄虚,卖弄学问,而是循循善诱,态度超然蔼然,如春风化雨,润物无声。然平淡中有警策,朴素中有深意,如第四首言人心若得如"空"如"水",志存高远,无论外物如何侵扰,皆能"心底无私天地宽",不存是非恩怨的芥蒂。平平常常的景象一经点化便有了深刻的道理,可谓深入浅出,言简意赅,耐人寻味。既直白又含蓄,既警策又从容,开口见心,不费安排,自然而非勉强,强调安贫乐道,胸怀风月,独寻"乐"趣。有一种"温柔敦厚"的风格特征,是理学家追求性情之正和道德自我完善在诗中呈现的风貌。总之,《勉李愿中》诗整体上呈现出一种洒脱雍容的"道学气象"。

罗从彦的诗是理学内容的诗化表达,表面上给人一种高冷、倔强的道学家形象,骨子里却是真诚热切的,饱含了对"圣学难继"、世路维艰的感慨以及在艰难困苦中仍然坚守正道直行、追求内在的自足自得与圆满的人格理想。

李侗作为后生晚辈,投书先贤,希望老师传道、授业、解惑,罗从彦一定被李侗的坦诚和直率所打动,又痛感"圣学难继"的社会现状,内心一定不平静,但具有"奥学清节"的他遵循了孔子"不愤不启"、"不悱不发"的教育理念,接连作五首诗,循循而诱李侗"入道",使人如沐春风,如饮甘霖。他写信给同门好友陈渊,在《与陈默堂书》中说:"从彦承喻,'圣道甚微,有能于后生中得一个半个,可以与闻于此,庶几传者愈广,吾道不孤,又何难之不易'。从彦闻尊兄此言,尤著意询访。近有后生李愿中者,向道甚锐,曾以书求教,趋向大抵近正。漫录其书,并从彦所作小诗呈左右,未知以为然否?"可见罗从彦写《勉李愿中》诗是经过深思熟虑的,是有意提携后进,传其衣钵。罗从彦因势利导,赋诗作答,较为形象地阐发了理学的正统观念,效果比长篇大论肯定要好得多。

从此李侗抛弃举业,正式拜罗从彦为师,作为罗从彦的嫡传弟子,深得罗从彦器重。罗从彦言传身教,李侗进步很快,与以前"判若两人",像罗从彦一样喜静坐沉思。李侗隐居山野,谢绝俗务,淡泊名利,悉心研究理学达40多年之久,"以学圣人自命"穷理一生,和罗从彦一样成为闽学发展中承前启后的理学大师。朱熹于1126年问学李侗后,"学术思想一变而大有长进,为他后来阐发洛学,集周敦颐以下北宋以来理学之大成,创立闽学奠下了坚实的基础"[①],也成为李侗最得意的弟子,成为集理学之大成,甚而成集中国文化之大成的理学宗师。

从罗从彦《勉李愿中》诗中可以看到闽北三位理学大师的人生轨迹以及衣钵相传的过程,可以窥见作为理学家的罗从彦为人师长循循善诱的一面,他为李侗指明了学习方向、学习方法和学习中应有的用心、耐心与恒心,对于今天的启蒙教育、思政教育仍然具有积极的意义和启发。

(作者单位:武夷学院文教院)

---

① 衷尔钜《从洛学到闽学——综论杨时、罗从彦、李侗哲学思想及其历史作用》,《中州学刊》1991年第1期,第60页。

坚守、创新与奠基：罗从彦及其道南学派

◎ 宋冬梅

在中国理学史上，罗从彦属于道南学派。他上承二程、杨时，下启李侗、朱熹，是宋代洛学南移的中坚力量，又是闽学的奠基人之一。罗从彦作为道南学派发展的关键人物，在道统传承中"笃志求道"，又在道统传承中开启北宋末至南宋初年理学发展和传承的时代之风。

一、罗从彦自幼好学，终祀文庙

罗从彦（1072—1135年），字仲素，谥文质，世称豫章先生，北宋南剑州剑浦（今福建南平市延平区）人。从学统上讲，罗从彦的思想上承程颢、程颐、杨时，下传李侗、朱熹，属于道南学派三杰之一。而道南学派是宋明理学由北宋到南宋传承的中坚力量，也是二程洛学传至朱熹闽学的关键学派，在中国儒学史乃至宋明理学史上的地位不可忽视。

罗从彦自幼笃志好学，闻当时同郡杨时得河南程氏之学，十分羡慕，在杨时升为萧山县令后，于1100年（北宋元符三年）只身一人徒步去拜见，遂得杨时赏识。后经杨时介绍，他又变卖田产做旅费，赴洛阳拜见程颢，请授《易经》。罗从彦一生清贫，家徒四壁，但他认为富贵荣华莫若残书数卷，几十年如一日，孜孜矻矻，发愤著书。在罗家书堂墙壁上，他曾写下倾诉志向的铭言："吾家自祖宗流传以来，一贯清白之气不可不培。盖金帛虽多，积之数十年必芨；田宇虽广，遗之数十年亦亡。孰若书数卷，贻之吾子吾孙，世世可以习读不朽。又孰若灵心一点，传之吾子吾孙，可以受用不尽。登斯堂者，各宜猛省！"可见其立志高远、不慕富贵、甘守清贫、唯道是求的浩然之气。

罗从彦志向远大,潜心学问。北宋政和二年(1112年),他于萧山师事杨时,"受学经年,尽裹其书以归"。北宋宣和元年至南宋绍兴元年(1119—1131年),先后撰《语孟解》、《书斋记》、《遵尧录》、《台衡录》、《中庸说》,又有《春秋毛诗语解》、《春秋指归语》、《议论要语》、《二程、龟山语录》等,后辑入《豫章文集》。张伯行在《罗豫章先生文集》序中称罗从彦"潜思力行,任重诣极"。敢于扛鼎重任的罗从彦,是道南学派发展中承先启后的关键人物。

　　罗从彦生性朴素,认为人的学识、操行并非与生俱来,更非门第出身所决定。他说:"德泽不可恃";"自古德泽最厚者如尧舜,向使德泽可恃,则尧舜必传其子。"认为"学者必有正道,不悦于小道而适正道焉,则尧舜人皆可为矣,何不及人之有"。

　　罗从彦为学下真功夫。他提倡苦学,排除外界干扰,强调"心官"的作用。他认为默坐澄心,"不唯进学有力,亦是养心之要"。如果"心官不肯思",就会误入歧途,成为"死灰枯木"。南宋建炎四年(1130年),罗从彦中特科,宋绍兴二年(1132年)授博罗县主簿,历时4年。在任期间,倡三代王道之治,主"寡欲"、"简易"之说,"简易之理,天理也。行其所事,笃恭而天下平"(《宋元学案》卷三十九)。在仙福都一图创建钓鳌书院,置渡口、学田若干,以其收入资助生员费用。后入罗浮山,常在朱明洞南的钓鳌石上澄心静坐,研习学问,"穷天地万物之理,究古今事变之归"。

　　罗从彦一生勤谨,于宋绍兴五年(1135年)卒于任上,终年64岁。因穷困潦倒无资费,竟数年不得归葬,直至其族人罗友任惠州判官,始遣人持护以归。南宋淳祐七年(1247年)赐谥"文质","明万历四十七年(1619年),根据福建巡抚丁继宗奏请,诏罗从彦进入文庙,从祀贤儒之列。民国八年(1919年),列西庑贤儒第五十四位"。[①] 罗从彦成为中华罗氏第一个从祀文庙的贤儒,是罗氏家族的光荣。

二、罗从彦接续洛学,"严毅清苦,笃志求道"

　　罗从彦是道南学派发展的关键人物。北宋末年,洛学受到阻碍,出现了被禁止传播的势头,但是罗从彦拜师杨时,遵从教导,始终以坚守儒家道统为己任,其精神难能可贵。由于坚守师道尊严,因此罗从彦得到杨时的赏识和

[①] 宫衍兴、王政玉著:《文庙诸神考》,济南:山东友谊出版社,1993年,第182页。

器重,杨时认为"惟从彦可与言道"。罗从彦在思想上承袭二程和杨时的学说,继承儒家道统,认为佛老的"离世绝俗说"是区别于儒家道统"修齐治平"王道教化的根本。他主张儒者当斥佛老,尊崇儒道,又从当时社会现实出发去理解、吸收和创新洛学,并加以实践应用。

首先,是罗从彦继承程颢、程颐"穷理"学说,又承接杨时"致知必先格物"的"理一分殊"说,创立"静中观理"说。提出"天地之先也,理","有理而后有物",静中观理,尽心知性,思而有道,道为至高之性善,欲立言必先立德。在宋代理学发展史上,起到承先启后的作用。罗从彦继承程颐、杨时的"仁义"学说,发展为"仁体义用",强调无论是个体修养,还是君主治国,都必须突出道德本体与道德实践的规范一体;主张体用不离,仁义并用,爱畏兼施。这些主张都比杨时更翔实。

其次,在修养论方面,他继承杨时"体验未发之中"说,强调静处观心,诚敬融会,尤重静中涵养,其"静中体验未发"和"至诚感应"思想很有特色。他所追求的内圣功夫,其目标就是求道明道,即由内圣的心性修养到外在的忠义道德品行,其过程是合一的。他以静中体验未发,即以身体之,以心验之,收敛心性,探索本源,以洞见道体。

再次,他主张国家治理的"仁政"和"法治"统一,认为"朝廷大奸不可容,朋友小过不可不容","若容大奸必乱天下,不容小过则无全人","朝廷立法不可不严,有司行法不可不恕,不严则不足以禁天下之恶,不恕则不足以通天下之情"。在君民关系上,认为"可爱非君,可畏非民,后世荒淫之君所为不善。故君不知民可畏,而知民可虐;民不知君可爱,而知君可怨。是君民为仇也,安得无颠覆之祸"?

复次,他主张遵尧舜禹汤"王道之治",反对"霸道"。为了倡导"法三代,倡王道"的治国理念,他撰写《遵尧录》,认为辨王霸的标准是"以德行仁"还是"以力假仁"?但是他认为自孔孟以后王道就中断了。怎样行"王道之治"?关键是看为君的品德,所以为君的首务就是正君心。怎样正?人君自正。自正,应淡而无欲,无欲而心正。正君心的效果,一则君心正则可正朝廷;二则朝廷"为政以德",以身作则,尽教化之责,大众则知廉耻;三则朝廷正就可正百官,百官以正直忠厚为本,立身以名节忠义为本。他认为:"士之立朝要以正直、忠厚为本。正直则朝廷无过失,忠厚则天下无嗟怨。一于正直而不忠厚,则流入于刻;一于忠厚而不正直,则流入于懦。"他反对纯粹钻研经训,而脱离实际的"离道"行为,认为钻研经训,如果不是为了"明道",而只是为了进入仕途,反而把个人的生死、职位看得很重,忠义之心却不复存在了。罗从彦撰《尊尧录》是为了给当时君王从历史中提供借鉴,希望宋钦宗及以后的君主能够继承祖宗之法,遵从尧舜之道,平息熙宁和元丰等变法给社会与国家造成的动荡不安,以求国泰民安。

最后,罗从彦主张朝廷任用"君子之治"。他说:"君子在朝则天下治,盖君子进则常有乱世之言,使人主多忧而善心生,故治;小人在朝则天下乱,盖小人进则常有治世之言,使人主多乐而怠心长,故乱。"因此,"天下之变不起于四方,而起于朝廷,譬如人之伤气则寒暑易侵,木之伤心则风雨易折。"在当时的封建社会,此说具有重要的进步意义,"君子之治",终其所以是正天下,兴国家。另外,在人才观上积极务实,主张识人要以"德器为先",而且要有长久的人才培养观,坚持"用人不疑,疑人不用"、"尺有所短,寸有所长"的用人观念。他从当时的社会现实需要出发,并针对当时吏治腐败的严重状况,着重强调在上位的统治者加强道德修养,充分认识加强修养的重要性与必要性。

三、洛学、闽学与道南学派

宋代,以二程为代表的洛学和以朱熹为代表的闽学是一脉相承的。但是洛学发源于北宋时期的中原地区,而闽学则产生于东南地区,在古代交通不发达的情况下,从地域上说,两地区相距甚远;从学术传承的时间上说,程颐生活的时代与朱熹时代也有百年之隔,程颐去世(1107 年)时朱熹还没出生。所谓他们之间在学术思想上的一脉相承,必须有一个中间过渡的传续桥梁,而这一起着桥梁作用的就是后世儒家不太重视的道南学派。其重要人物就是杨时、罗从彦和李侗,史称"道南三杰"。道南学派的名称来源于杨时跟随二程求学,学成之后南归故里,程颢以"吾道南矣"一语相送,"后人的'道南一脉'或'道南学派'主要源于此语"。① 道南学派一门三杰的为学要旨,由杨时开始倡导,至罗从彦接续、深化,至李侗而确立,为南宋朱熹闽学的确立奠定了坚实基础。由此可知,道南学派的思想传承关系在从北宋到南宋理学发展中的关键作用及其实质。

杨时(1053—1135 年)是北宋著名理学家、文学家、官吏,道南学派的开创

---

① 刘京菊:《"吾道南矣!"——道南学派考辨》,《孔子研究》2008 年第 2 期,第 68 页。

者。字中立,号龟山,世称龟山先生,南剑西镛州龙池团(今福建三明)人。他从学于二程,属于"程氏正宗",后"倡道东南",对理学在闽中地区的兴起和发展功不可没,世称"闽学鼻祖"。其哲学思想继承二程思想体系,又从儒家《大学》《中庸》《孟子》等经典中吸取"诚敬"、"格物"、"致知"、"天性"等内容丰富自己的思想体系。在"理一分殊"、"明镜"观念上,除了继承师说之外,又有创新,他认为"致知必先格物";在"天理"论上,继承二程"天理"本体说,认为"理"是"宇宙万物之源","人性即是理",又将张载的"气"本论融入其中;在认识论上,他既重视"格物致知"的外向求索路径,又强调将"格物致知"落实到反观自身的"反身而诚"上。以上思想的继承和创新,杨时至此丰富和发展了北宋理学体系。

在社会实践方面,杨时教书育人,继承老师聚徒讲学的传统。他在当时做官的浙江萧山、湖南浏阳、湖北荆州等地开一时讲学之风。在毗陵讲学长达十八年的影响深远,据考证,明代东林书院即是当年杨时毗陵讲学的地方。杨时通过倡导理学振兴宋代教育,为官又讲学,"德望日重,四方之士,不远千里从之游,号曰龟山先生"(《南平县志·儒林传》第二十四)。其思想在国内由弟子、门人传播到江西、福建,仅福建一地,杨时传罗从彦,再传至李侗,三传至朱熹而集大成。宋元时期,福建理学名家一百五十多人,"中原文献十有九在闽""朱子门人半天下",而福建成为理学研究的重镇,有"海滨邹鲁"之盛况。这一盛况的缘起都来自杨时最初的"倡道东南",被尊为"道南第一人"。之后,杨时思想又广播东亚、东南亚,在现在的韩国、日本影响较大。

道南学派作为洛学南传的一个重要学派,其学术团体有共同的活动地域,有一脉相传的学术传统和学术体系,形成了独特的动态发展趋势和突出的学派特色,延续了理学在两宋转型时期的传承和发展,促进了这一时期中原和东南两地文化的区域性融合,奠定了理学在后期中国封建社会持续发展的良好基础,同时也奠定了理学走出国民、走向世界的坚实基础。

四、闽学幸有罗豫章"演其源而扬其波"

闽学,由道南学派的传承而创立。闽学的发展经历了前后两个重要的发展阶段。其一,闽学早期形成与发展阶段,关键人物是杨时、罗从彦、李侗。其二,闽学的成熟与分化阶段,关键人物是朱熹及其弟子、门人。在"闽学四贤"中,如前所述,杨时的作用功不可没,成就最大的朱熹不可忽视。李侗一生穷困,但是因为朱熹出其门下,也多受大家关注。这样,长期以来在学术界鲜为人知的只有罗从彦,如黄宗羲所说,罗从彦的言行"多湮没而无闻"。① 闽学发展的滚滚洪流不会淹没一个"虽微而著"的关键人物。朱熹给罗从彦很高的评价:"龟山倡道东南,士之游其门者甚众。然潜思力行,任重诣极,如仲素一人而已。"

明代欧阳佑认为罗从彦在杨时上千名弟子中"独得不传之秘",他在《重刊罗先生文集·序》说:"自龟山载道而归也,程师即喜之曰:'吾道南矣。'然或继承匪人,抑何以演其源而扬其波耶?幸有豫章罗先生,受业龟山之门,独得不传之秘。故自有先生之学,一传而为李延平,再传而为朱晦庵。由是海滨邹鲁,于斯盛哉!"黄宗羲认为罗从彦在杨时弟子中"最无气焰,而传道卒赖之"②,而这位"最无气焰"的人,却成了闽学的关键奠基人之一。

罗从彦生活在北宋末至南宋初期,经历了靖康之难和宋廷南迁的历史巨变。这是一个变革转型的时代,是一个需要历史性反思的时代,还是一个需要重新建立国家意识形态的时代。罗从彦具有当时社会历史条件锤炼出来的特殊性格,《宋史·罗从彦传》评价他:"严毅清苦,笃志求道。"

罗从彦的思想从关切社会和时代的发展与需要出发,对时代特点有深刻而明确的认识,并为时代提出的急切问题而求学论道,开拓创新。主要表现在:首先,是具有强烈的批判精神。他发挥程颐、程颢提倡的"圣人之道",建立了早期闽学以抨击封建政治弊端和维护封建"纲常名教"为主要内容的思想理论体系,与道南学派一道,对王安石变法中不合时宜的内容进行批评,对宋廷腐败现象进行抨击。这是特定历史条件下士的自觉和精神。其次,是具有强烈的民族精神。他反对民族压迫,积极主张抗金,为适应民族斗争的需要,大力提倡名节忠义、廉洁奉公等道德风尚。最后,是在修养论上,追求"静养"境界。在当时战乱频繁、社会动荡的变革时期,罗从彦主张杨时倡导的"以主静为宗",主张静中体悟宇宙之大本未发时的气象,而"处事应物自然中节"。这是从杨时至罗从彦,再至李侗,此乃龟山门下相传的"修养论"秘诀。

罗从彦的思想学说带有强烈的时代烙印。南宋时期和阶级社会激烈对抗的种种矛盾导致思想家的"圣人之道"难以全面落实,到头来他感慨人生如

---

① 黄宗羲:《宋元学案》卷三九,《豫章学案》,北京:中华书局,1986年,第1271页。
② 黄宗羲:《宋元学案》卷三九,《豫章学案·按语》,第1271页。

梦不如闲,晚年的罗从彦不再积极进取,而是"筑室罗浮山中,绝意仕进,终日端坐"。① 儒家讲的"达则兼善天下,穷则独善其身"的处世准则,即是这样顺应命运、适时立命,顺天知命,顺应生命的自然状态,是儒家"内圣"之学的回归。罗从彦及其道南学派是时代的一面镜子,既能提示我们把握时代的脉搏,融入时代的发展潮流,又能启发我们进行历史的反思,经验的总结。

从历史的角度看,虽然罗从彦晚景悲惨,死不及葬,但值得庆幸的是,由他及其道南学派所接续的理学道统在转型期的社会动荡中得到了及时的"薪火相传",而且在中国理学史上二程"倡圣学以示人"的主流精神得到重振。其历史性角色和社会性地位已经镶嵌在中华文明史的浩荡长空中,不可磨灭。

(作者单位:尼山世界儒学中心孔子研究院)

---

① (元)脱脱:《宋史》卷四二八,《罗从彦传》,北京:中华书局,1985年,第12744页。

罗从彦对"龟山门下相传指诀"的继承与发展

◎ 肖胜龙

一

杨时(1053—1135年),字中立,号龟山先生,卒谥文靖,宋南剑州将乐县人。宋代著名理学家、教育家和诗人,他"上接濂洛之传,下启罗(从彦)、李(侗)、考亭(朱熹)之绪",把以周敦颐、程颢、程颐为代表的濂学和洛学,从北方引进到福建和我国南方,对我国文化重心南移以及闽文化的开发起了筚路蓝缕的作用,被尊"程氏正宗"、"闽学鼻祖"。

"静"是中国古代道释儒三教中有着特殊含义的修身方法,儒家学者认为以静修身方法有会通处。《礼记》的《乐记》记载:"人生而静,天之性也。"王安石解释说:"性者,有生之大本。"静是人的本性,人生之初性本静。"静"是哲学上所说的相对之"静",而哲学之"静"是动中有静,静中有动。澄心就是使心情清静的状态,原出《文子·上义》:"老子曰:'澄心清意以存之,见其始终。'"晋代陆机《文赋》:"罄澄心以凝思,眇众虑而为言。"澄心定义为的是格物致知,理学家的格物先从"理一分殊"开始。杨时南传理学,对"理一分殊""豁然无疑",杨时的理解是"知其理一,知其分殊"[①],其认识论具有均衡性。

杨时创造了一种既是"讲学之方",又是"养心之要"的"默坐澄心"、"于静中体认大本"的独特修养方法,并一直为其门人后学所信守,"以主静为宗"被

---

① 黄宗羲:《宋元学案》卷三九,《豫章学案》,北京:中华书局,1986年,第1271页。

称为"龟山门下相传指诀","李先生教人,大抵令于静中体认大本未发时气象分明,即处事应物自然中节,此乃龟山门下相传指诀"。①

"志学之士,当知天下无不可为之理,无不可见之道。思之宜深,无使心支而易昏;守之宜笃,无使力浅而易夺。要当以身体之,以心验之,则天地之理,日陈露于目前,而古人之大体已在我矣。"②立志好好学习的士子,应当知道天下没有不可理解的理,没有不可认识的道。思考要有深度,不要使心思支离破碎而导致认识糊涂,坚持要忠实,全心全意,毅力不足,容易导致意志不坚定。理要用身心来体验它,久久为功,那么天地万物之理就会一天天呈现在眼前,古代圣人的大道理大多已被我掌握了。

(杨时)语仲素曰:"某尝有数句教学者读书之法云:'以身体之,以心验之,从容默会于幽闲静一之中,超然自得于书言象意之表。'此盖某所为者如此。"③杨时对罗从彦说:"我曾经有几句教导学生读书的方法是这样说的:'用身心去体验它,从容默坐于幽闲静一之中,超越书本表面的语言意思来领会大体(理、道)。'这大概是某些善于读书思考的人都是这样做的吧。"

"龟山门下相传指诀"主要包括以下内容:

(一)去"胜心",循天理

杨时认为:"人各有胜心,胜心去尽,而惟天理之循,则机巧变诈不作。"胜心即私心,是人的欲望使然。杨时认为孔子所说的"不知命,无以为君子",其中知命的意思就是"事事循天理而已"。

(二)反身而诚

杨时对《中庸》里的"诚"这个价值核心特别重视。"诚"的内涵:天之道,性之德。"诚"是杨时精神的核心。杨时认为:"为是道者,必先乎明善,然后知所以为善也。明善在致知,致知在格物。号物之数至于万,则物盖有不可胜穷者。反身而诚,则举天下之物在我矣。"杨时把"反身而诚"作为格物的主要方式。

---

① 朱熹:《答何叔京》书二,《晦庵朱先生文公集》卷四〇,朱杰人等主编:《朱子大全》,上海:上海古籍出版社,合肥:安徽教育出版社,2002年。
② 《杨时集》卷二七,《劝学》,林海权点校,福州:福建人民出版社,1993年,第638页。
③ 《杨时集》卷一二,《语录三》,《余杭所闻》第50条,林海权点校,福州:福建人民出版社,1993年,第318页。

（三）致养平和之气

杨时把孟子的"养气说"看作道德修养的必要方式。杨时更强调的是"平和之气"，人的道德修养也应该是对"平和之气"的修养。集义可以成仁，养气可以成理。人的道德修养理应以平和之气为规范，致养平和之气。

（四）居敬与存疑

杨时说："学者若不以敬为事，便无用心处。致一之谓敬，无适之谓一。"杨时看重敬，把敬当作道德修养的重要步骤，只有心存敬畏，才知道向何处用心。然而居敬不抹杀自身的能动性和创造性，当程颐推重张载的《西铭》时，杨时就心怀疑问，认为"《西铭》之书，发明圣人微意至深，然而言体而不及用，恐其流遂至于兼爱"，于是向程颐请教。疑是为了无疑，解疑的过程正是认识进步的过程。"疑经"思潮是宋代理学的一大特点。

二

罗从彦（1072—1135年），字仲素，宋南剑州剑浦县（今南平市延平区）人，徙居沙县，杨时嫡传弟子，学者称豫章先生。其学传李侗，再传朱熹，与杨时、李侗并称"南剑三先生"。少时曾从师剑浦县（今南平市延平区）的吴仪（字国华）。北宋哲宗元符三年（1100年），罗从彦到将乐含云山从师杨时。初学三日，罗从彦就惊汗浃背，说："不至是，几虚过一生矣。"

"先生（罗从彦）初受学于龟山之门，闻龟山讲《乾》九四爻义，曰伊川说得甚善，即鬻田裹粮，适洛中求教于伊川，竟不外龟山之说。既而南归，益肆力于圣贤之学。晚就特科授博罗县主簿，居罗浮山中静坐三年，以观天地万物之理，超然自得，而不滞于言语文字之末。龟山之门从游者众，弟子千余人，能求其潜思力行，任重诣极，先生一人而已。"杨时十分喜欢这位弟子，曾说："惟从彦可与言道。"罗从彦"尽心力以事龟山，抠衣侍席二十余载。尽得不传之秘"。从彦著有《春秋解》、《语孟师说》、《中庸说》、《圣宋遵尧录》、《二程龟山语录》、《诗解》等书，并先后在莲城（今福建省连城县）冠豸山等地讲学，传播"二程"和杨时的理学思想。南宋绍兴元年（1131年）登特科进士后，赴博罗县（今属广东省）任主簿。绍兴四年（1134年）返回家乡的途中遭遇强盗，死于汀州武平县。

罗从彦继承并发展程颢"体认天理"、程颐"穷理"学说和杨时"观中说",个人方面,在此基础上,创立"静坐观理"学说。在宋代理学发展史上,起到承前启后的作用。

罗从彦对"龟山门下相传指诀"的继承与发展主要表现为:

(一)静以修德

罗从彦听从杨时的教诲,"终日危坐,以体验天地万物之理"。宋建中靖国元年(1101年),罗从彦在镛城(将乐)第二次求学于杨龟山时遇到了同乡陈渊(杨时长女婿),成莫逆之交。当年五月,罗从彦返沙县城西,定居沙县洞天岩,在寄傲轩静坐清修,并新建"颜乐斋""静亭""濯缨亭"。颜乐斋是罗从彦在洞天岩定居时的书斋,也是其读书藏修的主要场所,取名"颜乐"。罗从彦曾作《颜乐斋》诗:"山染岚光带日黄,萧然茅屋枕池塘。自知寡与真堪笑,赖有颜瓢一味长。"这首诗体现了罗从彦安贫乐道的儒家思想和不与世俗同流合污、洁身自爱的情怀。定居洞天岩期间,罗从彦新建一座凉亭,取名"静亭",作《题静亭》诗:"鼎创新亭静更幽,四时景象镇长留。端如和气里谈笑,恍若春风中泳游。排闼山供岚色重,凭栏水拥璧光浮。我来登赏无穷趣,好把篇诗与唱酬。"

罗从彦立志于道而不惜放弃一切,步步扣紧心性功夫,实践圣贤之学。他初见龟山,听龟山一课,即"惊汗浃背",足以证明他的目的是学圣人之道,以实践圣人之道为其终生奋斗的目标。不难看出,他"鬻田裹粮"、"静坐三年"、"超然自得"、"潜思力行"皆表示他已放弃现实生活上的名誉和利益,一心只慕圣人之道。实践圣人之道的首要条件是确立生命的定位,其次是在此基础上,不断地自我完善,以慕求止于至善。

面对着嘈杂的环境,应学会改变自己的心态,以安静、闲适之心来探究世界、认识世界,却不可浮躁不安,更不可为世俗浮华和虚夸所累,为追求真理,荣华富贵、荣辱,甚至性命都可以抛弃。孔子曰:"朝闻道,夕死可矣。""静处观心尘不染,闲中稽古意尤深",要安下心、静下神,平心静气,不受外界干扰,专心致志去探究大千世界,所谓"泰山崩于前而色不变,麋鹿兴于左而目不瞬"。凡事先"静"而后动,"三思而后行",不为世俗杂事所扰,专心致志于事。则静而清,清而明,明而通,通而顺,顺而达,凡事皆可成也。

(二)谨初善道

《礼记》有云:"莫见乎隐,莫显乎微,故君子慎其独也。"罗从彦在古人"慎独"的基础上提出"谨初"的观点,这是对杨时道德修养观的一种发展。一个人的良好道德观的形成,需要有一个过程,这个修养的过程就是"静"心坚持的过程。人的性情、性格、气质等的形成都是很容易荒废的,修者必须从一开始就谨慎修行,"路遥知马力,日久见人心"。罗从彦在主张修德"谨于初"的同时提出"善道以久"的观点,杨时告诉罗从彦:"谓正叔云:古之学者,四十而仕。未仕以前二十余年,得尽力于学问,无他营也。故人之成材可用。今之士,十四五以上便学缀文觅官,岂尝有意为己之学?夫以不学之人一旦授之官,而使之事君长民治事,宜事效不如古也。故今之在仕路者,人物多凡下,不足道以此。"[①]程颐老师说过:古时候的读书人,到了四十岁才出来做官。做官之前二十多年都在专心学习做学问,而不做其他的事情。所以他们成为人才,可以放心使用。现在的读书人,十四五岁开始就学应试文章,寻找官位,难道曾经有意为自己学习过吗?这种不学无术之人,一但授予他官职,让他事奉国君、执掌民政、治理民事,办事、效果肯定不如古之学者。所以说现在出来做官的,这些人大多平凡、水平低下,不值一提。

罗从彦是这样理解的:"善道以久而后立,人才以久而后成。"通过时间来检验一个人的道德和品行,务必使他能"专其业",即专心于其事业,和"志一定",即形成了较稳定的社会理想,之后再委之以重任。罗从彦在道德修养的目的上强调修德为"民"、为"天下"。

(三)心官肯思

罗从彦不仅提倡苦学,而且十分强调"心官"的作用。他认为治学必须排除外界干扰,因此"尝令愿中(即李侗)于静中看喜怒哀乐未发作时作何气象"。认为"默坐澄心","不唯进学有力,亦是养心之要"。他认为如果"心官不肯思",就会误入歧途,成为"死灰槁木"。所谓"心官"作用,实际上就是强调治学过程中的思维作用。沙县乡贤陈渊与罗从彦定交近四十年,陈渊对罗从彦评价甚高:"吾自交仲素,日闻所未闻。奥学清节,真南州冠冕也。"

[①] 《杨时集》卷一三,《语录四》,《余杭所闻》第十条,林海权点校,福州:福建人民出版社,1993年,第325~326页。

这种提法经过李侗传朱熹,得到进一步发展。朱熹认为读书要做到"三到",即眼到、手到、心到,而心到最重要。这种强调独立思考的创造性学习方法直至今天仍有极大的借鉴价值。

三

罗从彦将"龟山门下相传指诀"传授给李侗,构成了早期闽学追求"静养"境界的特征。李侗说:"某曩时从罗先生学问,终日相对静坐,只说文字,未尝及一杂语。先生极好静坐,某时未有知,退入室中,亦只静坐而已。"①这种存养功夫深得罗从彦称许,认为李侗修身存养,能够"于天下之理该摄洞贯,以次融释,各有条序,从彦亟称许焉"。存养须"静",而"静"须除却杂念,专念一虑。李侗得罗从彦真传之后,40多年谢绝世故,一心默坐澄心,即使"箪瓢屡空,怡然有以自适也"。

李侗是"静中体验未发"的坚决执行者,所以他就常常用涵养夜气来教育朱熹,"夜气存,则平旦之气未与物接之时,湛然虚明气象自可见。此孟子发此夜气之说,于学者极有力。若欲涵养,须于此持守可尔"。② 时刻教育朱熹要在与物未接之时通过静坐来调养心气,以达到"湛然虚明气象",把"静中体验未发"贯彻到底。这里就有对李侗的评价:"先生即从之(从彦)学,讲学之余,危坐终日,以验夫喜怒哀乐未发之前气象如何,而求所谓中者。"③

朱熹非常强调"静坐",他说:"始学工夫须是静坐,静坐则本原定,虽不免逐物,及收归来,也有个安顿处。""读书闲暇,且静坐,教他心平气定,见得道理渐次分晓。这个却是一身总会处。"在《朱子语类》中,当问到"伊川见人静坐,如何便叹其善学"时,朱熹说:"这却是一个总要处。"

朱熹早年受学于李侗,接受罗从彦、李侗的"静坐"并且予以较多的重视。但是随着当时一些学者对"静坐"的错误理解而流入佛道,朱熹看到了讲"静坐"的缺陷,于是便吸收了二程的"敬"。因此,朱熹讲"敬",融动静为一体。

"延平四贤"都向往"平淡"生活,安贫乐道。他们追求的是孔颜、曾点那

---

① 朱熹:《延平问答》,朱杰人等主编《朱子大全》第13册,上海:上海古籍出版社,合肥:安徽教育出版社,2002年,第322页。
② 朱熹:《延平问答》,朱杰人等主编《朱子大全》第13册,第320页。
③ (清)颜元:《习斋四存编》,《存学编》,上海:上海古籍出版社,2000年。

样的人格境界,只有这种境界才能"胸次悠然,直与天地万物上下同流"。怀着一颗"平常心",安于平易的生活,做一个"安贫乐道"的儒者。淳熙三年(1176年),朝廷嘉奖廉退人士,委派朱熹掌管武夷冲佑观,对朱熹的评价是"朱某安贫守道,廉退可嘉"。朱子在武夷山著书教学的时候,时刻都在向人宣传"安贫乐道"的精神。清人褚人获在他的《坚瓠集》就记载了这样一个故事:朱熹任秘阁修撰时,一次去看他女儿和女婿,被女儿留住吃饭,桌上只有葱汤麦饭。朱熹说:"俭朴度日,是我们的好家风。"他题了一首诗留给女婿:"葱汤麦饭两相宜,葱补丹田麦疗饥。莫谓此中滋味薄,前村还有未饮时。"

朱熹把"安贫乐道"的生活当作"中庸之道"的范例,人们所要做的就是遵循这种标准,做到这种标准才是心灵的解脱,"私欲既去,天理流行,动静语默日用之间无非天理,胸中廓然,岂不可乐"![1] 这样的人生才是至乐至极。清华大学国学院院长陈来先生说:"杨时所说'于喜怒哀乐未发之际以心体之'在方法上是指体验着努力超越一切意识活动,最大限度地平静思想和情绪,使整个意识状态由明显活动转为相对静止,然后努力去体验思维情感没有活动的状态。这样的体认显然是强调在一种特殊宁静状态下的向内直觉体验……在这种内向的直觉中,他能体验到什么是中,什么是道心。保持它不丧失,人就可以实现一个道德境界。"

从杨时到朱熹,经过一代又一代人的努力,使中华民族主体文化儒学中断的道统得以延续,并且发扬光大。"杨时的道德修养方式,启迪着今天的人们不断修身养性,在修养中悄悄地进入圣域,达到'心与理一'、'天人合一'的至上境界"。

清心静守,谨初善道。红尘中的一切都是过眼云烟,而道是永恒的真实。人们常常却只知追求虚幻的红尘,而离弃了最真的道。知止,"知止而后有定,定而后能静,静而后能安,安而后能虑,虑而后能得"。自戒,定由戒来,不妄求,则心安;不妄做,则身安。力求做到心有所畏、行有所戒。真正管住自己的心,管住自己的身。持静,"每临大事有静气"、"宠辱不惊"。平时遇事不冲动、不狂热,保持理性,拒绝任性。这些都是有益的启示。

(作者单位:南平市将乐县委党校)

---

[1] 黎靖德编:《朱子语类》卷三一,北京:中华书局,1986年,第796页。

罗从彦与杨时

◎ 曾学榕

罗从彦(1072—1135年),字仲素,学者称豫章先生。一说他是宋南剑州剑浦县罗源里(今福建南平东坑罗源村)人。还有说,据《沙县志》载:"其(指罗从彦)先世自豫章(治南昌县,最初为汉高帝初年,约于公元前202年,江西建制后的第一个名称,即豫章郡)避地南剑,因家剑浦(今南平市延平区),后徙沙县。"又据《闽沙罗氏族谱》载:唐元和十五年(820年),罗周文出任沙县尉,居城西罗家巷,成为罗姓迁沙县始祖。罗从彦为罗周文的第十二世孙。《沙县志》卷十二载:"先生所居,即在洞天岩(洞天岩系沙县城西五里处一胜景)之麓,至郡寇(指明正统十三年,即1448年邓茂七起义)乱后,罗氏始废其所游息。"还有在柏林(南昌市南昌县富山乡柏林村),《大成族谱》中记有从彦公在不惑之年逗留柏林讲学,讲学之处称"庆源堂"。由柏林罗清所建,"与闽族仲素讲学",并且与罗清共同建了"邀月台",建在"罚挞台"右。由于罗从彦公祖籍豫章柏林罗,故士林尊称其为"豫章先生"。所以《谢志旧案》谓从彦公系南昌人,《江西历代人物辞典》和江西编著《人物传略》都把他列为江西南昌人。

罗从彦自幼笃志好学,闻同郡杨时(世称龟山先生)得河南程氏之学,十分羡慕。在杨时升为萧山县令后,于北宋元符三年(1100年)徒步去拜见杨时,得杨赏识。学了几天,即"惊汗浃背,曰:'不至是,几虚过一生矣!'"后经杨时介绍,罗变卖田产做旅费,赴洛阳拜见程颢,请授《易经》。宋政和二年(1112年)于萧山师事杨时,"受学经年,尽裹其书以归"。北宋宣和元年至绍兴元年(1119—1131年),先后写成《语孟解》、《书斋记》、《遵尧录》、《台衡录》、《中庸说》,另著有《春秋毛诗语解》、《春秋指归语》、《议论要语》、《二程龟山语录》等,后辑入《豫章文集》。

南宋建炎四年(1130年),罗从彦中特科。绍兴二年(1132年)授博罗县主簿,历时4年。在任期间,倡三代"王道"之治,主"寡欲"、"简易"之说,认为"简易之理,天理也。行其所事,笃恭而天下平"。① 在仙福都一图创建钓鳌书院(书院的始创者罗从彦。他在南宋绍兴二年,即1132年以特科授博罗县主簿,钓鳌书院就是他任博罗县主簿时,应广州太守周侯绾之请,于"瑰丽灵秀气象万千的罗浮山"择地而建的。由这样一位理学名儒设席罗浮,宣讲周程之学,在当时书院中,其起点之高,影响之大,当可想见),置渡口、学田若干,以其收入资助生员费用。后入罗浮山,常在朱明洞南的钓鳌石上澄心静坐,研习学问,"穷天地万物之理,究古今事变之归"。继承发展程颢、程颐"穷理"学说和杨时"致知必先格物"的"理一分殊"说,创立"静中观理"说,在宋代理学发展史上,起到承先启后的作用。在认识论方面,提出"天地之先也,理","有理而后有物",静中观理,尽心知性,思而有道,道为至高之性善,欲立言必先立德。在政治思想方面,注重"仁政"和法治的统一,认为"朝廷大奸不可容,朋友小过不可不容","若容大奸必乱天下,不容小过则无全人","朝廷立法不可不严,有司行法不可不恕,不严则不足以禁天下之恶,不恕则不足以通天下之情"。还认为"可爱非君,可畏非民,后世荒淫之君所为不善,故君不知民可畏,而知民可虐;民不知君可爱,而知君可怨。是君民为仇也,安得无颠覆之祸"?

罗从彦一生贫困,家徒四壁,但他认为富贵荣华莫若残书数卷。几十年如一日,"坚苦刻厉,笃志求道",发愤著书。他在罗家书堂壁上写下这样一段话:"吾家自祖宗流传以来,一贯清白之气不可不培。盖金帛虽多,积之数十年必芨;田宇虽广,遗之数十年亦亡。孰若书数卷,贻之吾子吾孙,世世可以习读不朽。又孰若灵心一点,传之吾子吾孙,可以受用不尽。登斯堂者,各宜猛省!"

罗从彦认为人的学识、操行并非与生俱来,更非门第出身所决定。他说:"德泽不可恃。""自古德泽最厚者如尧、舜,向使德泽可恃,则尧、舜必传其子。"认为"学者必有正道,不悦于小道而适正道焉,则尧舜人皆可为矣,何不及人之有"。

罗从彦提倡苦学,排除外界干扰,强调"心官"的作用。他认为默坐澄心,

---

① 黄宗羲:《宋元学案》卷三九,《豫章学案》,北京:中华书局,1986年,第1271页。

"不唯进学有力,亦是养心之要"。如果"心官不肯思",就会误入歧途,成为"死灰枯木"。

罗从彦对从政的看法亦有独到之处,认为"士之立朝要以正直、忠厚为本,正直则朝廷无过失,忠厚则天下无嗟怨。一于正直而不忠厚,则流入于刻;一于忠厚而不正直,则流入于懦"。认为儒学一经董仲舒、公孙弘提倡后,钻研经训不是为了"明道",而是为了进入仕途,反而把个人的生死、职位看得很重,忠义之心却不复存在了。罗从彦说:"君子在朝则天下治,盖君子进则常有乱世之言,使人主多忧而善心生,故治;小人在朝则天下乱,盖小人进则常有治世之言,使人主多乐而怠心长,故乱。"因此,"天下之变不起于四方,而起于朝廷,譬如人之伤气则寒暑易浸,木之伤心则风雨易折"。在封建社会,此说具有一定的进步意义。

在恩师杨时讲《易经》至《乾》九四爻时,罗从彦深有体会,杨时喜曰:"惟从彦可与之言道,吾弟子千余人,无及得从彦者。"政和二年(1112年),学成后筑室山中,倡道东南,往求学者众。当年南宋理学大师朱熹的父亲和老师李侗都曾拜罗从彦为师,其中有名望的如朱松(以进士入尚书郎,年少以诗文名师从仲素公,为宋代理学泰斗朱熹之父)、李侗(后系朱熹之师尊),杨、罗、李、朱后来成为闻名后世的四大名儒。罗从彦于1132年以特科授博罗主簿,入罗浮山穷天地万物之理及古今事变之归,前往求学者甚多。朱熹曾说:"龟山倡道东南,士之游其门者甚众。然潜思力学,任重诣极,如仲素一人而已。"学者称豫章先生。

宋明时期,我国东南地区出现了一批研究、倡导、宣传并发展二程(程颢、程颐)理学的学者,经过数代师徒的长期艰苦努力,终于在学术上形成了有别于濂、洛、关学的独立学派,这就是我们所说的闽学。在这一学派中,最著名的是杨时、罗从彦、李侗、朱熹,即史称"闽学四贤"。

在四贤当中,先师杨时以程门立雪求道被传为千古佳话。而其中成就最大的朱熹则是宋理学的集大成者,他的学说一直成为后来封建地主阶级统治人民的思想理论工具,对后世学者有着巨大的影响。四贤中的李侗虽一生穷困潦倒,但因为朱熹乃出其门下,知道的人也不少。唯罗从彦,除了在学术界,恐怕就鲜为人知了。

在以杨时为首倡的闽学发展过程中,经历了两个阶段。第一,是由杨时、罗从彦、李侗到朱熹的早期闽学阶段。第二,是朱熹及其门人的闽学发展阶段,即闽学的成熟、分化阶段。关于这一点,明代学者欧阳佑在《重刊罗先生文集·序》中曾说:"自龟山载道而归也,程师即喜之曰'吾道南矣'。然或继承匪人,抑何以演其源而扬其波耶?幸有豫章罗先生,受业龟山之门,独得不传之秘。故自有先生之学,一传而为李延平,再传而为朱晦庵。由是海滨邹鲁,于斯盛哉!"不难看出,罗从彦是闽学发展第一阶段的关键人物。他在杨时一千余名学生中"独得不传之秘"。黄宗羲也说,罗从彦在杨时的学生中"最无气焰,而传道卒赖之"。[①]"最无气焰"的人成了闽学的奠基人之一,一个重要的原因是他比较自觉地反映和体现了时代的要求,从而使闽学更有鲜明的时代特点。罗从彦的主要活动年代在北宋末期和南宋初期,他经历了靖康之难和宋朝朝廷南迁的历史巨变。这是一个需要进行历史性反思的时代,也是一个需要重新建立国家意识形态的时代。罗从彦比杨时门下千余名学生高明之处,在于他比较明确地认识了当时的时代特点。史书记载,罗从彦"严毅清苦,笃志求道"。[②] 这是当时的社会历史条件锤炼出来的特殊性格,是进行历史反思的需要,也是重新建立国家意识形态的需要。也就是说,他是为回答时代提出的迫切问题而求学问道的。

那么,罗从彦在闽学发展过程起到了哪些作用呢?

(1)他从当时社会现实的需要出发去理解、接受和消化洛学,就是说,他把闽学建立在时代需要的基础上。他着重发挥二程提倡的"圣人之道",建立了早期闽学中以抨击封建政治弊端和维护封建纲常名教为主要内容的政治理论体系。他和杨时、李侗都没有放松对王安石变法的批评和对徽、钦两朝的抨击。正因为这样,在特定的历史条件下,早期闽学具有较强的批判精神。

(2)在道德观方面,他接受了洛学重道理教化的观点,但是他针对当时政治腐败的严重状况,着重强调在上位者进行道德修养和严格要求自己的必要性。他和早期闽学的其他代表人物一样,坚决反对民族压迫,积极主张抗金。他为了适应民族斗争的需要,大力提倡名节、忠义和廉耻等道德风尚,体现了早期闽学较强的民族精神。

(3)他在修养论上强调"以主静为宗"。这种修养论由杨时首倡,罗从彦又传授给李侗,李侗"教人大抵令于静中体认大本未发时气象分明,即处事应物自然中节。此乃龟山门下相传诣诀"。"以主静为宗"的修养论经过罗从彦的发挥和传授,构成了早期闽学追求"静养"境界的特征。

[①] 黄宗羲:《宋元学案》卷三九,《豫章学案·按语》,第1271页。
[②] (元)脱脱:《宋史》卷四二八,《罗从彦传》,北京:中华书局,1985年,第12744页。

（4）从杨时给胡安国信中可知，罗从彦亦有收集整理二程遗著之贡献，杨时说："伊川先生语录，未尝忘也。但兵火散失，收拾未聚，旧日罗仲素编集备。今仲素已死于道途，行李亦遭贼火，已托人于其家寻访，若得五六，亦便下手矣。"他在给胡安国的另一封信中说："伊川先生语录，昔尝集诸门人所问，以类相从，编录成帙，今皆失之。罗仲素旧有一本，今仲素已死，着其婿寻之，未到。近宣斡喻子方云有本甚多，计划到浙中便讨来。"今存《二程外书》卷六有"罗氏本拾遗"近150则，均分别注明明道、伊川语。杨时在绍兴四年（1134年）订定《二程粹言》，参照了罗从彦所收集的这些语录。

南宋绍兴五年（1135年），罗从彦卒于任，终年64岁。

从以上史实中，我们可以看出罗从彦和杨时的密切关系。从罗从彦与杨时的师从关系，我们还可以看出罗从彦从杨时处承传了二程的学说，并加以发展。后来又传给了李侗，最后经朱熹把以二程学说为主的儒学发展到了最高阶段，形成了中国历史上最著名的闽学。在闽学成为后来封建王朝的"官学"与"显学"中，罗从彦的功绩是不容抹杀和值得我们很好地加以研究、传承的。他在闽学中所起的重要桥梁作用，使我们可以这样断言："没有罗从彦就没有后来的李侗、朱熹，所谓官学、显学的闽学也就无从提起，整个中国的哲学史就要改写了。"

（作者单位：福建省三明市客家与华侨研究会）

谈罗从彦与李侗的师生情

◎ 林明盛

程颢(1032—1085年)、程颐(1033—1107年)为北宋时期著名理学家、教育家。程颢18岁时考中进士,开始为官,先为晋城令,后入朝为太子中允,直到宋神宗时的监察御史。程颢因反对王安石变法,被神宗贬,死时54岁。程颐自从师周敦颐以后,便厌科举考试,18岁时,就有"惊人之举",竟上书建议皇帝,"欲天子黜世之偏见,以王道为心"。后被提拔为崇正殿说书,任务是教哲宗皇帝赵煦读书。

二程兄弟诚心治学,对于圣贤之书无所不读,以《大学》、《论语》、《孟子》、《中庸》为标本,而达于六经。故学问精深,创立了"理学"学说。所谓"理",包含"仁义礼智信"等道德内容在内。这些"理"是人先天就有的,只是因为环境对人的影响不同,才有了贤恶智愚的区别。所以"天理"与"人欲"是绝对对立的,应"存天理,去人欲"。二程的"理学"在当时影响很大,被称之为"秦汉以来,无人能及"。因二程兄弟长期讲学于洛阳,故世称其学为洛学,后人将其统编为《二程全书》。

杨时他特别喜好钻研学问,到处寻师访友,曾就学于洛阳著名学者程颢门下。程颢死后,杨时又拜师程颐门下,在洛阳伊川所建的伊川书院中求学。杨时那时已四十多岁,学问也相当高,但他仍谦虚谨慎,不骄不躁,尊师敬友,深得程颐的喜爱,被程颐视为得意门生,得其真传。一天,杨时同一起学习的游酢向程颐请求学问,却不巧赶上老师正在屋中打盹儿。杨时和游酢不敢惊醒老师,于是两人静立门口,等老师醒来。一会儿,天空飘起鹅毛大雪,越下越大,杨时和游酢一直站立着,直到程颐一觉醒来,才赫然发现门外的两个"雪人"。从此,程颐深受感动,更加尽心尽力教杨时,杨时不负重望,终于学到了老师的全部学问。之后,杨时回到南方传播程氏理学。

闽学的发展过程,经历了两个阶段,首先,是由杨时、罗从彦、李侗到朱熹的早期闽学阶段。其次,是朱熹及其门人的闽学发展阶段,即闽学的成熟、分化阶段。关于这一点,明代学者欧阳佑在《重刊罗先生文集·序》中曾说:"自龟山载道而归也,程师即喜之曰:'吾道南矣。'然或继承匪人,抑何以演其源而扬其波耶?幸有豫章罗先生,受业龟山之门,独得不传之秘。故自有先生之学,一传而为李延平,再传而为朱晦庵。由是海滨邹鲁,于斯盛哉!"不难看出,罗从彦是闽学发展第一阶段的关键人物。他最得意之处,就是收李侗为学生,尽传"二程不传之学"。后又由李侗再传朱熹,最后由朱熹集大成闽学。

罗从彦(1072—1135年),字仲素,号豫章先生,南剑州剑浦县(今南平市延平区)人。他出生在今延平区太平镇儒罗村,后定居在延平区水南街道罗源村,以穷经为学。崇宁初(1102年),罗从彦与宋代理学奠基人程颢、程颐的首传弟子杨时讲《易》至《乾》九四爻时,杨时喜曰:"惟从彦可与之言道,吾弟子千余人,无及得从彦者。"政和二年(1112年),他师从杨时于龟山,学成后筑室山中,往求学者众,其中有名望的如朱松(以进士入尚书郎,年少以诗文名。师从仲素公,为宋代理学泰斗朱熹之父)、李侗(后系朱熹之师尊)。后来,杨、罗、李、朱成为闻名后世的四大名儒。1132年,罗从彦以特科授博罗主簿,入罗浮山穷天地万物之理及古今事变之归,前往求学者甚多。1135年,罗从彦卒于官。明洪武年间,罗从彦与文天祥、朱熹、颜真卿等同祀文庙。康熙四十五年(1706年),罗从彦得赐御书"奥学清节"祠额。罗从彦入罗浮山后,筑室静坐,绝意仕进。朱熹曾说:"龟山倡道东南,游其门者甚众。然潜思力学,但仲素一人而已。"学者称豫章先生。罗从彦的著作有《豫章文集》十七卷,《遵尧录》、《春秋毛诗语解》、《中庸说》、《春秋指归》等传世,后大部收入《钦定四库全书》。

李侗(1093—1163年),字愿中,剑浦县(今南平市延平区炉下镇下岚村樟岚自然村)人。他自幼颖悟,在家庭影响下,少习举子业,曾"孜孜矻矻,不为利禄",他20岁在乡校读书时就很有名声。

宋徽宗政和六年(1116年),李侗24岁,听说郡人罗从彦得杨时的河洛之学,便决心放弃举子业,专心求道,因而他写了一封《见罗先生书》。这是一封言辞恳切的致罗从彦先生书信,该书曰:

> 侗闻之,天下有三本焉,父生之,师教之,君治之。阙其一,则本不立。古之圣贤莫不有师,其肄业之勤惰,涉道之浅深,求益之先后,若存

谈罗从彦与李侗的师生情

若亡,其详不可得而考。惟洙泗之间,七十二弟子之徒,议论问答,具在方册,有足稽焉。是得夫子而益明也。孟氏之后,道失所传,枝分派别,自立门户,天下真儒不复见于世。其聚徒成群,所以相传授者,句读、文义而已耳,谓之熄焉可也。夫巫医、乐师、百工之人,其术贱,其能小,犹且莫不有师。儒者之道,可以善一身,可以理天下,可以配神明而参变化。一失其传,而无所师,可不为之大哀邪?恭惟先生乡丈,服膺龟山之讲席有年矣。况尝及伊川先生之门,得不传于千五百岁之后,性明而修,行完而洁,扩之以广大,体之以仁恕,精深微妙,各极其至,汉唐诸儒无近似者。至于不言而饮人以和,与人并立,而使人化如春风发物。盖亦莫知其所以然也。凡读圣贤之书,粗有识见者,孰不愿得授经门下,以质所疑。至于异论之人,固尝置而勿论也。侗之愚鄙,欲操彼彗以供扫除,几年于兹矣。徒以习举子业,不得服役于门下,先生想不谓其可弃也。且侗之不肖,今日拳拳,欲求教于先生者,以谓所求有大于利禄也。抑侗闻之,道之可以治心,犹食之充饥,衣之御寒也。人有迫于饥寒之患者,遑遑焉为衣食之谋,造次颠沛,未始忘也。至于心之不治,有没世不知虑者,岂爱心不若口体哉?弗思甚矣!然饥而思食,不过乎菽粟之甘;寒而求衣,不过乎绨布之温。道之所可贵,亦不过君臣、父子、夫妇、长幼、朋友之间,行之以仁义忠信而已耳。舍此之不务,而必求夫诬诡谲怪可以骇人耳目者而学之,是犹饥寒切身者,不知菽粟绨布之为美,而必期乎珍异侈美之奉焉。求之难得,享之难安,终亦必亡而已矣。侗不量资质之陋,妄意于此,徒以祖父以儒学起家,不忍坠箕裘之业,孳孳矻矻为利禄之学。两终星纪,虽知真儒有作,闻风而起,固不若先生亲炙之得。于动静语嘿之间,目击而意会也。身为男子,生在中华,又幸而得闻先生长者之风,十年于今二十有四岁矣。茫乎未有所止,烛理不明,而是非无以辨。宅心不广,而喜怒易以摇;操履不完,而悔吝多。精神不充,而智巧袭。拣焉而不净,守焉而不敷,朝夕恐惧,不啻犹饥寒切身者,求充饥、御寒之具也。不然,安敢以不肖之身,为先生长者之累哉?[①]

书信大意是说:

  古代圣贤之所以成为圣贤,没有一个不是在老师"圣贤之说"的帮助下,让自己修养得越发明智。只是可惜的是,如此于国、于家、于人都大

---

① 李侗:《见罗先生书》,《豫章文集》卷一六,《附录下》。

有所为的神圣之学,却在孟子之后出现了门派分立,使得天下真儒早已不再复见于世。因此天下那些所谓流传之学也早就失却了圣学的本体,仅仅只是简单的句读文义而已。现在再学这种没有思想、没有灵魂的失传之学,就成了天下读书人的一大悲哀。

我听说先生不仅侍学过龟山(杨时)十数年,而且还访学过伊川(程颐),得到了一千五百年后的圣学不传之秘,处处极尽精妙。天下大凡有点见识的读书人,都没有一个不愿意拜受于先生门下,寻疑问道。

自己这么些年来,因为愚鄙而花了太多时间去攻习举业,所以才没有及时拜于门下。今天之所以抱着一颗拳拳之心前来求教,就是为了寻求到一种高于利禄之学,希望先生不要为我的冒昧感到嫌弃才是。

我之前所以要攻取举业,完全是因为我的祖上都是以儒学起家。我不忍心看到子承父业的希望毁于一旦,所以才勤勉不懈地为之耗费了二十四年时光,其间虽然也研究了一些于世有为的真儒之学,但效果总不及先生亲自跟随在宗师身边言传身教、目击意会的好。

十年前(1106年)我就听说了先生大名,到现在十年过去,虽然我也已经二十四岁了,但在为学的道路上还是浊理不明,是非无辨,宅心不广。喜怒易摇,拣焉不敷,朝夕恐惧,这就好比饥寒交迫之人充满了对充饥御寒的极度渴求。今天听闻先生待人接物和蔼可亲,如沐春风,所以才大胆希望受业于先生门下,以求安身之要。如若不是因为这样的话,我又怎么敢以不肖之身,让先生长者您受累呢!

从这封情真意切的长信中,可以看出李侗是多么渴望自己能够成为罗从彦的门生。李侗初见罗从彦时说:"侗闻之,天下有三本焉,父生之,师教之,君治之。阙其一,则本不立。古之圣贤莫不有师,其肄业之勤惰,涉道之浅深,求益之先后,若存若亡,其详不可得而考。"表达李侗一心追求儒学真谛的决心,表达他不愿科举,而愿从学于先生,终生服膺于理学的决心。但青年时期的李侗受佛学影响较大,罗从彦针对李侗的思想,就专门作诗《勉李愿中》五首[①]教诲之。

其一

圣道由来自坦夷,休述佛学惑他歧。

[①] 罗从彦:《罗豫章集》,上海:商务印书馆,民国二十五年(1936年)刊本。

死灰槁木浑无用,缘置心官不肯思。

其二

不闻鸡犬闹麻桑,仁宅安居是我家。
耕种情田勤礼义,眼前风物任繁华。

其三

今古乾坤共此身,安身须是且安民。
临深履薄缘何事,只恐操心近矢人。

其四

彩笔画空空不染,利刀割水水无痕。
人心安得如空水,与物自然无怨恩。

其五

权门来往绝行踪,一片闲云过九峰。
不似在家贫亦好,水边林下养疏慵。

政和六年(1116年),李侗正式入罗从彦之门,罗从彦授以"《春秋》、《中庸》、《语》、《孟》之说"。李侗"从容潜玩,有会于心,尽得其所传之奥"。讲诵之余,效法罗从彦,终日体会"喜、怒、哀、乐未发前之气象,而求所谓'中'者"。久之,天下之理"莫不该摄洞贯,以次融释,而各有条理"。罗从彦对李侗很满意,认为"愿中向道甚锐,趋向大抵近正"。

李侗师从罗从彦19年,通过当面求教或书信往来,结下了深厚的师生情谊。李侗学成退居山田,谢绝世故四十年。他认为万物统一于天理,只是天理的变化。他提出"理与心一",主张"默坐澄心,体认天理"的认识方法。李侗一生"不著书,不作文,颓然若一田夫野老",但在传道继统上却占有重要地位,学者称之为"延平先生"。自杨时从河南二程处"载道南归"后,先传罗从彦,再传李侗,李侗又传给朱熹。至朱熹,理学遂大盛于天下。

罗从彦于宋绍兴五年(1135年)去世,寄柩武平县五年,绍兴十年(1140年)归葬罗源里。李侗的《豫章罗先生墓志铭》写于归葬之年,全文如下:

> 越剑州罗源之乡,出十有五里许,为黄漈之阳,有兆焉,乃藏宋大儒

罗先生者也。其向丁癸,其脉迢递,其形委蛇而蜿蜒。其林木苍欻而森葳,其环拱苞灵而孕粹,美哉佳兆乎!先生于侗,逊长于一日,实则沉瀣一气焉。梦楹之夕,敦匠执绋之举,侗既不能以不肖供其役。今幸得偕先生继嗣,求之汀之武邑,归先生柩而窆之。乃于铭志,实推诿焉。可不可耶,谨捃摭而志之。

先生之先系出祝融之裔炎伯,其弟炎仲国于罗,厥姓遂仍之。数十传而后,或徙江之豫章。逾周,而汉而唐,会有乾符之乱,各镇分制。而王审知实制乎闽,因择七姓随乎节钺,罗居其一。数传来,惟罗最蕃衍,迁徙靡一。于时或沙或剑,而剑宗为先生远祖京成公。初居剑郭,久之,复居溪南筼乡。其曾大父文弼,大父世南,父神继,奕叶潜鳞,代有齿德。以故积美厚,而发祥宏,先生出于其间。天纵英敏,冲龄而然。稍壮,则宛委坟索,靡弗彻览。著为文章,形为吟咏,粹然一轨于正。已闻同郡龟山杨先生继绝学于河洛,筮仕萧山,先生慨然鬻田,徒步请谒。及见,而喟然叹曰:"不至是,几虚一生。"遂修北面礼于杨而杨亦深器先生,两人相得欢甚!既归,筑室山中,杜门静业。虽以特奏擢科,主簿博罗,而胸次澹然泊然。揆厥所志,盖不以簪裾为华,而以担荷道统为己任。生平雅好著述,编牒鳞集,不可枚纪。纪其大者,若《遵尧》、《台衡》、《春秋解》、《诗解》、《语孟师说》、《中庸说》、《议论要语》、《二程龟山语录》、《弟子答问》诸篇。而于道德事功,纪纲法度,彝伦日用之间,凿凿乎其言之也。至若怡情乩性,舒写心灵于吟讽间,不徒大有唐韵。其于继往开来,肩任道统之意,在在跃露,诸载杀青者不论。论其逸者所云:"问津挽予之句,是何蕴抱,是何局度乎?"以侗椎鲁之质,偏驳之资,冶铸于先生者既久,熏炙于先生者最深。虽不能金玉其词,以绘所为粹质温中之模,乃敢忍于脉脉,不令真儒道范寿于永永乎?

先生娶于李,为朝议大夫文捷公之女。端确贞静,相内敁寅。生一子,讳敦叙。先先生卒,无嗣,有遗腹焉。先生有弟叔嘘书请继于先生,坚请乃可,曰:"无后为不孝之大,吾存后吾,吾亡嗣子,今子先吾殁后吾明矣。"乃立兄伯常之次子。公卒,无何,而遗腹得男孙振宗。噫!先生之系,微而复续,人乎天耶?先生生熙宁壬子正月十五日寅时,卒绍兴乙卯十有一月至前一日,享遐六十有四。以绍兴庚申孟夏月癸酉日辰时,厝于斯兆。

侗谨拜首而铭云:郁芊佳城,峰峦峥嵘。藏先生魄,用奠于宁。丰镐木秀,曲阜草青。儒文道脉,日皎星晶。参苓孕粹,桃李储精。云封黯黯,雨化零零。躯返于穸,神昭于明。勒铭于石,万古仪型。

恩师逝世后,李侗万分悲痛,他说:"先生于侗,逊长于一日,实则沉瀣一气焉。梦楹之夕,敦匠执绋之举,侗既不能以不肖供其役。今幸得偕先生继嗣,求之汀之武邑,归先生柩而穸之。乃于铭志,实推诿焉。可不可耶,谨捃摭而志之。"于是李侗怀着崇敬的心情写下了这篇不朽之作,以传千秋。笔者有诗曰:

立雪程门美德优,尊师重教誉千秋。
奋身勠力先生秀,授业精心弟子修。
传予侗公朱子启,集成闽学宋儒猷。
相承一脉四贤诞,亮节高风万古流。

(作者单位:南平市罗从彦研究会)

谈杨时与罗从彦的师承关系

◎ 李云生

"延平四贤"杨时、罗从彦、李侗、朱熹是一脉相承的四代传人。杨时将二程的洛学传至东南海滨,经罗从彦、李侗的传续,到朱熹集大成,成为元明清三朝的治国理论。杨时和罗从彦的师承关系与李侗和朱熹的师承关系各具特色,令人大受启发。他们的师生关系成为后世师生关系的楷模,杨时和罗从彦都是才高德厚的学术名家。在道南学派中,朱熹被公认为圣哲,闻名遐迩;杨时被公认为"闽学鼻祖",声名远播。而罗从彦则不同,黄宗羲在《宋元学案》的《豫章学案》按语中说他的言行,"多湮没而无闻",在杨时的学生中"最无气焰"。然而就是这个罗从彦却是杨时最信任的高才生,最终成为承先启后、继往开来的理学鸿儒。这和他们密切的师承关系也是分不开的。下面就杨时和罗从彦的师承关系做一叙述。

一

杨时(号龟山)和罗从彦(号仲素),首先,是他们治学的基础,目标、方法相一致。他们自小就很努力学习,打下了良好的基础。史书载:杨时四岁入私塾,他常到村郊凤凰岩读书,到龟山阁赏景和思考自然与社会的哲理。他八岁就会写文章,被称为神童。十五岁就去邵武学习经史,二十四岁考中徐铎榜进士。罗从彦自幼受家教,学有渊源,十岁能诗,文采焕发。十三岁就读于城东藏春峡审律先生吴仪处,自此学问大进。可见两人都是少小努力,学有基础,目标明确。

其次,是他们都笃钟理学,一心一意拜师求教,专心致意要把洛学学好,传承好。杨时考上进士后,他先被授予汀州司户,后改授徐州司法。可他不急于去上任,却和好友游酢绕道颖昌去洛阳拜师程颢学习洛学。他能举一反三,触类旁通,学成回归时,获得"吾道南矣"的师誉。四十岁那年,朝廷任命他为浏阳县令,他又不急于去上任,再次和好友游酢去洛阳拜会程颐为师,留下了"程门立雪"的千古佳话。宋徽宗曾于1105年10月赐书"笃钟理学"四个大字,肯定杨时对理学的追求。

罗从彦也是立志道学。当他得知时为萧山县令的杨时得河南程氏之学时,即徒步到萧山拜杨时为师。初见杨时之日,即汗流浃背,曰:"不至是,几虚过一生矣!"杨时慧眼识才,高兴地说:"唯从彦可与言道。"当罗从彦与杨时论《易》至"《乾》九四爻"时,听杨时说"伊川说甚善"。罗从彦即按捺不住,翌年鬻田赴洛,以师礼见伊川先生。自此以后,罗从彦先后五次受学于杨门,师事杨时二十余年,"独得不传之秘"。杨时赞扬说:"吾弟子千余人,无及得从彦者。"明游居敬称赞罗从彦说:"潜心力学,任重诣极。性明而修,行完而洁。"杨时是程门四大高徒之一,而罗从彦是杨门的唯一高徒,他们都得到名师的指点,也得到名师的赞誉,都成为有成就的理学家。

再次,是杨时的"笃钟理学"与罗从彦的"笃志学道"不是一句空话,他们不仅坚持不懈,而且很讲究学习方法和途径。杨时一生"沉浸经书,穷推力索"。他主张向圣贤学习,提倡以身心体验,然后通过反复思考揣摩,从中超然自得。罗从彦主张静养,他筑室罗浮山中,终日端坐,绝意仕进,终于体悟到圣人之道的真谛。

从以上可知,杨时与罗从彦的治学基础相似,目标相同,方法相仿,成就斐然,分别成为道南学派的鼻祖和中坚。

韩愈在《师说》中说:"古之学者必有师。师者,所以传道受业解惑也。"又说:"道之所存,师之所存也。"杨时和罗从彦都深知师之重要,十分重视拜师求学,十分尊敬老师。杨时的"程门立雪"就是尊师好学的典范。一个进士出身,年已四十的县令,如此勤奋刻苦,谦恭求学,令天下文人士子无不感动。中国自古就有"一日为师,终身为父"的说法,尊师是中华民族的传统美德。杨时身体力行,他克服重重困难,将已故老师的遗作整理出来,取名《二程粹言》。当他知道老师程颢去世后,在一千多里外的徐州设祭坛,召集学生吊唁,并带着深情写了"哀辞"。他当时的沉痛心情不亚于父母去世。

罗从彦也对老师的感情和杨时一样,尊师重道,肝胆照人。绍圣丁丑(1097年)得悉伊川先生被贬,特往慰问。元符庚辰(1100年),龟山先生被诬,罢官回乡讲学含云寺,乃执弟子礼前往就学。真是"其志益坚,其学益醇,其情益弥"。后伊川先生因被诬贬郁愤而亡,门人不敢吊丧。罗从彦于重和元年(1118年)赴京,特转道洛阳,往白虎山下谒扫先生墓,以尽弟子之谊,为世人所称道。

以上足见杨时也好,罗从彦也好,均是尊师重道的楷模,他们的行为如出一辙。

二

罗从彦和他的老师杨时一样,一生学道、研道、传道、弘道。他们不仅是倡道东南的传承手,而且在学道中还研道,在研道中传道,在传道中弘道。

杨时对二程之学,罗从彦对杨时之学都是信至笃、学至诚、业至精。他们都是在维护的基础上继承和发展,深化和丰富了其思想内容,都有自己的创见和主张。中国社科院哲学所研究员衷尔钜先生在《朱熹与闽学渊源》代序《从洛学到闽学》中指出:"杨时在宣传洛学中有阐有发,不仅阐述,而且有自己之发见,仅举其要:吸收了张载气的某些观点,提出了天理天命结合论,提出'知合内外之道,以体用言理一分殊,认为理一是体,分殊是用,用更重要'。"

罗从彦何尝不如是。罗从彦是处于北宋社会危机总爆发时期,他着重发挥二程提出、杨时传承的"圣人之道",抨击封建政治弊端,维护封建纲常名教。他敏锐地指出:"天下巨变不起于四方,而起于朝廷。"沙县陈渊对罗从彦评价甚高,说:"吾自交仲素,日闻所未闻。奥学清节,真南州冠冕也。"

在传道方面,杨时与罗从彦都做出了重大贡献。如果没有他们的努力,东南不可能迅速成为海滨邹鲁。

著书立说是他们传承洛学的主要方式。杨时怀着对老师的深情,不遗余力地收集资料,编辑成《二程粹言》《伊川易传》,让老师的思想得以正确、广泛地传承。同时,他还有许多阐释经典的著作。罗从彦也是著作颇丰,先后写成《语孟师说》《书斋记》《遵尧录》《春秋解》《春秋指归》《二程龟山语录》《中庸说》《议论要语》《弟子问答》等。可以这样说,杨时和罗从彦都是道南学派中著述繁丰的一对师生。

坚持讲学是传承洛学的重要行为。杨时在湖南、福建、江苏等地创办书院,以书院为依托,传播理学,先后有门生、弟子千余人。他在无锡东林书院就讲学18年。罗从彦也是如此,他在洞天岩、南斋书院集群儒讲学论道。影响最大的一次是,宋建炎二年(1128年)远道赴汀州连城冠豸山(当时称田石山)定居讲学,深受四方人士敬仰,当地特为其建仰止亭作为纪念。由于罗从彦尽得程门秘传,经杨时深导,对周程学说领会殊深,在理学史上起到了继往开来的重要作用。众多学子先后来投,其中较有名的为朱松、李侗。李侗后成为朱熹之师。

可见不仅杨时对理学的传承发展有巨大贡献,罗从彦同样也有不可或缺的举足轻重的大贡献。罗从彦以儒家的"仁"为本,继承程、杨"理一分殊"说,创立静中观理的主静说。他还吸收法家思想的合理要素,强调法治,崇尚名节忠义。总体上说,罗从彦的思想包含了许多辩证法因素,对于理学的传承发展发挥了积极的作用。诚如明代学者欧阳佑在《重刊罗从彦先生文集·序》中说:"自龟山载道而归也,程师即喜之曰'吾道南矣'。然成继匪人,抑何以演其源而扬其波耶? 幸有豫章罗先生之学,一传而为李延平,再传而为朱晦庵。由是海滨邹鲁,于斯盛哉!"

三

杨时和罗从彦在政治思想观念和道德修养方面几乎完全一样,有较强的爱国意识和民族精神,提倡名节忠义,崇尚廉职,受到后人推崇。相对而言,杨时一生比较顺利。他从政不忘弘道,为官清正,为学正派,曾力辞户部等多种职务。他力主抗金,反对和议。在官场中守正不阿,广施惠政,大义斥奸,具有崇高的思想品格和民族气节。

罗从彦一生坎坷,严毅清苦,直到绍兴二年(1132年)六十一岁,才得以特赐"进士"衔,官授广东博罗县主簿。三年之后,病逝于汀州,由门人李侗捐资归葬罗源里。淳祐七年(1246年),南宋理宗皇帝追赐谥号"文质"。

罗从彦晚年正是靖康之变北宋灭亡、南宋初立之时,尖锐的阶级矛盾和民族矛盾让他看到吏治腐败的严重状况。他同情百姓疾苦,反对民族压迫,积极主张抗金,表现出强烈的民族精神。另外方面他著书立说,呼吁"士之立朝,要以正直忠厚为本"。他直指人君说:"人君者,天下之表。若自心正,则天下正矣;自心邪曲,何以正天下!"罗从彦还从多个方面论证君主修己是要和爱民联系在一起,"民为邦本,本固邦宁"。他高度赞扬宋太祖发军储以赈饥民的举动。所有这些都显示出罗从彦的远见卓识和胆略。

由此可见,杨时与罗从彦的政治表现和思想观念是完全一致的。这对于他们所从事的研究和学术的发展是有益的。

四

杨时和罗从彦在个人修养和人品上都是高境界的。他们不仅是志同道合,几乎是心心相印、习习相承,反映出很深的师生情谊。

当罗从彦徒步从千里之外去拜访杨时讨教,在论《易》时,杨时并不清高自大,乃谦逊地说:"伊川说甚善。"罗从彦第二年就卖掉田产做路费,赴洛阳以师礼见伊川先生。他发现伊川讲的和杨时一样时,知道杨时已学到了易学的精髓,于是返回后又去请教杨时。杨时豁然大度,心无芥蒂,不但精心指点,让罗从彦"独得不传之秘",而且送给大批资料,让其"尽裹其书以还"。从此,罗从彦一直师事杨时,前后长达20多年。杨时则高度赞扬罗从彦说:"惟从彦可与言道。"师生间的无比信任,促使洛学有效传承与发展。

罗从彦没有辜负老师的信赖和期望,他在八闽大地尽展其才,培养出许多弟子,为洛学在闽的传承做出了极大贡献。正如罗从彦祠堂的楹联曰:"豫章闽北无双士,道统南来第二家。"朱熹更是高度评价罗从彦的理学贡献,朱熹在《祭李延平先生文》中说:"龟山之南,道则与俱。有觉其徒,望门以趋。唯时豫章,传得其宗。一箪一瓢,凛然高风。"又说:"龟山倡道东南,士之游其门者甚众。然潜思力行,任重诣极如仲素,一人而已。"

杨时和罗从彦这对师生,可以这样说:"无龟山的信赖和大度,就无从彦的理学成就;无从彦的敬重和执着,就无杨时的理学辉煌。"

综上所述,杨时与罗从彦这一对师生,在理学史上是有作为、有业绩的,杨时传承最力,罗从彦卫师门最坚,他们之间相似相仿相同之处太多了,虽是两代人,却情深谊长。他们的思想观念、学术行为、道德人品等都是一致的,从而形成了合力,在中国理学史上共同留下了厚重的一笔,为倡道东南,开创海滨邹鲁的新局面开了好头,打下了坚实的基础。

(作者单位:明溪县杨时文化研究会)

从《遵尧录》看罗从彦
在程朱理学中的传承作用

◎ 黄太勇

罗从彦(1072—1135年),字仲素,因其祖籍豫章(今江西南昌),故世称豫章先生,宋南剑州剑浦县(今南平市延平区)罗源里人。因其上承杨时、二程,下接李侗、朱熹,而成为宋代程朱理学传承过程中的重要人物。朱熹在为老师李侗写的祭文中认为二程复兴了失传千载的道统,之后杨时为继,杨时将二程之道传到南方,虽然当时追随杨时学道的弟子很多,但"惟时豫章,传得其宗"。而李侗从学罗从彦[①],确立了从二程、杨时、罗从彦、李侗的道统传承谱系。李侗在为罗从彦所写的墓志铭中也提到罗从彦"不以簪裾为华,而以担荷道统为己任""其于继往开来、肩任道统之意,在在跃露,诸载杀青者不论"。[②]

从目前学术研究来看,整体上对罗从彦的关注度较低,学术成果还不够丰富,凸显罗从彦在学术思想上承先启后作用的研究成果更是屈指可数。其最主要的原因在于罗从彦的著作流传下来的较少,可依据的一手资料匮乏。据方彦寿先生考证,罗从彦著述有九种,但流传下来的仅有四种。[③] 幸运的是他的著作《遵尧录》较为完整地流传下来,从中我们可以窥见罗从彦对二程开创的理学思想的传承和发展以及对后来李侗、朱熹的影响。

---

① (宋)朱熹:《晦庵先生朱文公文集》卷八七,《祭延平李先生文》,朱杰人等主编:《朱子全书》第24册,上海:上海古籍出版社,合肥:安徽教育出版社,2010年,第4064~4065页。

② (宋)李侗:《豫章罗先生墓志铭》,吴栻修,蔡建贤纂:《(民国)南平县志》卷一七,《艺文志》,《中国地方志集成福建府县志辑》(第9辑),上海:上海书店,2000年,第601页。

③ 方彦寿:《罗从彦著作版本考述》,《合肥学院学报》2016年第5期。

一、《遵尧录》的问世及其内容

北宋徽宗宣和七年(1125年)十月,金太宗完颜晟下诏分东、西两路南下攻打宋朝,西路军由完颜宗翰率领,经云中(今山西大同)进攻太原;东路军由完颜宗望统帅,由平州(今河北卢龙)攻打燕京(今北京)。两路军计划在北宋都城汴梁(今河南开封)城下会合。西路军在攻占朔(今山西朔县)、代(今山西代县)两州后在太原遭到北宋军民的顽强阻击。而东路军破燕京,过黄河,直抵汴梁,宋徽宗见情势危急,禅位于太子赵桓后南逃。赵桓,即宋钦宗。面对金军围困,在主战派首领李纲的领导下,汴京军民奋起抗击。金军也有孤军深入,惧怕后路被断,所以在掠夺财物后于靖康元年(1126年)二月北撤。

罗从彦认为导致此次金人犯阙的根源在于王安石变法"管心鞅法,甲倡乙和,功利之说杂然并陈"(《遵尧录》"序"),完全改易了前朝旧规。在罗从彦看来,由尧舜禹开创的王道传统失传很久了,虽然汉朝大纲正、唐朝万目举,但都杂以霸道。宋朝建立,太祖开基,太宗、真宗、仁宗绍述,开创了足与尧舜禹时代媲美的盛世,这种盛世出现的原因就是后世君主均延续了太祖时期的治国方略,就像舜、禹遵循尧开创的治世方略从而创造了三代盛世一样,这种局面却被王安石变法打破了。罗从彦认为宋钦宗即位后,有意清理王安石变法以来的弊政,以尊祖宗故事。然而王安石变法的影响还在,试图维护王安石新法的人还有很多,他担心彻底去除王安石变法的影响阻力太大,所以模仿唐朝吴兢的《贞观政要录》和本朝石介的《三朝圣政录》而作《遵尧录》。其目的就是为了给宋钦宗袭祖宗太平之基业,守祖宗格法、行祖宗故事提供参考。

据罗从彦所言"纂录之历三季而书成,名曰《圣宋遵尧录》"(《遵尧录》"序",第26页),原本打算献给宋钦宗,未实现而"靖康之难"发,即靖康元年(1126年)八月,金军再次分兵两路南下攻宋,九月围困汴梁,北宋进入亡国倒计时。据此推算,罗从彦作《遵尧录》应该始于靖康元年元月。虽然未能实现愿望,但罗从彦还是坚持在当年十月为该书写了"序",希望"不久朝廷清明,金人宾伏,且当有以来天下之言,辄纪岁月以俟采择"(《遵尧录》"序",第27页)。

关于《遵尧录》的内容,罗从彦有过详细交代:

> 因采祖宗故事,四圣所行,可以阁今传后者,以事相比类……其间事

之至当而理之,可久者则衍而新之,善在可久而意或未明者则释以发之,以今准古,有少不合者,作辨微以著其事。又自章圣以来,得宰相李沆等及先儒程颢共十人,择其言行之可考者,附于其后。若乃创始开基之事,庙谟雄断、仁心仁闻,则于其君见之;袭太平之基业,守格法、行故事,竭尽公忠,则于其臣见之。爰及熙丰之弊,卒归于道。分七卷,添别录一卷,合四万余言……(《遵尧录》,第27页)

南宋时期的陈振孙也有过概括,他说:

从彦当靖康初,以为本朝之祸,起于熙、丰不遵祖宗故事,故采四朝事为此录,及李沆、寇准、王旦、王曾、杜衍、韩琦、范仲淹、富弼、司马光、程颢名辅巨儒十人言行,附于其后。末有《别录》一卷,专载司马光论王安石、陈瓘论蔡京奏疏……①

结合《遵尧录》的成书背景,不难看出该书最主要的包含两方面内容:一是叙述北宋太祖、太宗、真宗、仁宗四朝之祖宗故事,二是明辨王安石变法给北宋造成的危害。而这两方面内容也是包括二程、杨时等当时士大夫普遍关注和热烈争论的焦点,其中所涉王霸、义利、君子等重大议题的辩论正是程朱理学中的重要内容。因此对北宋历史时期以来这两方面内容的争论进行梳理,可以帮我们理清自二程到罗从彦的思想传承。

二、程朱理学传承过程中的"回向三代"意识和对"祖宗之法"的维护

希望帝王能够效行三代,行尧舜之道是历代儒士的政治愿望。北宋偃武修文,重视儒士,使很多士大夫在感情上对北宋前期的皇帝具有很高赞许,认为北宋前期政治可比拟三代。如宋太宗时期的梁颢就曾上疏说:"国朝兴儒,追风三代。"②宋真宗时期的田锡曾摘取经史子集要语,编为十卷,进献给皇帝,其目的是"所冀圣德日新,与尧、舜、禹、汤、文、武比隆"。③ 到了宋仁宗时期,士大夫这一观念更为强烈,普遍认为宋初政治超越汉唐,与三代同风。余

---

① (宋)陈振孙撰,徐小蛮、顾美华点校:《直斋书录解题》卷五,《典故类》,上海,上海古籍出版社,2015年,第167页。

② (元)脱脱等撰:《宋史》卷二九六,《梁颢传》,北京:中华书局,1977年,第9863页。

③ (宋)田锡撰,罗国威点校:《咸平集》卷一,《上真宗进经史子集要语》,成都:巴蜀出书社,2019年。

英时先生列举了石介、尹洙、欧阳修、李觏四人的例证来说明"向往三代,轻视汉、唐,这本是宋儒的共同意见"。而这种"回向三代"意识大盛于仁宗之世。^①在北宋士大夫看来,北宋前期政治能够超越汉唐,追风三代的直接原因是沿袭了"祖宗家法",邓小南先生认为"祖宗家法"的提法在宋仁宗朝正式出现,并在日后凝固为成说,其内涵"实际上就是宋代帝王累代相承的正家治国方略与规则"。^②在宋儒看来,正是有了"祖宗家法",北宋初年才出现了与三代同风的盛世。如宋哲宗元祐五年(1090年),范祖禹曾就哲宗纳后事向当时的太皇太后高氏上奏疏说:"本朝自太祖皇帝以来,家道正而人伦明,历世皆有圣后内德之助。自三代以来,未有如本朝家法也。"^③南宋时期的史浩也认为"我太祖皇帝深以行一不义、杀一不辜为戒,而得天下制治以仁,待臣下以礼。列圣传心。至仁宗而德化隆洽。至于朝廷之上,耻言人过。故本朝之治,独与三代同风,此则祖宗之法也"。^④

经过太宗以来对"祖宗家法"的长期绍述、追念,这一观念已经深入人心,"祖宗家法"已经成为不容挑战的统治规范。因此,宋儒在对北宋中期以来所面临的积贫积弱、内忧外患的危机进行反思时,将原因归结为祖宗家法遭到破坏,其改革的目的是为了重振祖宗家法。如宋仁宗庆历年间,范仲淹、富弼、韩琦等人主持的"庆历新政"改革,其目的就是复振祖宗家法,如范仲淹在《答手诏条陈十事疏》中认为:

> 我国家革五代之乱,富有四海,垂八十年,纲纪法度日削月侵,官壅于下,民困于外。夷狄骄盛,寇盗横炽,不可不更张以救之。然欲正其末,必端其本;欲清其流,必澄其源。臣敢约前代帝王之道,求今朝祖宗之烈,采其可行者条奏。愿陛下顺天下之心,力行此事,庶几法制有立,纲纪再振。则宗社灵长,天下蒙福。^⑤

---

① 余英时著:《朱熹的历史世界:宋代士大夫政治文化的研究》,北京:生活·读书·新知三联书店,2011年,第187~194页。

② 邓小南著:《祖宗之法:北宋前期政治述略》,北京:生活·读书·新知三联书店,2014年,第63~66页。

③ (宋)范祖禹撰:《范太史集》卷二〇,《论立后上皇太后疏》,《影印文渊阁四库全书》第1100册,台北:台湾商务印书馆,2008年,第252页。

④ (宋)李心传撰,徐规点校:《建炎以来朝野杂记·乙编》,北京:中华书局,2000年,第545页。

⑤ (宋)范仲淹撰:《范文正公政府奏议》卷上,《答手诏条陈十事》,李勇先等点校:《范仲淹全集》第2册,北京:中华书局,2020年,第461~462页。

这就导致范仲淹的庆历新政无法从根本上解决宋朝中期以来所面临的危机,就连已经看出庆历新政失败根本原因的王安石,在后来发动变法时也不得不打出"回向三代",复振"祖宗家法"的旗号。如邵伯温曾记载:"至召见荆公,首建每事当法尧、舜之论,神宗信之。"①

朱熹曾指出:"国初人便已崇礼义,尊经术,欲复二帝三代,已自胜如唐人,但说未透在。直至二程出,此理始说得透。"②那么二程是怎样把这个理说清楚的呢?首先,是二程认为"三代之治"可以再现,程颐认为只有"有贤君作,能致小康,则有之"。③ 程颢也认为:"若三代之治,后世决可复。不以三代为治者,终苟道也。"④而且程颢认为:"三代之治,顺理也。两汉以下,皆把持天下者也。"⑤就是说二程认为在满足一定条件的情况下,"三代之治"是可以再出现的,这就为北宋前期能够出现三代气象提供了理论前提。而三代之治是顺理、行王道,两汉以后则行霸道。二程还指出:"三代忠质文,其因时之尚然也。夏近古,人多忠诚,故为忠。忠弊,故救之以质;质弊,故救之以文。非道有弊也,后世不守,故浸而成弊也。虽不可以一二事观之,大概可知如尧舜禹之相继。其文章气象,亦自小异也。"⑥即暗示要遵循"祖宗之法"。

二程的这些观点,在罗从彦《遵尧录》中更加具体地变现为追配三代,贬抑汉唐杂以霸道。在追配三代方面,罗从彦开门见山地提到三代之治不现于世很久了,而"有宋龙兴,一祖开基,三宗绍述。其精神之运,心术之动,见于纪纲法度者,沛乎大醇,皆足以追配前王之盛。故其规模亦无所愧焉"(《遵尧录》,第25页)。即以北宋一祖、三宗追配三代,为了说明这一道理,他也吸收了前儒观点,一方面提出汉唐之治"皆杂以霸道"(《遵尧录》"序",第25页)来讲北宋前期政治直接与三代衔接,另一方面通过对北宋太祖、太宗、真宗、仁

---

① (宋)邵伯温撰,李剑雄、刘德权点校:《邵氏见闻录》卷六,北京:中华书局,1983年,第55页。

② (宋)朱熹撰、黎靖德编,王星贤点校:《朱子语类》卷一二九,《本朝三》,第3085页。

③ (宋)程颢、程颐著,王孝鱼点校:《河南程氏外书》卷一一,《二程集》,北京:中华书局,1981年,第414页。

④ (宋)程颢、程颐著,王孝鱼点校:《河南程氏遗书》卷一一,《二程集》,北京:中华书局,1981年,第129页。

⑤ (宋)程颢、程颐著,王孝鱼点校:《河南程氏遗书》卷一一,《二程集》,北京:中华书局,1981年,第127页。

⑥ (宋)程颢、程颐著,王孝鱼点校:《河南程氏外书》卷一一,《二程集》,北京:中华书局,1981年,第414页。

宗四位皇帝具体行动来说明他们的做法是符合"尧舜之道"的。如他认为："太祖于寝殿中令洞辟诸门，使皆端直开豁，无有壅蔽，以见本心，可谓知君道矣。夫辟四门、明四目、达四聪，尧舜之道也。若太祖可谓近之者也。"(《遵尧录》卷二，第41~42页)还有太宗皇帝曾对李至说："人君当淡然无欲，不使嗜好形见于外，则奸邪无自入焉。"他认为太宗该做法"与尧舜相得"(《遵尧录》卷三，第56页)。

虽然罗从彦在《遵尧录》中对二程的"三代之治"进行了更加细致、直观的论述，但是他并未一味地对北宋一祖三宗进行无限褒扬，对其符合"尧舜之道"的行为则大加赞赏，而对其不合理的做法则"作辨微以著其事"(《遵尧录》"序"，第25页)。如对大中祥符四年(1101年)真宗皇帝诏谕"封禅"的行为是"不以尧舜三代之君为法者，皆妄作也"(《遵尧录》卷三，第93~94页)。这是罗从彦对二程思想有进一步发展的明证。

三、程朱理学传承进程中对王安石变法评价的变化

虽然北宋从太宗时期便逐渐塑造本朝与三代同风的想象，但实际上，北宋中期以后，"三冗"(冗官、冗兵、冗费)所导致的积贫积弱局面不断加深，内部农民起义不断，外部与辽、西夏等民族政权的战争接连失利，内忧外患日益严重。因此对祖宗家法进行改革已经势在必行，早在真宗朝，王禹偁就曾上书要求"改撤更张，因时立法"。[①] 陈亮后来也说："方庆历、嘉祐，世之名士常患法之不变。"[②] 后来朱熹也认为："熙宁更法，亦是势当如此。凡荆公所变，初时东坡亦欲为之。"[③] 然而如石介、尹洙、欧阳修、李觏等人所宣传的"回向三代"，实际上是在为重振祖宗家法张目。在范仲淹庆历新政失败以后，王安石走上历史舞台，开始对北宋弊政进行大刀阔斧的改革。由于王安石变法的幅度很大，于是便遭到了强烈反对。

由于王安石变法最初打着"回向三代"复振"祖宗家法"的旗号，二程曾是王安石变法的支持者，甚至程颢曾为王安石擢用，参与了早期的变法活动。

[①] (元)脱脱等撰：《宋史》卷二九三，《王禹偁》，第9798页。
[②] (宋)陈亮撰，邓广铭点校：《陈亮集》卷一二，《铨选资格》，北京：中华书局，1987年。
[③] (宋)朱熹撰、黎靖德编，王星贤点校：《朱子语类》卷一三〇，《本朝四》，北京：中华书局，1986年，第3101页。

后来朱熹说:"新法之行,诸公实共谋之,虽明道先生不以为不是,盖那时也是合变时节。但后来人情汹汹,明道始劝之以不可做逆人情底事。及王氏排众议行之甚力,而诸公始退。"① 所以二程在早期对王安石的评价是积极的,如二程说"王介甫为舍人时,有《杂说》行于时,其粹处有曰:'莫大之恶,成于斯须不忍。'又曰:'道义重,不轻王公;志意足,不骄富贵。'有何不可?伊川尝曰:'若使介甫只做到给事中,谁看得破?'""杂说"即王安石早期著作《淮南杂说》,从中可以看出二程对早期王安石的思想还是肯定。

然而随着二程与王安石的决裂,他们对王安石的批评就越来越激烈。据王书华先生的研究,二程对王安石的批判主要表现在六个方面:一是批判王安石不懂圣人之道,二是批判王安石学术不纯,三是批判王安石新学违背祖宗法度,四是批判王安石新学不合道义,五是批判王安石新学不能判别《周礼》中的是非讹缺,六是批判王安石新学援佛入儒。② 实际上,二程对王安石的评价也有客观的一面,如针对王安石以《周礼》为旗帜进行托古改革,二程并未像司马光那样一味否定,而是对其中的可取之处给予充分肯定,如他们认为王安石所推崇的《周礼》中"周公致治之大法,亦在其中"。③ 程颐曾对王安石议定的"以太祖配于圜丘,以祢配于明堂"的礼制就非常赞赏,称:"介甫所见,终是高于世俗之儒。"④ 而且与司马光因王安石重视《孟子》就作《疑孟》来反对王安石不同,二程吸收了王安石对《孟子》的研究成果,并坚持推崇孟子。

但是从二程到杨时发生了巨大变化,杨时虽然继承了二程对王安石的批判,但是杨时是第一个北宋不断稍弱的根源归结到王安石变法的人,他本人还因为激烈请求罢新法、黜新学、追夺王安石王爵,罢王安石配享文庙之像,降低王安石的从祀地位等行为而被罢免职务。虽然罗从彦在《遵尧录》中继承了杨时将北宋衰弱的根源归结到王安石变法,但是相对而言,罗从彦的批判是相对温和的,而且他在很多方面表达出来的意思与二程和杨时并不相

---

① (宋)朱熹撰、黎靖德编,王星贤点校:《朱子语类》卷一三〇,《自熙宁至靖康用人》,北京:中华书局,1986年,第3101页。
② 王书华著:《荆公新学及其兴替》,北京:中华书局,2021年,第178~186
③ (宋)程颢、程颐著,王孝鱼点校:《河南程氏遗书》卷一八,《二程集》,北京:中华书局,1981年,第230页。
④ (宋)程颢、程颐著,王孝鱼点校:《河南程氏文集·遗集》,《二程集》,北京:中华书局,1981年,第670页。

同,如二程认为王安石变法中的青苗法决不可行,旧役法大弊。而罗从彦认为:"安石之免役正犹杨炎之两税,东南人实利之。若以尧舜三代之法格之,则去之可也。不然,未可轻议也。"(《遵尧录》卷七)反映出罗从彦在继承中也有独立思考的一面。

四、《遵尧录》对后世的影响

　　罗从彦的《遵尧录》成书以后,在很长一段时间里并未刊印,他的学生李侗曾经向别人写信借阅该书,他说:"侗向承见喻,旧写得罗先生《遵尧》、《台衡》二录,欲望颁示一观。若蒙寄附便来,甚望!……看毕,即上纳也。"[①]可能当时该书仅为手抄本。该书最早的刻本应该是嘉定年间(1208—1224年)由剑州太守刘允济发现并进行刻板发行[②],也就是说,在嘉定之前,能够读到该书的人并不多。因此我们可以发现,该书在宋代流传并不广泛,但是它对后来学者应该是具有一定影响的。

　　王志阳先生通过对比罗从彦《遵尧录》与朱熹《八朝名臣言行录》发现,无论从编纂思想,还是编纂体例上,《遵尧录》都对《八朝名臣言行录》产生了影响。[③]实际上,从《遵尧录》所体现出来的内容上,我们可以看出在很多方面与朱熹的思想是一脉相承的,如对王安石及其变法的评价越来越理性化,反佛崇儒的倾向越来越明显等等。

　　当时比罗从彦稍早,同为杨时弟子的陈瓘著有《四明遵尧集》,猛烈攻击王安石以及后来推崇王安石的蔡京,罗从彦应该读过该书,他在《遵尧录》中专门列出陈瓘对蔡京的评价。实际上,朱熹也读过该书,还专门写下《读两陈谏议遗墨》一文。[④]但是其对该书的评价并不高,朱熹认为该书:"只似讨闹,却不于道理上理会。盖它止是于利害上见得,于义理全疏。如介甫心术隐微

---

① (宋)李侗撰:《李延平集》卷一,《又小简借遵尧、台衡录》,《丛书集成初编本》,北京:中华书局,1985年,第3页。

② (宋)陈振孙撰,徐小蛮、顾美华点校:《直斋书录解题》卷五,《典故类》,上海:上海古籍出版社,2015年,第167页。

③ 王志阳:《论罗从彦对朱熹学术思想的影响——以〈遵尧录〉与〈八朝名臣言行录之异同为中心〉》,《学脉学谊与求索:郭丹教授七秩纪念文集》,福州:海峡文艺出版社,2019年,第315~334页。

④ (宋)朱熹:《晦庵先生朱文公文集》卷七〇,朱杰人等主编:《朱子全书》第23册,第3378~3385页。

处,都不曾攻得,却只是把持。如曰谓太祖滥杀有罪,谓真宗矫诬天,皆把持语也。《龟山集》中有《政日录》数段却好,盖龟山长于攻王氏。然《三经义辨》中亦有不必辨者,却有当辨而不曾辨者。"[1]从中我们可以隐约感觉至少在内容上,罗从彦的《遵尧录》会更让朱熹感到满意。

(作者单位:福建省社会科学院哲学研究所)

---

[1] (宋)朱熹撰、黎靖德编,王星贤点校:《朱子语类》卷一三〇,《自熙宁至靖康用人》,第3099页。

浅议罗从彦的心法主张及其现代价值

◎ 罗小平

罗从彦是道南学派中的"二传手",但他传播理学却很少论述万物,而是论述人事。从《圣宋遵尧录》《语孟师说》等著作中可以看出,虽然他在罗浮山静坐三年,"穷极天地万物之理",但人事之理是他传播理学的重点,目的是希望"天下归心"。罗从彦的著作"大而君臣、父子之伦,上而事事物物之故,以至于道德性命之奥,靡不该悉",简言之,就是圣人的心法。心法是尧舜以来的治事之法,对现代社会具有重要价值。

一、教授弟子改变心性

在道南学派中,罗从彦是一个特殊的人物。他从杨时那里学到理学,但他传的不是讲物和物之理,更多的是讲事之理。他把圣人的"心法之秘"传给李侗,李侗由此改变了心性。

罗从彦对士行有一段精彩的论述:"其论士行曰:'周、孔之心使人明道,学者果能明道,则周、孔之心,深自得之。三代人才得周、孔之心,而明道者多。故视死生去就如寒暑昼夜之移,而忠义行之者易。至汉、唐以经术古文相尚,而失周、孔之心。故经术自董生、公孙弘倡之,古文自韩愈、柳宗元启之。于是明道者寡,故视死生去就如万钧九鼎之重,而忠义行之者难。呜呼,学者所见,自汉唐丧矣。'"[1]这是罗从彦对汉、唐之后儒家存在弊端的总结:士

---

[1] (元)脱脱等编:《宋史》卷四二八,《罗从彦传》,北京:中华书局,1985年点校本,第12744页。

人没有周、孔之心。三代人才之所以明道,是因为得周、孔之心,所以能不惧死生而行忠义之事。汉、唐时期,则失周、孔之心,而忠义之事难行。学者所看到的,自汉唐时期开始,周、孔之心就失掉了。

李侗出身儒门世家,曾祖李幹和祖父李纁四兄弟,就有四人中进士,被誉为"父子四进士"。24岁之前,李侗有过一段短暂的"乡校有声"的美誉,但终究未能持守儒家的轨范:他不思进取,一门心思寻欢作乐;他行为乖僻,言行举止放荡不羁;他饮食无度,尤其喜欢饮酒,《延平答问》记载他"一饮必数十杯,醉则好驰马,一骤二三十里不回"。李侗在给罗从彦的求师信中称自己"不肖"。可见李侗在接受儒家道德性之学之前,是一个桀骜不驯的纨绔子弟。李侗的婚姻也因此受阻——吴氏提出择婿的条件是"道学正传"。李侗给罗从彦投书,表达一心向道的决心。

政和六年(1116年),李侗拜罗从彦为师,在罗源南斋书院(又称豫章书院)受学,从此进入道学之门。

罗从彦教授弟子,从改变心性入手,而改变心性的办法之一是静坐。静坐是儒佛共同的修身方式,虽然儒佛的本质不同,但儒家并不排斥佛家的修身方法,区别在于佛氏只是见性,儒家则能尽性;佛氏能克己但不能复礼,儒家既克己又复礼。史料载:李侗初见罗从彦时,只见他"终日相对静坐,只说文字,未尝及一杂语。罗公极好静坐,(李侗)先生退入室中亦静坐"。[1] 静坐的目的是求喜怒哀乐未发前的中和气象,"罗公令静中看喜怒哀乐未发前气象而求所谓中者,从之而知天之本有在乎是也。由是操存益固,涵养益熟,触处洞然,发必中节"[2],"(罗从彦)先生之学,传之者李延平也,常教延平静中看喜怒哀乐未发时作何气象。盖以寂然不动之中而天下万事万物之理莫不由是而出,故必操存涵养,以为应事接物之本。此龟山心法深得伊洛之传者也。延平答朱子学问必举罗先生绪言相谆勉,其谨师传,以成后学如是"[3]。

李侗师事罗从彦悟出静坐是克己功夫。他说:"学问不在言多,但默坐澄心,体认天理,则虽一毫私之发,亦退听矣。"[4] 一毫私欲都要听命于天理,才是克己功夫。罗从彦给弟子写了一首《示生书》:"知行蹊径固非艰,每在操存养

---

[1] (清)李清馥:《闽中理学渊源考》卷五,南京:凤凰出版社,2011年,第56~57页。
[2] (清)李清馥:《闽中理学渊源考》卷五,南京:凤凰出版社,2011年,第57页。
[3] 罗从彦:《豫章文集》(一),林仟典点校,沙县罗从彦研究会,2004年,第57页。
[4] (清)李清馥:《闽中理学渊源考》卷五,南京:凤凰出版社,2011年,第57页。

性间。此道悟来随万见,一毫无欲敢相关。"罗从彦勉力诸生要在日用常行中下功夫。罗从彦特别针对李侗的心性毛病,给他写了五首诗,题为《勉李愿中》五首。其一曰:"圣道由来自坦夷,休迷佛学惑他歧。死灰槁木浑无用,缘置心官不肯思。"罗从彦提醒李侗,不要受佛学的迷惑,并且一针见血地指出李侗之病是心官不肯思。

从学罗从彦多年之后,李侗改变了心性,他数十年屏居山水,"默坐澄心,体认天理",实践圣人之道。他"色温言厉,神定气和。语默动静,端详闲泰,自然之中若有成法,异端之学无所入于其中"①,"其语治道,必以明天理、正人心、崇义节、励廉耻为先"。② 他学问赅博,朱熹在《延平先生李公行状》对李侗有诸多评价。如说李侗:"大而天地之所以高厚,细而品汇之所以化育,以至于经训之微言,日用之小物,析之于此,无不得其衷焉。"又说:"其事亲诚孝,左右无违。仲兄性刚多忤,先生事之致诚尽敬,更得其欢心焉。闺门内外,夷愉肃穆,若无人声,而众事自理。与族邻旧故恩意笃厚,久而不忘。生事素薄,然处之有道,量入为出,宾祭谨饬,租赋必为邻里先。亲戚或不能婚嫁,为之经理,节衣食以振助之。与乡人处,食饮言笑,终日油油如也。年长者事尽礼,少者、贱者接之各尽其道。以故乡人爱敬,暴悍化服。"品行的改变是心性的改变,师从罗从彦前后的李侗判若两人。

李侗传播理学同样也是多讲人事之理。朱熹《答何叔京书》之二说:"李先生教人,大抵令于静中体认大本未发时气象分明,即处事应物自然中节。此为龟山门下相传指诀。"李侗捍卫儒家道统意志坚定,《宋元学案》记录他的观点:"吾儒之学,所以异于异端者,理一分殊也。理不患其不一,所患者分殊耳。"意思是说,儒家与佛、道的区别在于理一分殊。知道天下一个理不难,难的是道德实践。李侗持守先贤先儒"物我同体"的观点,教育弟子要心与理合。心与理合就是人心听命于道心。他的同门弟子邓迪评价"愿中如冰壶秋月,莹彻无瑕,非吾曹所及"③,状元出身的福唐(今福州)守汪应辰评价李侗

---

① (宋)汪应辰:《文定集》卷二二,《李延平先生墓志铭》,丛书集成初编,北京:中华书局,1985年,第270页。

② (宋)汪应辰:《文定集》卷二二,《李延平先生墓志铭》,丛书集成初编,北京:中华书局,1985年,第271页。

③ (元)脱脱等编:《宋史》卷四二八,《罗从彦传》,北京:中华书局,1985年点校本,第12744页。

"独使一乡,化为善良"①,帝王之师的朱熹则在《延平先生李公行状》中说李侗"道德纯备,学术通明"。

二、祖述"一祖三宗"之理

罗从彦传播理学实际上是以理释心的圣人之学,本质是圣人心法。心法来自原始儒家,创立者是被朱熹称的"出头初治第一个圣人"②——尧。尧传给舜,舜再传禹,即"人心惟危,道心惟微。惟精惟一,允执厥中"。这句话的前两句道明了物我关系,人心是我,道心在物。道是本原,是客观存在;人是与本原相对的一端,是主观意识。也就是说,我们的祖先早已认识到主客观的辩证关系:主观必须符合客观,就是人心符合道心。宋代的理学家说人心听命于道心即为此意。

罗从彦传播理学,没有过多讲天讲地讲万物,而是讲"一祖三宗"的人事之理。"一祖三宗"就是宋初的太祖赵匡胤、宋太宗赵光义、宋真宗赵恒、宋仁宗赵祯。罗从彦举太祖诸多故事:太祖派李汉超任齐州防御使,当地百姓到京城状告他借钱不还,还抢夺民女。太祖问他们:"李汉超在关南守边之后,还有契丹进犯吗?"百姓说:"没有了。"太祖又问:"李汉超在你们身上夺取的和契丹比起来哪个多?"问被抢了女儿的人说:"你家几个女儿,嫁给了什么人?"老百姓详细地回答。太祖说:"(你们)女儿所嫁的都是农夫呀。像李汉超这样的人是我宝贵的臣子,他因为爱你的女儿才娶了她,娶了之后一定不会让她流离失所。与其嫁给农夫,哪里比得上嫁给李汉超富贵呢?"于是老百姓喜悦地离开了。

太祖劝说了齐州的百姓之后,又派人告诉李汉超:"你需要钱,为什么不告诉我而要去老百姓那儿抢呢?"于是赐给李汉超数百两白银,并对他说:"你把钱还给老百姓,让他们感激你。"李汉超感激得流下了眼泪,发誓以死报效宋太祖。

罗从彦举此事例,意在说明太祖妥善处理人君与百姓、君臣关系。乾德四年(966年),太祖在紫云楼宴请宰相、枢密使及开封尹等大臣,讨论民间事务时对赵普说:"下民之愚,虽不分菽麦,如藩侯不为抚养,务行苛虐,朕断不

---

① 汪应辰:《李延平先生墓志铭》,《文定集》卷二二,北京:中华书局,1985年,第271页。
② (宋)黎靖德编:《朱子语类》卷一二,北京:中华书局,1986年,第206页。

容之。"赵普回答说:"陛下爱民如此,尧舜之用心也,臣等不胜大幸。"①意在强调太祖有尧舜爱民之心。太祖修寝殿的故事也很有哲理,罗从彦说,太祖修皇宫让人敞开诸门,不要遮蔽。他对臣子说:"这样只要我心稍有邪曲,人们就看得很清楚。"罗从彦对此评论说:"人君者,天下之表,若自心正则天下正矣。自心邪曲,何以正天下?太祖于寝殿中令洞辟诸门,使皆端直开豁,无有壅蔽,以见本心,可谓知君道矣。夫辟四门,明四目,达四聪,尧舜之道也。若太祖可谓近之者也。"②"辟四门,明四目,达四聪"来自《尚书》,是尧舜的为政之道,强调人君要倾听来自各方的建议和意见。一次,太祖在后苑用弹弓射鸟,臣僚中有人说有急事禀报。太祖看了臣僚的奏章后,责备臣僚不过是一桩小事。臣僚对皇帝说,虽是小事,但总比皇帝射鸟的事更急。太祖大怒,用斧钺撞掉了臣僚的两颗牙齿。臣僚跪在地上捡起两颗牙齿藏在怀里。太祖看了之后问:"你是不是想拿两颗牙齿去告我。"臣僚说:"不敢讼陛下,自有史官书之。"③太祖解了怒气,于是赐给臣僚金帛慰劳。这则故事讲到两个人,一是人君,二是臣子。人君一言九鼎,谁敢惹怒?但太祖用心不同,赐臣僚金帛,表明太祖改过迁善;作为臣子,当以尽忠为职,哪怕临危也甘冒风险。这是君仁臣忠的关系。

  罗从彦讲了很多太宗的故事:太宗任赵普为相,对他说:"朕以卿先帝旧臣,功参佐命,卿宜悉心以副朕意,乃能谨赏罚、举贤能、弭爱憎,何虑军国不治?朕若有过,卿勿面从。古人耻其君不及尧舜,其勉之哉。"④太宗在大臣面前表明态度,大臣就会尽忠职守,没有顾虑。淳化三年(992年),秘书监李至进新校御书,太宗对他说:"嗜好不可不谨,不必远验前古,只如近世。符彦卿累任节镇,以射猎驰遂为乐,由是近习窥测其意,竞以鹰犬为献。彦卿悦……其下因恣横侵扰。故知人君当淡然无欲,不使嗜好形见于外,则奸邪无自入焉。朕年长无他欲,但喜读书,用监古今成败尔。至拜舞称贺。"⑤罗从彦解释曰:"太宗语李至说:'人君当淡然无欲,不使嗜好形见于外,则奸邪无自入焉,

---

  ① 罗从彦:《豫章文集》(一),林仟典点校,沙县罗从彦纪念馆重刊,1996年,第96~97页。
  ② 罗从彦:《豫章文集》(一),林仟典点校,沙县罗从彦纪念馆重刊,1996年,第98页。
  ③ 罗从彦:《豫章文集》(一),林仟典点校,沙县罗从彦纪念馆重刊,1996年,第105页。
  ④ 罗从彦:《豫章文集》(二),林仟典点校,沙县罗从彦纪念馆重刊,1996年,第1页。
  ⑤ 罗从彦:《豫章文集》(一),林仟典点校,沙县罗从彦纪念馆重刊,1996年,第17页。

可谓善矣。'①意思是说,如果人君把嗜好表露在外,就有小人投其所好,人君就分不清是非、分不清善恶。罗从彦举史官之例说明人君要谨言慎行,否则一旦被史官记录下来,就会流传后世,千古不灭:"太宗尝谓吕蒙正等曰:'凡为君,作一恶事简策所载,万祀不灭,使后人观之,以为监戒。故尧舜为善而众美归之,桀纣为不善而众恶萃之,可不谨耶?'"②同样是人君,尧舜、桀纣用心不同:前者害怕天地之理、害怕史官,所以善天下,众人归心;后者天不怕,地不怕,史官更不怕,所以政息人亡,众叛亲离。

罗从彦举真宗事迹也不少。他说:"真宗尝谓侍臣曰:'朕观士大夫中或有名而无实者,何言行之相违也?'吕端曰:'君子之道,暗然而章,历试经久,方见为臣之节。帝然之。'"③人心具有两面性,即表里。表是外在的形式,里是内心。人与动物的区别是动物表里如一,所以人们知道虎豹豺狼不可近。人则有两种情形:一是表里如一,知行合一;一是表里不一,知行相背。所以罗从彦解释说:"君子之所为,皆理之所必然,世之所常行者。然不可以求近功、图近利,非如世间小有才者,一旦得君,暴露其器能,以钓一时之誉。彼其设施当亦有可观者,要之,非能致远者。吕端之言,其几于道者欤。"④君子与小人不同,君子明理,为人做事符合常理;稍有才能的小人则求近功、图近利,一旦得宠,就大彰显才能,沽名钓誉。所以对一个人需要长时间观察,才能得出结论。

仁宗也有许多让人们称赞的事迹:罗从彦说:"仁宗尝观国史,见章圣东封西祀及修玉清、昭应、景灵,土木之役,极天下之巧,过为奢侈。谓辅臣曰:'此虽为太平盛事,然亦过度,当时执政大臣及修造者,不得不任其责。'宰相吕夷简曰:'府库一空,至今不克实者,职此之由。'帝曰:'如此之事,朕当戒。'"⑤仁宗知道民生维艰,持守节俭之心。"真宗时撰《皇帝霸论》,又撰《良臣、忠臣论》等。仁宗尝观之,因谓大臣曰:'凡为臣当为良臣、忠臣,无为奸臣、权臣。'宰相等奏曰:'愿陛下行皇王之道,而不行霸道。臣等待罪,宰相敢

---

① 罗从彦:《豫章文集》(一),林仟典点校,沙县罗从彦纪念馆重刊,1996年,第17~18页。
② 罗从彦:《豫章文集》(二),林仟典点校,沙县罗从彦纪念馆重刊,1996年,第25页。
③ 罗从彦:《豫章文集》(二),林仟典点校,沙县罗从彦纪念馆重刊,1996年,第49页。
④ 罗从彦:《豫章文集》(二),林仟典点校,沙县罗从彦纪念馆重刊,1996年,第49页。
⑤ 罗从彦:《豫章文集》(二),林仟典点校,沙县罗从彦纪念馆重刊,1996年,第78~79页。

不奉圣训？'"①王道与霸道是治国的两种方式，前者主张以仁义治天下，后者凭借武力、刑法、权势治天下。选择王道还是霸道也是用心不同，罗从彦解释说："《孟子》曰：'以力假仁者霸，霸必有大国；以德行仁者王，王不待大。'又曰：'霸者之民，欢虞如也；王者之民，皞皞如也。善乎？'……孔子没，孟子继之，惟孟子为知霸王者也。夫学至于颜孟，则王道其几之矣？知圣之学者，然后可与语王道；不知圣人之学，不可与语也。不知圣人之学，骤而语之曰：'此霸道也，此王道也。必惑不信矣。"仁宗在太子时，就知道王霸之道，所以大臣跟他说王道、霸道之法。如果仁宗不知王道、霸道，必然产生疑惑。

可见罗从彦从政治观的角度阐明帝王治事之理，而治事之理讲的是心。心才是本源，因为心是神明之府，没有心，喜怒哀乐常常不能中节。罗从彦在"靖康之变"前后撰写《圣宋遵尧录》等理学著作，意在要求当朝人君效法先王之法和宋初帝王的为政之道。

三、儒家心法的现代意义

（一）儒家心法辨正

宋代理学家传播理学，本质上是传播圣人心法。但是曾几何时，我们一讲心法就耿耿于怀、提心吊胆，有的人说讲心法会落入佛家的巢穴。一些人更是断章取义，把强调客观之理说成是客观唯心，把"心即理"说成是主观唯心。

事实上，尧舜创立的十六字心法之后，孔孟继承先圣之道，强调的就是心法的重要性。《大学》就提出"欲修其身者，先正其心"，孟子更是提出"四端之心"。宋代，理学家不离心法之宗。宋代的理学分为理学和心法两大派别，前者的代表人物是朱熹，后者的代表人物是陆九渊。陆氏的心学以心为理，心就是理。他说："人皆有是心，心皆具是理，心即理也。"②又说："宇宙便是吾心，吾心便是宇宙。"③，甚至说："宇宙内事，乃己分内事；己分内事，乃宇宙内

---

① 罗从彦：《豫章文集》（二），林仟典点校，沙县罗从彦纪念馆重刊，1996年，第79页。
② 《陆九渊集》卷一一，北京：中华书局，1986年，第149页。
③ 《陆九渊集》卷一一，北京：中华书局，1986年，第273页。

事。"①陆九渊的这些观点,体现的是物我关系。朱熹强调心的主宰地位不亚于陆九渊,他说:"心固是主宰底意,然所谓主宰者,即是理也。"②心主宰着人的行为,故心的主宰地位就是理。他甚至说:"那事不自心做出来!"③朱熹说的"心即理,理即心"④与陆九渊所说有何不同？朱熹批评沽名钓誉做表面文章的学者:"今之学者说正心,但将正心吟咏一晌;说诚意,又将诚意吟咏一晌;说修身,又将圣贤许多说修身处讽诵而已。或掇拾言语,缀缉时文。如此为学,却于自家身上有何交涉？"⑤朱熹的私淑弟子真德秀同样肯定心的作用。他说:"制万事者,心也。"⑥真德秀把人看作是道,他说:"身即道,道即身。"⑦他甚至说"天理之在人心"⑧,不能"道自道,我自我"。⑨ 因为心制万物,所以心正则理正,理正则事正。真德秀说:"盖天地万物,本同一体。吾心之正,则天地之心亦正。"⑩在理学家中,把心法上升到国家兴亡高度的是程子,他说:"一心可以丧邦,一心可以兴邦。"⑪一个人会做事的本质是心会做事。一心向道,国家就会兴旺;一心背道,国家就会衰亡。心的作用如此之大。

可见儒家心法属认识论的范畴。这种认识论强调"唯心",但这种"唯心"不是我们讲的见心而不见物,更不是见心不见理,而是强调心与理的合一。我们需要为心法辨正。

(二)当今心法存在的问题

书是写给人看的,不是写给动物看的,动物不知人的言语,人也不知动物的"语言"。给人看的就与心法有关:有的看了,有的人没看;有的人读懂了,有的没读懂;有的人读了之后实行,有的人读了之后无动于衷。所谓"一样米养百样人"即为此意。

---

① 《陆九渊集》卷一一,北京:中华书局,1986年,第273页。
② 黎靖德:《朱子语类》卷一二,北京:中华书局,1986年,第206页。
③ 黎靖德:《朱子语类》卷一,北京:中华书局,1986年,第4页。
④ 黎靖德:《朱子语类》卷一八,北京:中华书局,1986年,第408页。
⑤ 黎靖德:《朱子语类》卷一五,北京:中华书局,1986年,第307页。
⑥ 真德秀:《大学衍义》卷之四,福州:福建教育出版社,2005年,第50页。
⑦ 真德秀:《大学衍义》卷之三,福州:福建教育出版社,2005年,第39页。
⑧ 真德秀:《大学衍义》卷之六,福州:福建教育出版社,2005年,第77页。
⑨ 真德秀:《大学衍义》卷之三,福州:福建教育出版社,2005年,第39页。
⑩ 真德秀:《大学衍义》卷之十一,福州:福建教育出版社,2005年,第129页。
⑪ 程颢、程颐:《二程集》上,《河南程氏遗书》卷一一,北京:中华书局,2019年,第134页。

天地分为自然界和人类社会两大系统,理学家强调生于天地之间的人,要遵循天命之性,才能顺死安生。但是自古以来,人们在探讨"体用一原,显微无间"的过程中并没有完全领会。就自然而言,人的天命之性是要遵守客观规律,否则可能招来不测。比如"火焰上,水就下"讲的就是水火无情,提醒人们警觉。从理学的角度来说,就是人心听命于道心。因为水火之理不以人的意志为转移,人必须听命于水火之道。然而现实中人们往往忘记典训,导致人身财产损失比比皆是。2013年3月20日上午9时许,福建南平市延平区夏道镇安济村村民过渡,遇到风暴,导致十多人遇难,《易经》说:"仰观天象,俯察人事。"安济村民在码头仰观九峰山,已是乌云密布,风雨欲来。但村民没有戒惧之心,而是勇往直前,用理学家的话说,就是心与理相隔,由此丢掉了卿卿性命。

　　就社会而言,人需要遵守人事中的天理,否则可能害人害己。2018年10月28日,重庆万江公交坠江事件仍然记忆犹新。分析其中原因,三类人心不在:施暴者,两处公交站之间不过三五百米,错过了走几步何妨? 心不在。司机肩负安全的使命,如何敢腾出手来应对施暴者? 心不在。面对施暴者与司机争吵,乘客若无其事,事不关己,心不在。

(三)以道心制人心

　　罗从彦讲理学,讲的多是帝王心法。按照《大学》"自天子以至于庶人,壹是皆以修身为本"的说法,心法不限于帝王,只不过帝王是天下之表,必须在众人面前做出表率。既然天子都要做出垂范,皇族大臣以至平常人家,岂能游离于心法之外?

　　理学家讲天地万物之理,归根结底落在"心法"上。原因是理在物,其用在心。朱熹说:"心之体具乎是理,而理则无所不该,而无一物不在,然其用实不外乎人心。盖理虽在物,而用实在心也。"① 又说:"理遍在天地万物之间,而心则管之;心既管之,则其用实不外乎此心矣。然则理之体在物,而其用在心也。"② 可见理学家说的理在天地之先,并不是"唯心",而是强调理之用。因为世界万物纷繁复杂,虽然万物由理派生,但不同的事物又具有不同的理。这就要求我们处理问题时用心体察,根据不同事物选择与客观万物最恰当的

---

① 黎靖德编:《朱子语类》卷一八,北京:中华书局,1986年,第416页。
② 黎靖德编:《朱子语类》卷一八,北京:中华书局,1986年,第416页。

理。以道心制人心，人心就没有邪曲。

罗从彦的心法主张对当今建设和谐社会具有重要的意义。但是心是神明之物，需要我们认真对待。特别是公共部门，更要加强教育和引导。

以道心制人心，需要我们培养教育。罗从彦讲的"一祖三宗"事迹大到政治、经济、文化各个领域，小到日常生活，都是从道心的角度对事物的评判。宋太祖、宋太宗、宋真宗、宋仁宗也是人君，重权在握，可以像夏桀、商纣王那样为所欲为。但他们没有这么做，而是敬畏天地，谨守天道，二者用心不同。我们常说"人心不古"，这里的人心不仅有个体生命，也包括我们的教育。古代教育是引导学子"为己之学"，强调一心向道，强调人心服从于道心；现在的教育之心不古，强调口耳数诵之学，偏离了教育的本意。

以道心制人心，需要公众舆论的引导。人心邪曲并不可怕，关键是公众之心如何评判善恶，特别是舆论如何看待义理，语焉不详、似是而非、模棱两可的评判对社会极为有害。笔者查看万江公交车的事后报道，意外看到一则新闻：两个新闻主持人谈论万江公交车事件时，援引外地一起乘客殴打司机的例子，一位乘客一脚把施暴者踢开。按理说，这位制止施暴者的乘客出手，避免了一场可能发生的恶性事故，当属见义勇为之举。因为《刑法》规定"为了使国家、公共利益、本人或者他人的人身、财产和其他权利免受正在进行的不法侵害，而采取的制止不法侵害的行为，对不法侵害人造成损害的，属于正当防卫，不负刑事责任"，并且规定正当防卫的五个构成要件。但是男主持人却总结说，那位出面制止施暴者的乘客打人虽然不对，但你（施暴者）危害公共安全。主持公道的舆论竟然如此判定是非，对于充当"看客"的百姓就不言而喻了。

总之，尧舜创立心法以来数千年，后世学者为治国、平天下孜孜不已，目的在于应世接物，止于至善。罗从彦作为道南学派的中间人物，重人事之理，把心法作为传播理学的重中之重，对当今建设和谐社会具有重要的价值和意义。

（作者单位：南平市台办台情研究室）

罗从彦思想在道南理学发展中的贡献

◎ 李国柱

　　杨时、罗从彦、李侗是北宋末南宋初闽中著名的理学家,他们都是宋代南剑州(今南平市)人,故被称为"南剑三先生"。其中杨时(1051—1135年)为"伊洛之学"的传播者,道南第一人;罗从彦(1072—1134年)为洛学闽传中的一位承先启后的人物;李侗(1093—1163年)为二程理学的三传弟子,对于朱熹思想的形成和发展起了重大作用。他们在洛学闽化中形成了著名的道南学派,清人黄百家说:"二程得孟子不传之秘于遗经,以倡天下,而升堂睹奥、号称高弟者,游、杨、谢、吕其最。"[1]张伯行在《罗豫章文集序》中说,罗从彦"尽得龟山不传之秘"。又说,李侗"绍豫章之学,独深得其阃奥"。[2] 全祖望说:"朱子师有四,而其推以为有统者,称延平(李侗)。"[3]其"统"也是指传孟子以后所谓"不传之绝学"。

　　从二程洛学到朱熹闽学,经历了几代人的时间。在这期间,杨时、罗从彦、李侗除传续洛学外,还在于形成了道南理学,为朱熹闽学思想体系的形成做了理论上的准备。下面就罗从彦思想在道南理学发展中的贡献做一些分析。

---

[1] 黄宗羲:《宋元学案·龟山学案》(上册)卷二五,北京:中华书局,1990年,第454页。
[2] 朱熹:《延平问答·附录》,《朱子全书》第13册,上海:上海古籍出版社,合肥:安徽教育出版社,2002年,第362页。
[3] 黄宗羲:《宋元学案·豫章学案》(上册)卷三九,北京:中华书局,1990年,第607页。

一、收集整理二程遗著

罗从彦在四十一岁时,"闻同郡龟山杨先生继绝学于河洛,筮仕萧山","慨然鬻田,徒步请谒"。罗从彦于政和二年(1112年)自延平赴萧山拜杨时为师,初似乎对杨时之说还有所怀疑,后徒步赴洛阳亲见程颐问有关《周易》之学,听程颐之教对照杨时的观点,"具是实"①,发现杨时传播的确是程颐观点,于是归而师事杨时二十余年。杨时对罗从彦的治学极为赞赏,他说:"惟从彦可与言道。"②后来,朱熹也说:"龟山倡道东南,士之游其门者甚众。然潜思力行、任重诣极如仲素(罗从彦),一人而已。"③从杨时给胡安国信中可知,罗从彦有收集整理二程遗著之贡献:"伊川先生语录,未尝忘也。但兵火散失,收拾未聚。旧日罗仲素编集备,今仲素已死于道途,行李亦遭贼火,已托人于其家寻访。若得五六,亦便下手矣。"今存《二程集》中《外书》卷六,有"罗氏本拾遗"近150则,均分别注明明道、伊川语。杨时在绍兴四年(1134年)订定《二程粹言》,参照了罗从彦所收集的这些语录。罗从彦先后著有《圣宋遵尧录》、《春秋指归》、《中庸说》、《春秋毛诗语解》、《语孟师说》、《台衡录》、《议论要语》、《二程龟山语录》等名著,对传续洛学做出贡献。

二、发展二程"理"本论思想

周敦颐根据《易传》,吸取道教和佛学的某些思想,把"太极"作为本体,而二程则把"理"或"天理"作为世界的本原。程颐说:"天下之物皆能穷,只是一理、一物之理应万物之理。"④二程讲"理"本,是"太极"未提到的基本范畴。杨时说:"既有太极,便有上下。有上下,便有左右前后。有左右前后四方,便是

---

① (元)脱脱:《宋史》卷四二八,《罗从彦传》,北京:中华书局,1985年点校本,第12743页。
② (元)脱脱:《宋史》卷四二八,《罗从彦传》,北京:中华书局,1985年点校本,第12743页。
③ (元)脱脱:《宋史》卷四二八,《罗从彦传》,北京:中华书局,1985年点校本,第12745页。
④ (宋)程颢、程颐:《二程集》(二册),北京:中华书局,1981年点校本,第157页。

四维。皆自然之理也。"①上下指"两仪",即天地;前后左右指"四象",即春夏秋冬。他把太极与天地和四时看成有次第先后,太极等于自然之理。

罗从彦坚持二程的理本论,认为天地万物的本原是"理"。宋人冯梦得在《豫章先生遗稿序》中说:"豫章罗先生潜思力行,任重诣极。……在罗浮山静坐三年,所以穷格天地东南万物之理。"他在《中庸说》中说:"天地之先是理""有理而后有物。"后来,朱熹继承罗从彦的观点,用"无形而有理"解释"无极而太极",提出"太极只是一个极好至善之道理"。朱熹说:"太极只是天地万物之理。在天地言,则天地中有太极;在万物言,则万物中各有太极。"②"太极只是个一而无对者","总天地万物之理,便是太极"。③ 所谓"万物之理",其内容主要指仁义礼智。这样,太极即是最根本、最高的理,又是伦理道德的最高标准,为道德在宇宙的存在和自然规律中找到了根据。这是对二程学说的发展,也是对洛学的完善。

三、丰富了"默坐澄心"的修养论

"默坐澄心"也就是"静坐",是理学家一种认识和修养方法。二程教人"且静坐","每见人静坐,便叹其善学"。④杨时曾教导罗从彦说:"某尝有数句教学者读书之法云,以身体之,以心验之,从容默会于幽闲静一之中.超然自得于书言象意之表。"而后罗从彦将杨时"以主静为宗"的这种修养论发挥成"静中看喜怒哀乐之未发作何气象",认为人性未发之中即体现了天理。罗从彦说:"静处观心尘不杂,闲中稽古意尤深。周诚程敬应粗会,奥理休从此外寻。"⑤并且以此教李侗,"豫章令先生(指李侗)于静中看喜怒哀乐未发前气象,而求所谓中者,由是切实体会,道日盛,学日彰"。⑥ 这种"以主静为宗"的

---

① 杨时:《龟山集》卷一三,《四库全书》第1125册,上海:上海古籍出版社,1989年,第243页。
② (宋)黎靖德编:《朱子语类》卷一,北京:中华书局,1986年,第1页。
③ (宋)黎靖德编:《朱子语类》卷九四,北京:中华书局,1986年,第2549页。
④ (宋)程颢、程颐《二程集》(二册),北京:中华书局,1981年点校本,第432页。
⑤ 罗从彦:《豫章文集》卷一四,《四库全书》第1135册,上海:上海古籍出版社,1989年,第761页。
⑥ 朱熹:《延平问答·附录》,《朱子全书》第13册,上海:上海古籍出版社,合肥:安徽教育出版社,2002年,第362页。

修养论经过罗从彦的发挥和传授,构成了早期闽学追求"静养"的境界特征。所以李侗说:"罗先生令静中看喜怒哀乐未发谓中,未发时作何气象。此意不唯进学有方,兼亦养心之要。无晦偶有心恙,不可思索,更于此一内求之,静坐看如何,往往不能无补也。"①

四、对"四书"做出新诠释

宋代以后,中国正宗的儒家思想主要体现在"四书"之中。朱子的《四书集注》完成了中国思想史上的一种转变,就是从注重五经到注重四书的转变。这种转变始自二程,而由朱子完成。在这种转变过程中,罗从彦为该书提供了思想资料。

《宋史·学道传·序论》说:二程"表章《大学》、《中庸》二篇,与《语》、《孟》并行。于是上自帝王传心之奥,下至初学入德之门,融会贯通,无复余蕴"。从这段文字可见,四书并行,最初是出于二程的提倡。罗从彦对四书予以高度的重视。他政和元年(1111年)在南京(今河南商丘)杨时门下学四书,后写成《语孟师说》、《中庸说》、《议论要语》、《二程龟山语录》等名著,对四书进行了阐发,为朱熹注释"四书"提供了丰富的思想资料。

以上对罗从彦在道南理学发展中的贡献,从四个方面进行了一些论述。不难看出,罗从彦是从洛学过渡到闽学的续传者。可见如果没有杨时、罗从彦、李侗等早期闽中学者续传洛学,并奠定洛学闽化的基础,那么朱熹闽学的出现应该是没有前提的。明代程敏政所说:"无龟山则无朱子。"从师门传承授受可以说,不过还要加上罗从彦和李侗,无罗从彦、李侗亦无朱子。应该说,这种评论是很肯定的。

(作者单位:南平市李侗文化研究会)

---

① 朱熹:《延平答问》卷二,《朱子全书》第13册,第322页。

罗从彦政治思想及其对客家人的影响

◎ 廖远骝

罗从彦，字仲素，沙县城西洞天岩人。先祖原居江西南昌，旧属豫章郡，故世称豫章先生。为罗姓入沙始祖、唐元和十五年（820年）沙县县尉罗周文的第十二代后裔，后来的学者称其为豫章先生。他传承河南洛阳程颢、程颐创立的洛学，丰富和发展了杨时的理学思想，为其二传弟子朱熹创立的闽学奠定了深厚的思想理论基础，成为宋代南剑州四大名儒之一。

罗从彦自幼刻苦好学，先从师于吴仪，后于宋建中靖国元年（1101年）与陈渊师从于程颢、程颐的嫡传弟子、闽学创始人杨时。罗从彦从学杨时，是他一生的转折点。从此，罗从彦步入儒学的殿堂，为宋代理学的发展贡献了毕生的精力。

政和六年（1116年），朱熹的老师李侗投书罗从彦，成为罗从彦的门下弟子。同一时期，朱熹的父亲朱松也拜罗从彦为师。这样，二程理学经历了杨时、罗从彦、李侗、朱熹四代师承，形成了以朱熹为代表的闽学。罗从彦在其间"上传伊洛，下授延平"，起了承上启下的作用。

靖康元年（1126年），罗从彦写作的《圣宋遵尧录》是其一生的主要著作。《圣宋遵尧录》主要记载宋开国至宣和末（1125年）之间的"圣君贤臣"的活动，其书历三年而成，主要"述祖宗以来，宏规懿范及名臣硕辅，论建谟画。下至元丰功利之人，纷更完度，贻患国家，撮要提纲，无非理乱安危之大"。罗从彦著此书的目的在于阐述太祖、太宗以来国家的懿德良范以及外臣大辅，为当下朝廷治国安邦提供借鉴意义。书中夹以"释言"，借以阐明道义或进行讽谏，充分体现了罗从彦身为落魄书生，心忧家国君臣的忧患意识，表达了他对政事的看法。

闽学在中国思想史上有着极其重要的学术地位,它不仅承接了两宋之际儒学的传衍,而且也对中国文化的延续与发展起到了奠基性的作用。在中国历史上,还很少有哪一个学派像闽学这样产生过如此深远的影响。一代理学宗师杨时是洛学南传与开创闽学的第一人,他把我国理学由北传南,上承洛学,下启朱学,在创立闽学方面起到重要作用。他的弟子罗从彦一生探索理学,他从学杨时十余载,所学知识十分丰富。

罗从彦孜孜不倦地追求理学,是闽学中必不可少的思想家,在闽西北客家人中影响甚大,深受尊崇。也许是由于洛学被禁,也许是因为罗从彦注重实践,因此在他的文集中较少见到他对"理"、"气"、"性"、"诚"等本体论范畴的讨论。罗从彦理论的特点在于重视理论对实践的指导作用,充分体现出儒学"经世致用"的实践精神。他以"仁声"重于"仁言"的观点补充孟子的"仁政"说,他指出"王道"、"霸道"各有不足,主张"王""霸"互补,总结了争论已久的"王霸之辨"。他反对神化帝王,以"天下之所同好为标准正人主之心"。他提出正直与忠厚互补的良臣标准,并将忠君、爱国与爱民视为相互依存的关系。他主张"法制为首务",强调立法从严,行(执)法宜宽。他认为权力中立,其性质取决于人品的好坏。他用"体用不二"的方法,讨论仁与义的关系,得出"仁体义用"的结论;他将"四端说"引入政治领域,以统一为政与为人的道德标准。他提出"理之所必然,世之所常行"的行为准则,表达自己的理想追求,尤其是提出"得天下"为"天子之孝"的标准,对儒家的"孝道"注入全新的内容。罗从彦的政治实践与理论努力,促使闽学粗具规模。

下面试从罗从彦主张的"圣人治国"政治思想,关注"王霸之辨",以及积极推崇道统这三个角度阐述其思想文化对世人,特别是对南迁客家人的影响。

一、罗从彦主张"圣人治国"论的政治思想

儒学思想自北宋周敦颐、程颢、程颐之下,经杨时到罗从彦,再到李侗,而后汇合朱熹处,犹如黄河之水,发源于昆仑山脉,经过积石,穿越龙门,浩浩荡荡,奔向大海。将乐杨龟山拜师二程,载道而归时,程子高兴地说:"吾道南矣。"而后罗从彦得杨时不传之学,并传之李侗,再传之朱熹,在这一系列代传之中,罗从彦的作用不可小觑。罗从彦几乎一生都在罗源山中,整日静心端坐,以体验天地万物之理,其间吟咏而归,怡然自乐。应该说,罗从彦的政治

思想直接源于二程与杨时。他在《遵尧录》一书中慨叹"尧舜三代之君,不作久矣",深刻表明自己对三代贤君政治的向往之情。他认为"圣人之治"在于正君心、寡欲念、任贤能,诚心希望当时帝王能够像宋代君王一样效法尧舜,革除弊端,从而达到天下大治。

罗从彦提出君王若效法尧舜,首要便是正君心,这才是圣人治国之道的根本。他认为人君作为天下臣民之表率,其心正,则天下正。若其心邪曲,如何能正天下？他对《中庸》一书的阐释是圣贤修心之本,治道之要。他认为人君之心正非常重要,古代有道天子,心正而德方才能坐统于天下。正君心"当寡欲而不违道",而尧舜之道,则在于"圣人之诚也"。他认为人主应当克制自己欲念喜好,列举"宋太祖初好田猎,刺杀所乘坐马匹。既而反悔,认为天下之主,当以天下生灵为念,而不应怪罪马匹,从此不复狩猎""只以一人治天下而不以天下奉一人,苟以自奉养为意,使天下之人何仰哉"。君主应以治理天下为职责,而不是去索求天下财物以奉养自己,如果这样,如何能得天下万民之敬仰？

罗从彦认为君心正才能任贤能,圣人治国之道,在修己任贤而已。修己在于正心,任贤在于择其才而任之。君心正,纲纪明,赏罚有道,而非出于帝王一人之私意,应出于为天下之公心。

我们从罗从彦所著之书中可以看出,他一方面强调"圣人治国",一方面强调大力推崇"理"学。宋代理学作为宋代哲学的主流,是儒家哲学的特殊形式。因理学家讨论的内容为义理性命之学,便把理学又称为"道学"。理学在中国哲学史上占有特别重要地位,它持续时间很长,讨论的问题十分广泛。作为代表统治阶级新的思想理论体系,理学一度对当时的社会发展起到很好的作用。它在思辨哲学方面的发展,无疑是人类历史上的一大进步。

宋代理学与客家有着直接或间接的联系,体现在宋朝理学开始在客家地区,闽学四贤杨时、罗从彦、李侗、朱熹都出生在闽西北,他们讲学传道,最后由朱熹集大成为"程朱理学",把中华文化的核心儒家学说发展到一个高峰。宋代理学的开拓者周敦颐在赣南客家地区两次为官,长达七年之久,作《太极图》《通书》推衍五行之理,还开办学校训诫育人。杨时、罗从彦、李侗、朱熹也都在客家邻近地区开办过学校并著书立说,这些都直接或间接地影响客家地区,这表明客家人接受当时的理学思想有着得天独厚的条件。

从哲学角度讲,理学涵养人与自然的关系,涵养着人类社会关系,每个人都有志向善的永恒价值。应该说,罗从彦积极推崇的理学思想体系的核心是

"理",这个"理"涵盖两个主要侧面:一是"天理",指宇宙自然事物的法则及其规律;二是"性理",是指人性的伦理道德,即"天理"在人内心的体现。客家人认为天理是符合自然界和人类繁衍的最高哲理。体现"天理"就是本然之善性,崇尚儒家仁、义、礼、智、信的纲常伦理。在思想观念上,客家人经常挂在嘴边的一句话是"天理良心",无论是明辨是非,还是表示清白,都喜欢用这句话。这就是客家人十分喜欢"循理",重在以"理"来统一思想。如何做到每个人都"明理",客家地区有一个词叫"知书达理",在客家人看来,以读书才能"明理"。而这个"理"字正是闽北四贤所强调的理学核心概念。

在客家人看来,"良心"就是"正心、诚心",它涵盖仁、义、礼、智、信的纲常伦理,明理才有良心。做人要有"天理",要有良心。客家人从小就受着良心教育,良心的感染和良心的熏陶。客家的小孩从刚学会讲话,能听懂大人说话的意思时,母亲就嘱咐要做个有良心的人,不拿别人的东西,不践踏庄稼,不浪费粮食,不逞强欺弱,要同情穷人,知恩图报,积德行善。把做好事、坏事归结为讲"良心",在客家人看来,良心是一种是非正确,对与错的内心判断,是关于自己行为的良心发现,用真假、善恶、美丑来衡量有没有良心。客家人认为社会所有善举也是由良心决定,一个人终止做坏事是从良心泯灭到良心发现的过程。客家人认为有没有良心,以及多少良心,决定着人有没有正义感、责任感、同情感。因此,正义感、责任感、同情感成为客家人讲良心的准则,也是中华民族传统优秀文化的精华。有良心的人才有正义感,有正义感才能疾恶如仇、见义勇为、伸张正义、社会公正。传说中的神圣、圣贤、豪杰、君子的言行都闪烁着伸张正义的勇气和散发着光彩,所以在客家地区代代传颂,人们难以忘怀。譬如有明清时代"杨时顶撞奸相蔡京、朱熹力扳唐仲友、少年英雄巫罗俊、邓肃惩恶、陈渊斗秦桧"的客家故事都成为美谈。当今时代,将乐地区的客家百姓所传颂着的"红军侦察员徐花狗、游击队长杨根荣、邱子明妙计除顽凶、彭绍辉血染宝台山"等红色故事更是家喻户晓,耳熟能详。

由上我们可以看出罗从彦所著之书,不仅处处体现出对三代尧舜之君以敬意,表达对贤君政治之渴望,而且通过强调做人要讲"天理"。正是这种天理观与客家人"讲良心,讲道德"的民性相辅相成,在当今时代还有着潜在源泉与时代价值。

二、关注"王霸之辨"主张"王道治国"

关注王霸之辨，力倡王道，是儒家的重要特点之一。在儒家心目中，古代是道统占主导地位的时代，也是王道的时代。但之后王道渐弱，霸道盛行。罗从彦在其所著的《遵尧录》中所探讨的一个核心问题就是王霸之辨。《遵尧录》是豫章先生仿效唐代吴兢的《贞观政要》和宋代石介的《圣政录》而做，就是提倡要以先贤的嘉言懿行为例，而力倡王道，就是要遵循尧舜禹汤之治而反对霸道，这一点深受因战乱从中原迁徙南方的许多达官士族的赞同。《孟子》曰："以力假仁者霸，霸必有大国；以德行仁者王，王不待大。"他认为霸道以实力为后盾，以强制力为手段，用这样的政治控制百姓，百姓在强制面前只能被动接受统治，但是百姓在接受统治的时候，心里并不服，一旦有机会，人们就会反抗。这样的政治不会长久，也不是儒家所推崇的政治。儒家推崇的是王道，所谓王道，实际上就是德政，用文德来教化人，感化人，让百姓心悦诚服，主动接受君王的治理，这样的政治才会得到百姓的拥护，才能得以长久。

纵观历史，历代君王多采用霸道，而抛弃了王道。在罗从彦的心目中，朝廷要想长久地统治国家，就必须实行王道。他对宋朝多有溢美之词，认为宋朝的君王更多地接近王道。而王道的关键在为君的品德，其首要任务就是正君心。豫章先生认为："人君者，天下之表。若自正心，则天下正矣。自心邪曲，何以正天下。太祖于寝殿中，令洞辟诸门，使皆端直开豁，无有壅蔽，以见本心，可谓知君道矣。夫辟四门，明四目达，四聪，尧舜之道也。"他认为人心乃行为之主宰，有什么样的心就有什么样的行为，正君心是力倡王道的根本。力倡王道不仅要正君心，也要教化黎民，改善社会风气。而教化黎民乃是朝廷的一项重要任务，他说："教化者，朝廷之先务。廉耻者，世人之美节。风速者，天下之大事。朝廷有教化，则世人有廉耻；世人有廉耻，则天下有风俗。若朝廷不务教化，而责世人之廉耻，世人不尚廉耻，而望风俗之美，其可德乎？"教化让人们知廉耻，懂礼仪，进而主动服从王道统治。太平盛世既需要君王行王道，也需要黎民百姓心悦诚服，只有二者同时存在才会有太平盛世。

由此可见，相对于"子学"时代的儒家，宋儒更加注重自我内在心性的修养，进而达到修己治人，移风易俗，这一点在罗从彦身上表现得尤为突出。北宋时期，罗从彦所强调的"修己治人"，真实就是"忠孝廉节"。罗从彦专注理学为己任，无暇顾及举业。但他不以科场失利为念，仍致力对宗师理论的钻研,靖康元年(1126年),55岁的罗从彦终于完成《遵尧录》。这本书以纪实文体记载从宋代开国至靖康前一年,总计165年间历代"圣君贤臣的重大活动"。该书穿插著名学者的"释言"及自己的心得,或阐明道义,或讽谏时政,充分体现出客家人继承儒学传统,不论穷达都忧国忧民的精神个性。豫章先生不但用心著成《遵尧录》,还用责任感体现出对罗氏家族的关切与厚爱。他在罗家祠堂里写的训词是这样教育族人后裔的:"吾家自祖宗流传以来,一段清白之气不可不培。盖金帛虽多,积之数十年必散;田宇虽广,遗之数十代亦亡。孰若残书数卷,贻之吾子吾孙,世世可以习读不朽。又孰若灵心一点,传之吾子吾孙,可以受用不尽。登斯堂者,各宜独省。"从这里我们可以看出有良心之人才有责任感。客家人讲的责任感正是罗从彦所强调的"忠孝廉节",它涵盖了社会责任、工作责任、家庭责任。为官勤廉政、务实为民,为民就应该务实专功、守本分。食在其门,做在其路。为人子孝敬父母,养育之恩当涌泉相报。为人父仁慈宽容,用爱心、耐心,花时间,下气力教育好子女儿孙。我们从罗从彦的著作中可以看出,不论是《遵尧录》、《议论要语》,还是诗歌、教诲子侄的家训,都突出了内圣成德的方面。他主张每个人都讲内圣修养,促使整个社会风气自然变好。

三、力奉儒家思想,积极推崇道统

宋代,理学家把道统作为儒家的学脉,并围绕这种学脉进行研究注释阐发。道统之说,实际上就是儒家传道的脉络系统。它最早可以追溯到尧、舜、周、汤、周文等先代圣王。圣人孔夫子最早传承了儒家道统的正统,而孟子则传承了孔子的儒家之道统。之后,道统就断绝了。唐代韩愈作《原道》,正式提出所谓关于道的传授系统的论说,称自己继承了真正的孔孟之道,是儒学的正宗。宋儒也纷纷以道统的接继者自任,阐扬发明儒家思想,应该说,宋儒也确实发展和完善了儒家思想,尤其是为儒家思想构建了以理为核心范畴的形而上学基础,使儒学思想更加系统化。而周敦颐的《太极图·易说》把道家的太极理论引入儒家,为儒家提供了形而上学的依据,使得儒家仁道修炼更具可操作性,使儒家更容易普及和大众化。

罗从彦与其他宋儒一样,推崇道统是为了接续道统,为实践道统。他之所以静坐罗浮山而出名,主要是受当时士人风气影响。早在北宋,范仲淹就有"先天下之忧而忧,后天下之乐而乐"的豪迈气概,这种精神是当时的社会风气使然。这种风气由于受到道统论的影响,加之罗从彦的道统观念十分强烈,他试图以身作则,"为往圣继绝学"。其以静坐罗浮山中的亲身体验为儒家诚敬功夫,实际上就是宋儒所发明的"体道方式"。儒家所讲的静坐不同于佛家的坐禅,禅宗的静坐主要是通向无,要人寂灭。而儒家静坐强调的是体验喜怒哀乐之未发,实际上就是体验周敦颐所说的"道",也就是后来宋儒所体验的天理。所以宋儒的静坐是积极的,是为了达到天理,达到修学的道,而不是为了消极的无。从这个方面来理解,罗从彦一方面静坐山中,另一方面又涉及于政治,这是不矛盾的,他静坐不是为了隐居,而是为了体验道统,其撰写《遵尧录》也是弘扬儒家之道。

道南一脉的重要特点之一就是杨时从二程的工夫论入手,通过静坐澄心,以静摄心等途径,达到对自我内在心性的直觉。而龟山先生的这一对未发的"体验与自得"的修养功夫被罗从彦所继承,杨时曾教导罗从彦,"其尝有数句教学者读书之法云,以身体之,以几验之,从容默会于幽闲静一之中,超然自得于书言象意之表"。罗从彦深知为师言论的精要,为了静中观理,他专注学问,绝意仕途,几十年如一日地做体验的功夫。他更为明确地强调要从喜怒哀乐之未发,诸种思虑之未萌状态下功夫,认为未发之中体现了天理,只有在未发状态下才能体悟天理。之后,罗从彦的弟子李侗继承了罗从彦的思想,对未发之中做了更为深入的探讨,他说:"某向时从罗先生学问,终日相对静坐,只说文字,未尝及杂语。先生极好静,某时未有知,退入室中亦静坐而已。罗先生令静中看喜怒哀乐未发之谓中,未发时作何气象。此意不唯于进学有方,亦是养心之要。"朱熹曾说:"先生(李侗)既从之(从彦)学,讲诵之余,终日危坐,以验夫喜怒哀乐未发之前是气象如何,而求所谓中者。"由此可以看出,罗从彦、李侗主张静坐,在静坐中体悟未发气象,而这种体悟正是进德的根本。可见延平先生的思想直接影响了朱熹。豫章先生主张"从静中体验未发之中",这实际是一种深沉愉悦的体验,这是一种令人向往的精神境界。在当时,不少客家读书人都接受了罗从彦提倡的静坐体悟,在生活中用这种直觉的方式反思自己的行为,不断提高自己的精神境界,进而修炼自己,促使自身成才。

四、充分认识罗从彦思想的当代价值

罗从彦以其杰出的思想,培育出李侗、朱熹这样优秀的学生,并从祀文庙后,更使豫章郡望为更多罗氏族人认同、认可。作为"闽北四贤"之一的罗从彦,其学术著作值得存入闽学宝库,并使其熠熠生辉。笔者认为研究罗从彦思想,不仅对客家文化的传承发展具有重大的历史和现实意义,而且它超越时空,跨越国度,富有永恒魅力,具有重大的当代价值,主要体现在:

首先,以人为本。以道德为标准的发展观是中华民族优秀传统文化的核心内容,人是发展之本,本之源是人的道德精神。习近平主席指出:"博大精深的中华优秀传统文化是我们在世界文化激荡中站稳脚跟的根基。中华文化源远流长,积淀着中华民族最深厚的精神追求,代表着中华民族独特的精神标识,为中华民族生生不息,发展壮大提供了丰厚滋养。中华传统美德是中华文化精髓蕴含着丰富的思想道德资源。"闽北四贤所提出的"天理"观与客家人"讲良心,讲道德"的民性是在传统文化中形成的,在客家民系的形成中发展的"天理良心"深深烙印在客家儿女的脑海里,客家人不论身处天涯海角,还是身陷囹圄,都处处不忘知天理,讲良心,把民族大义,国家社稷牢牢记在心间,这实际上正是客家人的民族凝聚力。

其次,以讲和合,讲道德为做人做事的准则。"讲良心,讲道德",这是客家文化的精华,是客家人民性的具体体现,是中华民族的光荣美德。只有全社会"讲良心,有道德",才能弘扬正义感、责任感、同情感,才会增进各民族的大团结,才能促进社会和谐,小康发展。

再次,具有正义感、责任感、同情感。这是"闽北四贤"主张的"天理"观,是客家"讲良心,讲道德"的具体体现,是中华民族的优良传统,是客家文化的精华。小康社会的建立有赖于法律和道德的两个轮子来调节社会利益的冲突和化解人与人之间的矛盾,而法律制度是通过民主政治建立的,道德是建立在博大精深的中华优秀传统文化积淀基础上的。"天理"观与客家人提倡的"讲良心,讲道德"构成社会和谐的基础。今天,在社会主义新时代,需要大力弘扬社会主义核心价值观,它是以为人民服务为核心,弘扬爱国主义、集体主义、社会主义和艰苦创业精神。而加强社会公德、职业道德、家庭美德建设,有利于不断引导人民树立有中国特色社会主义的共同理想和正确的世界观、人生观、价值观。闽北四贤的"天理"观和客家人"讲良心,讲道德"的民性无疑是为社会主义道德建设注入新的生机和活力。因此,笔者认为闽北四贤所倡导的"天理"观与客家"讲良心,讲道德"的民性是相辅相成的,是构建中西文化交流的新平台之一,必将促进当今世界共同体建设,更是具有世界性文化意义的展现。

"以史为鉴,可以知兴替",我们审视历史以求不断发现新的历史价值。宋代以来的儒家思想内容精深,闽学四贤的杨时、罗从彦、李侗、朱熹在不同年代传承的儒家思想的合理内核,对后世各种正确思想、思潮的形成产生了重要作用。研究罗从彦的思想政治,吸收其精华,摈弃其糟粕,不断丰富和发展它,对我们今天决胜全面小康,庆祝中国共产党成立百年,实现伟大的中国梦具有重要现实意义。

(作者单位:将乐县客家联谊会)

罗从彦理学思想的当代价值

◎ 金 婷 敏 北

罗从彦在"南剑三先生"和"延平四贤"中,处于中间过渡地位,他上启于杨时,下传李侗,其名声没有杨、李、朱(熹)三人响亮,清人全祖望说他:"所学虽醇,而所得实浅。"黄宗羲也说:"豫章在及门中(杨龟山弟子中)最无气焰。"其实,这种评价并不公允,因为在理学南渡的链条中,他们是不可分割的一个整体,舍其一就无法使南传的理学光大,更难以使朱熹集理学之大成。比如在坚守儒学的立场上,罗从彦就继承了孟子、韩愈为儒学正名的态度,他在《议论要语》中说:"正者天下之所同好,邪者天下之所同恶,而圣人未尝致忧于其间,盖邪正已明故也。至于邪正未明,则圣贤忧之。观少正卯言伪而辩,行伪而坚,孔子则诛之;杨、墨一则为我,一则兼爱,孟子则辟之。皆邪正未明而惑人者众,此孔、孟之所汲汲。"罗从彦把少正卯、杨朱、墨翟之学视为异端,以此排斥佛老,认为如果不能为儒学正名,就会造成天下之言不归儒则归于佛老。而且罗从彦以独特的视角阐发理学思想,对当代社会也具有重要的价值。

一、尊师重教,阐明教育的社会意义

教育是立国之本,早在两千多年前,我国就形成颇为完整的教育体系。《礼记·学记第十八》:"古之教者,家有塾,党有庠,术有序,国有学。比年入学,中年考校。"教育的目的是培养人才,为管理国家提供智力支持:"古者学校庠序之设,所以为教养人才之地也。"①并且把教育与政治并列,用"政教"强调教育是国家治化之本:"学校者,人才之所以兴也,国家治化之本。为政而留心于学校,非特有功人才,有功于天下国家也。"②黄宗羲《明夷待访录·学校》:"学校,所以养士也。然古之圣王,其意不仅此也,必使治天下之具皆出于学校,而后设学校之意始备。"就是说,学校不仅限于养士,而且要使治理国家的措施出于学校。鉴于学校对治理国家的重要性,战国以来从事传道授业的教师受到普遍尊重,并形成尊师重教的良好风气,《吕氏春秋》曰:"古之圣王,未有不尊师者。"圣王都尊重老师,可见老师的地位之高。

"南剑三先生"、"延平四贤"都有尊师重教的传统,杨时、游酢不仅南传二程理学,而且他们"程门立雪"的佳话受门人弟子的推崇。罗从彦得杨时真传,也受到杨氏尊师重教的熏陶和感染。罗从彦的老师有吴仪、杨时、伊川(程颐)三位,第一位是吴仪。吴仪,字国华,剑浦人(今延平区)。自号审律,时称"审律先生"。《八闽通志》卷之六十九《人物·延平府·隐逸》记载其"清修力学,荣利不入于心。渔钓橘溪上,超然自适。时或行歌于松蹊竹疃,人莫窥其际,大为杨时所重。时尝题其钓台及咏归堂,罗从彦尝师事之"。橘溪,即今延平区南山镇桔溪。吴仪与吴熙合称为"双璧"。第二位是杨时,杨时求学南归后,在将乐含云寺讲学。崇宁初,罗从彦到将乐拜见杨时,惊汗浃背曰:"不至是,几枉过一生矣!"③第三位是伊川,"先生即鬻田裹粮,往洛见伊川"。④南归后,又师从杨龟山。可见在"南剑三先生"中,罗从彦的老师最多,而师从杨时最久。罗从彦不仅从三位老师那里学到恬淡无欲的性格和静坐的为学功夫,而且从杨时"以饥渴害心,令其思索"⑤中得到了体悟。

传统儒学既重视个体修身、推己及人的教育,更强调模范典型、上位带动的教育模式。在个体教育方面,主张正心诚意修身,实现从内心向外界施展、由个体向群体延伸,达到推己及人的效果,即儒家在《大学》中提倡的"一家仁,一国兴仁;一家让,一国兴让"。在上位教育方面,强调自上而下的模范带动,即儒家在《大学》中提出的"上老老而民生孝,上长长而民兴弟,上恤孤而

---

① (清)康熙三十二年(1693年)《建宁府志》卷之四十二,《艺文二》,成纪《庐峰书院记》。
② (清)康熙三十二年(1693年)《建宁府志》卷之四十二,《艺文二》,滕祐《重修县学宫记》。
③ 黄宗羲:《宋元学案》卷三九,《豫章学案》,北京:中华书局,1986年,第1270页。
④ 黄宗羲:《宋元学案》卷三九,《豫章学案》,北京:中华书局,1986年,第1270页。
⑤ 黄宗羲:《宋元学案》卷三九,《豫章学案》,北京:中华书局,1986年,第1270页。

民不倍"。朱熹说:"言此三者,上行下效,捷于影响。"①

罗从彦的重要理学体悟之一就是重视教育,他从上位思考教育对重礼仪、厚民俗的重要性,强调朝廷对道德教化负有重要的职责。他说:"教化者,朝廷之先务。廉耻者,士人之美节;风俗者,天下之大事。朝廷有教化,则士人有廉耻;士人有廉耻,则天下有风俗。或朝廷不务教化而责士人之廉耻,士人不尚廉耻而望风俗之美,其可得乎!"②为政的目的在于彰显公平正义,孔子曰:"政者,正也。"③但正与不正都有上行下效的影响,"其身正,不令而行;其身不正,虽令不从"④,"子帅以正,孰敢不正"。⑤ 如果为政不正,就会"上梁不正下梁歪"。罗从彦把朝廷、士人、社会与教化、美节、风俗一一对应进行逻辑性的解释。国家的教化是一个由上自下的过程,国家重视教化,士人就会重视廉耻;士人重视廉耻,天下就有美俗。反过来说,国家不重视教化,士人就不可能有廉耻;士人无廉耻,天下就没有公序良俗。罗从彦认为人有见善为善、见恶为恶的习性,必须抑恶扬善。他说:"中人之性,由于所习。见其善则习于为善,见其恶则习于为恶。习于为善,则举世相率而为善……习于为恶,则举世相率而为恶。"⑥罗从彦提出士人的模范标准是名节忠义:"士之立身,要以名节忠义为本。有名节,则不枉道以求进;有忠义,则不固宠以欺君矣。"⑦

罗从彦的上位教育观对今天仍有重要的现实意义。首先,教育是国家责无旁贷之先务,属于国家公权力施政的范畴,具有强化作用。国家必须利用强有力的行政手段和掌握的行政资源开展教育,这是建立社会公信良俗的前提和保证。其次,必须广泛开展价值观、义利观、荣辱观的教育,特别是掌握公权力的部门更要模范典型,以身作则,树立榜样。当今一部分人之所以用医疗垃圾加工食品袋、食品中掺入非法添加物等道德沦丧现象,其中一个重要原因就是对道德的漠视,而这种漠视是对滥用公权力者的仇视。一位朋友在谈到食品安全问题时的态度让人惊愕不已,他说如果他是食品加工者,同

---

① 朱熹:《四书章句集注》之《大学章句》,北京:中华书局,2006年重印本。
② 黄宗羲:《宋元学案》卷三九,《豫章学案》,北京:中华书局,1986年,第1270页。
③ 朱熹:《论语集注·颜渊》,《四书集注》,长沙:岳麓书社,1987年,第199页。
④ 朱熹:《论语集注·子路》,《四书集注》,长沙:岳麓书社,1987年,第208页。
⑤ 朱熹:《论语集注·颜渊》,《四书集注》,长沙:岳麓书社,1987年,第199页。
⑥ 黄宗羲:《宋元学案》卷三九,《豫章学案》,北京:中华书局,1986年,第1272页。
⑦ 黄宗羲:《宋元学案》卷三九,《豫章学案》,北京:中华书局,1986年,第1272页。

样也会回收过期食品重新加工,或加入非法添加物以增加卖点,哪怕是几分钱也不会丧失机会。因为贪官无须支付任何资本,少则贪百万、千万,甚至上亿,而食品加工者只不过添加一些非法添加物,还付出了"劳动"。由此可见,公权力部门对社会的影响巨大,他们的行为就像罗从彦所说的士人是否有廉耻之心,会影响整个社会的公信良俗。

二、明理得福,阐明君臣父子职分

福是人们所向往的,但对福的理解各有不同,有的人认为拥有权力是福,有的人认为拥有金钱是福,有的人则认为富贵是福,而罗从彦则从"理"的角度精辟地提出得福观。

"三纲五常"是儒家提出的构建大同社会的基本纲领。这个纲领是人道之大经,治事之根本,其要求是君臣父子各守职分,维护社会道德伦理秩序,使天下社会和谐。鲁昭公末年,孔子到齐国,齐景公向孔子请教治国之策,孔子回答说:"君君、臣臣、父父、子子。"齐景公高兴地说:"善哉!信如君不君,臣不臣,父不父,子不子,虽有粟,吾得而食诸?"[1]就是说做皇帝的要像皇帝的样子,做臣子的要像臣子的样子,做父亲的要像父亲的样子,做儿子的要像儿子的样子。这里的"像"实际上就是说每个角色处事的职分,也就是儒家所说的"三纲",即"君为臣纲,父为子纲,夫为妻纲"。三纲的具体标准是,君臣关系要"君使臣以礼,臣事君以忠",父子的关系要"父慈子孝",夫妇的关系要"敬与爱"或"夫妇有义"。"五常"也应遵守"父子有亲,君臣有义,夫妇有别,长幼有序,朋友有信"[2]。只有这样,天下才能和谐,否则就会使社会无序,造成混乱。

罗从彦做官只做到主簿,即我们通常所说的县级官员,严格说还不算官,充其量是个衙门的人员,但他却能在泊如的平静中体悟体用之道。他从"理一分殊"的高度提出独到的得福观,他说:"君明,君之福;臣忠,臣之福。君明臣忠,则朝廷治安,得不谓之福乎?父慈,父之福;子孝,子之福。父慈子孝,则家道隆盛,得不谓之福乎?俗人以富贵为福,陋哉!"[3]罗从彦的得福观实际

---

[1] 朱熹:《论语集注·颜渊》,《四书集注》,长沙:岳麓书社,1987年,第197页。
[2] 朱熹:《孟子集注·滕文公上》,《四书集注》,长沙:岳麓书社,1987年,第372页。
[3] 黄宗羲:《宋元学案》卷三九,《豫章学案》,北京:中华书局,1986年,第1271页。

上就是明理得福。他把守职分当作是福的源泉和条件,在他看来,"理"或"理一"是在天地之先的,而福却是后天人为的结果,每个人都要根据自己所担当的角色,坚守自己的职责,承担应有的职分,简言之,就是明理。开明的君主躬亲庶务,视民如伤,永保江山,这是为君之福;臣子以忠事君,尽忠尽节,可免杀身之祸,这是为臣之福;为人之父,慈爱慈祥,育子有方,这是为父之福;为人之子,铭记孝道,事亲尊长,这是为人子之福。罗从彦的得福观,是理学家"理一"在"分殊"中的落实。天下虽一理,但各有条绪,各有职分,每个人都应立足于自身的地位、身份明白"分殊"的职分,而每个个体得福,构成了天下全体之福。

罗从彦的得福观是对古代宿命论的否定,这一命题的意义在于祸福不是天命所定,而是人们行为处事能否遵守职分的结果。福与祸相伴相生,人可造福,也可能酿祸。不尽职分,不明天理,不仅个体不能得福,而且会招致祸端,特别是身居要位的人不守职分,会产生连锁反应,甚至会祸国殃民。罗从彦说:"天下之变,不起于四方,而起于朝廷。譬如人之伤气,则寒暑易侵;木之伤心,则风雨易折。故内有李林甫之奸,则外有安禄山之乱;内有卢杞之奸,则外有朱泚之叛。……《易》曰:'负且乘,致寇至。'不虚言哉!"①罗从彦虽然强调的是朝廷内部之变的原因,但从"理一分殊"的观点看,也可看成是君臣未能尽守职分和天理所致。唐玄宗未尽明君的职分,导致内有未尽忠臣职分的李林甫,外(边塞)有未尽职分的安禄山;内有未尽职分的卢杞,外有未尽职分的朱泚。当初这些人私欲横流,身为人君或朝中大臣,不忧国危,花天酒地,或独揽大权、专政自恣,因"福"得祸,最后连大唐的江山也不保。

罗从彦的得福观虽然有封建制度的等级糟粕,但从人性论的角度看,仍不乏有其正面的意义。福是人们的向往,但福祸相生,吉凶相伴:"天下之来物,有吉有凶,有福有祸,有祥有殃,有休有咎。"②罗从彦的得福观存在于万事万物之中,大到人与自然,人与人,人与社会,小到生活日用,无不有此"分殊"之理。从人与自然方面说,斧斤之伐,竭泽而渔,距离祸就不远了。从人的角度看,富与贵,是人的向往之福,但不以其道得之,距离祸就不远了。饥食渴饮,人之常情,连朱熹这样的大理学家也时以诗酒为乐,但灯红酒绿,醉生梦

---

① 黄宗羲:《宋元学案》卷三九,《豫章学案》,北京:中华书局,1986年,第1272页。
② 郭子章:《马仙纪梦》,清康熙三十二年(1693年)《建宁府志》卷四十三,《艺文三》,第981页。

死,甚至冒险醉驾,距离祸就不远了。夫妻亲爱,理之当然,但婚外生情,拈花惹草,不顾伦理道德,距离祸就不远了。如此等等,不一而足。

人生百年,不同时期扮演着不同的角色,从为人之子到为人之夫、为人之父,从为人生徒到为人之师,不同角色,不同的职分。福与祸在纤毫之间,所谓"福兮祸所倚,祸兮福所伏"即是。明理得福,失理遭祸,世人当于此明鉴。

三、天下治乱,用人是为政的关键

罗从彦一生"严毅清苦",但"笃志求道",他根据时代的需要,对宋代社会的矛盾进行思考和反思,为朝廷治国提出方略,其中用人是天下治乱的关键。

人是万物之灵,但人有性有情,有善有不善,有君子、贤臣,也有小人、恶人。君子、贤臣与小人、恶人品德不同,趋向不同,"君子周而不比,小人比而不周"[①],"君子怀德,小人怀土;君子怀刑,小人怀惠","君子喻于义,小人喻于利"[②],"君子坦荡荡,小人长戚戚"[③],"君子学道则爱人,小人学道则易使也"。[④] 由于善人、贤人、君子德性优于小人、恶人,儒家强调朝廷用人要用善人、君子、贤人,反对用小人、恶人。被二程称誉"儒者气象"的诸葛亮就提出要亲贤臣而远小人。他在《前出师表》中以西汉、东汉为例,说明用人的重要性:"亲贤臣,远小人,此先汉所以兴隆也;亲小人,远贤臣,此后汉所以倾颓也。"

罗从彦生活在北宋末南宋初政局的转换时代,在"潜思力行"中悟出用人之道。他在《议论要语》中说:"君子在朝,则天下必治。盖君子进则常有乱世之言,使人主多忧而善心生,故天下所以必治。小人在朝,则天下必乱。盖小人进则常有治世之言,使人主多乐而怠心生,故天下所以必乱。"[⑤]就是说天下太平是因为人君身边有贤臣,他们常常会向皇帝进谏乱世给百姓带来的疾苦,使皇帝多忧而生善心,所以天下必治;天下动荡是因为人君身边有小人,他们常常以假象粉饰太平,使人君多乐而生怠心,所以天下必乱。

罗从彦用思辨的方法提出要用品行端正的人,而且认为人才要经长期的

---

① 朱熹:《论语集注·为政》,《四书集注》,长沙:岳麓书社,1987年,第80页。
② 朱熹:《论语集注·里仁》,《四书集注》,长沙:岳麓书社,1987年,第80页。
③ 朱熹:《论语集注·述而》,《四书集注》,长沙:岳麓书社,1987年,第146页。
④ 朱熹:《论语集注·阳货》,《四书集注》,长沙:岳麓书社,1987年,第256页。
⑤ 黄宗羲:《宋元学案》卷三九,《豫章学案》,北京:中华书局,1986年,第1272页。

考验,不能为一时的表象所迷惑。他说:"名器之贵贱,以其人。何则? 授于君子则贵,授于小人则贱。名器之所贵,则君子勇于行道,而小人甘于下僚。名器之所贱,则小人勇于浮竞,而君子耻于求进。以此观之,人主之名器,可轻授人哉!"①名器的义项之一是名号与车服仪制,是尊卑贵贱等级的象征,《左传·成公二年》:"唯器与名,不可以假人,君之所司也。"杜预注:"器,车服;名,爵号。"罗从彦把名器视为权力的象征,不同的人取得权力或不同的治事中权力有贵贱之分。一方面,名器的贵贱因君子、小人而异,授予品行端正的人就贵,授予品行不端者就贱。另一方面,名器贵贱在于用事治事,名器之所以贵是因为地位高的人能够修身进德,以身作则,推己及人;职位低微的官吏甘当无名小卒,不求功名。名器之所以贱,是因为职位低微的官吏争先恐后地争名夺利,地位高的人得到权力不再奋发有为,没有进取精神,所以用人必须谨慎。罗从彦认为用人"不可以求近功,图近利",必须经过实践考验。他说:"非如闾小有才者,一旦得君,暴露其器能,以钓一时之誉。彼其设施,当亦有可观者,要非能致远也。"他引用吕端所说:"君子之道,暗然而章,历试经久,方见为臣之节。"②就是说,心术不正的人,为了达到目的会做出伪装。一旦得宠,也会施展一些才能,"以钓一时之誉",但终不能长久就会暴露面目。正直且有才华的人隐晦深远,不会轻易表现自己,经过长期的考验,才能发现其品质。

罗从彦的用人观对今天仍然具有重要意义。小人、恶人自然不可用,这是历代治乱中得出的道理。同时,在用人中要认真观察,不能被"小有才者"和一时一事政绩"可观者"所蒙蔽,因为这不是一个合格人才的全部,现实中颇有"政绩"或口碑佳者沦为贪官的不乏其人。只有那些"历试经久"的贤者,才是建设中国特色社会主义的合格人才。

四、远见卓识,提出哲理治事观

罗从彦身居乡里,但心怀朝政,远见卓识,在淡泊的生活中悟出理学之道,提出许多颇有哲理的治事观点,展示了这位理学家的精神品格与才华。

明与察、仁与懦是治事应把握的尺度。人君不能不明,但明不能专在细

---

① 黄宗羲:《宋元学案》卷三九,《豫章学案》,北京:中华书局,1986年,第1271页。
② 黄宗羲:《宋元学案》卷三九,《豫章学案》,北京:中华书局,1986年,第1273页。

枝末节上用心,自以为明察;人君有要广施仁爱之心,但不能因为仁爱而落入懦弱的窠臼。罗从彦在《议论要语》中强调明察、仁懦的辩证关系:"人主欲明而不察,仁而不懦。盖察常累明,而懦反害仁故也。汉昭帝明而不察,章帝仁而不懦。孝宣明矣,而失之察;孝元仁矣,而失之懦。若唐德宗,察而不明;高宗,懦而不仁。兼二者之长,其惟汉文乎!"①即纠缠于细枝末节,会妨碍人君的睿智。因为仁爱而滑入懦弱,反而会害仁爱之心的推行,二者皆不可取。理想的治事策略是像汉昭帝那样"明而不察",像章帝那样"仁而不懦"。

罗从彦对富国富民有独到的见解,认为富民要告诫民众不奢侈,富国不能费用无节。他说:"王者富民,霸者富国。富民,三代之世是也;富国,齐、晋是也。至汉文帝行王者之道,欲富民,而告戒不严,民反至于奢;武帝行霸者之道,欲富国,而费用无节,用乃至于耗。"②欲是人类生存的正常需要,《荀子·正名》:"欲者,情之应也。"罗从彦也承认欲是与生俱来的,为"人情之所不能免",但不同的人因其职位不同,身份不同,欲应有所不同。他认为理想而有序的状态是"圣人无欲,君子寡欲,众人多欲"。③ 在罗从彦看来,圣人修身进德、品格高尚,自然无欲;庶民百姓是创造物质财富的主体,他们的欲望多了,就会广开门路,创造丰富的物质财富,促进经济社会的发展。三者中,人君之欲最需克制,因为人君位尊权显,是模范典型,必须树立寡欲形象,否则就会带来对欲无节制的追求,甚至被奸邪之人利用。因此,罗从彦认为人君要寡欲,并且不让欲表露出来,他在《遵尧录》中引用太宗语李至曰:"人君当淡然无欲,不使嗜好形见于外,则奸邪无自入焉。"④欲往往是被奸邪之人利用的突破口,上有所好,下必甚焉,所谓"苍蝇不叮无缝之蛋"就是这个道理。

罗从彦辩证分析明与察、仁与懦,富国与富民,以及人君之欲,对治国理政都有重要的意义。在治事过程中,既要求为政者有睿智、仁爱,又要防止纠结细枝末节和懦弱。今天富国、富民不同于封建社会王者、霸者,国家与人民的利益是一致的,只不过在建设社会主义的过程中,也要防止富国至耗、富民至奢之偏。要按照科学发展观的要求科学发展、有序发展,防止重复建设,耗费财力,又要倡导人民发扬艰苦奋斗的作风,勤俭节约。至于欲,更多的则是

---

① 黄宗羲:《宋元学案》卷三九,《豫章学案》,北京:中华书局,1986年,第1271页。
② 黄宗羲:《宋元学案》卷三九,《豫章学案》,北京:中华书局,1986年,第1271页。
③ 黄宗羲:《宋元学案》卷三九,《豫章学案》,北京:中华书局,1986年,第1273页。
④ 黄宗羲:《宋元学案》卷三九,《豫章学案》,北京:中华书局,1986年,第1272页。

对为官者的要求,这是防止腐败的第一道防线。只有洁身自好,淡然寡欲,才能保持肌体不被腐蚀。

总之,二程理学南传,罗从彦具有承上启下的作用。《宋元学案·豫章学案》说罗从彦之学,"一传为延平则邃矣,再传为晦翁则大矣","谓龟山门下千余,独豫章能任道"。黄宗羲强调:"龟山三传得朱子,而其道益光。豫章在及门中最无气焰,而传道卒赖之。先师有云:'学脉甚微,不在气魄上承当。'岂不信乎!然亦多湮没而无闻者。闻不闻,君子不以为意,而尚论者所不敢忽。"[①]罗从彦属"湮没而无闻者",但其"无闻"并非他的责任,而是后人没有为其彰显的结果,况且黄宗羲的评价还比较客观,"闻不闻,君子不以为意,而尚论者所不敢忽"。事实上,从本文所论看,罗从彦提出的教育观、得福观、人才观、理欲观等许多思辨的政治主张,对今天构建和谐社会仍具有重要现代价值和意义,研究宋代理学或"延平四贤"不能继续让罗从彦"无闻"。

(作者单位:武夷山朱熹纪念馆;南平市台办台情研究室)

---

① 黄宗羲:《宋元学案》卷三九,《豫章学案》,北京:中华书局,1986年,第1271页。

罗从彦理学文化旅游资源开发略论

◎ 兰宗荣

罗从彦,字仲素,世称豫章先生。先世自豫章(江西南昌)避地南剑,祖籍为宋南剑州剑浦县上团里(今南平市东坑乡罗源村)人,熙宁五年正月十五日(公元1072年2月6日)生于杜溪里上儒岭下村(今南平市太平乡儒罗村),后徙居沙县。曾师从理学家杨时、程颐,是道南学派承上启下的理学家。绍兴二年(1132年)特奏获进士称号,授广东惠州博罗县主簿。绍兴五年(公元1135年)十一月十五日因病卒于汀州武平县学,终年64岁。谥"文质",赐"奥学清节"。学界对罗从彦理学文化旅游资源的开发极少关注,本文针对南平、冠豸山、沙县、尤溪的罗从彦文化资源如何进行旅游开发发表一些浅论,以期抛砖引玉。

一、罗从彦的文化遗迹

(一)祠　堂

1. 罗源罗豫章祠

罗源罗豫章祠,坐落在南平市延平区水南街道罗源村南山,距南平市区8公里,历代屡有重修。新淦罗环于明正德初年(约1506年)来延平府任通判时,帮助郡守邹公开始以罗从彦的闻、旭二房嗣裔轮值祭祀。明嘉靖二十七年(1548年),知府范来贤命检校吕存信重修祠堂。其后,又有万历二十八年(1600年)知府陆志孝重修。万历四十年(1612年),督学冯珽赐给罗从彦十八世裔孙罗文杉(奉祀生)衣巾。清康熙四十五年(1706年),康熙帝御书"奥学清节"祠额,悬挂于南平县城内的道南祠。太学生罗圻彬又重建罗源罗豫章祠,并仿御书"奥学清节"手迹,勒于石,新建御书楼一座。康熙五十七年(1718年),督学李钟峨捐金五十两再次重修。乾隆十三年(1748年),知县苏渭生捐银十两,交奉祀生罗万选修葺,并在御书楼下额题书"尼山正脉"匾一块。民国时期,该祠堂仍由族中闰、旭两房后裔轮祀。该祠坐南朝北,门外建一座立有碑坊的六角亭。华表额"豫章生处",仪门额"罗先生祠",系提学政后学李钟峨所题。像堂额"东南道脉",系巡抚福建后学王士任所题。祠堂为三进厅堂:第一厅悬名家诗文、题词等,第二厅置香案,第三厅塑有罗豫章先生坐像。现仅存第一、二厅及明万历年间的《祭罗豫章先生墓文》碑刻一方。① 明代范来贤作《重修豫章先生罗源祠记》,见《南平县志·艺文志》。②

2. 道南祠

道南祠,在今南平市延平城区北部福建林业学校内的龙山(一名龙骑山)之巅。据史志记载,该祠明成化元年(1465年)敕建,祭祀宋儒杨时,以罗从彦、李侗配祀。当时,萧山县有识之士上书恳求皇帝恩准,将宋儒杨时从祀于孔子庙。得明宪宗恩准,并亲书"道南"二字匾额赐给延平府。当时延平府是游大升主管学政,他亲自勘定,于龙山上建祠,动工兴建。知府郑时(字宗良)、冯孜(字孟勋)先后监督修建。成化五年(1469年)落成。次年,知府盛颙(字时望)请盱江何乔新撰《延平道南祠记》。弘治九年(1496年),明孝宗批准国子监博士杨廷用的奏疏,赐封杨时为将乐伯,同意从祀于文庙。于是该祠成为致祭专祠,仍由杨氏后裔世袭守之。春、秋仲月上庚日,由郡守率属致祭。嘉靖元年(1522年),佥事吴昂以其地避远,不便致谒,提议改祀于府西城外的旧豫章书院内,仍保留道南祠。嘉靖二十八年(1549年),知府范来贤因迁府学于城西,又改建四贤祠于旧文庙,用来祀杨、罗、李、朱四先生。而道南祠并存,成为有司祀事的地方。由于历代王朝备加推崇"道南祠",使其声望日高,各地文人骚客纷纷前来拜谒,并留下许多诗文。③ 明代何乔新撰有《道南祠记》,见《延平府志·艺文志》。④

---

① 武夷山朱熹研究中心编:《武夷胜境理学遗迹考》,上海:三联书店,1990年,第37页。
② 武夷山朱熹研究中心编:《武夷胜境理学遗迹考》,上海:三联书店,1990年,第39页。
③ 武夷山朱熹研究中心编:《武夷胜境理学遗迹考》,上海:三联书店,1990年,第46~47页。
④ 武夷山朱熹研究中心编:《武夷胜境理学遗迹考》,上海:三联书店,1990年,第47~48页。

3.沙县洞天岩西麓豫章祠

沙县洞天岩西麓豫章祠,"祀宋文质公罗从彦,至元元年(1264年),五世孙天泽建。岁久而弊,国朝洪武三年(1370年),刘尹文宣重建。正统十三年(1448年),寇毁之。景泰间,又建未备。正德十五年(1520年),何令亦尹迁祀维摩堂。嘉靖九年(1530年),邓尹崇德迁于闽学正宗祠,配杨龟山二仲专祀。遂废。徐公阶既并了斋,以宪院所归金,命前学博及方尹绍魁即院址重建之。为祠五楹,翼以两庑,前为大门。二十一年,予复表,以坊祀请如初"。① 原先纪念祠后移建沙县城关西门外,称"豫章贤祠",贤祠内悬挂清康熙御笔"奥学清节"。1993年,豫章贤祠开辟为罗从彦纪念馆,2005年5月确认为福建省第六批文物保护单位。

4.罗浮山黄龙洞四贤祠

据清代潘耒在《游罗浮记》一文中说:"(罗浮山黄龙洞)有四贤祠,久废,碑在丰草中。四贤者,周濂溪(敦颐)、罗豫章(从彦)、李延平(侗)、陈白沙也。山佳胜处皆寺观踞之,唯此环堵为儒林。而居守无人,一毁而莫能复也。祠之后为老人峰、瑶台峰、大石楼、小石楼,皆秀峭崚嶒,矗立翠微中。"②

5.文庙

罗从彦于1247年(南宋淳祐七年)赐谥文质,1614年(明万历四十二年)诏赐罗从彦祀于文庙,位在文庙东庑先儒之列。先儒以传经授业为主,先贤以明道修德为主。文庙东庑先贤先儒合计74位,其中先儒35位。文庙西庑先贤先儒合计74位,其中先儒35位。

(二)墓 地

罗从彦墓,在南平东南10公里处的东坑乡罗源村黄漈坑豫章山。《南平县志》的《名胜志》第六载:"先儒罗从彦墓,在罗源里黄漈。宋郡守刘永济刻志,吴宗尧有祭文。"罗从彦墓坐南朝北,为砖构,占地50平方米。墓前原先立有三块碑,正中一块宽0.36米,高0.96米,厚0.06米,碑体中间刻"宋大儒邹国公文质豫章罗先生之墓",碑额刻"奥学清节"四字,左侧刻"日见古来亲",右侧刻"时思先代祖"。左碑高1.55米,系郡守刘允济于宋嘉定六年

---

① (明)叶联芳:《重修沙县志》,张卿子点校,福州:海风出版社,2006年,第69页。
② (清)宋广业:《罗浮山志会编》,康熙五十六年(1717年)刊本,成都:巴蜀书社,1994年,第256页。

（1213年）所立。右碑高1.65米,上刻李侗撰文:"郁芊佳城,峰峦峥嵘。藏先生魄,用奠于宁。丰镐木秀,曲阜草青。儒文道脉,日皎星晶。参苓孕粹,桃李储精。云封黯黯,雨化零零。躯返于穸,神昭于明。勒铭于石,万古仪型。"三块碑均为将东石刻就,今均毁,仅留碑座。明嘉靖元年（1522年）,学宪仁和邵公锐构享堂。万历元年（1573年）,郡守林公梓（钱塘人）命南平丞沈榛督修,歙州人吴宗尧撰《祭先儒罗从彦墓文》。罗源村如今尚存一块宽0.96米,高1.5米的《告罗豫章先生墓文》碑刻,字迹清晰。罗从彦墓于1987年列为南平市重点文物保护单位,市文物管理委员会和东坑乡于1986年拨出专款,对该墓进行了整修。[①] 李侗撰有《豫章罗先生墓志铭》,见《南平县志》卷十七,《艺文志》第廿一。

（三）书　院

书院源于唐代私人治学的书斋和官府整理典籍的衙门,至五代宋初已变为学者授徒讲学之处,是国家和州县官学之外的重要教育机构。书院的特点是除了讲习经书外,还兼及时务、政治、研讨学术问题等,更重要的是书院比太学、州县学等官学教学风气更加活跃。与罗从彦有关的书院有南斋书院、钓鳌书院、常州龟山书屋、无锡东林书院等。

1.南斋书院

据民国《南平县志》卷三《山川志》记载:"金楼山,在城南。一名南山,端严肃穆,方正崇宏,群山环向,皆作土平。罗氏豫章徙居其麓,文质公实诞于此。基址之左建为书院。山右有岩,上下梅树三株,传为文质公手植。前有泉,曰白水,亦曰香泉。"罗从彦于政和三年（1113年）在这里创南斋书院,李侗、朱松均在此求学。朱子在《朱公行状》中说,朱松"得浦城萧公顗子庄、剑浦罗公从彦仲素而与之游,则闻龟山杨氏传河洛之学,独得古先圣贤不传之遗意"。宣和二年（1120年）五月初十日,朱松丁父忧离政和县尉任,时方腊起义,朱松家贫不能归,只得在政和寓所守制。他得知浦城萧顗从学杨时归来,便特地到浦城拜萧顗为师。后又从延平（今南平）罗从彦学,始闻伊洛之学。

2.钓鳌书院

罗从彦是著名的理学家,也是个教育家。据李志慧考证,惠州地区的第

[①] 武夷山朱熹研究中心:《武夷胜境理学遗迹考》,上海:三联书店,1990年,第40～41页。

一座著名的书院——钓鳌书院,就是罗从彦在绍兴二年(1132年)任博罗主簿时建的。并以此为中心,传播他的理学思想。李志慧说:"在钓鳌书院,罗从彦把学术研究和教书育人紧密结合起来,最后完成了他的理学著作《圣宋遵尧录》。又编纂《议论要语》作为授课的主要内容,要求学生熟读记诵。正是他的教育实践,使宋代理学从学者的书斋走向民间,为南宋时期的惠州培养了许多人才,为惠州文教事业的兴盛创造了条件。在罗从彦的影响下,惠州地区特别是博罗县的书院教育开始兴起。据明嘉靖三十五年(1556年)刻本的《惠州府志》记载,除了罗从彦创办的钓鳌书院外,宋朝时惠州还有另外8座书院①,其中博罗县就有6座之多。"②

3.常州龟山书屋、无锡东林书院

常州学者周孚先、周恭先兄弟,力邀杨时到常州讲学,常州成为杨时在东南一带讲学18年的居处。常州有多处龟山书屋就是当年杨时的讲学之所。杨时更是在地处常州东乡的无锡建立了"东林书院"讲学,政和七年丁酉(1117年),罗从彦见杨时于毗陵。据罗从彦《春秋指归序》云:"政和岁在丁酉,余从龟山先生于毗陵,授学经年,尽裒得其书以归。掇其至当者作《春秋指归》。"③

(四)诗文、摩崖题刻等其他文化遗迹

1.藏春峡

藏春峡地处今延平市区精神病人疗养院峡谷中,是宋代南剑州剑浦县(今南平市延平区)逸人名士常会集吟诗论学的重要活动场所。曾是审律先生吴仪的别业所在,是他的读书处。吴仪,字国华,宋南剑州剑浦县普安里(今延平区大凤乡南山)人。据地方志记载,吴仪不乐仕宦,模范端严,学问宏博,与其从弟吴熙卜居于城东之藏春峡,备亭馆诸胜,以山水自娱,时称"双璧"。吴仪与杨时、陈瓘、黄裳(元丰五年状元)、王汝舟(南剑州知州)等名流结为至交,经常在藏春峡优游论学,吟诗唱和。藏春峡成为南剑州理学家的一个活动中心。罗从彦曾一度在吴仪门下求学,留下《挽吉溪吴助教》诗(二

---

① 姚良弼:《惠州府志·嘉靖三十五年》,广州:岭南美术出版社,2009年,第428~435页。
② 李志慧:《宋明理学家对惠州书院的影响》,《惠州学院学报》2014年第2期。
③ 毛念恃:《文质罗豫章先生年谱》,《北京图书馆藏珍本年谱丛刊》第21册,北京:图书馆出版社,1999年,第683页。

首),其一:"室富真儒业,门多长者车。明经方教子,得第已荣家。性守仍知分,天然不爱奢。百年成古背,行路亦咨嗟。"其二:"新生夸踯躅,旧德叹凋零。冷带商岩月,光凌处士屋。布衣难得绿,白首易穷经。追想今何在,溪流对洞庭。"诗中罗从彦为吴仪的去世而叹息,为吴仪的隐居不仕专心治学而感佩。据《南平县志》卷二十《儒林传》记载:"(罗从彦)初从吴仪游,已而闻同郡杨时得河南程氏学,慨然慕之……徒步往见……"据《罗氏宗谱》记载,罗从彦十三岁至藏春峡吴仪处就读,元祐五年(1090年)杨时父亲病逝,杨时返将乐守制三年,尝至藏春峡与吴仪唱和论学。罗从彦始慕名徒步前往将乐拜杨时为师。嘉靖《延平府志·艺文》卷二、《南平县志》卷十八《艺文志》引用明朝胡纶曾在"藏春峡"的一首诗:"藏春峡里云蒙蒙,藏春峡外水溶溶。缭以群峰锦绣错,羲娥背出悬苍穹。笠子亭三一岩照,数椽鸳瓦成新宫。四时不断花含笑,联吟审律能妍工。少室山人吹埙篪,音徽响嗣孰趫雄。是时宋削由安石,动称尧舜谬厥衷。独蝗戴德随旌斾,春秋欲废道几蒙。龟山励志雪深尺,南归不倦持正宗。雅与兄弟有凤好,青青光射秋水瞳。湘管留题至欲遍,无一蓝本涪水翁。吹嘘忠肃实维力,经义赖此先昭融。豫章渊源因有自,又臻杨程雨化功。况闻北阙曾驰赴,底事沦落还蒿蓬。我今一过一惆怅,匪耽泉石图洁躬。"[①]诗中提及二程、杨时、吴仪、罗从彦的师友渊源关系。

2.尤溪韦斋

今名"韦斋旧治",是朱熹的父亲朱松燕居之所。宋宣和五年(1123年)仲秋,朱松从政和调任尤溪县尉,自谓性急害道,乃在寓所典史署内辟一室,聚群书,宴坐寝休其间。并请其师罗从彦为之作《韦斋记》,请吴郡户曹曹令德作《铭》。后因兵火,栋宇易置,韦斋另迁他屋。宋乾道七年(1171年),文公四十二岁,回尤溪访其友人时任尤溪知县的石子重,商量为其先君兴建韦斋之事。朱熹题写"韦斋旧治"碑刻。民国《尤溪县志》卷三《古迹》云:"韦斋,在县治东偏典史署内。朱松尉尤溪时,自以性下急,取古人佩韦之义,名其斋以自警。"今其地在尤溪县招待所内。[②] 罗从彦的《尤溪县韦斋记》,见嘉靖《延平府志》卷十九艺文志一,又见武夷山朱熹研究中心编《武夷胜境理学遗迹考》。[③]

---

① 武夷山朱熹研究中心:《武夷胜境理学遗迹考》,上海:三联书店,1990年,第27~30页。

② 武夷山朱熹研究中心:《武夷胜境理学遗迹考》,上海:三联书店,1990年,第91~92页。

③ 武夷山朱熹研究中心:《武夷胜境理学遗迹考》,上海:三联书店,1990年,第94页。

3.沙县洞天岩诗咏

罗从彦诗咏中的邀月台、颜乐斋、颜乐亭、静亭、濯缨亭,是在沙县洞天岩,这些建筑为罗从彦所建。《颜乐斋》《寄傲轩》《颜乐亭用陈默堂韵》《濯缨亭》《静亭》《邀月台》诗数篇见明叶联芳的《重修沙县志》①,"洞天岩,在(沙县)和仁坊"(天一阁,《延平府志》卷之四《地理》之十九)。"洞天岩,在沙县治西五里许,近大洲村。泉石秀丽,林山葱郁。依险构宇,高山林樾,邑之名胜也。从大洲村一麓,蜿蜒直通山麓,两旁田畴高下,阡陌纵横。遥望,则是山势峭拔,杉松戟列。既抵山麓,坡行百余步,举首,上石阶数十级,有石如屏,镌'通幽'二字。阶尽,雄崖壁立,古藤盘绕,岩上镌'沙阳第一'四大字。旁有诗若干首,因风雨剥蚀,已不可辨。左为古佛庵,有朱书'洞天岩'匾额。右即所谓莲花峰也,相传为宋李纲遇定光佛处"。②

4.连城冠豸山摩崖题刻

连城冠豸山有仰止亭,为文亨罗氏所建,主体建筑是三层八角形书斋,背倚壁立千仞的灵芝峰,前瞰文川河,环境优雅。罗从彦曾应邀来此讲学。据文川罗氏族谱,罗从彦应连城县罗氏宗亲之聘,于建炎二年至绍兴元年(1128—1131年)的4年间,前来仰止亭讲学③。当年罗从彦手书的"壁立千仞"四个大字,就镌刻在灵芝峰上。罗从彦的五世孙罗良凯追踪先祖,也来仰止亭读书,手书"名山拱秀"四字,刻于乃祖石刻右下方。

5.在罗浮山的记载

广东博罗县的罗浮山,是罗山与浮山的合体,在博罗县西北境内东江之滨,距博罗县城35公里。西北分别与增城、龙门接壤,方圆260多平方公里。罗浮山山区广大,峻拔奇峭,大小432座山峰,峭壁危崖,有980多道瀑布流泉,"山山瀑布,处处流泉",为第五批国家重点风景名胜区。罗浮山道、佛两教昌盛,为道教的第七洞天。儒学也很发达,历史上有许多文人骚客游览并留下无数文化遗存。因罗从彦任博罗县主簿的机缘,罗浮山也留下了他的足迹:"绍兴壬子,为博罗县主簿兼尉,于罗浮山中澄心静坐,穷天地万物之理,究古今事变之归,尤为切实。"④

---

① (明)叶联芳:《重修沙县志》,张卿子点校,福州:海风出版社,2006年,第88~91页。
② (明)叶联芳:《重修沙县志》,张卿子点校,福州:海风出版社2006年,第3页。
③ 谢重光:《客家文化述论》,北京:中国社会科学出版社,2008年,第440页。
④ (清)宋广业辑:《罗浮山志会编》,成都:巴蜀书社,1994年,第171页。

二、罗从彦的理学文化地位及人格精神

（一）罗从彦在理学文化史上的地位

罗从彦在理学文化史上的地位具有承上启下的作用。罗从彦统接杨时龟山，传授李侗和朱松，李侗再传朱熹，最后由朱熹集理学之大成，影响中国社会达 700 年，奠基闽学传承文化在闽学形成和发展中的地位。

1. 承杨

罗从彦从小就喜欢读研理学。杨时被称为"道南第一人"。北宋建中靖国元年（1101 年），29 岁的罗从彦与 26 岁的同乡陈渊（杨时女婿）师从于程颢和程颐的嫡传弟子杨时。元祐三年（1088 年），17 岁的罗从彦中举。据记载："从彦幼颖悟，不为言语、文字之学。初从吴仪游，已而闻同郡杨时得河南程氏学，慨然慕之，及时为萧山令，遂徒步往学焉。时熟察之，乃喜曰：'惟从彦可与言道。'于是日益以亲，时弟子千余人，无及从彦者。从彦初见时三日，即惊汗浃背，曰：'不至是，几虚过一生矣。'尝与时讲《易》至《乾》九四爻云：'伊川说甚善。'从彦即鬻田走洛，见颐问之，颐反复以告，从彦谢曰：'闻知龟山具是矣。'乃归卒业。沙县陈渊，时之婿也。尝诣从彦，必竟日乃返，谓人曰：'自吾交仲素，日闻所不闻。奥学清节，真南州之冠冕也。'既而筑室山中，绝意仕进，终日端坐，间谒时将溪之上，吟咏而归，恒充然自得焉。"[①] 杨时在将乐为守制而在含云寺办学时，罗从彦两度徒步前往寻师求学。北宋政和元年（1111 年）四月，58 岁的杨时授越州萧山（浙江萧山）县令，萧山与沙县相距数百公里，路途遥远，罗从彦不畏艰辛，又徒步跋涉到萧山，登门求教。当杨时讲《易》至《乾》九四爻时，杨时告诉罗从彦程颐对此理解很透彻，从彦就卖田走洛，向程颐学习。从洛阳向程颐请教返程后，罗从彦师事杨时更为虔诚。罗从彦曾先后五次到杨时所在的将乐、萧山、毗陵等地问学，他经过 20 余年的潜心研究，终得杨时不传之秘。

2. 传李

罗从彦被称为"道南第二人"，悟道之后开始向弟子传播理学。宋政和六年（1116 年），朱熹的老师李侗拜罗从彦为师，朱熹的父亲朱松也成了罗从彦

[①] （明）叶联芳：《重修沙县志》，张卿子点校，福州：海风出版社，2006 年，第 72 页。

的弟子,许多理学名流纷纷投入了罗从彦门下。罗从彦教学时让学生在静坐中看"喜怒哀乐未发谓之中,未发时作何气象"。李侗认为:"此意不惟于进学有力,兼亦是养心之要。"虽然《程氏遗书》有云:"既思,则是已发。"细思两者并无碍,程先生剖析毫厘,体用明白;罗从彦探索本源,洞见道体。二者都有大功于世。善于看待这两个问题,可以并行不悖。况且罗从彦"于静坐观之,乃其思虑未萌,虚灵不昧,自有以见其气象,则初未害于未发"。①

3.启朱

宣和六年(1124年),罗从彦53岁,应学生朱松邀请,赴尤溪作《韦斋记》。六年之后,朱熹就诞生此屋。罗从彦的理学思想体现在政治观、道德观和修养论等方面的继承和发展上,他对儒家思想的继承发展,对道、释及法家批判性的吸收融合所形成的富有个性的静中观理学说,影响深远。朱熹以前见李侗先生云:"初问罗先生学《春秋》,觉说得自好。后看胡文定《春秋》,方知其说有未安处。"又云:"不知后来到罗浮山中静极后,见得又如何?某颇疑此说,以为《春秋》与'静'字不相干,何故须是静处方得工夫长进?后来方觉得这话好。盖义理自有着力看不出处。然此亦是后面事,初间亦须用力去理会,始得。若只靠着静后听他自长进,便却不得。然为学自有许多阶级,不可不知也。如某许多文字,便觉得有个吃力处,尚有这些病在。若还更得数年,不知又如何。"②朱子继承了罗从彦的"静中体验未发"的思想,并且用"敬"代替了"静",同时提出了于事上来解决"渺渺茫茫恐无下手处"的问题。后来朱熹评价罗从彦说:"龟山倡道东南,士之游其门者甚众。然潜思力行、任重诣极,惟仲素一人而已。""罗先生严毅清苦,殊可畏。"③冯梦得在《罗豫章先生遗稿序》中称:"豫章罗先生潜思力行,任重诣极,上接伊川、龟山之传,下授延平、晦庵(即朱熹)之学,东南学者未能或之先也。"朱熹自己在《祭李延平生先文》中也肯定地说:"道丧千载,两程勃兴。有的其绪,龟山是承。龟山之南,道则与俱。有觉其徒,望门以趋。唯得豫章,传得其宗……猗欤先生(李侗),果自得师。身世两忘,唯道是资。精义造约,穷深极微……熹也小生,总角趋拜。恭维先生,实共源派。"徐刚教授认为:"罗从彦与朱熹的政治管理思想的

---

① 黎靖德编:《朱子语类》,朱杰人等主编《朱子全书》第17册,上海:上海古籍出版社,合肥:安徽教育出版社,2002年,第3409页。
② 黎靖德编:《朱子语类》,朱杰人等主编《朱子全书》第17册,第3415页。
③ 黎靖德编:《朱子语类》,朱杰人等主编《朱子全书》第17册,第3408页。

关联,其内容还是比较广泛的,包括了政治管理、人才管理、军事战略思想、司法管理等方面存在内在逻辑性,反映了他们对国家、对民族较强烈的忧患意识。"①

(二)罗从彦的人格精神

要增加游客文化体验,就必须先讲好罗从彦的故事,领会罗从彦的三种精神:

一是静中观理,不恃德泽的精神。罗从彦学成回到沙县,绝意仕进,终日端坐静思,习研渊源伊洛的理学。他认为应当排除外界干扰,强调"心官"的作用,通过静坐澄心以体会万物之理,"绍兴壬子,为博罗县主簿兼尉,于罗浮山澄心静坐,穷天地万物之理,究古今事变之归,尤为切实"。② 他认为为政者必须加强道德修养、严格自律,"以民为本";官府应注重仁政和法治的统一,用人上必须"以德为先"等。他认为君子在朝则天下治,士之立朝要以正直、忠厚为本,人人都要活到老学到老,不能倚老卖老,欲立言必先立德。

二是严毅清苦,笃志求道的精神。他"少闻同郡杨时得河南程氏学,慨然慕之。时为萧山令,徒步往学焉"。③ 他提倡苦学,其好学精神体现在鬻田裹粮做旅费,至洛阳拜程颐为师。罗从彦录《龟山语录》云:第四卷《毗陵所闻》注说"辛卯七月,自沙县来,至十月去"。《萧山所闻》注云:"壬辰五月,又自沙县来,至八月去。""宣和元年戊戌,先生四十七岁,自京师归乡"。④ "先生濯缨亭用陈默堂韵有'十载犹缁京洛尘,归欤那复厕朝绅',则先生之往返于洛非一次,不必深辨"⑤,这些记载都反映了罗从彦一生求学的频繁。他的一生虽一贫如洗,家徒四壁,却认为"一贯清白之气不可不培"。他认为家财万贯,不如残书数卷的精神,可见其对精神的追求永远要重于对物质追求。

三是奥学清节、潜思力学的精神。"豫章贤祠"门前石柱上的一副楹联更

---

① 徐刚:《简述朱熹与罗从彦政治管理思想的五个连接点》,《朱子学刊》2005年1月。

② (清)宋广业:《罗浮山志会编》,康熙五十六年(1717年)刊本,成都:巴蜀书社,1994年,第256页。

③ (清)宋广业:《罗浮山志会编》,康熙五十六年(1717年)刊本,成都:巴蜀书社,1994年,第256页。

④ 毛念恃、文质罗:《豫章先生年谱》,北京图书馆编《北京图书馆藏珍本年谱丛刊》第21册,北京:图书馆出版社,1999年,第683页。

⑤ 毛念恃、文质罗:《豫章先生年谱》,北京图书馆编《北京图书馆藏珍本年谱丛刊》第21册,第681页。

有概括性,正所谓:"潜思力行懿德重八闽,奥学清节高风垂九州。"①罗从彦能做到孜孜以求,知行合一,这也是他能够获得儒家不传之秘的关键所在。

罗从彦先后在沙县的洞天岩、南斋书院讲学论道,弘扬理学。他的思想足以启迪后人。时至今日,罗从彦的这些思想仍有其重要的现实意义,传承好罗从彦倡导的家风对社会主义社会的精神文明建设显得尤为重要。

三、开辟罗从彦理学文化旅游点与旅游线路

闽北为理学名邦,留下了杨时、李侗、罗从彦、朱熹四贤理学文化遗迹,应当将这些理学文化遗迹整理出来,对中小学生开展研学旅行课程,对游客开发理学文化旅游产品。其做法:一是地方政府或旅游企业要新建、修缮一批罗从彦理学文化景区(点),并对游客开放。二是将罗从彦的理学文化遗迹与其他旅游资源串联,纳入理学文化旅游线路。进一步丰富和完善罗从彦旅游景点,特别是罗源罗从彦祠的文化内涵,丰富和完善旅游供给侧内涵。三是组织理学、旅游等方面的专家编写罗从彦理学文化的导游词和旅游地图,并印制一批发送到闽北所在地各旅行社和星级以上酒店,免费赠送关注罗从彦理学文化的游客,以扩大罗从彦旅游产品的知名度、美誉度。四是组建理学文化导游(讲解员)培训班,对导游员、讲解员进行理学文化景点(包括罗从彦景点)专题导游讲解培训,为接待来自各地的游客、研学旅行学员和嘉宾打好基础。五是开发罗从彦的旅游纪念品,如重新校对并出版《豫章文集》,设计印制带有罗从彦画像、名言警句的书签、书法作品、工艺美术品等,进一步丰富游客的旅游纪念品购物文化体验。

在罗从彦旅游资源比较分散的地方,如东坑乡罗源村,因豫章特祠与罗从彦墓地距离较远,可以结合本村的乡村旅游、生态旅游,强化资源统筹开发,满足游客更丰富的乡村旅游文化体验。针对本身就在景区的罗从彦遗迹,如冠豸山罗从彦相关摩崖题刻则可以巧借名山效应,由当地导游更加详细地介绍罗从彦生平事迹和理学文化的内容。针对在城市里的罗从彦书院、祠堂,则可以通过强化精品展馆的设计,通过更加丰富的图文和导游讲解形式,补充罗从彦的生平事迹和理学文化内涵,激发本地全域旅游供给侧的内生动力。对于一些已湮没无闻的遗迹,如沙县洞天岩是罗从彦诗咏中的内

---

① 罗超旻、罗从彦:《承前启后的闽学宗师》,《三明日报》2015 年 5 月 11 日。

容,则可对照历史文献的记载恢复亭台楼阁的原貌,增强景观的原生态和可视化。

总之,要振兴罗从彦理学文化旅游产品,要更加关注游客市场,更加关注游客的文化体验,也要依托所在地的自然资源和其他文化资源,建设精品旅游设施。还要融合罗从彦理学家、教育家风范,开发新型理学文化旅游产品;要深挖罗从彦理学文化资源,打造理学文化主题展馆。罗从彦理学文化旅游的开发只有注意其多元价值属性,发挥其振兴旅游经济的价值、增加文化体验的价值、社区参与治理的价值、城乡区域融合的价值,才能使罗从彦理学文化旅游产品可持续、高质量发展。

(作者单位:武夷学院旅游学院)

谈罗从彦思想对台湾罗氏宗亲的影响

◎ 罗氏馆

罗从彦,字仲素,号豫章,宋代南剑州剑浦县(今南平市延平区)罗源里人,徙居沙县。他是中华罗氏第一个从祀文庙的先贤。他一生勤勉好学,勤于著述,文化造诣精深,人格品德高尚,朱熹称其为"潜思力行,任重诣极"。他治学严谨,学识渊博,立论精微,一生著有《遵尧录》、《春秋指归》、《豫章集》、《中庸说》等论著,是宋朝著名的理学家和教育家。他逝世后,南宋理宗皇帝赐谥号"文质",明朝万历皇帝赐罗从彦从祀文庙,清康熙皇帝赐题"奥学清节"匾额以示表彰,乾隆皇帝钦准将罗从彦著作收进《四库全书》。

罗从彦在闽学形成和发展中的地位,不仅体现在师承关系上,更重要的是体现在政治观、道德观和修养论等方面的继承和发展上。在政治观方面,他从当时社会现实的需要出发,理解、接受和消化洛学,着重发挥二程(程颢、程颐)提倡的"圣人之道",抨击封建政治弊端和维护封建纲常。在道德观方面,他接受了重道德教化的观点,并针对当时吏治严重腐败的状况,着重强调当政者有加强道德修养和严格自律的必要性;在对外关系上,他坚决反对民族压迫,积极主张抗金,并为适应民族斗争的需要,大力提倡名节、忠义和廉耻道德风尚,具有较强的民族精神;在修养理论上,他强调"以主静为宗",继承了杨时"从容默会于幽闲静养之中,超然自得于书言意象之表"的传统,强调"静处观心尘不染,闲中稽古意尤深",构成了闽学"静养"的特征。

可以说,他的一些思想如民本思想、为政者必须加强道德修养、用人上必须"以德器为先"等,仍有其重要的现实意义,是中华文化资源宝库中的重要财富,值得我们不断继承和发扬。

罗从彦的思想文化不仅在闽北、在福建、在大陆各地都有深远的影响,而且也深深影响了台湾地区罗氏宗亲。罗从彦在罗氏宗亲中有极高的名望和历史地位。2004年,沙县罗氏宗亲代表参加在马来西亚召开的第十一届世界赖罗傅宗亲联谊大会,结识了台湾赖罗傅宗亲总会理事长罗丰裕等代表,开启了沙县和台湾罗氏宗亲的交流往来。

自明末清初以来,罗氏先民从闽南一带播迁到台湾,繁衍至今,已有罗姓人口15万余人。清乾隆六十年(1795年),台湾南部几位先贤共同发起组织并出资在桃园县成立"仲素祭祀公业",奉福建宋代大儒罗从彦为共同先祖,年年举行祭祀活动,联络宗亲情谊。他们并用青铜铸成"仲素公炉",上刻"罗氏祖仲素公"、"裔孙永远奉祀",在台湾地区各市县轮流祭祀,历经十数世,从不间断。此后又确定每年"冬至"前二日举办以祭祀仲素公为主的祭祖聚会,原称"仲素公祀",逐渐演变为"冬至会",是台湾罗氏宗亲的共同祭祖日,其共同的祭祀组织正式登记为"祭祀公业罗仲素"。

据台湾宗亲介绍,按照台湾的习俗,对先祖不能直呼其名,只能称字或号。由于历经数百年,渐渐地就把先祖罗从彦的名字忘了,只知先祖是仲素公。直到20世纪八九十年代才从各种资料中知悉仲素公的真名就是罗从彦,祖籍福建省,才开始了到大陆寻祖访亲交流活动。正如台湾赖罗傅宗亲总会理事长罗丰裕在沙县纪念罗从彦诞辰940周年大会上深情地说:"我们先祖几百年前由沙县辗转移民到台湾,筚路蓝缕,拓荒创业已有数百年历史,今天我们回到老祖宗的故乡沙县。"

台湾原先由几位罗氏先贤发起的祭祀组织,历经数百年,发展成联谊宗亲,传承子孙,尊儒敬祖,尊崇先祖大儒罗仲素(即罗从彦),彰显同宗乡谊族亲团结合作的民间社团,成为传承中华传统文化的平台,足见罗从彦的思想文化在台湾罗氏宗亲中的影响之巨大。

罗从彦的思想文化把台湾罗氏宗亲,甚至赖罗傅宗亲紧密地团结起来,共同奋斗,建设美好家园。尽管台湾罗氏宗亲中有很大部分不是豫章先生的直系裔孙,但他们都共同敬奉豫章先生为先祖,这是一种典型的文化先祖,就如同中华民族共同奉黄帝、炎帝为人文先祖一样。两岸的文化虽然有所不同,但都来自同样一个源头,追根溯源,都可以找到联系我们血脉的亲情。

近年来,台湾罗氏宗亲和沙县罗氏宗亲的交流越来越频繁。2004年12月,沙县成立了罗从彦文化研究会,台湾宗亲组团来参加了学术研讨会。第一次在罗从彦的祖地祭拜了先祖,开启了沙县和台湾罗氏宗亲文化亲情交流的局面。之后,沙县和台湾罗氏宗亲交往越来越频繁,相互组织宗亲文化交流祭祖访亲团,互访互动。沙县罗氏宗亲到台湾交流访问期间,每到一处都深受罗氏宗亲的热烈欢迎。台湾罗氏宗亲把沙县宗亲称作来自老祖宗家乡的亲人,体现了两岸同宗同源、血浓于水的亲情。

  2012年10月,台湾、金门罗氏宗亲组织了有150余人的罗从彦文化交流团,应邀来沙县参加纪念罗从彦诞辰940周年活动,受到沙县县委、县政府和罗氏宗亲的盛情接待。三天的时间分别参加了祭祖盛典、全县纪念大会、两岸祖地文化交流座谈会、诗作书画展、专场文艺演出,游览了老祖宗故乡的名胜古迹、科技园、小吃文化城。沙县党政领导和广大干部群众与台湾宗亲共同缅怀先贤先祖罗从彦之祖德,正是罗从彦这面理学大家的大旗把沙县和福建各地的罗氏宗亲同台湾的罗氏宗亲的心紧紧地连在一起,生动地体现了沙县和台湾罗氏宗亲同系一脉。

  两岸宗亲共同传承先贤先祖罗从彦的思想文化,密切往来互访,必将起到推动两岸民间的文化交流。两岸宗亲也将秉承祖志,进一步增强联谊,相互往来常态化,加强文化交流,传承传统文化,促进经济和文化等各方面的交流与合作,为推动祖国和平统一发挥应有的作用。

(作者单位:沙县罗从彦纪念馆)

浅谈明溪四贤祠与客家民性

◎ 王必金　王贵明

明溪祀"四贤"的祠有三座。四贤祠是祭祀宋儒杨时、罗从彦、李侗、朱熹神灵之所,也是明溪客家人崇儒明理的一个缩影。"四贤"中有三贤出生在三明客家祖域,他们在客家和客家邻近地区办书院,著书立说,使得理学在客家地区能够深入人心。四贤的"天理观"与客家"讲良心,说道德"的民性相辅相成,体现理学与客家人"讲良心,说道德"的民性。它是当今涵养社会主义核心价值观的中华民族优秀传统文化和提高客家优良民性,为实现中华民族伟大复兴的中国梦的潜在源泉。

一、四贤祠展示出明溪祠庙的特色文化

明溪县东龙湖有龟山祠,瀚溪有四贤堂,县东城内有乡贤、名宦祠,县城北峨嵋山下有四贤祠。四贤堂,明成化元年(1465年),里人揭文俊建,以奉杨龟山、罗从彦、李延平、朱晦庵四贤。龟山祠,明崇祯七年(1634年)知府笪继良、知县杨鼎甲建,祀宋代理学家杨时。康熙十一年(1672年),知县黄易改创文庙,知县王国脉捐资落成之,仍"立祠祀龟山于其右"。[①] 明溪县东城内乡贤、名宦祠,知县杨缙创建,祀杨龟山、罗豫章、李延平、朱晦庵。

据史料记载:"正德十年(1515年)乙亥,续蒙巡按福建监察御史张按临,缙以是备由申请,遂获允焉。随命匠刊木度地,鸠工于本年四月初十日壬子,落成于是年八月初三日丙寅。内正厅五间,外仪门五间,左右厢厅各一间。

---

① （清）康熙《归化县志》卷之五,《祀典》。

酌协时制，不高以僭，不卑以隘，不华而靡，不费而奢。襟山带水，背藏面仁。以正厅中间为一龛，奉安四位乡贤神主。以左右两间各为一龛，附置列位名宦神主。于祭山川后一日，给领前项定派银两，备物式陈明荐。此归化乡贤、名宦之祭由此始也。""缙于归化立祠以祭乡贤、名宦者，则别有一种意义。如龟山杨公时者，其世系将乐，彼固有祠以祭矣。吾治有里曰兴善、中和，原由将乐分拨，其间杨公之遗祠故基、族派俱存。故为杨公立祠以祭者，良有所自，非谄也。豫章罗公仲素者，其谱系沙县，彼固有庙以祀矣。吾邑有里曰沙阳，原属沙县裁割，其中罗公之族姓、宗祀故址咸在。故为罗公立祠以祀者厥有所本，非僭也。若乃李之延平，相距咫尺，受学豫章罗公之门，尝往来吾治境内者。朱之元晦领簿同安，亲炙延平李公之教，亦曾历访杨、罗二公者，是虽先后殊时，皆神交默契，有功于吾道，庙食宜在所同，自不容于相离也。此四贤之所以祭者，其始末之由盖如此。""缙为四贤与诸公立祠焉，实义举也，亦实厚风俗、扶世教所由关也。殆见由今而能继以续，与县相为悠久矣。祭报之祀，岂有已哉？缙忘固陋，谨述始末之详，刻诸石，俾后之君子知立祠所自。若夫发扬潜德，模写丰功，则尚有赖于他日之名公焉。"①

又据明代林泮的《归化县乡贤名宦祠记》记载："祠中堂祀杨龟山、罗豫章、李延平、朱晦庵四先生。盖龟山产兴善里，得程门之学；豫章产沙阳里，得龟山之传。延平学于豫章，晦庵学于延平，常往返此地，又为讲道之乡也，祠而祀之，孰云非宜？""夫道学诸儒，接孔孟正传以觉来学，诸名宦能维新治化，以淑民心。则祠祀之举，其有关于风教，岂小补云乎哉！"清雍正十一年（1733年）建"四贤祠，在北城外峨嵋山下，祀杨龟山、罗豫章、李延平、朱紫阳四先生"。②

从以上志书不难看出，"四贤"与明溪客家关系密切。四贤倡道东南，海滨邹鲁，闽学学脉源流，对理学形成发展有着重要的作用。四贤精神个性的共同点是"爱乡爱国，尊师重教，刚正不阿"，与客家精神相映生辉。因此，明溪客家祭祀四贤，缅怀四贤。

三座祀四贤的祠宇每年春秋均二祭，几百年，经久不息。

---

① 明正德知县杨缙撰：《归化县新创乡贤名宦祠堂·序》，民国《明溪县志》卷一〇。
② （民国）《明溪县志》卷一〇，《建置志·祠庙》。

二、四贤的"天理"观与客家"讲良心,说道德"的民性相辅相成

河洛理学经历杨时、罗从彦、李侗、朱熹四代师承,终成以理学集大成者朱熹为代表的闽学。所以杨时与罗从彦、李侗、朱熹并称"闽学四贤"。宋代理学与客家有着直接或间接的联系,宋代理学的开拓者周敦颐曾在赣南纯客家地区先后两次为官,长达七年之久。著书立说,作《太极图》、《通书》,推衍阴阳五行之理。杨时、罗从彦、李侗、朱熹也都在客家和客家邻近地区开办书院,著书立说,直接或间接地影响客家地区。这表明客家人接受四贤理学思想有着得天独厚的条件。

程朱理学是继承孔孟、专讲义理性命的新儒学,也是宋代中华优秀文化的核心。理学涵养人与自然关系,人类社会关系,每个人自身完善的永恒价值。程朱理学思想体系的核心是"理",这个"理"涵盖两个主要方面:一是指宇宙自然事物的法则及其规律;二是指人性的伦理道德,即"天理"在人内心的体现。四贤倡导天理观,并认为格物穷理是认识客观世界的途径。格物穷理才能认识自然界和人类社会统一的天理。程朱理学还强调"正心诚意",认为"要做到诚意、正心,就必须去除一切私心杂念。诚意是去除得里面许多私意,正心是去除得外面许多私意;诚意是检查于隐微之际,正心是体验于事物之间"。

客家人认为天理是符合自然界和人类生存繁衍的最高则理。"天理"就是本然之善性,崇尚儒家仁、义、礼、智、信的纲常伦理。在思想观念上,客家人经常挂在嘴边的一句话是"天理良心"。无论是明辨是非,还是表示清白都喜欢用这句话。此外,客家人还喜欢"循理",重在以"理"来统一思想。怎样做到"明理",客家专有一个词"知书达理",即以读书来"明理"。而这个"理"字又恰是四贤理学的一个核心概念。

客家人认为"良心"就是"正心、诚心",涵盖仁、义、礼、智、信的纲常伦理。明理才有良心。做人要讲"天理",要讲良心。客家人强调从小就要进行良心教育,接受良心的感染,良心的熏陶。客家人的小孩刚能听懂大人讲话,妈妈就嘱咐做个有良心的人,不拿别人的东西,不践踏庄稼苗,不欺负比自己小的、弱的,要同情穷人,有恩必报,积德行善。客家人又认为良心是一种对是非正确的内心判断,是关乎自己行为的良心发现,用真假、善恶、美丑来衡量

有没有良心。社会所有犯罪恶者,都是不讲良心、没有良心、昧良心的。社会所有善举也是由良心决定的,一个人终止做坏事是从良心泯灭到良心发现的过程。客家人还认为有没有良心,以及良心的多少,决定着人有没有正义感、责任感、同情感。正义感、责任感、同情感是客家人讲良心的准则,也是中华民族传统优秀文化的精华。

杨时为官清正,刚正不阿,弹劾权奸。如元祐八年(1093年),他任浏阳知县,时值该县受灾。为解救灾民,他写了《上程漕书》、《上提举议差役顾钱书》和《与州牧书》,向漕帅反映灾情,以请求赈灾,反而被漕帅以"不催积欠"罪而丢官。崇宁五年(1106年),杨时任余杭知县,当朝太师蔡京母亲的坟墓在余杭,蔡以风水之私利要在坟前设湖蓄水,借口便民。杨时实地查看后奏知朝廷,以小小知县为民请命、力拒权贵被调离。

李侗一生没有做过官,但"伤时忧国",他向学生灌输爱国爱民的思想。李侗写信对朱熹说:"讲和误国的权奸该骂,金人与我不共戴天,今日第一义。"绍兴三十二年(1162年),孝宗帝召朱熹进京陈述政见,朱熹在进京前专程请教李先生,面见皇帝时该说些什么。李先生嘱其上朝后应"首论《大学》之道;次言今日非战无以复仇,非宋以制胜;三论古圣王制敌之道"。这三点不仅道出了李侗学术之见,也反映了他抗金救国的正义感。

客家人讲责任感,"责任"沉重而神圣,做人处事要有责任心,著书立说也要有责任心。如罗从彦"专注理学为己任,无暇顾及举业。但他不以科场失利为念,仍致力对宗师理论的钻研。靖康元年(1126年),55岁的罗从彦终于完成《圣宋遵尧录》八卷,该书详尽地记载从宋代开国至靖康前一年,总计165年间历代'圣君贤臣'的重大活动,穿插著名学者的'释言'及自己的心得,或阐明道义,或讽谏时政,充分体现客家士人继承儒学传统,不论穷达都忧国忧民的精神个性"。[①] 罗从彦用"责任心"写在罗家祠堂的训词是:"吾家自祖宗流传以来,一段清白之气不可不培。盖金帛虽多,积之数十年必散;田宇虽广,遗之数十代亦亡。孰若残书数卷,贻之吾子吾孙,世世可以习之不朽。又孰若灵心一点,传之吾子吾孙,可以受用不尽。登斯堂者,各宜猛省。"

有良心才有同情感。客家讲同情心是天下最善良的心,是一切善事的诱因,好事的基础,也是当官的起码条件。

---

① 谢万陆:《客家文化孕育的精英——从杨时、罗从彦、朱熹的成长及思想看三明的族性特征》,《三明与客家》2012年第1期。

客家人讲做人要行善积德,与人为善;为官要爱民亲民,体察民情,为困难百姓排忧解难。如朱熹不仅是一个承先启后、综罗百代的大学者,而且是一个极具同情心的大善人。他从政甚短,共计不到九年。他家境困难,生活节俭,长期居住乡间。他了解百姓,熟悉百姓,对百姓有同情心。一有机会,他就为老百姓说话,为老百姓办好事。如宋孝宗乾道元年(1165年),他应诏上疏说:"天下之务莫大于恤民,而恤民之本在人君正心术以立纪纲。盖天下之纪纲不能以自立,必人主之心术公平正大,无偏党反侧之私,然后有所系而立。君心不能以自正,必亲贤臣,远小人,讲明义理之归,闭塞私邪之路,然后乃可得而正。"[①]再说他为老百姓办事,朱熹从政的九年间,同情百姓困苦,帮助百姓解难。他忧国忧民,查访民情,筹办赈款,减免赋税,助民渡荒。如他创办"社仓",解决百姓灾荒问题等。

三、四贤"天理"观与客家 "讲良心,说道德"的民性的现实意义

四贤"天理"观与客家"讲良心,说道德"的民性,经过历史长河千年的洗礼,体现出旺盛的生命力和现实意义。

(一)四贤"天理"观与客家"讲良心,说道德"的民性是中华民族优秀传统文化组成部分

中华民族是五千年的文明古国。习近平主席阐述:"博大精深的中华优秀传统文化是我们在世界文化激荡中站稳脚跟的根基。中华文化源远流长,积淀着中华民族最深层的精神追求,代表着中华民族独特的精神标识,为中华民族生生不息,发展壮大提供了丰厚滋养。中华传统美德是中华文化精髓蕴含着丰富的思想道德资源。"四贤"天理"观与客家人"讲良心,说道德"的民性是在传统文化中形成,在客家民系的形成中发展。"天理良心"深深地烙印在客家儿女的脑海里,不论身处天涯海角,都牢牢记在心。这就显示了"天理"观,"讲良心,说道德"的民性的民族凝聚力。人是发展之本,本之源是道德精神。

今天,我们弘扬社会主义核心价值观是以为人民服务为核心,大力弘扬

---

① (元)脱脱:《宋史》卷四二九,《朱熹》,北京:中华书局,1985年点校本,第12752页。

爱国主义、集体主义、社会主义和艰苦创业精神,加强社会公德、职业道德、家庭美德建设,引导人民树立建设有中国特色社会主义的共同理想和正确的世界观、人生观、价值观。四贤的"天理"观和客家"讲良心,说道德"的民性无疑是为社会主义道德建设注入新的生机和活力。

(二)四贤"天理"观与客家"讲良心,说道德"的民性是和谐社会的基础之一

和谐社会的建立有赖于法律和道德这两只轮子来调节社会利益的冲突和化解人与人的矛盾而和谐相处。法律制度是通过民主政治建立的,道德是建立在博大精深的中华优秀传统文化积淀基础上的。四贤"天理观"与客家"讲良心,说道德"是和谐社会的基础之一。

正义感、责任感、同情感是四贤"天理"观与客家"讲良心,说道德"的民性的具体体现,是中华民族的优良传统,是客家人文化的精华。当今,在旧社会恶习和西方无限度个人主义侵蚀下,社会道德滑坡,拜金主义、享乐主义和奢靡之风问题突出,影响和谐社会的建立。一个时代的变迁、利益的调整、新老价值观的冲撞,使"三感"淡化了,在一部分人当中甚至忘却了。

其实,现在社会更加需要"三感",人们更加呼唤"三感"。新现象、新弊端比过去多了,不公平、不公正的事不愿出头,不愿露面,不关自己的事不闻不问,而人们渴望有正义感的人,见不公时挺身而出;新问题、新困难比过去多了,贫富差别拉大,困难户弱势群体增加,人们盼望有同情感的人伸出援助之手。新岗位、新情况、新信息比过去多了,要不断调整自己,说服自己,不断平衡自己的心理,自身完善,才能弘扬正义感、责任感、同情感,促进社会和谐科学发展。

(三)四贤"天理"观与客家"讲良心,说道德"的民性是构建中西文化交流新的平台之一

江泽民同志在为《中国传统道德》一书所作的题词中指出:"弘扬中国古代优良道德传统和革命传统,吸取人类一切优秀道德成就,努力创造人类先进的精神文明。"四贤"天理"观与客家"讲良心,说道德"的民性是中西文化相融的信息点。西方文化在"三感"中表现尤为突出,如在《廊桥遗梦》中弗朗西斯卡准备与罗伯特金凯远走高飞时,她不愿舍弃家庭,她对家庭、子女的责任感,终于战胜了爱情。在复杂的矛盾心理中,她最终选择了维系家庭,两人痛

苦地分手了。故事证明责任的重要、责任的力量。《泰坦尼克号》的提琴手展示了高尚的职业责任,同时也体现了社会责任。船倾了,他们在拉小提琴;人跑了,他们仍在拉小提琴。甲板是他们的岗位,拉琴是他们的责任。同时,西方文化体现正义感、责任感、同情感的作品不胜枚举,也证明四贤的"天理"观与客家"讲良心,说道德"的民性与西方文化中的"三感"异曲同工。

今天,四贤"天理"观与客家"讲良心,说道德"的民性是中华优秀传统文化具有世界性的文化意义的展现,是中西文化相融的结合点,是构建科学发展和和谐的国际新秩序的新平台。

(作者单位:明溪县杨时文化研究会;明溪县沙溪乡党委)

罗从彦生平事迹与启示

◎ 杨思浩

2021年是罗从彦949周年诞辰。清明时节,我专程到延平区罗源村南山自然村罗从彦特祠调研,听取罗氏后代讲述其先祖罗从彦的生平伟绩。后又专程到延平区大片村黄漈自然村瞻仰拜谒一代宗师罗从彦的陵墓,该墓建在群山环抱、绿树成荫的山坳。罗从彦墓朴实无华,青绿淡雅,如同其一生清正廉洁、淡泊名利的高风亮节,令人高山仰止,敬重之至。对于罗从彦学术思想,学者论述很多,我就罗从彦生平事迹及其启示谈点自己的看法。

一

罗从彦于宋熙宁五年(1072年)出生,很小就随父母移居到宋时的南剑州剑浦县(今南平市延平区)罗源里篁路村。关于罗从彦出生地的问题,曾发生过好几场民间和官府的官司诉讼。明代,同属延平府的剑浦县和沙县,就罗从彦究竟是剑浦人还是沙县人有过激烈的争吵,缘于明万历四十二年(1614年)罗从彦与李侗同被朝廷核准崇祀文庙。因此,罗从彦声名大振,自然引发罗氏后人都争夺罗从彦为自己的祖先之战,这也在情理之中。罗从彦后裔究竟是延平支,还是沙县支?还得尊重事实、尊重历史。这场争执开始于元朝后期,高峰在明朝。原因如上所说。

罗从彦后裔到底在哪里繁衍发展?清康熙四十五年(1706年)四月,经福建提学沈涵极力疏请康熙皇帝,为延平四贤亲笔御书,杨时、李侗、朱熹所得御书均交到他们后裔手里,唯独罗从彦那份"奥学清节"的康熙御书,无法送达罗从彦后裔手中,暂存在南平县道南祠内。这也说明官府还是倾向于罗从彦后裔在剑浦之说，留在南平县保管，而没有交给沙县。

清嘉庆十八年(1813年)，罗家祠堂发生田产争夺战，其结果是延平府对府志、县志和延平罗源里《罗氏族谱》进行查核，又征求与罗从彦家族关系密切的杨时、李侗、朱熹三贤后裔，并经过十二次庭审，认定沙县人罗希濂诬告败诉，并判田产归剑浦县罗源里罗氏。庭判时，官方还特邀延平四贤中的杨时、李侗、朱熹后裔孙辈代表当堂见证。庭审判决后，还特将寄存在南平县道南祠的清康熙帝御书的"奥学清节"真迹，交给罗源里的罗从彦后裔子孙收藏。为避免再生事端，延平的罗氏在官府赎捐祠产和处理完罗家族内问题后，遵照官府判决后的意见，将判决书、祠产具体名称，以及李侗所撰写的《豫章先生墓志铭》等一并镌刻成《豫章先生田碑记》，保藏在延平罗源里的罗从彦特祠内，以供后人引证为戒。

据说这御书真迹"文革"前还保存在今延平区夏道镇篁路村，但因社会动乱遗失。现今石碑虽然不知去向，但延平罗氏后人还珍藏了一张《豫章先生田碑记》拓片，从而见证了罗家官司判决的准确性、严肃性和权威性。

二

从历史的角度，我们来看看罗从彦的真实、真诚、朴实而伟大的一生。罗从彦幼小就显示出他超人的"颖悟"，过人的智商。早年师从剑浦名士吴仪，在玉屏山藏春峡留下他们相师相教，互帮互助的美好传说。由于吴仪的引见介绍，罗从彦不远千里，徒步到萧山县拜见杨时。杨时，时年63岁，收了已41岁的罗从彦为自己的门生弟子，两人演绎了一段流芳百世的师生情谊和感人佳话。

杨时是北宋南剑州将乐县人，罗从彦是北宋南剑州剑浦县人。当罗从彦得知杨时是自己同邑乡亲时，欣喜若狂。这时，杨时已贬官到浙江萧山县任县令，罗从彦不顾不惑之年和体弱多病的身躯，毅然决定徒步千里，历尽艰辛赶到萧山县，参拜杨时为师。

杨时在一次讲授《易》中的"《乾》九四爻"时，提到"伊川先生讲解最好"，罗从彦铭记在心。为求取学问，他变卖自己的家产，凑资奔赴洛阳去拜见程颐。两人相见后，程颐坦诚地对罗从彦说："杨时已尽得我们二程理学真谛，你大可不必拜我为师。"于是罗从彦告别程颐老师重返萧山县，复拜杨时为师。杨时豁达大度，并无怪罪之意，罗从彦问道杨时，从一而终。

通过一段时间的学习,罗从彦对杨时渊博的学识由衷地钦佩,常对人说:"不至是,几虚过一生矣!"庆幸自己找到了资深道学的名师,否则几乎虚度此生。由于罗从彦严毅清苦,笃志求道,甚得杨时的赞赏。杨时虽弟子甚多,但他特别看重罗从彦,认为"惟从彦可与言道"。朱熹对罗从彦追随杨时给予很高评价:"龟山倡道东南,士之游其门者甚众。然潜思力行、任重诣极如仲素,一人而已。"这足见他们之间的师生情谊是何等深厚!

杨时授课表现出的过人智慧,也深深影响和感染了罗从彦。他在教导学生时,不急于把自己的观点强加给弟子,总是引经据典,由浅入深,诱导他们去提问、思考和解惑,然后逐步接受老师的观点。这种循循善诱的教学方法为罗从彦所认同。罗从彦又言传身教给其弟子李侗,李侗正是用了此教法,引导朱熹接受"二程"理学,完成了"逃惮归儒"的思想转变,从而集理学之大成。无怪乎清代于辰在《李延平先生祠碑记》中说:"故有龟山不可无豫章,有豫章不可无延平,无延平,是无朱子也。"罗从彦上承杨时,下启李侗,是闽学发展史上承上启下的关键人物。也可以说,如果没有道南学派的创立,没有南剑三先生的出现,就不可能有后来朱熹闽学的创立。

罗从彦的代表作《遵尧录》,其宗旨是想通过论述祖宗故事、祖宗法度、祖宗家法达到遵从尧舜禹汤之治,反对霸道。虽罗从彦《遵尧录》在当时未达到目的,但对社会、对后人有着深刻的教育意义。他认为君心正,百官正,立朝为官要以正直与忠厚为本,二者不可偏废。他还认为出仕为官,既要讲忠义,又要讲名节。他把名节放在立身之本的高度来认识,意义十分深远。

罗从彦作为伟大的教育家,除了授徒讲学外,还著书立说,撰写了许多很有历史价值的论著,例如《语孟师说》、《遵尧录》、《台衡录》、《中庸说》、《诗解录》、《春秋解》、《春秋指归》、《春秋释例》、《议论要语》、《诸儒议论》、《龟山先生语录》、《二程语录》、《问答》等,极大丰富了中华民族的学术宝库。

三

罗从彦留下的不少诗文,是我国文学界的又一瑰宝。我们打开《豫章文集》,浏览罗从彦的诗作,许多首诗都充满人生哲理与生活情趣,令人阅后叹为观止。如《观书有成》:"静处观心尘不染,闲中稽古意尤深。周诚程敬应粗会,奥理休从此外寻。"诗中充分表达了罗从彦对先师周敦颐和程颐静心专注研究学问精神大加赞赏。他十分认可天地人生的道理皆是在静处默思中才获得的,没有其他捷径可走的这一哲理。又如他的《示书生》:"知行蹊径固非艰,舟在操存养性间。此道悟来随寓见,一毫物欲敢相关。"诗中的字里行间充满哲理,要想做到知行合一,必须加强自身道德修养,只有这样才能对事物洞察一切,才能不被事物的表象和人的欲望所迷惑。罗从彦的这一道德修养观对当今社会还是很有教育意义的。

又如罗从彦的《送延年行》:"圣言天远海潭潭,独在潜心久泳涵。猥念百家非己好,妄将一贯与君谈。贤如赐也才知二,学若陈亢只得三。此道悟来因自足,却随鹏鸟话图南。"诗中罗从彦勉励弟子李侗要专心致志,痴心不渝钻研理学,并再三告诫李侗理无专在,学无止境。他把以诗寓理发挥得淋漓尽致。这也是罗从彦教书育人和寓理于诗手法的独到之处。

罗从彦深知读书才能明理,读书才能修身,读书才能齐家、治国、平天下的重要性。于是,他以诗文的形式,为罗氏祠堂壁上写下感人肺腑的一段话:"吾家自祖宗流传以来,一道清白之气不可不培。盖金帛虽多,积数十年必散;田宇虽广,遗数十代亦亡。孰若残书数卷,贻之吾子吾孙,世世可以习之不朽。又孰若灵心一点,传之吾子吾孙,可以受用不尽。登斯堂者,各宜猛省。"这是罗从彦对其弟子和子孙,用"诗书传家"的方式来教育人的生动体现。

四

罗从彦用闽学的观点抨击社会腐败,引导世人认识到自我品德修养和严格要求自己的必要性。他坚决反对民族压迫,坚持抗金收复中原的立场始终不变。他积极倡导忠君报国,礼义廉耻的道德风尚。这与我们当代社会积极主张的反腐倡廉、勤政爱民,以及加强对党员和领导干部的执政为民和清正廉洁有着积极的意义。

罗从彦一生清贫如洗,以教书育人为己任,致力学问的一生,值得我们学习。我们要把教书育人的口号化为言传身教、亲力亲为的行动。我们今天讲罗从彦的不朽人生,就是要学习他始终如一的求知精神;就是要学习他亲力亲为,言传身教,执着追求;就是要学习他循循善诱,循序渐进的教学方式;就是要学习他严谨笔耕,因人施教的教学风范,为扭转当今社会不良教风和文风,拨乱反正,为人民教育事业的振兴而鞠躬尽瘁的精神。

杨时早罗从彦出生22年,但他们都在南宋绍兴五年(1135年)同年去世。

在传道时间上，罗从彦无法与杨时相比，但是在传道地点上，罗从彦占绝对优势。因为在北宋政和六年（1116年），杨时载道南归时，人不在福建，而是在无锡创办东林书院。可以这样说，杨时是在"倡道东南"，而倡道八闽的事是交给其弟子罗从彦去操持的，此事可见罗从彦祠堂内的一副对联："豫章闽北无双士，道统南来第二家。"这就认定罗从彦是杨时之后传道第二人，足见他们师生之间在传道上配合是何等默契啊！

最后，我们引用理学大师朱熹的一首诗"龟山之南，道则与俱。有觉其徒，望门以趋。唯时豫章，传得其宗。一箪一瓢，凛然高风"来概括杨时与罗从彦薪火相传的不朽功绩和志同道合的师生情谊，及其罗从彦先生的高风亮节和优秀品德。

（作者单位：福建省姓氏源流研究会杨氏委员会）

罗从彦生平事迹考略

◎ 饶建华

罗从彦于北宋熙宁五年（1072年）正月十五日出生。据罗延年撰的《豫章先生行状》云："母质之父，父云：'士而美者，彦也。持璧，璧洁而素也。儿既居仲，盍名从彦？字素，而冠以仲乎？'"因而取名从彦，字仲素。罗从彦幼时天资颖悟，匍匐时动作机敏。稍长，记忆力、理解力强，其父亲自课读。十岁能赋诗，深得父母钟爱。待人接物和蔼可亲，友爱甚笃，颇得族人嘉许。

据考，豫章先生的远祖罗京成，原籍江西南昌后洋刷水人，唐末后梁开平三年（909年）随闽王王审知入闽，定居南剑州剑浦县（今南平市延平区）城郊。三传罗文弼（字台浦，号善公），迁剑浦县罗源里篁乡（今南平市延平区夏道镇篁路村）后山开基，后人称此地为罗篁。罗文弼辟田百顷，罗氏族人追溯其为剑中始祖。又据《罗氏宗谱》记载，罗从彦的祖父罗世南，又往南搬迁到杜溪里儒岭窠（今南平市延平区太平镇儒罗村）创基。其父罗神继（字志绳），娶本村尤氏为妻，生三子，从奇、从彦、从龙。罗从彦出生后三日，迁居至罗源里，距罗氏祖居地罗篁仅6公里。

罗从彦13岁时，往延平城东藏春峡就学于吴仪（号审律先生），与杨时的女婿陈渊及陈默堂、廖仲辰为同窗学友。罗从彦性格好静，勤学好问，有"学究往往避席于先生"的记载。后来，罗从彦闻同郡杨时（号龟山）得程氏河洛渊源，即于宋元祐五年（1090年）到将乐含云寺拜杨时为师。他听课三日，见师学渊源，理学深奥，不觉惊汗浃背曰："不至是，几虚一生矣！"因"笃志求道"，两年后又"鬻田裹粮，往洛见伊川"，尽得不传之秘。六年学成回归时，伊川先生目送曰："吾道复南矣！"

宋徽宗崇宁三年（1104年），罗从彦为了生计，接受挚友陈默堂的敦请，赴沙县讲学，筑舍于县西五里许的洞天岩。此地林壑幽美，风景宜人，"寄傲轩"乃从彦藏修处，有"颜乐斋"等名胜。他授课之余，与默堂唱和吟咏，赋诗怡情。罗从彦在《寄傲轩》中曰："自嗟踽踽复凉凉，糊口安能仰四方。目送归鸿心自远，门堪罗雀日偏长。家徒四壁樽浮绿，户侯千头橘又黄。我醉欲眠卿且去，肯陪俗客语羲皇。"默堂和之曰："南窗争似北窗凉，寄傲乘风各有方。俯仰尚嫌天地窄，卷舒岂计古今长。酒堪盏里浮醅绿，菊采篱边满眼黄。万事醉趁来俱醒，时飞清梦到羲皇。"在沙县洞天岩讲学，罗从彦学问之渊博，讲解精辟，得到学者的褒勉。故陈渊称赞曰："自吾友仲素，日闻所未闻。奥学清节，真南州之冠冕也。"

北宋政和二年（1112年），罗从彦携干粮，自担行李，徒步到浙江萧山拜见龟山先生。罗从彦尝谒龟山先生于将东小溪上，陶陶吟咏，充然自得云："清滨恍察，问津者谁。狂波澎湃，梁木其萎。流中胡砥，其挽予以归。"他一生讲学，而无意仕进，前后26年，追随龟山先生。

政和六年（1116年），罗从彦在故里罗源峡创建"南斋书院"，收延平李侗、婺源朱松等为学生。其书斋曰儒林阁。他常与李侗静坐，以体认天地万物之理。他在《观书有感》诗中写道："静处观心尘不染，闲中稽古意犹深。周诚程敬应粗会，奥学休从此外寻。"在题《勉李愿中》诗五首中曰：

圣道由来自坦夷，休迷佛学惑他歧。
死灰槁木浑无用，缘置心官不肯思。

不闻鸡犬闹桑麻，仁宅安居是我家。
耕种情田勤礼义，眼前风物任繁华。

今古乾坤共此身，安身须是且安民。
临深履薄缘何事，只恐操心近矢人。

彩笔书空空不染，利刀割水水无痕。
人心但得如空水，与物自然无怨恩。

权门来往绝行踪，一片闲云过九峰。
不似在家贫亦好，水边林下养疏慵。

从宣和元年(1119年)到靖康元年(1126年)十月秋,罗从彦完成四万余言的《遵尧录》,是他理论思想的著作。

宋高宗绍兴二年(1132年),罗从彦61岁,以特奏及第,授广东博罗主簿。当年八月赴任,时广州州学成立,太守周侯绾授命罗从彦培育诸生,选择瑰奇灵秀、气象万千的罗浮山为讲学之地。从此,南国理学崛起。不料次年季冬,罗从彦之子罗敦叙病故,儿媳林氏又有遗腹。豫章先生忍受极大悲痛,呕心沥血,坚持讲学。三年任满,他于绍兴五年(1135年)自广东而归,至汀州武平,得病三日,衣冠就寝而卒,终年64岁。南宋理宗淳祐七年(1247年)十月圣旨制书颁下,追赐谥号"文质",故后人尊称罗从彦为"文质公"。

据民国《南平县志·名胜志》记载:"先儒罗从彦墓,在罗源里黄漈,宋郡守刘永(允)济刻志,吴宗尧有祭文。""罗豫章先生晚就特科,授惠州博罗主簿,卒于官。赖其族人罗友为惠州判官,遣人扶护以归。至汀,遇寇窃发,寄藏于郡之开元寺。门人李愿中始为归葬于本郡,母夫人坟之侧。"吴宗尧是明代益都知县、滇南后学,其《祭先儒罗从彦墓文》亦说:"罗先生严毅清苦,箪瓢隐居。逾耆就官,仅一主簿。丧不能还,族人罗友判惠,特护以还。抵汀值寇,旅榇刹中。又数年,门人李先生侗,始归葬罗源黄漈坑之麓。"这里所说的罗友是罗从彦四叔罗神熹之子,也就是罗从彦的堂弟,时任广东惠州判官。

绍兴十年(1140年),李侗与罗从彦的继子罗公永,将其灵柩归葬故里罗源黄漈之原(今延平区水南上地村)。李侗为之写了《豫章罗先生墓志铭》。此墓志铭曰:

越剑州罗源之乡,出十有五里许,为黄漈之阳。有兆焉,乃藏宋大儒罗先生者也。其向丁癸,其脉迢递,其形委蛇而蜿蜒,其林木苍茨而森葳,其环拱苞灵而孕粹,美哉佳兆乎!先生于侗,逊长于一日,实则沆瀣一气焉。梦楹之夕,敦匠执绋之举,侗既不能以不肖供其役。今幸得偕先生继嗣,求之汀之武邑,归先生柩而穸之。……郁芊佳城,峰峦峥嵘。藏先生魄,用莫于宁。丰槁木秀,曲阜草青。儒文道脉,日皎星晶。参苓孕粹,桃李储精。云封黯黯,雨化零零。躯返于穸,神昭于明。勒铭铭石,万古仪型。

此墓志铭勒石碑立墓旁,"文革"时被毁。

朱熹出生于南剑州属邑尤溪,与上述三先生同郡,在道南学派中一脉相承。朱熹曾说:"杨时倡道东南,士之游其门者甚众。然潜思力行,任重诣极,如仲素一人而已。"后人评价罗从彦对闽学发展的贡献时，概括为一句话："他以'潜思力行，任重诣极'而著称，是闽学发展中的一位承先启后的人物。"故有建于宋瑞平年间的延平府学内的先贤祠，祀 24 位乡贤，其中有杨时、罗从彦、李侗。建于宋绍兴年间的延平府学大成殿后的四贤堂，祀道南学者杨时、罗从彦、李侗、朱熹。南平的道南祠、四贤书院、峡阳屏山书院等，都是杨时、罗从彦、李侗、朱熹合祀一祠。

南宋礼部尚书冯梦得作《罗豫章先生遗稿序》，其中曰："考文质先生，居罗源里，晚年乃为博罗尉。"罗从彦的履历简单，冯梦得只用两句话就概括出他生平的两个阶段：一居罗源里，二晚年外出为官。查史料得知，罗从彦居罗源里是 60 岁之前，为博罗尉是 61 岁之后。而居罗源里时，罗从彦到过将乐、萧山、洛阳求学，也到过沙县讲学。南宋建炎二年（1128 年）至绍兴元年（1131 年），年近花甲的罗从彦还到过连城冠豸山讲学。峰前"仰止亭"又名"儒林亭"，乃从彦讲学遗址。"仰止亭"对面有"壁立千仞"四字，乃豫章先生手迹。

南宋著名藏书家陈振孙在《直斋书录解题》中说："从彦师事杨时，而李侗又师事从彦，此所谓南剑三先生者也。"宋咸淳六年（1270 年）农历十二月五日，建安黄大任在遗集跋中也说："考亭集濂洛之大成，所传闻者龟山，所闻者豫章，所见者延平。三先生皆剑津人。"

明弘治年间（1488—1505 年），延平府拨官费在南平罗源峡兴建罗豫章先生特祠，官拨田产以供祭祀之需。罗从彦特祠，坐北朝南，在罗源里南山，占地约 300 平方米，分前、中、后三殿，前殿为大门坊，中为书楼两层，后为像堂，像堂中央神龛原有一尊豫章先生塑像。大门前左侧有一座六角亭，亭中原立"豫章罗先生墓文"石碑。仪门额"罗先生祠"，乃提督学政李钟峨手书。御书楼额"尼山正脉"为南邑令苏渭生手迹，像堂额"东南道脉"则为福建巡抚王士任题词。罗从彦特祠附近原有罗从彦讲学的南斋书院等遗迹，可惜的是除丹桂外，现皆不存，仅知大约的位置。"儒罗"、"儒岭窠"、"罗源"等地均因罗从彦大儒而得名。

明万历年间（1573—1619 年），福建巡抚徐学聚、巡按方良彦、福建督学熊尚文等屡经请从祀议，得吏部侍郎翁正春、翰林学士孙慎行又以从祀议具题。于明神宗万历四十二年（1614 年）六月奉圣旨，赐予从祀文庙东庑先儒之位，称"先儒罗子"。清康熙四十五年（1706 年），康熙帝亲笔御书"奥学清节"一匾，悬挂于罗从彦特祠中堂，以昭后人。

南山是罗从彦生活、成长的地方。《八闽通志》总纂黄仲昭说："南山，在罗源里。宋罗从彦家其下。"延平郡守范来贤详细论述了创建罗从彦特祠的初旨:"我国家崇德报功,既敕建道南祠于郡,合而祀之矣。乃先后长吏,复即诸先生讲授之地特祠之。盖爱其人,怀其迹,无穷思也。"范来贤还详细记述了创建、重修此祠的经过:正德初,新淦罗环任延平判官,自称与罗从彦同出豫章一系,"访其遗躅甚勤,即后山之址。赞郡守邹公始创为先生今祠"。嘉靖三十五年(1556年)五月三日,时任延平郡守的范来贤重修,六月二十六日落成,九月作《重修豫章先生罗源祠记》,称罗源里是"千载神游之地"。万历二十八年(1600年)、四十年(1612年)和清康熙四十五年(1706年)、五十七年(1718年),乾隆十三年(1748年)等五次重修重建。黄仲昭证实杜溪里有"豫章罗文质公祠,在府城东南杜溪里,祀宋儒罗从彦","杜溪"是延平区的一条河流,《八闽通志》载:"杜溪,发源自坑柄岭下。十里汇流入崇仁里,又四十里至水东口。"而"杜溪里"是延平的行政区划,《南平地名录》载:"炉下,古称杜溪里。"古有"是三先生者,皆剑产也"的说法。

在明清两朝,延平府还有由地方官府兴建的豫章书院、延平书院、道南书院、四贤书院,府学、县学文庙等专祀或者合祀先贤罗从彦的场所。杨时、罗从彦、李侗、朱熹"延平四贤"均从祀于孔子庙庭。他们都是闽北南剑州(元、明、清时改称延平府)的光荣,亦是全福建历史人文最值得称道的。

民国《南平县志》的《艺文》载,清朝督学沈涵撰《重修豫章罗先生祠碑记》云:"涵既疏,御书褒赐延津诸儒,以今年春正月颁赐至闽。而豫章罗先生得'奥学清节'四字,与杨、李二先生四额,并悬于郡城之道南祠,邦人称盛事焉。"

(作者单位:南平市民俗学会)

延平《罗氏族谱》中的宋元文献及其史料价值

◎ 陈利华

作为宋明理学中的重要一员,罗从彦(1072—1135年)在学术上的地位确定已然清晰明了,毋庸置疑。但是围绕着罗从彦"地籍"和"脉系"所出现的笔墨争执,却从元代中后期一直延续至今,令一些"不堪明辨"的文人、学者且写且说,贻误正听。对此纷乱不清的"迷性生平",笔者认为如果一方的证据发现已然是铁板钉钉、可廓清的话,那么,"拨乱反正"就应该成为每一个文人、学者所谨慎遵循的不二法则。

近年来,笔者在搜集、翻阅延平民间族谱的过程中,有幸获见了一些有关罗从彦生平、脉系的珍贵记载。这些记载不仅可以帮助研究者从以往人们所忽视的角度来弄清罗从彦的生平经历和地籍归属,更可以帮助研究者建立起对于福建宋明理学人物的进一步认知。然而限于篇幅要求,本文仅就延平《罗氏族谱》存有的几篇不为外界所知的宋元文献及其史料价值做一简要介绍。

一、延平《罗氏宗谱》简介

珍藏于南平市延平区篁路村、儒罗村的两版《罗氏宗谱》,由罗从彦的五世孙罗良佐(1207—1278年)初修于南宋淳祐九年(1249年)九月,罗从彦的十世孙罗逢源重修于明宣德七年(1432年),罗从彦的十八世孙罗邦璋续修于明天启二年(1622年)。其后多次增补,最后重修于公元1984年,是最能说明罗从彦生平的珍贵资料。本文所用儒罗村藏的《罗氏宗谱》,为线装抄本,长27.3厘米,宽23.8厘米,厚1.5厘米,共90页,全部用小楷手工书写,无边框、行格,封面及边缘有较为严重的破损和虫蛀。谱首的序、跋字体稍大,均为半页10行,每行20字。其后的正文部分字体稍小,均为半页12行,每行24字。

这本历尽沧桑的泛黄宗谱,依次可见的内容为:《罗氏宗谱跋》、《罗氏宗谱序》(罗从彦门人李侗之姻亲吴一鸣撰)、《又序》(罗从彦五世孙罗良佐之眷弟杨文缙撰)、《罗氏重修谱序》(罗从彦十世孙罗逢源重修时撰)、《罗氏得姓考》(罗良佐撰)、《豫章文质公为元祖序》(罗良佐撰)、《宗谱凡例》、《文质公谥诰》、《卓二公户帖》、《元祖豫章文质公行传》、《第二世祖敦叙公行实》、《第三世祖振宗公行实》……《第八世祖卓二公行实》、《第九世祖努公行实》、各世祖画像(9页)、《元祖文质公赞》、《二世祖敦叙公赞》……《八世祖卓二公赞》、《九世祖努公赞》、各世祖墓图(9页)、《元祖文质公行状》(罗从彦门人延年撰)、《豫章先生墓志》(罗从彦门人李侗撰)、《二世祖敦叙公墓志》(罗从彦门人朱松撰)、《附二世叔祖公永墓志》、《第三世祖振宗公墓志》、《第四世祖锦公墓志》、《第五世祖良佐公行状》、《第五世祖良佐公墓志》、《第六世祖鼎公行状》、《第六世祖鼎公墓志》、《第七世祖英公行状》、《第七世祖英公墓志》、《第八世祖卓二公行状》、《第八世祖卓二公墓志》、《第九世祖努公行状》、《第九世祖努公墓志》、《前世系》(1页)、《宗枝图》(10页)。其中可堪弥补宋元文献对于罗从彦生平论述不足的载录主要有《元祖文质公赞》、《文质公谥诰》、《元祖文质公行状》、《元祖豫章文质公行状》、《豫章先生墓志》和《二世祖敦叙公墓志》等。

二、《元祖文质公赞》

宗谱中的《元祖文质公赞》,依次抄录有陈渊(友人,字默堂)、李侗(门人,字愿中)、朱熹(门人,字元晦)、罗博文(族侄,字宗约)、吴一鸣(郡人,字伯大,李侗姻亲)、刘允济(州守)以及罗从彦侄孙等人的赞文。

其中三篇分别由南宋理学名士陈渊、李侗、朱熹所作的赞语,都未曾收录今传的陈渊《默堂集》、李侗《延平集》、朱熹《晦庵集》。如若其真实性可得以确认的话,那么对于补齐诸人文集之缺,抑或是未尝不可。其全文内容如下:

默堂陈渊:"清标奕奕,严毅煌煌。濯于江汉,暴于秋阳。壁严高况,箪瓢余芳。辟邪崇正,山高水长。"

愿中李侗:"统兼濂洛,脉衍弘农。肩圣辟佛,佑启颛蒙。循循敷诲,介介持躬。春风化雨,展矣儒宗。"

元晦朱熹："觇气象于未发,浑神化于自然。任重诣极,行力思渊。清介鲜知乎厥里,严毅独畏乎前贤。真儒正脉,先生嫡传。"

三、《文质公谥诰》

史料记载,罗从彦去世后的嘉定六年(1213年)癸酉,南剑州州守刘允济在向朝廷缴进《遵尧录》时,就开始张罗着为罗从彦请赐谥:"如蒙圣慈,从臣所乞,以《遵尧录》宣付史馆,外赐一谥号,即乞颁下本州遵奉施行,并乞睿照。"[①]但未得奏准。南宋淳祐六年(1246年)三月十七日,时任福建提刑的杨栋为增加奏请力度,便将罗从彦、李侗这两位同为延平籍的学术名人捆绑在一起,向朝廷上了《请谥罗李先生状》。随后,通过太常寺丞通直郎太常博士兼景献府教授陈协的《谥议》、朝散郎尚书考功员外郎兼礼部郎官周坦的《覆谥议》后,罗从彦、李侗师徒二人终于在淳祐七年(1247年)十月分别获得了朝廷的赐谥"文质"和"文靖"。但不知为何,这份代表了罗从彦生平荣耀的"谥诰",不仅在各家文献中乏见记载,甚至就连记录其生平大成的《豫章文集》,也仅仅只是列有"谥诰"之目,且标注为"阙"而已。因此,儒罗村所藏《罗氏宗谱》中的这一份在文书格式上依照南宋谥诰而制,在内容上依照陈协的"谥议"、周坦的《覆谥议》而成的珍贵"谥诰",作为一份真实可信的原始文抄,不仅可以弥补《豫章文集》收录的不足,也可以为后人研究南宋文书制式提供重要参考。"谥诰"全文如下:

淳祐七年十月奉圣旨颁下赠太师邹国公,谥文质。

谨按制曰:从来奇才硕儒,生前能辅君行道,则殁后必有恤典殊恩。此固古今之通谊,而有国者之所宜重也。若乃蕴德山林,而其立言有补于当时,垂教可传于后世,则报功崇德出于巨典,尤非常格所可拘尔。故儒罗从彦,学宗正派,行洁清标。受伊洛之传于龟山,后学为之仰止;启朱氏之宗于李侗,前哲赖以羽盟。虽乐道畎亩之中,而所著遵尧诸录,凛然不忘主上之心。即静守罗浮,而所垂翼圣数言,恪然无忝明道之志。潜思力行,任道诣极,道博也,德厚也。清介绝俗,著述垂休,言顾行也,行顾言也。慨念往功,宜行褒异。兹特赠名儒罗先生谥"文质"。

---

① (宋)刘允济:《缴进遵尧录状·又贴黄》,《豫章文集》卷十五,《附录中》,《钦定四库全书》第1135册,上海:上海古籍出版社,1987年,第765页。

於戏！文不易称，质不易肖，以此赉卿，流芳千载。灵魂不昧，休命是膺。

皇宋淳祐七年十月　日颁给右札付本家照会。准此。

四、《元祖文质公行状》与《元祖豫章文质公行状》

在儒罗村《罗氏宗谱》中，收录两篇别处未见的罗从彦行状，一名《元祖文质公行状》，一名《元祖豫章文质公行状》，可以大大弥补文献典籍对罗从彦生平记述的不足。其中由"门人延年顿首拜撰"的《元祖文质公行状》，其文字内容仅止于罗从彦个人生平，是完全接近罗从彦生存年代的真实表达，只是标题被尊奉罗从彦的后裔添加成了《元祖文质公行状》而已（延年为刚去世不久的罗从彦撰写行状的时候，罗从彦并未被赐谥"文质"）。虽然该行状的撰写者延年，生卒年不详，亦未知何姓，但是如假包换的，应是罗从彦生前最钟爱的学生之一。仅《南平县志》收录的所有罗从彦诗作中，就有三首是写给延年的，分别为《送延年行》、《再用韵送延年》、《和延年岩桂》等。这三首七律诗，不仅都是罗从彦为和延年的《上舍辞归》之诗、之事而作，而且还在诗中一再提到"蟾宫折桂"以及"图南"之事，足见其对门生延年的厚爱与期待。

而另一篇文后无落款的《元祖豫章文质公行状》，除了叙述罗从彦的个人生平外，还追述了不少罗从彦的身后哀荣。时间止于淳祐八年（1248年）夏五月，有可能是罗从彦的近世子孙（具体何人，不得而知）在延年所撰的基础上补充而成，内容相比于延年所作，要更加丰满、细致。本文为忠于事实，谨将二文原貌一并收录于此，以供评鉴。

（一）元祖文质公行状

先生为神继公仲子也。伯从奇，字伯常；季从龙，字叔噓。皆母尤氏出焉。先生未生时，乃有璧奎献彩之祥，箧中岩谷瑞芝亦为晔晔。抵搀览之夕，母梦文星堕怀，俄有神人复捧巨星煌煌入室，化为美士，手持白璧。而神人且指美士与尤母云："是天异之，以为尔子而谨护持。"寤而先生遂育焉。母质之父，父云："士而美者，彦也；持璧，璧洁而素也。儿既居仲，盖名从彦；字素，而冠以仲乎。"生而冰肤玉貌，声实喤喤，头生异骨，眉长过目，额书文字，神采射人，两耳朝珠，电目赤容，大为神继公赏鉴。匍匐时，性即颖敏。稍长，就傅于外。辄目十行而忆，三箧五家学究往往避席于先生,识者伟之。抵壮,慨然身任道统,不为言语、文字之学。苦无师资,及闻同郡杨文靖公时载道而令萧山,先生不惮千里之遥,裹粮担簦,诣萧请谒。一见与语而乃叹曰:"不至是,几虚一生矣。"既归,而悟彻性真,阐明理学。筑舍山中,杜门静养,数十年惟心肩道之是务。它如轩簪组绶,一切不淄。其或资斧不给,吟咏自如。少不介于中,居乡恂恂,不立崖畛,亦不为同尘,温中粹貌,每每令人可敬而不可狎。丁内外艰,先生为哀毁骨立,且一一治以吾儒,而浮屠清虚之教毫不秉持。晚虽以特奏擢科为博罗簿,因朝例耳,初非有心抢于进者也。未几,以悬车请,沿途而疾。适迨抵汀之武平,而先生病弗起焉。时先生一子讳敦叙,字学礼,早先生卒,无嗣,而仅遗腹焉。先是先生弟叔嘘书继,先生以"叙子尚有遗腹",不可其请。复书强之,乃可。因立兄伯常次子公永,字学隽为嗣。无何,而学礼君遗腹果得振宗孙。迨先生卒,而振宗生甫二龄,弱不任事,于时治丧事者,继子学隽左右赞异悉归,同门友李侗枢扶而至,卜葬于篁罗峡之黄漈,而侗实志铭焉。惟是行状,而侗转以分嘱之不佞(即"不才",延年谦称)。顾年(延年自称)芜俚无似(意思是才能不如他人),然先生之懋德端行不可泯泯。况雨化风熏(指罗从彦对两人的教导),独侗偕年为最,乃谨按先生履历,以摹其所生之异,所志之大,所任之重,而为继往开来之真儒嫡派者也。余详年谱,兹不复赘,乃作行状。

门人延年顿首拜撰

(二)元祖豫章文质公行状

祖讳从彦,字仲素,谥文质,学者称为豫章先生。父神继,字志绳;祖世南,字秉虚;曾祖文弼,字台辅。皆隐身不仕。乃以宋神宗熙宁五年壬子正月十五日寅时生。当公母尤氏未分娩前一日夕,梦文星堕怀,俄有神人捧一巨星煌煌入室,化为美士,手持白璧。而神且指美士与尤母云:"是天畀之,以为而子。"寤而公遂生焉。母白之父,父云:"士而美者,彦也;持璧,璧洁而素也。今长已名从奇,字伯常矣。儿既居仲,盖名从彦;字(仲)素,而冠以仲乎。"生而泣声喤喤,冰肤玉貌,眉长过目,额书文字,两耳朝珠,头生异骨,神采射人,大为神继公赏鉴。公自幼颖悟,不为言语、文字之学。初从审律先生吴仪游,后闻龟山杨公得河洛渊源,慨然想慕。及为萧山令,公不惮千里,徒步北面焉。三日,即惊汗背,曰:"不至是,几虚一生。"龟山稔察,欣然云:"及门千人,无可语道。可语道者,惟仲素一人而已。"于是龟山益以亲公。次年,龟山讲《易》,至《乾》九四爻,云:"伊川说甚善。"公乃鬻田裹粮,走洛见伊川先生,尽得未传之秘。遂归,卒业。其力行诣极,莫有兴肩。时沙阳陈默堂、廖仲辰与公为莫逆交,默堂尝云:"自吾友仲素,日闻所未闻。奥学清节,真南剑之冠冕也。"仲辰亦云:"孔氏之门,晚有鲁子;杨师之门,晚得仲素。前后二子,皆道统所继者也。"公尝谒龟山于将溪上,陶陶吟咏,充然自得。兹纪其略云:清滨恍蔡问津者,谁狂波澎湃?梁木其萎,流中胡砥。其挽予以归,识者知其隐然,身任道统矣。张岚李公愿中始师事,以书谒,其书详见年谱。晚之,罗源静养三年,得穷天地万物之理,著集《语孟中庸说》、《毛诗解》、《春秋指归》、《二程龟山语录》。后又归于南斋书院,杜门静养,以阐明圣脉,大启儒宗。且亲植丹桂,开凿白泉,每自赋诗。尝采宋事,著《遵尧录》、《台衡录》及《延平问答》诸书。尝与学者议治,所言可垂国史,其语详见年谱。子朱子尝叹羡之,每云:"自龟山倡道东南,士之游其门者众。然潜思力行、任重诣极如仲素,一人而已。"又云:"罗公清介绝俗,虽里人鲜克知之。"又云:"罗先生严毅清苦,殊可畏。"又云:"维时豫章独得其宗,一箪一瓢,凛然高风。"绍兴壬子,以特奏又第,除授广东博罗主簿。比年八月,州学新成,公以太守周侯绾之命,领袖诸生行释菜礼,有洙泗彬彬气象。绍兴乙卯,公自广归至汀州武平,得病。三日,衣冠就寝而卒于冬至前一日,享年六十有四。娶本郡李氏名金翠,生于熙宁癸丑正月廿五日寅时。妣为人庄淑清静,语言不苟。生子敦叙,娶媳林氏,生孙名振宗。时宗未育,时先绍兴癸丑秋,叙亡,谨遗腹。公为宗祧计,于甲寅春立兄子公永为继。至八月,而遗腹生,孙是为振宗。但当公卒时,宗在襁褓,又值干戈扰攘,公柩未得归葬,只寄柩开元寺。至绍兴十年庚寅,门人李愿中同继子公永、族弟友数人扶归,卜葬于本里黄漈之原。其墓坐丁向癸,其墓志即愿中笔,行状乃门人延年撰。李氏后因家贫,不及与公合葬,只葬本乡水井后窠头半作山,余无赘。后至宁宗嘉定六年癸丑,郡守刘公讳允济重修公墓,结甃立石,给官田一十一石,差尤三老看守。又缴进《遵尧录》,请谥。淳祐六年,福建提刑杨公讳栋复议。七年,周公讳坦复请,即以本年五月廿四日奉圣旨,依丁未冬制书下,戊申(淳祐八年,1248年)春到郡。夏五月,权郡事丁公讳倅镕命推守沈公讳元忠率职事诣坟所燎黄。

五、《豫章先生墓志》

和罗从彦行状的撰写者延年一样,李侗也是罗从彦生前最钟爱的学生之一,其所撰的《豫章先生墓志》,也是记录罗从彦生平最早,也最翔实可靠的一份珍贵史料。但不知为何缘故,这样一篇重要力作,居然在各版本的《李延平先生文集》和《豫章文集》中都未见踪影。至于当地所修的县志、府志,也同样是在嘉庆前的版本中未见收录。如此一直到了嘉庆年间,当一桩因为罗从彦"地籍"、"脉系"纠纷而引发的祠堂田产抢夺大案发生后,这份原本只是安安静静地躺在《罗氏宗谱》里的李侗亲笔撰文,才因作为重要佐证呈堂亮相而终得世人知晓。

当时,一个自称罗从彦后裔的沙县人罗希濂,勾结南平县罗源里(今延平区水南街道以及夏道镇一带)妇人罗吴氏,拿着一本沙县版的《罗氏族谱》,声称在罗源里罗源夹(即罗源峡,今延平区水南街道罗源村)看管罗从彦特祠的祠生罗季兴不是罗从彦后裔,要求罗从彦特祠把所有的田产都划归到其名下。罗源里的罗氏族人与罗季兴皆不服,于是控告至南平县县衙。县衙县令杨桂森查探不清,误断罗从彦无嗣,这就导致沙县罗希濂的大胆混冒几近成功,越发激起了罗源里罗氏后人的更大怒气。于是一件涉及罗从彦"地籍"归属,同时又涉及祠产保全以及科举贡生名额分配优惠等利益问题的"谱牒、田产"大案就被上报到了延平府府衙。府衙知府雷维霈仔细查对了旧的府志、县志和南平罗源里的《罗氏族谱》,又充分征询了与罗氏族人关系密切的杨时、李侗、朱熹三贤后裔[①],最终经过多次的认真审理,判定这是一起由沙县罗希濂通过挖补、添注"仲素子敦叙……殁"等字样,篡改沙县族谱,妄图冒混延平罗从彦后裔,并且企图侵占罗从彦祠堂田产的特别大案。于是下令将罗希

---

① 今南平市内各有的杨时、罗从彦、李侗、朱熹四贤后裔聚居地分别为:杨时长子杨迪后裔族居地延平区太平镇杨厝村,杨时三子杨遹后裔族居地延平区水南街道玉地村,杨时三子杨遹、四子杨适后裔族居地延平区夏道镇鸠上村;罗从彦后裔族居地延平区夏道镇篁路村、水南街道罗源村、太平镇儒罗村;李侗后裔族居地延平区夏道镇、炉下镇;朱熹后裔族居地分布在建瓯市、建阳市、延平区各地。

濂押发经历司①管押,并延请杨、李、朱三贤的裔孙代表李映奎、杨馀芳、朱肇垣到堂做证并监督执行判决结果,规定日后但凡再有混淆视听、篡改罗从彦"地籍"、"谱牒",谋夺罗从彦祠产者,"均准罗氏子孙并杨、李、朱三贤子孙呈官究治"。同时,判决书还重新确定了罗从彦祠堂的祠生人选,允许将原来因为存有"地籍"争议而暂存在南平县道南祠的康熙御书"奥学清节",交给新任祠生罗接兴"敬谨收藏"。据说这份御书直到"文革"前还在篁路村保存着,但现已遗失无获。

这起发生在嘉庆年间的罗从彦谱系、田产大案审结后,有关罗从彦的无端纷争也在历经数百年的笔墨争议后尘埃落定。为避免再生事端,惊魂未定的延平罗氏在等到府衙赎捐祠产和族内问题完全处理到位后,才遵照府衙判决意见,将府衙审定的判决文书、本祠全部祠产的具体名称以及李侗所撰《豫章先生墓志》等重要内容,一起镌刻成《豫章罗先生田碑记》(刻石时间为清嘉庆十八年五月,即公元1813年),竖立在罗源里的罗从彦特祠中,以供族人取之为凭,并引以为戒。其碑全文为:

豫章罗先生田产碑记

特授福建延平府正堂,加七级,纪录十二次雷谕
查讯南邑罗季兴呈控罗希濂混冒贤裔觊谋祠产一案

　　缘南平罗源里有先贤罗豫章,历传世系。前经祠生罗祖清择立罗季兴为祠生,以继贤裔。讵因沙邑罗希濂执出沙县罗姓刊谱,内挖补、添注敦叙"殁"字样,执为凭据,遂串罗吴氏控逐嗣子罗季兴。而罗希濂即欲承罗吴氏之嗣,以袭贤裔。乃罗季兴以罗希濂是系沙县之籍,并非贤裔,不服冒嗣,因而致控到府。

　　集讯,查府、县旧志,内载罗先贤祖籍江邑,后迁南平罗源峡,有五世孙天泽、十一世孙存德、十八世孙文林世代相沿。此皆府、县旧志内载明

---

① 经历司,清代知府衙门的下属机构之一。知府衙门为知府的办事机构,亦称府署、府衙。通常主要设有府堂、经历司、照磨所和司狱所。府堂是知府衙门中一个综合性的办事机构,内有典史若干人。经历司,是知府衙门内掌管出纳文移诸事的机构,设经历1人,秩正八品;知事1人,秩正九品。照磨所,是知府衙门掌勘磨卷宗等事的机构,设照磨1人,秩从九品。司狱司,是知府衙门掌理狱囚诸事的机构,设司狱1人,秩从九品。此外,各府还设有儒学,置教授1人,掌教本府生员学习事务。少数府还分别设有库大使、仓大使、宣课司大使、税课司大使、检校等官。知府衙门之属官一般视事务繁简而置,无定员。

可考。复查罗希濂所执沙县族谱,添注"仲素子敦叙,字季礼,乳名八一哥,殁"等字样,核与府、县罗吴氏、罗汝斌所呈南籍谱载不符,且挖补添注痕迹尽露,其为罗希濂以沙籍伪谱混冒南邑罗源贤裔无疑。

再查罗汝斌等所呈南籍谱,据内载,先贤李延平所撰《豫章先生墓志》内有"因嫡子已故,预立兄伯常之子公永为嗣,后伊嫡子生有遗腹孙振宗"。其文内如"吾存后吾",又"今先吾殁"并"先生之系微而复续,人乎? 天耶"等语,古质幽峭,逼真周汉人句法,断非近人所能摹仿。其县志内所载宋太守刘允济所云"家世寥绝难寻",亦不过因罗先贤德性幽潜、子孙微弱,一时求其后而不得,非谓其绝无后裔也。况罗先贤南、沙两邑各有特祠,沙邑支派只应奉祀沙祠,何得又占南邑祠产? 今罗希濂图占祠产,率将贤裔于沙籍谱内挖补填印"殁"字,以致前县杨令[①]误断无嗣,更属安忍! 冒混居心大不可闻,着将罗希濂押发经历司管押,听候详办。至罗季兴既与嗣母吴氏不睦,且细察,人甚椎鲁,难承贤裔,亦不应立为祀生。着发司狱司管押,候另发落。

查罗季兴之继父祖清,自伊高祖先雷以后五代俱系单传,唯十六代成爵系下尚有五房,其应立祠生。着罗汝斌等通族邀同杨、李、朱三姓贤裔,至诚秉公,于罗季兴之继父祖清高伯祖成爵系下五房内,慎选秀丁数人,送候本府当堂验明,点补祠生。再将土名大路前上下分之田,收谷一千六百八十斤,断与罗吴氏养膳,死后仍归祠生管理。其余一段土名大垄及垄仔,又一段土名祠堂边及祠堂前,共谷一千一百斤。又土名八山及半岭,又一段土名南山坑、一段土名南斋后,存共谷一千二百五十斤。一段土名黄漈坑南山至茶子山山场,统归该祠生管业,以为祭扫修墓之需。此外尚有洋里上下分及官田陇,共谷九百五十斤,该祠生取为罗源峡之祠春秋办祭之费。

至朱安然所买罗吴氏之田,查系罗祖清自置之业,并非祠田,与盗卖祠产有间。本应罗姓祠生备价取赎,奈罗姓祠产无多,支派力乏,艰于备

---

① 此处的"前县杨令",即是嘉庆十二年(1807年)担任南平县知县的云南石屏州人杨桂森。详见(民国)吴栻、蔡建贤纂修的《南平县志》卷七《职官志第十一》,南平市志编委会1985年5月点校本,第379页。杨桂森,嘉庆四年(1799年)进士,选翰林院庶吉士,散馆改知县。嘉庆十二年(1807年)担任福建南平县知县,中途因故离任后又回任,直到嘉庆十五年(1810年)正月任职彰化县知县。嘉庆十七年(1812年)二月,杨桂森兼署任台湾府北路理番鹿仔港海防捕盗同知。嘉庆十八年(1813年)二月,以终养离任。致仕后,主讲昆明两书院。

赎。本府体念贤裔,现届捐修三贤祠宇,候即于捐项内筹款赎回,以广先贤祠产,并示体恤贤裔之微意。至罗吴氏,着罗汝斌暂行领回供膳,俟选择祠嗣有人,仍为罗吴氏嗣子。候给御书敬谨收藏。

承嗣贤裔,其捶讼之陈蔡氏,系属异姓,不得占居祠屋,着伊婿傅阿弟即日领回,毋任滋事。即照堂断,取各依结送查。所有先贤李延平所撰墓志并各祠产、山场、田段及本府现审判语,案结后均着泐石,监立罗先贤罗源祠内,以垂久远。其南平新修县志,所载先贤传记多与府、县旧志不符,难以传信,候并饬南邑赵令①会同府、县两学,督率董事绅士,照依府县旧志更正刊刻,以阙疑义,以传信纪可也。此判。

一原存祠产

一土名洋里,上下分年收谷一千斤。

一土名南仔,年收谷四百斤。

一土名楼仔兜,年收谷三百斤。

一土名祠堂后,年收谷二百斤。

一土名官田陇,年收谷八百斤。

一土名大垒,年收谷一千六百斤。

一土名后山,年收谷二百斤。

一土名祠堂边,年收谷六百斤。

一土名大祭前,年收谷五百四十斤。

一土名南山鱼塘堀及石锁料苏姑洋佛母岭等处。

一土名大熟前,年收谷五百四十斤。

一土名祠堂前,年收谷二百斤。

一土名黄漈坑山场一片。

名无记,后山一片。

一土名南山至茶子山山场一片。苏姑堂山租钱八百,交柴坑租银,土名荒黄窠南山坑水尾桥头垒尾等垒坪租银二十千文,鱼塘租谷一百二十斤,南山左右竹山二大片。

一土名黄漈山坑豫章窠竹山大头丘茶林边及九定大丈马蓝南山坑

---

① 此处的"南邑赵令",即是嘉庆十五年至嘉庆二十年(1810—1815年)接替杨桂森担任南平县知县的顺天宛平人赵瑄,详见(民国)吴栻、蔡建贤纂修的《南平县志》卷七《职官志第十一》,南平市志编委会1985年5月点校本,第380页。

石楼梯松光陇石楼梯半岭大龙窠周围等处茶子山数片。

一本府续捐祠产。

一土名高洋大坝坊,年收谷一千四百斤。

一土名塘下窠,年收谷五百二十斤。

一土名地段,年收谷八百斤。

一土名连里桥,年收谷三百斤。

以上原存祠产,共山三嶂,田十一段,计租谷六十一石零八十斤。

又,本府续捐祠产计四段,计租谷三十石零二十斤,原系罗祖清自置之田,经罗吴氏卖与朱安然为业。今经本府捐产赎回以后,同原存山田均作为先贤罗豫章先生祠产。其承袭祠生及族房人等永远不得盗卖,违者均准罗氏子孙并杨、李、朱三贤子孙呈官究治。

一附录先贤李延平先生所撰罗豫章先生墓志一道

越剑州罗源之乡,出十有五里许为黄漈之阳,有兆焉,乃藏宋大儒罗先生者也。其向丁癸,其脉迢递,其形委蛇而蜿蜒,其林木茏苁而森葳,其环拱苞灵而孕粹,美哉佳兆乎!先生于侗,逊长于一日,实则沆瀣一气焉。梦楹之夕,敦匠执绋之举,侗既不能以不肖供其役。今幸得偕先生继嗣,求之汀之武邑,归先生柩而穸之。乃于铭志,实推诿焉,可不可耶,谨捃摭而志之。

先生之先,系出祝融之裔炎伯,其弟炎仲国于罗,厥姓遂仍之。数十传而后,或徙江之豫章。逾周而汉而唐,会有乾符之乱,各镇分制。而王审知实制乎闽,因择七姓随乎节钺,罗居其一。数传来,惟罗最蕃衍。迁徙靡一,于时或沙或剑。而剑宗为先生远祖京成公,初居剑郭。久之,复居溪南篁乡。其曾大父文弼,大父世南,父神继,奕叶潜鳞,代有耆德,以故积美厚而发祥宏。

先生出于其间,天纵英敏,冲龄而然。稍壮,则宛委坟索,靡弗彻览,著为文章,形为吟咏,粹然一轨于正。已闻同郡龟山杨先生继绝学于河洛,筮仕萧山。先生慨然骛田,徒步请谒。及见,而喟然叹曰:"不至是,几虚一生。"遂修北面礼于杨,而杨亦深器先生,两人相得欢甚。既归,筑室山中,杜门静业。虽以特奏擢科,主簿博罗,而胸次澹然泊然。揆厥所志,盖不以簪裾为华,而以担荷道统为己任。生平雅好著述,编牒鳞集,不可枚纪。纪其大者,若《遵尧》、《台衡》、《春秋解》、《诗解》、《语孟师说》、《中庸说》、《议论要语》、《二程、龟山语录》、《弟子答问》诸篇。而于道德事功，纪纲法度，彝伦日用之间，凿凿乎其言之也。至若怡情悦性，舒写心灵于吟讽间，不徒大有唐韵。其于继往开来、肩任道统之意，在在跃露，诸载杀青者不论。论其逸者所云，问津挽予之句，是何蕴抱，是何局度乎？以侗椎鲁之质，偏驳之资，冶铸于先生者既久，熏炙于先生者最深。虽不能金玉其词，以绘所为粹质温中之模，乃敢忍于脉脉，不令真儒道范寿于永永乎！

先生娶于李，为朝议大夫文捷公之女，端确贞静，相内敁寅。生一子，讳敦叙，先先生卒。无嗣，有遗腹焉。先生有弟叔噱书请继于先生，坚请乃可，曰："无后为不孝之大，吾存后吾，吾亡嗣子，今子先吾殁，后吾明矣。"乃立兄伯常之次子公永。无何，而遗腹得男孙振宗。噫！先生之系，微而复续，人乎天耶！

先生生熙宁壬子正月十五日寅时，卒绍兴乙卯十有一月至前一日，享遐六十有四。以绍兴庚申孟夏月癸酉日辰时，厝于斯兆。

侗谨拜首而铭曰：郁芊佳城，峰峦峥嵘。藏先生魄，用莫于宁。丰镐木秀，曲阜草青。儒文道脉，日皎星晶。参苓孕粹，桃李储精。云封黯黯，雨化零零。躯返于穸，神昭于明。勒铭于石，万古仪型。

嗣男公永、承重孙振宗同立石①

皇清嘉庆十八年五月　日吉旦立

右给罗氏族长罗汝斌、罗国政、罗大昌，祠生罗接兴会同三贤子孙李映奎、杨馀芳、朱肇垣刊立

本邑谢士亮刻

阅读该碑文，可知此案在审理过程中，共涉及"前县杨令"、"南邑赵令"和延平知府雷维霈等两级衙门（县衙、府衙）的三任官员，到最后全案审结时，至少经历了从嘉庆十三年（1808年）到嘉庆十五年（1810年）的漫长过程。在判词中，延平知府雷维霈对于这份由罗氏族人呈送、难得一见的《豫章先生墓志》的评价是：

先贤李延平所撰《豫章先生墓志》，内有"因嫡子已故，预立兄伯常之

---

① 由于罗从彦的儿子罗敦叙先于罗从彦去世，罗敦叙年幼的遗腹子罗振宗又弱不经事（年仅两岁），因此李侗的《豫章罗先生墓志铭》在刻碑时，其落款者即为"嗣男公永、承重孙振宗同立石"。按照中国古代宗法制度，如长房长子比父母先死，那么长房长孙在他祖父、祖母死后举办丧礼时，要代替长房长子，即自己的父亲做丧主，叫承重孙。

子公永为嗣,后伊嫡子生有遗腹孙振宗"。其文内如"吾存后吾",又"今先吾殁",并"先生之系,微而复续,人乎天耶"等语,古质幽峭,逼真周汉人句法,断非近人所能摹仿。

因此,对于此文非常采信。数年后,重新修撰的同治《南平县志》,在其卷之二十四《艺文》七十九中,就全文收录了这篇墓志,并改名为《豫章罗先生墓志铭》。于是该墓志才逐渐为人所知。再其后的民国本《南平县志》,则将该墓志相沿照录在卷一七《艺文志》廿一内,同样命名为《豫章罗先生墓志铭》。

六、《二世祖敦叙公墓志》

由罗从彦门人朱松为罗从彦之子、友人罗敦叙(字学礼)所撰写的《罗敦叙墓志》(后由罗从彦后裔改称为《二世祖敦叙公墓志》),是各版本朱松《韦斋集》里从未收录过的一篇珍贵文献,寻不得其他版本以供对勘。因此,文中数处句读难断、文意难通,恰恰反映出其文只供传抄(或有笔误及疏漏)而未得校勘的真实样貌。相信该文的发现,不仅可以弥补《韦斋集》收录的不足,也可以为后人研究朱松的生平提供重要参考。其全文为:

敦叙公墓志

呜呼,此藏予友学礼罗君兆也!乃父实为仲素先生,而先生且以缝掖布衣,倡邹鲁绝学。其云拥霞蔚游于门下,咸纭纭高足。惭予驽走也,亦徼先生青眄。座傍内之嗣,是得缔君,昕夕丽兑。维时与君雩风合气,化雨同声。外此而氛膻华靡,何物龌龊。予两心私,尝念曰:"欣先生有子,而予庆得朋也。"倘玄造氏,晋君以筹,则严师贤友,予之益也。夫岂其微,孰虞君之竟作趋庭鲤耶?讣闻时,予为之哽咽,而咨嗟曰:"天乎!胡以忌予仁而速敚予辅耶?"久之,先生诏予曰:"延促数也,数实,死叙,可奈何?嗟予乏男,而仅得此子。嗟子又未男,而仅遗腹,又奈何。及今归穸,予以羁任,恨压关山。欲志之,而操笔难援。尔念予子有金兰之雅,盖志其生平。"愧松嵩芜畴,金璧萤煌,以瀺瀺于君哉!而既承诏矣,敢辞俚语,不一为彰耶?呜呼,君生绍圣丙子(1096年)十月四日寅时,卒绍兴癸丑(1133年)十有二月六日卯时,溯丙越癸,享年三十有八。娶于曾君,生而颖异,载籍入目不忘,存心纯实。料家政,每精确严明,至处室一节,尤凛凛如宾,未尝稍昵。而先生方将以大事属君,不揣君乃先怛化也。悲夫！君墓在瓦窑杈山。谨志而铭之。

铭曰：谓静不没，颜龄胡促？谓子事父，鲤先孔故。谓天道常，邓攸儿亡。谁实为之，浩浩苍苍。存没得丧，古属杳冥。苟渊鲤之揆懿，宜蹶然于不朽之乡。千秋景慕，君其神藏。

友人朱松顿首拜撰

遗腹子振宗立石

综上可知，延平《罗氏族谱》中保存的这几篇宋元文献，其史料价值远远高于《宋史·罗从彦传》、《宋史·李侗传》、《宋史·朱熹传》以及《豫章文集》、《李延平文集》、《韦斋集》等所有涉及罗从彦生平的常见记载，是学人进行福建宋明理学人物研究时不能不引起注意的关键文本。

（作者单位：武夷学院马克思主义学院）

《豫章文集》明刻蓝印本与清正谊堂刻本比较

◎ 虞丽杰　玛莉娅

《豫章文集》是南宋理学家罗从彦的唯一传世著作，由罗氏遗文编纂而成。罗从彦(1072—1135年)，字仲素，宋南剑州剑浦县（今南平市延平区）罗源里人，世称豫章先生。他受业于杨时，曾问学于程颐，创立"静中观理"说，于北宋末南宋初创立豫章学派，对后来朱熹思想的形成有直接影响，在宋代理学发展史上，起到承先启后的作用。[①]《豫章文集》在宋代无此刻本相关记载，今有研究者详论其元、清、明三代刻本。本文主要探究武夷学院图书馆鼎秀古籍全文检索平台收录的两种版本——明刻蓝印本和清正谊堂刻本（以下简称为明本与清本）。

一、《豫章文集》版本的考述及研究

《豫章文集》最早由元代人据罗氏遗文编纂而成，故宋代无刊本。元至正三年（1343年），儒学教授许源刻印的《豫章先生文集》（一作许源堂五卷或作五世孙罗天泽刻本）就是至今已知最早的刻本。但此刻本也并未留存下来，此刻本的收录也并不完全，与现在通行的《豫章先生文集》相比，缺漏较多。除元刊本之外，《豫章文集》在明清两代曾多次被众多学者进行翻刻、重刻，其刊本数量多达十几种。现存明代刊本最早的是成化七年（1471年）延平知府冯孜刻本，冯孜延平刻本问世的第二年，沙县刻印了张泰刊本。正德十二年（1517年），有延平知府姜文魁刻本。嘉靖三十三年（1554年），闽沙县以张泰

[①] 吴枫主编：《简明中国古籍词典》，长春：吉林文化出版社，1987年，第935页。

刻本为底本进行重刊,清《四库全书》就是以此刻本为底本进行抄录的。① 万历三十七年(1609年),有福建督学熊尚文官刊本。清代康熙四十八年(1709年)张伯行清本的《豫章文集》十卷本,应是十七卷本的重编本。② 乾隆元年(1736年),裔孙雍可、罗体勤刻本《宋儒文质公罗豫章先生集》。光绪八年(1882年)江谢甘棠刻本,光绪九年(1883年)延平知府张国正刻本,光绪十二年(1886年)宁化施瑞玉刻本等。

清本在鼎秀古籍文献搜索平台中的题名为"罗豫渠先生文集",根据文章内容记载及具体了解,此书记载的是北宋末著名学者罗从彦先生的文集。此题名收录有误,应为《罗豫章先生文集》。

从《豫章文集》两种刻本的内容比较来看,清本应该是明本的十七卷的重编本,两种刻本保留了不少宋代君臣事迹并加以讨论的史料文献,保存流传至今尤足珍贵。无论明本,还是清本,依据史料严谨实证,实事求是,方能彰显其文献的真正价值之所在。理清《豫章文集》的版本,掌握其保存流传脉络,可以为以后研究者提供资料便利,进而对宋代文化史的研究有所帮助。

二、序文比较

清本卷前附有序言,分别是康熙四十八年(1709年)张伯行的原序、成化七年(1471年)柯潜《罗先生文集重刊序》、隆庆五年(1571年)欧阳佑《重刊罗先生文集序》,另有《宋史》本传。《豫章文集》在明、清两代历经多次翻刻、重刻,留有诸多版本。序是鉴定古籍年代的一种依据,清本所附康熙四十八年张伯行的原序是清本特征性序文,是其区别其他版本的依据。而明本卷前未附任何序言,明本除鼎秀古籍全文搜索平台收录外,均无此刻本的相关资料,亦未可知。

三、正文内容比较

明本为十七卷本,清本为十卷本。一至八卷为《遵尧录》,卷九《议论要

---

① 方彦寿:《罗从彦著作版本考述》,《合肥学院学报》2016年第10期。
② 祁玉勇:《罗从彦政治思想研究——以《尊尧录》为中心的考察》,河北大学硕士学位论文,2020年。

语》,卷十杂著、诗。而明本卷一为《经解》,目前现存最早关于罗从彦的著作简目是由其弟子李侗在《豫章罗先生墓志铭》中所列的著作篇目。所谓"经解",并非罗氏著作的原文,而是此书十七卷本的最早编者曹道振对李侗所提供的这一简要目录所做的一种解题。① 从严格意义来说,卷一并不属于罗从彦所著内容。明本卷二至卷九即清本卷一至卷八,明本卷十一即清本卷九,明本卷十二、十三即清本卷十。明本内容较清本更为丰富和齐全,明本比清本多出的有卷一《经解》,卷十《二程、龟山先生语录》,卷十四至卷十六的附录和卷十七的外集。

《遵尧录》是罗从彦最重要的著作,也是《豫章文集》的主要部分。明本与清本都将这八卷四万余字内容全文收录。这部著作属于政论性文章,主要记载宋开国至宣和末年(1125年)圣君贤臣言行事例,对照尧舜三代先王仁心爱民的行为准绳,总结经验,阐明道义,其中有不少可供后世君主继承发扬的正面事例,也有一些作者基本赞同或不赞同事迹,通过分析阐释和发表见解,希望君主能以史为鉴。这本书著于北宋宣和六年至靖康元年(1124—1126年),当时朝廷内忧外患,政权岌岌可危。罗从彦虽未入仕途,但仍忧国忧民,企望通过贤君名儒事迹对君主进行劝谏,从而改革弊政、匡扶社稷,也体现罗从彦作为一位宋儒在国家危难之际的文人担当。

罗从彦最广为人知的身份是理学家,此外他还是一位诗人。明本与清本都收录他创作的二十六首诗歌,主要是景物诗、送别诗和感怀诗。罗从彦的诗歌虽然数量较少,但都有感而发,且严守韵律,对仗工整,注意叠字、用典、虚词运用等技巧,形成独特的风格,体现了鲜明的诗歌艺术特征。② 相较前面的内容,诗歌部分更有意趣,但其中同样融合作者存理灭欲、静处观心的理学思想。《二程、龟山先生语录》和《议论要语》则论述作者的伦理道德观、思想倾向和政治主张。

罗从彦著述除《遵尧录》外,还有《诗解》《春秋指归》《语孟师说》《中庸说》《台衡录》等。这些对儒家经典的诠释类文章都已散失,在《经解》卷中只有存目。

明本卷十四至卷十七是作者与师父、友人之间往来的应酬类文章,这些内容从多个维度展示罗从彦生平事迹和学术思想。

---

① 方彦寿:《罗从彦著作版本考述》,《合肥学院学报》2016年第10期。
② 刘建朝:《罗从彦诗歌综论》,《武夷学院学报》2019年第2期。

表1　两种版本内容对照表

明刻蓝印本《豫章罗先生文集》	清正谊堂全书本《罗豫章先生文集》
卷第一　经解	
卷第二　集录　遵尧录序 遵尧录一（太祖）	卷之一　遵尧录序　遵尧录一（太祖）
卷第三　集录　遵尧录二（太宗）	卷之二　遵尧录二（太宗）
卷第四　集录　遵尧录三（真宗）	卷之三　遵尧录三（真宗）
卷第五　集录　遵尧录四（仁宗）	卷之四　遵尧录四（仁宗）
卷第六　集录　遵尧录五 （李沆、寇准、王旦、王曾）	卷之五　遵尧录五 （李沆、寇准、王旦、王曾）
卷第七　集录　遵尧录六 （杜衍、韩琦、范仲淹）	卷之六　遵尧录六 （杜衍、韩琦、范仲淹）
卷第八　集录　遵尧录七 （司马光、程颢、富弼）	卷之七　遵尧录七 （司马光、程颢、富弼）
卷第九　集录　遵尧录别录 （司马光论王安石、陈瓘论蔡京）	卷之八　遵尧录别录 （司马光论王安石、陈瓘论蔡京）
卷第十　集录　二程先生语录	
卷第十一　杂著　议论要语	卷之九　议论要语
卷第十二　杂著　《春秋指归》序 韦斋记　诲子侄文　与陈默堂书	卷之十　杂著　《春秋指归》序 韦斋记　诲子侄文　与陈默堂书 诗
卷第十三　诗	
卷第十四　附录上　事实、问答	
卷第十五　附录中　缴进遵尧录状	
卷第十六　附录下　书题序跋	
卷第十七　外集	

四、正文文字差异

　　古籍在流传、翻刻过程中,误抄、篡改、漏刻在所难免,比较后才发现两版本字词和句段都存在不同程度差异。两种版本字词差异有八十多处(见表2),其大部分的字词都是一字之差,反映了当时用词习惯的不同,不会对文章整体脉络产生很大的影响,例如明本"君子小而小人多",清本则是"君子少而小人多",联系上下文,正确记载应为"君子少而小人多"等。部分字词的差异会导致文章内容相去甚远,比如数字差异:两版本年谱中关于罗从彦年龄的记载各有一处明显错误,明本"绍圣元年甲戌,先生二十三岁",清本则是"绍圣元年甲戌,先生二十一岁"。联系上下文内容以及根据其他版本的记载,正确描述应为"绍圣元年甲戌,先生二十三岁"等。参照其他版本的《豫章文集》,对比相应内容的字词差异,联系上下文,认为文中出现的字词差异可以分为两个方面:一方面是字词的同义词,汉字拥有多重词性,不同的字但意思相同,如将"奉禀成算分御"中的"筭同算",是计算、算计等意思等。另一方面是后人在重刻、翻刻的过程中出现失误漏了部分笔画等,如太宗召三司孔目吏李溥等中的"吏与史",吏字比史字多一横,但整体上不会影响文章整体脉络及文意。

　　句段也有缺漏之处,句段缺漏属于较为明显差异,明本较清本缺失的有三处,而清本较明本缺失的则有六处。清本比明本多了三处,此外在《议论要语》卷,两版本都只收录三十九段,而查阅其他版本,发现其有增补一则。

　　(一)明本缺失的内容

　　明本年谱中关于罗从彦的年龄记载,有一句只有上半段"大观元年丁亥",而清本记载的是"大观元年丁亥,先生三十六岁"。

　　明本卷五(仁宗)在最后一则关于罗从彦辨微的内容有所缺失,清本则有完整内容。缺失的内容是:"侈心渐生,致臣下以逸欲导之耳。及立诞节,虚名宴乐。盖欲夸示四海,非所以垂训后世也。我朝太祖以下诸君,踵而行之,各立诞节之名,亦独何哉!"

　　明本卷七即《遵尧录六》杜衍的第二则,其中罗从彦阐释的内容有所缺失,清本则有完整内容。缺失的内容是:"中兴之治,故崇则有应变救时之称,怀慎有坐镇雅俗之誉。当时以为奇遇,俗世以为美谈,不亦可嘉也哉!我朝庆历时,杜衍位登枢府,职典铨衡。当韩琦、富弼、范仲淹三贤并用之日,乃欲尽革弊政,以修举纪纲。而权幸小人者皆不悦,独衍与相左右,略无尔我之嫌。《书》曰:'同心同德。'《传》曰:'其人休休焉,其如有容焉!'呜呼!若衍殆庶几矣!亦岂让与姚崇与怀慎者哉!"

(二)清本缺失的内容

明本在《年谱》结尾后附有一段曹道振所写的序言,清本并未收录。内容是:"先生著述最多,兵火之余,仅存什一于千百。世所共见者,郡人许源所刊遗稿五卷而已。道振不揆浅陋,尝欲搜访为文集,其年月可考则系以为年谱,久之弗就。邑人吴绍宗盖尝有志于是,近得其稿,乃加叙次,厘为一十三卷,附录三卷,外集一卷,年谱一卷,凡一十八卷。先生五世孙天泽遂锓梓,以寿其传。因识其梗概于此。若夫订其误而补其遗,不无望于君子也。至正三年岁在癸未二月甲子,延平沙邑曹道振谨识。"

《遵尧录》卷二(太宗)明本与清本比较后发现,后者内容少录一则,缺失内容为:"太宗尝谓侍臣曰:'朕读《唐书》,见唐人以公主和藩,屈辱之甚,未尝不伤感。今士卒精强,固无此事。但选择得人,委以边任,不令生事,务在息民,训卒练兵,观衅而动,可以无患。'"

明本第十一卷《议论要语》收录有三十九段,而清本卷九《议论要语》则只收录三十七段,多出的两段内容分别是:"可爱非君,可畏非民。后世荒淫之君所为不善,故君不知民可畏而知民可虐,民不知君可爱而知君可怨。是君民为仇也,安得无颠覆之祸?""秦暴如火,天下怨之。怨而不离者,扶苏在焉。及扶苏死,二世立,而秦亡。贤主之国家为何如!"

明本第十二卷《诲子侄文》末有两段与正文内容相关的跋文,清本未收录其中,具体为:"杜牧曰:'愿汝出门去,取官如驱羊。'富郑公曰:'愿汝出门去,锦绣归故乡。'韩魏公曰:'愿汝出门去,早早拜员郎。'范文正公曰:'愿汝出门去,翰林著文章。'曾公亮曰:'愿汝出门去,锦绣为肝肠。'陈了斋曰:'愿汝出门去,柱石镇岩廊。'真德秀曰:'愿汝出门去,德行重八方。'其后苏东坡打浑示子苏迈曰:'愿汝出门去,毋玷污爷娘。'罗古人,即仲素先生也。族有不孝子数人,撰此以勉之,况其亲子弟乎?此见仲素先生仁也。故曰'仁人之言,其利博哉'!族人罗绰敬跋。"

"罗仲素先生,无书不读,深造圣经之奥旨,有志于学。无志于于仕,不求人知,人自知之。远近之士,闻风慕道,踵迹而前,肩摩而袂属也。予尝得之诲子弟文,藏之以为宝。今镂板以广其传,幸观览者诵其文而究其意,师其言而尊其人,为尊长者劝焉,为子弟者勉焉,其有补于风教,岂细也哉!《传》有之曰:'君子之言,信而有证。'其先生之谓乎?然则信斯言也,宜书十五日诸绅。隆兴元年六月十五日,左奉议郎致仕,赐绯鱼袋,孙大中敬跋。"

(三)两版本共同缺失的内容

明本第十一卷《议论要语》卷末有注明"《议论要语》不止于此,仅录得遗稿三十九段",而在《全宋文》宋史卷《罗从彦传》中有增补一则,内容是:"周、孔之心使人明道,学者果能明道,则周、孔之心深自得之。三代人才得周、孔之心,而明道者多。故视死生去就如寒暑昼夜之移,而忠义行之者易。至汉、唐,以经术古文相尚,而失周、孔之心。故经术自董生、公孙弘倡之,古文自韩愈、柳宗元启之,于是明道者寡。故视死生去就如万钧九鼎之重,而忠义行之者难。呜呼,学者所见,自汉、唐丧矣。"

表 2　两种版本正文文字比较

章节	明刻蓝印本《豫章文集》	正谊堂刻本《豫章文集》	章节
年谱	绍圣元年甲戌　先生二十三岁	绍圣元年甲戌　先生二十一岁	年谱
卷第二遵尧录一　太祖	以事相比类纂录之 历三季而书成	以事相比类纂录之 历三年而书成	卷之一遵尧录一　太祖
	马仁瑀守瀛洲,韩令坤镇常山	马仁瑀守瀛洲,韩令坤录常山	
	特赦而遣之,二人叩头 感泣而去	特赦而遣之,二人四头 感泣而去	
	军兴饥馑,须预为之备	军兴饥馑,须豫为之备	

续表

章节	明刻蓝印本《豫章文集》	正谊堂刻本《豫章文集》	章节
卷第三遵尧录二 太宗	能谨赏罚,举贤能弭爱憎,何虑军国不治	能谨赏罚,能弭爱憎,何虑中国不治	卷之二遵尧录二 太宗
	又念考第之设,亦空言耳	又念孝第之设,亦空言耳	
	卿宜勉之,卿历官日最久	卿宜勉之,卿历官识大体	
	如此者再谓王起矣	如此者再谓五起矣	
	然而君子小而小人多,何也	然而君子少而小人多,何也	
	武程疏远小臣妄陈狂瞽	武程疏远小人妄陈狂瞽	
	太宗召三司孔目吏李溥等言尽知其弊	太宗召三司孔目史李溥等言尽知其利弊病	
	汲黯卧理淮扬,宓子贱弹琴治单父	汲黯卧理淮阳,宓子贱弹琴治单父	
卷第四遵尧录三 真宗	始至勿与斗待	始至掬与斗待	卷之三遵尧录三 真宗
	李沆往往别具机宜上奏卿等当详阅之	李沆往往别具机宜上秦卿等当详阅之	
	然观前古,进贤乐善者甚众	然观前古,进贤乐善者甚重	
	陛下无不保疵,然流言	陛下无不保庇,然流言	
	自是多口对,咨访或至中夜	自是多召对,咨访或至中夜	
	徐而化之,问边事久	徐而化之,问边事久不	
	不对,但云爱民而已	对,但言爱民而已	
	可以铭于座隅,为帝	可以铭于座右,为帝	
	在京诸司每以常行事务诣	在京诸司每以上行事务诣	
	而臣在乎奉法万机	而臣在乎奉法万几	
	之繁不可遍览	之烦不可遍览	
	其成功见成必赏	其成功见功必赏	
	用陶鲍无甚繁费取	用陶鲍无甚烦费取	
	平羌知县氏昭度廉	平羌知县氏昭度廉	
	贵使嘉州,以其责分	贵使喜州,以其责分	

229

续表

章节	明刻蓝印本《豫章文集》	正谊堂刻本《豫章文集》	章节
卷第五遵尧录四 仁宗	宰相王曾、张知白皆履行忠谨	宰相王曾、张知自皆履行忠谨	卷之四遵尧录四 仁宗
	外议如何？修以朝士相贺为对	外议如何？修以朝十相贺为对	
	且兼佩鱼	且求佩鱼	
	汉唐之间，读之者非无其人	汉唐之问，读之者非无其人	
	则七室，每室奏乐章圆丘之乐	则七室，每室奏乐章圆王之乐	
	遂逾十载正公荐享 下同闾巷衣冠昭穆	遂逾十载王公荐享 下同闾巷衣冠昭穆	
	帝出犀二株，付太医 合药以疗民，解之	帝出犀二株，付太医 合乐以疗民，解之	
	且国家虽无灾异	且国家虽无天异	
	而修德亦犹人主知 臣下之过失	而修德亦由人主知 臣下之过失	
	寿州长史林献可土 书论国家休咎之事	寿州长史林献可上 书论国家休咎之事	
	司及北京夏竦密戒所部， 远为斥候，广蓄储廪，训练士	司及北京夏竦密戒所部， 远为斥堠，广蓄储廪，训练士	
	真宗承两朝太平之 基，谨守成宪	真宗承两朝太平之 墓，谨守成宪	
	以为非，而朝廷安然 奉行不思	以为非，而朝迁安然 奉行不思	
	吏员冗而政道缺，赏 罚无准	吏员穴而政道缺，赏 罚无准	
	虽刚柔杂糅，美恶不齐， 夫事无证不信， 非知道者孰能识之	虽刚柔杂糅，善恶不齐， 夫事无象征不信， 非知道者孰能知之	

续表

章节	明刻蓝印本《豫章文集》	正谊堂刻本《豫章文集》	章节
卷第六遵尧录五 李沆	当谴责以警之	当谴责以儆之	卷之五遵尧录五 李沆
	臣有辅朝廷	臣有补朝廷	
	帝以上元御楼见人物繁盛	帝以一元御楼见人物烦盛	
	第恐异日为方士所感	第恐异日为方士所惑	
	每延英昼访王命急宣 或至盱昃不遑食 异日天下晏安人	每延英尽访王命急宣 或至盱昃不遑暇食 异日天下燕安人	
	犹不能启发吾意 即席必自论	犹不能启发言意 即帝必自论	
	知有太子而不知 朕,卿误朕也	知有太子而不知 朕,卿悟朕也	
	准便殿请封曰	准便殿请对曰	
	朝廷有人矣	朝廷有人矣,遂止	
	乃有和戎克定之说	乃有和好克定之说	
	务在安靖,外无夷狄 之虞者十余年	务在安静,外无夷狄 之虞者十余年	
	言者亦伏旦之能用 人也	言者亦服旦之能用 人也	
	他日勋业德望甚大	他日动业德望甚大	

231

续表

章节	明刻蓝印本《豫章文集》	正谊堂刻本《豫章文集》	章节
卷第七遵尧录六 杜衍	乃为之区处计较,量物有无贵贱	乃为之区处计校,量物有无贵贱	卷之七遵尧录六 杜衍
	媢疾以毁其功,是诚罪人	媢嫉以毁其功,是诚罪人	
	《诗》云唯其有之,是以似之,此之谓也	《诗》云维其有之,是以似之。此之谓也	
	左右不说	左右不悦	
	仲淹黄恐避席	仲淹惶恐避席	
	神宗熙宁中,召拜左仆射平章事	仁宗熙宁中,召拜左仆射平章事	
	小人不胜则交结党羽	小人不胜则交结党援	
卷第八遵尧录七 司马光	因高力士而轻变之,其源一启	因高力士而轻变之,其源一起	卷之七遵尧录七 司马光
	天下晏然,衣食滋植	天下晏然,衣食滋殖	
	有五年一变者,有三十年一变者	有五年一变者,有二十年一变者	
	非独县官不强	非特县官不强	
	闾阎愁苦于下而上不知	闾阎愁苦于下而上下知	
	虽安石,亦自悔之	虽安石,亦白悔之	
	今皆指为党人,使不得自新	今皆指为党人,使不得逢新	
	治恶以宽,处繁而裕	治恶以宽,处烦而裕	
	辨忠邪之分,晓然趋道之止	辨忠邪之分,晓然趋道之正	

续表

章节	明刻蓝印本《豫章文集》	正谊堂刻本《豫章文集》	章节
卷第九遵尧录别录	神宗即位,尝一令赴阙	神宗即位,常一令赴阙	卷之八遵尧录别录
	窃弄威福,无所不至	窃弄威权,无所不至	
	一黜一留,人所未谕	一黜一留,人所未论	
	在恕则逐之	在始则逐之	
	牢不可破者,则以韩忠彦	牢不可拔者,则以韩忠彦	
	得美官者不下数百千人	得美官者不下数百人	
	陛下若不早悟	陛下若不蚤悔	
卷第十三诗	挽吉溪吴助教二首	挽吉溪吴助教三首	卷之十诗

结　语

　　古籍是先贤名儒智慧的结晶,是留给后人的宝贵精神财富。但受限于时代发展与技术制约,在其流传过程中无法保证著作的完整性和一致性。任何一种版本都可能与其他版本有所不同,但版本比较可以求同存异、取长补短,对学习研究古典文献大有裨益。

(作者单位:武夷学院图书馆)

重订罗豫章从彦先生年谱

◎ 罗小平

罗从彦是具有道南"首倡之功"的杨时的弟子,但历史上他的年谱十分简单,除了记其年龄和简单的行迹外,记载其理学事迹的内容少之又少。本谱以 1996 年仲春沙县罗从彦纪念馆重刊《豫章文集》录入的《豫章罗先生年谱》和王云五主编、台湾商务印书馆发行的新编中国名人年谱集成《宋罗豫章先生从彦年谱》为蓝本,参考宋黎靖德所编《朱子语类》、清李清馥《闽中理学渊源考》及陈国代所著《朱子诸师考释》记载的事迹,对罗从彦的年谱进行重修,期冀对罗从彦行迹和理学研究有所裨益。

宋神宗熙宁五年壬子(1072 年)

罗从彦先生出生,1 岁。

《豫章文集》按:先生行实及罗革题语孟解后皆云先生,享年六十四。嘉定六年癸酉,郡守刘允济《缴进〈遵尧录〉状》云:八十九年孤愤之气,郁郁未伸云云。咸淳六年庚午,冯梦得题先生文集云:余后七十年而生。

宋神宗元丰元年戊午(1078 年)

先生 7 岁。

宋哲宗元祐元年丙寅(1086 年)

先生 15 岁。

宋哲宗绍圣元年甲戌(1094 年)

先生 23 岁。

宋哲宗元符元年戊寅(1098 年)

先生 27 岁。

宋徽宗建中靖国元年辛巳(1101年)

先生30岁。

宋徽宗崇宁元年壬午(1102年)

先生31岁。

宋徽宗大观元年丁亥(1107年)

先生36岁。

杨时为余杭令,罗从彦师事之,记杨时讲学语录五十三条。《杨时集》"余杭所闻"语录有三组,其中"余杭所闻一"(第二十二条)为杨时弟子、第三女婿李郁于大观元年(1107年)三月所录;"余杭所闻三"(第二十七条)为杨时弟子、大女婿陈渊所录;"余杭所闻二"(第五十三条)为罗从彦所记。"校记"称:"关于罗从彦初见龟山的时间考证,知罗初见杨时当在徽宗大观元年丁亥(1107年)九月程颐卒年之当年或更早。"故沙县《豫章文集》所录《豫章罗先生年谱》"政和二年壬辰(1112年),先生四十一岁,始受学于龟山杨先生之门"误。

先生受业杨时,得"心传之秘"。在理学家看来,"理"像工具,做什么事用什么理,但用理与心有关。所以,宋代的理学家以理释心、以理释性,是圣人的心法之学。"心传之秘"来自《豫章罗先生年谱》。《河南程氏外书》卷十一《时氏本拾遗》载,"尹子曰:'伊川先生尝言':'《中庸》乃孔门传授心法。'"需要提醒的是,《中庸》为孔子的孙子孔伋(字子思)所作,所以这里说孔门三代传的都是人心天命于道心的儒家的心法。

宋徽宗大观三年己丑(1109年)

先生38岁。

杨时四月自京师回至七月,罗从彦记杨时语录十四条,称"南都所闻"。"南都"在河南商丘。

宋徽宗政和元年(1111年)

先生40岁。

杨时寓居毗陵,先生七月十一日自沙县来至十一月去,记杨时语录十条,称"毗陵所闻"。"毗陵"亦作毘陵,即今江苏镇江、常州、无锡一带。

宋徽宗政和二年壬辰(1112年)

先生41岁。

杨时官萧山。是年五月,罗从彦从沙县至萧山师事杨时。

按《龟山年谱》,是年赴萧山知县,延平罗仲素来学,自公得伊洛之学归倡东南，从游之士肩摩袂属。晚得罗仲素遂语以心传之秘，于是公之正学益显于世。

至八月离开，记杨时语录十五条，称"萧山所闻"。

宋徽宗政和五年乙未(1115年)

先生44岁。

郡人李侗闻罗从彦师从杨时，投书请纳为弟子。

宋徽宗政和六年丙申(1116年)

先生45岁。

李侗在剑浦罗源(今南平市延平区水南街道罗源村)南斋书院受学于罗从彦，同学者有罗革等。罗革是罗从彦二伯罗神纶最小的儿子，跟罗从彦同辈，但比罗从彦小。李侗也称他为师长。

南斋书院为罗氏族人所建，延请罗从彦掌书院教务。因罗从彦祖籍江西豫章(今江西南昌)，故书院亦称豫章书院。

按李延平上先生(罗从彦)书，幸得闻先生长者之风十年，于今二十有四岁矣。但沙县纪念馆重刊的《豫章文集》中的《豫章罗先生年谱》说，是年李侗与尤溪朱松、沙县邓迪为同门友误。因为史料记载朱松入闽时间在政和八年(1118年)，比较可信的是宣和五年(1123年)朱松任尤溪县尉之后与李侗、邓迪为同门友。

与沙县陈渊书，即《与陈默堂书》。清李清馥《闽中理学渊源考》卷五载：遵从陈渊所言，着意寻访能接续儒家道统之人，"近有后生李愿中者，向道甚锐，曾以书求教，趋向大体近正"。陈渊，沙县人，字默堂，杨时大女婿。

宋徽宗政和七年丁酉(1117年)

先生46岁。

见杨时先生于毗陵。

按先生(罗从彦)《春秋指归序》，政和岁在丁酉(1117年)，余从龟山先生于毗陵授学经年，尽丧其书以归，惟春秋传未之复睹也。学者研究说，杨时寓居毗陵的时间在政和四年(1114年)至宣和六年(1124年)的11年间，但宣和六年(1124年)罗从彦在罗源讲学(见下条政和六年)，估计《杨时集》说的政和元年(1111年)更可信，因为罗从彦还记杨时的语录十条。当然，也不排除此年罗从彦再次至毗陵的可能。

宋徽宗重和元年戊戌(1118年)

先生47岁。

自京师归乡。从罗从彦所言"余从龟山先生于毗陵授学经年"考察,重和元年返乡似有依据。

按罗渐《题龟山中庸义稿》,戊戌年五月,余与仲素伯思自归乡。又按先生《春秋指归序》,宣和之初①,自辇下趁郏鄌。

宋徽宗宣和元年己亥(1119年)

先生48岁。

作《语孟师说》。

宋徽宗宣和三年辛丑(1121年)

先生50岁。

李侗父丧,作《上舍辞先生》辞别罗从彦。

罗从彦作《用韵送延平行》《再用韵送延平行》二首相赠。

宋徽宗宣和五年癸卯(1123年)

先生52岁。

朱松任尤溪县尉。

宋徽宗宣和六年甲辰(1124年)

先生53岁。

作《韦斋记》。

按《韦斋记》,宣和癸卯,朱乔年得尤溪尉,治一室名曰韦斋,斋成之明年,使人来求记。

李侗与邓迪、朱松为同门友当在此年。罗从彦《韦斋记》云:宣和五年(1123年),朱松任尤溪县尉的次年(1124年),设书室,取名"韦斋",叫人到罗源求取罗从彦的《韦斋记》。由此推测朱松得知罗从彦在罗源讲学,到罗源从学罗从彦,与剑浦的李侗、沙县的邓迪为同门友。

是年,李侗32岁。元脱脱《宋史·道学传二·李侗传》记载"沙县邓迪尝谓松曰:'愿中如冰壶秋月,莹彻无瑕,非吾曹所及也'"之事当发生于此年。

此次讲学,罗从彦作《示生书》勉力弟子:"知行蹊径固非艰,每在操存养性间。此道悟来随万见,一毫无欲敢相关。"针对李侗心病,罗从彦特别作《勉李愿中五首》。其一:"圣道由来自坦夷,休迷佛学惑他歧。死灰槁木浑无用,缘置心官不肯思。"其二:"不闻鸡犬闹桑麻,仁宅安居是我家。耕种情田勤礼义,眼前风物任繁华。"其三:"今古乾坤共此身,安身须是且安民。临深履薄

---

① 宣和之初,即宣和元年(1119年)。

缘何故,祇恐操心近矢人。"其四:"彩笔画空空不染,利刀割水水无痕。人心但得如空水,与物悠然无怨恩。"其五:"权门来往绝行踪,一片闲云过九峰。不似在家贫亦好,水边林下养疎慵。"

宋钦宗靖康元年丙午(1126年)

先生55岁。

《遵尧录》成。

宋高宗建炎元年丁未(1127年)

先生56岁。

《台衡录》成。

宋高宗建炎四年庚戌(1130年)

先生59岁。

建炎四年庚戌(1130年),南剑州学焚毁,知事刘子翼迁址城南。太守周绾请石公辙(一称石公徹)负责重建。南剑州学建于天圣三年(1025年),创建者为郡守曹修古,比朝廷下诏全国立州学早20年。

宋高宗绍兴元年辛亥(1131年)

先生60岁。

作《中庸说》。同时,收集整理二程遗著。

程颢、程颐表弟、弟子侯师圣至剑浦访亲。宋黎靖德编《朱子语类》卷一〇一载:"侯师圣太粗疏,李先生甚轻之。来延看亲,罗仲素往见之,坐少时不得,只管要行。""罗仲素往见之"说明侯师圣至剑浦的时间最迟在此年。

《朱子语类》同卷载:"李先生云:'侯希圣尝过延平,观其饮啗,粗疏人也。'"这里的"侯希圣"为"侯师圣"之误。因为这条内容是"侯希圣"第二条,第一条为"胡氏记侯师圣语曰:'仁如一元之气,化育流行,无一息间断。此说好。'""二程"著作也可证实为侯师圣。《二程集·河南程氏遗书·附录·伊川先生年谱》载:"初,明道先生尝谓先生曰……"小字注:"侯仲良曰:'朱公掞见明道于汝州,逾月而归,语人曰:光庭在春风中坐了一月。'"此为"如坐春风"成语的由来。"侯仲良"即侯师圣之名,"程门立雪"典故也出自他之手。据学者考证,"如坐春风"之事发生在元丰四年(1081年),地点在颍昌,主人翁是游游,比朱公掞的"如坐春风"早两年。而南宋将乐县令黄去疾《龟山先生文靖杨公年谱》却说此事发生在元祐八年(1093年)杨时、游酢河南求师程颐之后的第二年:"绍圣元年甲戌(1094年),按语录所载:定夫一日来访公,公曰:'适从何来?'定夫曰:'某在春风和气中坐三月而来。'公问其所之,乃自明道处来也。试涵泳春风和气之言,则仁义礼智之人,其发达于声容色理者,如在日中矣。"这则记载显然有误,因为明道(程颢)早于元丰八年(1085年)已去世。或者此事发生在元丰四年(1081年)杨、游在颖昌师事程颢之时,黄去疾编《龟山先生文靖杨公年谱》误将其移至绍圣元年甲戌(1094年)。

是年,受罗从彦之邀李侗陪侯师圣一同前往沙县。宋黎靖德编《朱子语类》卷一〇三载:"李先生好看论语……其居在山间,亦殊无文字看读辨正,更爱看春秋左氏。初学于仲素,只看经。后侯师圣来沙县,罗邀至之,问'伊川如何看?'云'亦看左氏。要见曲折,故始看左氏。'"李侗喜欢读《论语》……他住在乡间,也没有更多的书可以辨别正误。李侗更喜欢春秋左传。他师从罗从彦之初,只读《春秋》这部经典。后来侯师圣到沙县,罗从彦也邀请李侗陪侯师圣同往。李侗请教侯师圣,程颐怎么读《春秋》?侯师圣回答,也读《左传》。因为《左传》是解释《春秋》的书,读《左传》能更好地理解《春秋》纪事的来龙去脉。

是年,友人廖仲辰及门人李侗、罗革相聚罗源南斋书院,廖仲辰赠《二程语孟解》。廖仲辰,名廖筒。将乐人,杨时侄女婿,与罗从彦同为师事杨时的同门友。此书即其所编,罗革作《题集二程语孟解卷后》记载此次师生相聚史实:"……廖仲辰于龟山门下与仲素为友,得其本(指罗从彦所作《语孟二解》),录之庚戌(1130年)。辛亥中(1131年),来聚生徒于南斋书院,授于此本。"时李侗39岁,师事罗从彦15年。

宋高宗绍兴二年壬子(1132年)

先生61岁。

以特科授惠州博罗县主簿。

石公辙主持南剑州学。

八月上丁,以郡守周绾之命主持南剑州学释菜礼。李侗结识石公辙。

按先生行实及延平志、沙阳志皆云,晚以特科授广东惠州博罗县主簿。胡文定答先生书亦称主簿足下,惟石公辙志先生释菜事称惠州博罗县尉当改。

宋高宗绍兴五年乙卯(1135年)

先生64岁,卒。

石公辙任南剑州学教授。

按先生行实及《沙阳志》皆云,先生卒于官(一说卒于汀州武平县)。子敦叙早殁,丧不得归者数年,族人罗友为惠州判官,遣人持绂以归,至汀州遇草寇窍发,遂寄柩于郡之开元寺。

时杨时写信给胡安国讨论收集整理二程著作之事,信中说罗从彦做过这方面的工作。史实载于《杨时集》卷之二十"书五":"伊川先生语录在念,未尝忘也。但以兵火失散,收拾未聚。旧日惟罗仲素编集备甚,今仲素已死于道途,行李亦遭贼火。已托人于其家寻访,若得五六,亦便下手矣。"

宋高宗绍兴十年庚申(1140年)

绍兴十年庚申(1140年),弟子李侗与罗从彦继子罗永等族人往返千里至汀州武平为罗从彦扶柩归葬,葬于罗源里黄漈坑之原。先生族弟罗革《题集二程语孟解卷后》云,享年六十有四。李侗作《豫章罗先生墓志铭》。石公辙颂祭文称:"……道心之学,废而不传。公悯斯道,求觉之先。伊水之涯,太白之巅。裹粮担簦,讲贯精研。……"需要注意的是这里讲的罗从彦所传是"道心之学",就是人心如何向道的学说。

宋高宗绍兴十一年辛酉(1141年)

绍兴十一年辛酉(1141年),李侗向师友搜集罗从彦遗著,抄写罗从彦《语孟师说》,并请杨时的弟子、大女婿陈渊撰跋。正月初三日陈渊作《语孟师说跋》称:"今日李君愿中以其遗书质予,其格言要语,自为一家之书。阅其学益进,诵其言亦可喜,信乎自心害而去之也。自仲素之亡,传此书者绝少,非愿中有志于吾道,其能用心如此之专乎?既录一本以备玩味。今录其书,并以仲素之所受于龟山者语之,以俟异日观其学之进,则此语不无助焉。"

"吾道"一词早在春秋时期孔子就用过,指的是儒家之道,而不是今天人们解释程颢说"吾道南矣"(我的学说将向南方传播了),因为孔子说"参乎,吾道一以贯之。曾子曰:'唯。'"这个"吾道"也不是孔子个人的学说,而是尧舜等圣人的学说。山东曲阜文庙所立明成化年间(1465—1487年)石碑碑文说:"盖孔子之道,即尧、舜、禹、汤、文、武之道。""吾道一贯"的意思是说圣人的学说既贯之于体,又贯之于用。宋代理学家的著作里使用更加频繁,如朱熹说的"吾道付沧洲",意思是说朱熹接续了儒家道统,在考亭沧洲传播圣人的学说,而不是说传播朱熹个人的学说。

石公辙离任南剑州学教授,调往外地,李侗与石公辙书信往来,作《与教授公书》。信后附《又小简借遵尧台衡录》称:"侗向承见谕,旧写得罗先生《遵尧》、《台衡》二录,欲望颁示一观。若蒙寄附便来,甚望。盖兀坐绝无过从,正赖师友之说,散胸中溃溃耳。有昔日唱和佳篇,亦冀不外相示。看毕即上纳也。侗再拜。"

石公辙给李侗回信,即《鼎元教授答李先生书》。信中说:"仲辰诗甚佳,不谓志趣如此,乃不永年。天于善人何如邪?可叹可叹!《遵尧》、《台衡》二书,乃为八一哥取去,可惜忘录。此子近闻其为绝世也。既趋向异途,存存罔知,但可太息耳。""八一哥"是罗从彦独子敦叙的小名,绍兴三年(1133年)去世,年三十八。次年遗腹子生,名振宗。此时,罗从彦去博罗第二年。

宋高宗绍兴二十二年壬申(1152年)

绍兴二十二年壬申(1152年)六月二十八日,汀州教授罗革作《题集二程语孟解卷后》,文中回忆绍兴元年(1131年)罗从彦召集师生聚会南斋书院,杨时的弟子、侄女婿廖衡分送他整理的罗从彦《二程语孟解》的经过。

宋孝宗乾道二年丙戌(1166年)

乾道二年丙戌(1166年)十月,在成都的罗博文作《书议论要语卷后》,记述了搜集罗从彦的《议论要语》经过,并将《议论要语》交给朱熹审订。罗博文(1116—1168),字宗约,一字宗礼,沙县罗畴之孙,也是罗从彦堂侄,曾师事李侗。罗博文去世后,朱熹写行状哭曰:"熹既痛公之不幸,不及大为时用,又伤吾道之不幸而失此人。"这句话的意思是说,罗博文去世是儒家的一大损失,而不是说是朱熹学说的损失。

宋宁宗嘉定六年癸酉(1213年)

宁宗嘉定六年癸酉(1213年),郡守刘允济缴进《遵尧录》,乞赐谥。

宋理宗淳祐六年丙午(1246年)

理宗淳祐六年丙午(1246年),杨栋奏请谥。

宋理宗淳祐七年丁未(1247年)

淳祐七年丁未(1247年),赐赠太师邹国公,赐谥文质。

文质公谥诰:

淳祐七年(1247年)十月奉圣旨颁下,赠太师邹国公,谥文质。

谨按制曰:从来奇才硕儒,生前能辅君行道,则殁后必有恤典殊恩,此固古今之通谊而有国者之所宜重也。若乃蕴德山林,而其立言有补于当时、垂教可传于后世,则报功崇德出于巨典,尤非常格所可拘尔。故儒罗从彦学宗正派,行洁清标,受伊洛之传于龟山,后学为之仰止,启朱氏之宗于李侗,前哲赖以羽翼,虽乐道畎亩,而所著遵尧诸录,凛然不忘主上之心,即静守罗浮而所垂冀圣数言,恪然无忝明道之志。潜思力行,任重诣极,道博也,德厚也;清介绝俗,著述垂休,言顾行也,行顾言也,慨念往功,宜行褒异。兹特赠名儒罗先生谥文质。於戏!文不易称,质不易肖。以此责乡,流芳千载。灵魂不昧,休命是赝。

宋淳祐七年(1247年)十月颁给,右札付本家照会。准此。

明神宗万历三十七年己酉(1609年)

明万历三十七年己酉(1609年),从闽学臣熊尚文之请,从祀文庙。

明神宗万历四十一年癸丑(1613年)

明万历四十一年癸丑(1613年),从尚书孙慎行复疏,准祀文庙。

清圣祖康熙四十五年丙戌(1706年)

皇清康熙四十五年丙戌(1706年),允学臣沈涵疏,赐御书祠额曰"奥学清节"。

(作者单位:南平市台办台情研究室)

附 录

豫章文集

◎ 罗从彦撰　林仟典点校

编者按　《豫章文集》(四库全书本),林仟典点校,政协沙县委员会文史委、沙县文学艺术界联合会、沙县罗从彦文化研究会2004年12月编印。该点校后记虽谓"以四库本为主","参校沙印本",但发现实际应当是以沙县罗从彦纪念馆1996年翻印的清乾隆十六年辛未(1751年)罗苍重刻、留保序刊《罗豫章先生集》为底本,参校清乾隆四十六年(1781年)四库全书本,省略了分卷目次。兹以四库全书本重加校订,部分参订《罗豫章先生文集》清正谊堂本。

目 录

豫章文集卷首
　　豫章文集序(张泰)
　　豫章先生年谱
豫章文集卷一　经　解
豫章文集卷二　集　录
　　遵尧录序(罗从彦)
　　遵尧录一　太祖
豫章文集卷三　集　录
　　遵尧录二　太宗
豫章文集卷四　集　录
　　遵尧录三　真宗
豫章文集卷五　集　录
　　遵尧录四　仁宗
豫章文集卷六　集　录
　　遵尧录五　李沆、寇准、王旦、王曾

豫章文集卷七　集　录
　　遵尧录六　杜衍、韩琦、范仲淹、富弼
豫章文集卷八　集　录
　　遵尧录七　司马光、程颢
豫章文集卷九　集　录
　　遵尧录别录　司马光论王安石、陈瓘论蔡京
豫章文集卷十　集　录
　　二程先生语录　龟山先生语录
豫章文集卷十一　杂　著
　　议论要语
豫章文集卷十二　杂　著
　　春秋指归序　韦斋记
　　诲子侄文　与陈默堂书
豫章文集卷十三　诗
豫章文集卷十四　附录上
　　事实　问答
豫章文集卷十五　附录中
　　缴进遵尧录状　请谥罗李二先生状
　　谥议　覆谥议
豫章文集卷十六　附录下
　　见罗先生书　答罗仲素书　语孟师说跋　韦斋记跋
　　题集二程语孟解卷后　题义恩祠壁　书《议论要语》卷后
　　题罗仲素颜乐亭　题罗仲素寄傲轩　题罗仲素濯缨亭
　　上舍辞归　豫章先生遗稿序　豫章先生遗稿跋
豫章文集卷十七　外　集
　　延平书院志　志释菜事　燎黄祝文　祭文
　　与教授公书　答延平先生书　续录（赞）
豫章文集跋(谢鸾)
重刻罗豫章先生集序(留保)

《豫章文集》点校后记(林仟典)

豫章文集卷首

豫章文集序

张　泰

　　泰尝读《孟子》称舜大孝章,至延平李氏注,有曰:"昔罗仲素语此云,只为天下无不是底父母。了翁闻而善之曰:'唯如此而后天下之为父子者,定徐而思之。'"已知先生立言垂训之绪余矣。初未尝获睹所谓《豫章文集》也,暨筮仕知沙阳,明年春二月,适今提学宪副丰城游公按节考校之暇,手以是集授泰曰:"是乃豫章罗先生遗文,前进士曹道振编次校正,梓行于世久矣。正统戊辰毁于兵燹,殆尽其幸存者,仅见此本。亟图锓梓,以广其传可也。"泰对曰:"谨受命。"自是退食之余,披诵累阅月。于是益有以知先生渊源之所自。盖先生初受学于龟山之门,闻龟山讲《乾》九四爻义,曰:"伊川说得甚善。"即鬻田裹粮,适洛中,求教于伊川。竟不外龟山之说。既而南归,益肆力于圣贤之学。晚就特科,授博罗县主簿,居罗浮山中,静坐三年,以观天地万物之理,超然自得,而不滞于言语、文字之末。故龟山之门从游者众,求其潜思力行,任重诣极,先生一人而已。今观集录,彪分胪列,大而君臣父子之伦,小而事事物物之故,以至于道德性命之奥,靡不该悉。则是书不可以不传于世明矣。或曰传其书,不若明其道;求诸言,不若求诸心。是固然矣。然而圣贤之道具于心,圣贤之心形于言。不得于言,而能得其心者鲜矣!不得其心,而能得其道者未之有也!学者苟能即其书以玩其言,则心与道可得而言矣。夫六经、四书皆道之所存也,尧、舜、禹、汤、文、武之所以建极保民,孔、曾、思、孟之所以垂世立教,周、程、张、朱之所以著书立言,举不外乎是。先生上承伊洛、龟山之统,下启延平、晦庵之传,斯文一脉,万世是宗,而可不因其言以求其心,传其书以明其道也邪?是用重锓诸梓,以广其传,与四方君子共之。凡有志者获睹先生是书,口诵心惟,而力行焉。生乎百世之下,而有以传先生之道于百世之上。穷则淑诸人,达则善斯世,则于风化万一,庶几或有小补云。

　　成化八年龙集壬辰十二月甲子日,赐进士、文林郎、知沙县事,后学岭南张泰拜手谨序

豫章文集卷首

豫章先生年谱

宋神宗熙宁五年壬子

先生生。按先生行实及罗革题《语孟解》后皆云：先生享年六十四。嘉定六年癸酉郡守刘允济《缴进〈遵尧录〉状》云：七十九年孤愤之气，郁郁未伸云云。咸淳六年庚午冯梦得题先生文稿云：余后七十岁而生。又公自生发未燥时，已知敬慕，今六十五年矣。以是知先生生于壬子，殁于乙卯也。

元丰元年戊午

先生七岁。

哲宗元祐元年丙寅

先生一十五岁。

绍圣元年甲戌

先生二十三岁。

元符元年戊寅

先生二十七岁。

徽宗建中靖国元年辛巳

先生三十岁。

大观元年丁亥

政和元年辛卯

先生四十岁。

二年壬辰

先生四十一岁，始受学于龟山杨先生之门。按龟山年谱，是年赴萧山知县，延平罗仲素来学。自公得伊洛之学，归倡东南，从游之士肩摩袂属。晚得罗仲素，遂语以心传之秘。于是公之正学益显于世。时公年六十。

六年丙申

先生四十五岁。郡人李侗始受学其门。按延平先生上先生书："幸得问先生长者之风，十年于今，二十有四岁矣。"延平先生殁于隆兴元年癸未，年七十一，以是知是年受学。

七年丁酉

先生四十六岁。见杨先生于毗陵。是按先生《春秋指归》序,政和岁在丁酉,余从龟山先生于毗陵,授学经年,尽裹得其书以归,惟《春秋传》未之获睹也。

重和元年戊戌

先生四十七岁。自京师归乡。按罗渐题龟山《中庸义稿》:"戊戌年五月,余与仲素、伯思自京师归乡。"又按先生《春秋指归》序,宣和之初,自辇下趋郏鄏,疑宣字当作重。

宣和元年己亥

先生四十八岁。

六年甲辰

先生五十三岁。作《韦斋记》。按《韦斋记》,宣和癸卯,朱乔年得尤溪尉,治一室,名曰"韦斋"。斋成之明年,使人来求记。

钦宗靖康元年丙午

先生五十五岁。《遵尧录》成。

高宗建炎元年丁未

先生五十六岁。

绍兴元年辛亥

先生六十岁。

二年壬子

先生六十一岁,以特科授惠州博罗县主簿。按先生行实及《延平志》、《沙阳志》,皆云晚以特科授惠州博罗县主簿。胡文定公答先生书亦称主簿足下,惟石公辙志先生释菜事称惠州博罗县尉,当考。八月上丁,以郡守周绾之命,领袖诸生行释菜礼。见石公辙志。

五年乙卯

先生殁。按先生行实及《沙阳志》,皆云先生卒于官,子敦叙早殁,丧不得归者数年。族人罗友为惠州判官,遣人持护以归,至汀州遇草寇窃发,遂寄殡于郡之开元寺。又数年,其门人李愿中始为归,葬于本郡罗源黄潦坑之原。然先生族弟革题先生集《二程、语、孟解》卷后云享年六十有四,自广回,卒于汀州武平县。龟山先生《答胡康侯书》亦云仲素死于道途,又与前说不同。未知孰是。

宁宗嘉定六年癸酉

郡守刘允济缴进《遵尧录》,乞赐谥。又得先生墓于荆榛之中,为修甃立石,以表道架亭,以行祀命。教授方大琮率诸生致祭,给官田计米一十二石一斗六升。内以六石输学中为祀事之费,余以给守真者。每岁寒食,教授率诸生备庄币祭墓下。

理宗淳祐六年丙午

杨栋奏请谥。

七年丁未

赐谥文质。

豫章文集卷一

经　解

《诗解》

见先生行实及延平郡守刘允济《缴进〈遵尧录〉状》。郡庠旧有墨本,今不存。

《春秋解》

见先生行实及刘允济《缴进〈遵尧录〉状》,郡庠旧有墨本,今不存。又按《延平书院志》,先生遗书有《春秋集说》,疑即此书也。

《春秋指归》、《春秋释例》

二书见先生行实及《延平书院志》、《沙阳志》,今不存。遗稿有《春秋指归序》一篇,见第十二卷。

《语孟师说》

按先生遗稿,有陈默堂跋先生《语孟师说》一篇,又载罗革题先生集《二程、语、孟解》卷后一篇,篇中备举明道、伊川、横渠、龟山,则所集不独二程之说也。此书疑即所谓《语孟师说》,今不存。

《中庸说》

见先生行实,今不存。

豫章文集卷二　集录

遵尧录序

尧舜三代之君不作也久矣。自获麟以来,讫五代,千五百余年,惟汉唐颇有足称道。汉大纲正,唐万目举,然皆杂以霸道而已。有宋龙兴,一祖开基,三宗绍述,其精神之运,心术之动,见于纪纲法度者,沛乎大醇,皆足以追配前王之盛。故其规模亦无所愧焉。在太平兴国初,太宗尝谓宰相曰:"朕嗣守基业,边防事大,万机至重,当悉依先朝旧规,无得改易。"仁庙见东封西祀,及修五清宫等过侈,曰:"如此之事,朕当戒之。"若二圣者,其知所以绍述者邪!故终太宗之世,无复改张。终仁宗之世,一于恭俭。至熙宁、元丰中不然,管心鞅法,甲倡乙和,功利之说,杂然并陈。宣和之末,遂召金人犯阙之变。盖其源流非一日也。今皇帝受禅,遭时之难,悯生民之重困也。发德音,下明诏,悉铲熙丰弊法,一以遵祖宗故事为言,四方企踵以望太平矣!议者犹谓金陵之焰势未能熄,天下皆其徒,是抱薪而救之者也。臣惧其然也,窃语诸心曰:"昔唐吴兢作《贞观政要录》,本朝石介亦有《圣政录》,岂苟然哉?"因采祖宗故事,四圣所行,可以阁今传后者,以事相比类纂录之,历三年而书成,名曰《圣宋遵尧录》。其间事之至当,而理之可久者,则衍而新之。善在可久,而意或未明者,则释以发之。以今准古,有少不合者,作辨微以著其事。又自章圣以来,得宰相李沆等及先儒程颢共十人。择其言行之可考者,附于其后。若乃创始开基之事,庙谟雄断,仁心仁闻,则于其君见之。袭太平之基业,守格法,行故事,竭尽公忠,则于其臣见之。爰及熙丰之弊,卒归于道。分七卷,添别录一卷,合四万余言,欲进之黼座,力未暇及,而秋毫之间已爽忽矣。然事固有始暌而终合,失之于前而得之于后者,古人有之。若周成王、楚文王、秦穆公是也。不久朝廷清明,金人宾伏,且当有以来天下之言,辄纪岁月,以俟采择。

靖康丙午十月　日,延平臣罗从彦序

遵尧录一

太　祖

　　国初，剑南交广各僭大号，荆湖江表止通贡奉，西夏北辽皆未宾伏。太祖垂意诸将，命李汉超屯光南，马仁瑀守瀛洲，韩令坤镇常山，贺惟忠守易州，何继筠镇棣州，以拒北敌。又以郭进控西山，武守琪戍晋州，李谦溥守隰州，李继勋镇昭义，以御太原。赵赞屯延州，姚内斌守庆州，董遵诲屯环州，王彦升守原州，冯继业镇灵武，以备西戎。其家族在京师者，抚之甚厚。郡中管榷之利悉与之，恣其图回贸易，免所过征税。许令召募骁勇，以为爪牙。凡军中许便宜从事，每来朝必召对命坐，赐以饮食，锡赉殊异以遣之。由是边臣皆富于财，得以养募死力，使为间谍，洞知蕃夷情状。每外敌入寇，必预为之备，设伏掩击，多致克捷。二十年间无西北之忧，以至命将出师，吊民伐罪，平西蜀，复湖湘，下岭表，克江南，兵力雄盛，武功盖世。良由得猛士以守边，推赤心以御下之所致也。

　　太祖以李汉超为关南巡检使捍北敌，与兵二千而已。然以齐州赋敛最多，乃以为齐州防御使，悉与一州之赋，俾之养士。而汉超武人，所为多不法。久之，关南百姓诣阙，讼汉超贷民钱多不还，及掠其女以为妾。帝召百姓入见便殿，以酒食慰劳之。徐问曰："自汉超在关南，契丹入寇者几？"曰："无也。"帝曰："往时契丹入寇，边将不能卸，河北之民，岁遭劫掠，汝于此时能保其资财、妇女乎？今汉超所取，孰与契丹之多？"又问讼者曰："汝家几女，所嫁何人？"百姓具以对。帝曰："然则所嫁皆村夫也！若汉超者，吾之贵臣也，以爱汝女则取之，得之必不使失所。与其嫁村夫，孰若处汉超家之富贵也。"于是百姓感说而去。帝使人语汉超曰："汝须要钱，何不告我？而取于民乎？"乃赐以银百两，曰："汝自还之，使其感汝也。"汉超感泣，誓以死报。太祖以郭进为西山巡检，有告其阴通河东刘继元，将有异志者。帝大怒，以其诬告忠臣，命缚其人予进，使自处置。

　　进得而不杀，谓曰："尔能为我取继元一城一寨，不止免尔死，当请赏尔一官。"岁余，其人诱其一城来降，进具其事，送之于朝请赏。帝曰："尔诬害我忠良，此才可贳死，尔赏不可得。"命以其人还进。进复请曰："使臣失信，则不能用人矣!"于是赏以一官。

太祖以贺惟忠知易州及捍边有功,迁正使。开宝二年,又加本州刺史,兼易、定、祈等州都巡检使。惟忠在易州十余年,缮治亭障,抚士卒,得其死力。每乘寒用兵,所向必克,威名震于北敌。

太祖以李谦溥为隰州刺史,在州十年,并人不敢犯其境。开宝三年,移齐州团练使后,边将失律,复以谦溥为晋、隰沿边巡检,边民喜之。

太祖登宝位日,有司捕得契丹二人。帝曰:"汝等皆何人耶?"曰:"契丹遣来探事耳。"帝曰:"汝探国事,不过甲兵、粮草、百官数目而已。若朕腹中事,汝可探乎?"特赦而遣之,二人叩头感泣而去。

太祖建隆初,边郡民有出塞外盗马至者,官给其直。帝曰:"安边示信其若此耶!"亟命止之,还所盗马。自是辽人畏服,不敢犯塞。

开宝八年三月,契丹遣使克妙骨谨思奉书来,聘对崇德殿。其从者十二人,皆赐冠带、器币。太祖曰:"晋汉以来,北方强盛,盖由中朝无主。晋帝蒙尘,否运已极,今慕化而来,亦由时运,非凉德所致也。"召见讲武殿,观武士习射,又燕长春殿。

建隆元年,太祖遣户部郎中沈伦使吴越,归奏扬、泗饥民多死。郡中军储尚有百余万斛,可发以贷民,至秋复收新粟。有司沮伦曰:"今以军储振饥民,若岁荐饥,无所收取,孰任其咎?"帝以问伦,伦曰:"国家以廪粟济民,自当召和气而致丰稔,岂复有水旱耶?此当决于宸虑。"帝命发廪贷民。

臣从彦释曰:人君之所以有天下者,以有其民也;民之所恃以为养者,以有食也。所恃以为安者,以有兵也。《书》曰:"民为邦本,本固邦宁。"昔孟轲氏以民为贵,贵邦本也。故有民而后有食,有食而后有兵。自子贡问政,孔子所答观之,则先后重轻可知矣。太祖建隆初,扬、泗饥民多死者,沈伦请发军储以贷之,此最知本者也。况军储又出于民乎。夫以廪粟振民,固有召和气、致丰稔之道,然水旱无常,万一岁荐饥无所收取,伦之言是为不信也。呜呼!太祖可谓善听言者也。

太祖尝择官使江南,颇难其人。一日谓卢多逊曰:"李穆,士大夫之仁善者,词学之外,他无所预。"多逊曰:"穆履行端直,临事不以死生易节,所谓仁而有勇者也。"帝曰:"如尔言,使江南无以易穆者。"遂遣之。

太祖命诸将西征,以地图授王全斌等,谓之曰:"西川可取否?"全斌曰:"臣仗天威,遵庙算,克日可定。"龙捷都校史延德奏曰:"西川除在天上即不能得,若舟车足迹可至,以今之兵力,到即平尔。"帝壮其言,谓全斌曰:"汝等果敢如此，朕复何忧？卿发，计日望捷书也。所破郡县，止籍其器甲刍粮，当为朕倾帑藏赏战士耳。"故西师所向，人皆效命，动有成功，若席卷之易。

王全斌收蜀，沈伦以给事中为随军水陆转运使。王全斌等入成都，争取玉帛子女。伦独廉清无欲，伪蜀群臣，有以珍异奇巧之物为献者，皆拒之。东归，箧中所有，才图书数卷而已。帝悉知之，遂贬全斌等，以伦为户部侍郎、枢密副使。

开宝九年，召随州留后王全斌，授宁武军节度使。初，全斌以伐蜀私取财物贬秩，至是帝谓之曰："朕以金陵未下，常虑平吴诸将恣行贪暴，抑卿数年，为朕立法。"江南既平，还卿节钺，又别出器币钱货数万赐之。

赵普秉政时，江南后主以银五万两遗普。普白太祖，太祖曰："此不可不受，但以书答谢，少赂其来使可也。"普叩头辞避，帝曰："大国之体，不可自为削弱，当使之勿测。"既而后主遣其弟从善入贡，赏赐外，密赍白金如遗普之数。江南君臣始大震骇，服帝之伟度。

太祖将征江南，李煜遣其臣徐铉朝于京师。铉以名臣自负，其来也，欲以口舌驰说存其国，日夜计谋，思虑言语应对之际详矣。及其将见也，大臣亦先入请，言铉博学有才辩，宜有以待之。帝曰："弟去，非尔所知也。"明日，铉朝曰："煜以小事大如子事父，未有过失，奈何见伐？"其说累数百言。帝曰："尔谓父子为两家可乎？"铉无对而退。

太祖征江南时，钱俶遣幕僚黄夷简入贡。召谓之曰："汝归语元帅，训练甲兵。江南倔强不朝，我将发师讨之。元帅当助战，无惑人言。皮之不存，毛将安附也。"及江南平，又召两浙使，谓曰："俶克毗陵有大功，今当暂来与朕相见，以慰延想之意。即当遣还，不久留也。朕三执圭币以见上帝，岂食者乎？"

岭南刘鋹性绝巧，尝自结真珠鞍为戏龙之状，以献太祖，臻于奇妙。帝厚赐之，谓左右曰："移此心以勤民政，不亦善乎？"鋹初在国中多置鸩，以毒臣下。帝幸讲武池，从官未集，鋹先至，诏赐卮酒。鋹心疑之，捧杯泣曰："臣承祖父基业，违拒朝廷，烦王师致讨，罪在不赦。陛下既待臣以不死，愿为大梁布衣，观太平之盛，未敢饮此酒也。"帝笑曰："朕推赤心置人腹中，安有此事？"即取酒自饮，别酌以赐鋹，鋹惭谢。

左飞龙使李承进，尝事后唐庄宗。太祖召承进，问曰："庄宗以英武定中原，而享国不久，何也？"承进曰："庄宗好田猎，将士骄纵，惟务姑息，每乘舆出，次近郊，禁兵卫士必控马首曰：'儿郎辈寒冷，望与救接。'庄宗即如所欲给之，若是者非一，因而召乱。盖威令不行，而赏赉无节之故。"帝抚髀叹曰："二十年夹河战争,取得天下,不能以军法约束此辈,纵其无厌之性,以兹临御,诚为儿戏。朕抚养士卒固不吝爵赏,苟犯吾法,惟有剑耳。"

太祖收蜀,得将士之精者,置川班殿直,廪赐优给,与御直等。开宝四年,祀南郊,礼毕行赏。帝以御龙直扈从郊祀,特命赠给钱人五千,而川班殿直不得如例,乃击登闻鼓院,上诉陈乞。帝怒,遣中使谓之曰:"朕之所与,即为恩泽,又焉有例?"命斩其妄诉者四十余人,遂废其班。

太祖初定天下,扫五代之失,日不暇给矣!然犹命汪彻定宗庙,窦俨典礼仪,聂宗义正礼器,和岘修雅乐。揽访儒术,畴咨治道。建隆元年,太祖幸国子监,因诏修饰祠宇,及塑绘先圣、先贤、先儒之像,帝亲撰文宣王、兖国公二赞。二年,以右谏议大夫崔颂判监事,始聚生徒讲学。遣中使,以酒果赐之,谓侍臣曰:"今之武臣,欲尽令读书,贵知为治之道。"

国初取士,宗伯之司旷而未设。但择名臣有闻望于禁掖台省者,权典之。太祖尝谓近臣曰:"闻及第举人呼有司为恩门,自称门生。见知举官,辄拜之。此甚薄俗,非推公取士之道。又搢绅间多以所知进士致书主司,谓之公荐。朕虑误取虚誉,当悉禁之。"翰林承旨陶谷,以子邴及第,诣阁门谢。帝谓左右曰:"闻谷不能训子,安有登进士第者?"亟命中书覆试。自今贡举人有父兄食禄者,奏名之时别析之。

乾德元年,诏旧置制举三科。其一曰贤良方正,能直言极谏;其二曰经学优深,可为师法;其三曰详闲吏理,达于教化。并许州府解送吏部,试论二道,若二千字已上,取文理优长者登焉。

建隆四年,将行南郊之礼。太祖谓范质曰:"中原多故,百有余年,礼乐不绝如线。今天下无事,时和年丰,务在报神,资乎备礼。卿等宜讲求遗逸,遵行典故,无或废坠,副朕寅恭之意。"

开宝九年,太祖幸西京,有事南郊。先时霖雨弥旬不止,至是云物晴霁,观者如堵。垂白之民相谓曰:"我辈少属离乱,不图今日复睹太平。"天子仪卫至,相对感泣。驾还御五凤楼,大赦,有司请正一统太平之号。帝曰:"今河东未平,幽蓟未复,而以一统为号,无乃不可乎?虽僭位渐已克定,若云太平,朕所惭也。"

国初,天下贡赋尽入宝职库。乾德中,所积充羡。太祖顾左右曰:"军兴,饥馑须预为之备。若临事厚敛,非长计也。当于讲武殿后,别为内库,以贮金帛。"

开宝二年秋,有司言太仓储廪止于明年二月,请分屯诸军,仍率民船,以资江淮粮运。太祖大怒,切责计司曰:"国无九年储曰不足,汝不素为计度,而使仓储垂尽,乃使分屯兵师,括率民船以馈运,是可卒致乎?且设尔等何用?苟有所阙,必尔乎取之。"三司使楚昭辅皇惧,计不知所出,乃诣晋邸,见太宗,乞于上前解释,稍宽其罪,使得尽力营办。帝许之。

太祖在周朝,知李昉名。及即位,任以为相。因语昉曰:"卿在先朝,未尝倾陷一人,可谓善人君子者也。"

王著罢职翰林,太祖谓宰相曰:"学士深严之地,当选谨重之士处之。"范质曰:"窦仪清介谨厚,然在前朝,由翰林学士迁端明令,又官为尚书,难于复召。"帝曰:"禁中非此人不可,卿当谕以朕意,勉赴所职。"仪于是再入翰林。

钱昱自白州刺史求文资,得秘书监,连典数郡,无治声。太祖谓宰相曰:"此贵家子,不可任丞郎,改郢州团练使。"

大理评事陈舜封,因奏事语颇捷给,类倡优。帝问:"谁之子?"舜封自言其父承业,为教坊都知。帝曰:"此杂类安得任清望官?"盖执政不为国家区别流品所致,改授殿直。

教坊使有卫得仁者,以老求外任官,且援同光故事求领郡。太祖曰:"用伶人为刺史,此庄宗失政也,岂可效之耶?"中书拟上州司马,帝曰:"上州之佐,乃士人所处,资望甚优,亦不可轻授。止可于乐部转迁耳。"乃授太乐书令。

太宗在晋邸时,尝以钱五百千遗中丞刘温叟。温叟不敢辞,贮于别室。明年重午,又以角黍遗之。使人至,见前所送钱肩牖如故。还白其事,太宗曰:"我钱尚不用,况他人乎?温叟真廉士也哉!"亟命轝还,密白于太祖。太祖曰:"执廉节,镇浇风,温叟有之。"

太祖聪明英睿,善知人,下位中有一行可观,一才可称者,皆自圣知,不次拔擢。尝以中牟县令李鹤为国子监丞,延州录事参军段从革为赞善大夫,定州录事参军郭思齐为太子中允,河阳节度判官石雄为补阙,莱芜县令刘琪为拾遗,安丘县尉张邈为将作监丞,郑州防御判官李搏为监察御史。当时州县无滞才,朝廷称得人焉。

太祖初有天下,欲知外事,用隰州刺史史珪察访。珪招权通奸,欲有所欺。德州刺史郭贵部下为奸,通判大理评事梁梦升阴持之,以是事多违戾,贵无如之何。贵与珪素善,因以其事告珪,圭乃记其事于尺牍,欲伺便言之。一日帝忽言:"今中外所任皆得其人。"珪乃曰:"今之文臣亦未必皆善。"乃探怀中尺牍奏之曰:"只如德州通判梁梦升,欺蔑刺史,几至于死。"帝曰:"非刺史有奸贼乎？梦升真清强吏也。"因以尺牍授左右曰："持此付中书，以梦升为赞善大夫。"寻出珪于外。

乾德中，金部郎中段思恭通判眉州，会大兵之后，亡命结集，群盗蜂起，逼州城。刺史赵延进惧贼之众，力不能禁，将以麾下奔嘉州。思恭止之，因率屯兵与贼战彭山，军士观望无斗志。思恭募先登者，旌以厚赏。于是诸军鼓勇力战，群贼败走。思恭矫诏以上，供钱帛给之。后度支以擅用官钱，请系狱治罪。帝嘉其果干，诏勿劾，令知州事。

太祖以右赞善大夫钱文敏知泸州，召见讲武殿，谓曰："泸州最近蛮獠，尤宜绥抚。闻知州郭思齐、兵马监押郭重迁等，倍敛于民，颇为不法。恃其地远，谓朝廷不知尔。至为朕鞠之，苟有一毫侵民，朕必不赦。"

乾德四年，太祖宴宰相、枢密使、开封尹两制等，于紫云楼下，论及民间事。谓赵普曰："下民之愚，虽不分菽麦，如藩侯不为抚养，务行苛虐，朕断不容之。"普对曰："陛下爱民如此，尧舜之用心也，臣等不胜大幸。"

开宝初，宴藩臣于后苑。酒酣，太祖曰："卿等国家旧臣，能悉心藩镇，以惠民为意乎？"独王彦超进曰："臣素无功能，出于遭遇，年已衰朽，愿归丘园，臣之志也。"武行德、向拱、郭义、袁彦等，争论畴昔功勋，帝曰："前朝异世事，安足论也？"异日皆罢镇，授以环卫。

太祖修大内既成，寝殿中令洞辟诸门，使皆端直、开豁无有壅蔽者。因谓左右曰："此如我心，小有邪曲，人皆见之耳！"

臣从彦释曰：人君者，天下之表。若自心正，则天下正矣。自心邪曲，何以正天下？太祖于寝殿中，令洞辟诸门，使皆端直、开豁无有壅蔽，以见本心，可谓知君道矣。夫辟四门，明四目，达四聪，尧舜之道也。若太祖可谓近之者也。

太祖尝盛暑中露卧抵夜，左右请避之，曰："星月之下，不可露卧也。"帝曰："常人之情，睹星月烂然，则生悚畏。至于暗室，得欺之乎。"

太祖一日朝罢御便殿坐，俯首不言者久之。内侍王继恩进曰："陛下退朝，略无笑语，与常日不同。臣不知其故也。"帝曰："尔谓帝王可容易行事耶？且来前殿，我乘快指挥一事，偶有误失，史必书之，我所以不乐也！"

太祖初好弋猎，尝狩于近郊，逐走兔，马蹶而坠，因以佩刀刺杀所乘马。既而悔之曰："吾为天下主，而轻事畋游，非马之罪也。"自此不复猎矣。

魏国长公主尝衣贴绣铺翠襦入宫中，太祖见之，谓主曰："汝当以此与我，自今勿复为此饰。"主笑曰："此所用翠羽几何？"帝曰："不然。主家服此，宫闱戚里相视,亦竞为之。京城翠羽价高,小民逐利,展转贩易,伤生浸广,实汝之由。"主惭笑。后因侍坐,与孝章皇后闲言曰:"官家作天子日久,岂不能用黄金妆肩舆乘以出入?"帝曰:"我以四海之富,宫殿悉以黄金饰之,力亦可办。但念我为天下守财耳,古语云,以一人治天下,不以天下奉一人。苟以自奉养为意,使天下之人何仰哉?"

太祖尝言:"天命所属,王者不死。周世宗每见将帅容貌魁壮,为士心所附者,率多疑忌。见人之形气磊落者,多因事诛之。而朕日侍其侧,都不为虑。凡帝王固当推心待下,岂可以臆度而滥刑诛?若夫命数之所钟,亦非人谋之能屏。"故开宝之前,惟殿前都虞候张琼以忤晋邸伏法外,未尝辄诛大臣。

陶谷为学士,尝晚召对。太祖御便殿坐,谷至,望见上,前而复却者数四。左右催宣甚急,终彷徨不进,帝笑曰:"此措大索事。"分顾左右,取袍带来。帝已束带,谷遂趋出。

臣从彦辨微曰:学士职亲地禁,非谨重之士、有器识文章者,不可居其任。陶谷不知为何人,其在翰林也,太祖御便殿坐,召之前,却不进。卒使天子致礼于词学之臣,束带以见之。此其廉耻有足称者,非特谷也!古者君臣之间,礼义廉耻而已矣。上知有礼,而不敢慢其臣,而下知廉耻,以事其君。上下交修,则天下不足为也。

太祖朝,臣僚有功当进官,帝不喜其人,欲勿进。赵普力请之,帝怒,固不与转官。普争之曰:"赏者,圣人所以劝善;罚者,圣人所以惩恶。夫爵赏刑罚,乃天下之爵赏刑罚也,非陛下之爵赏刑罚也。陛下岂得自专之耶?帝不能容,乃拂衣起,普亦随之。帝入宫门,普立于宫门不退。帝乃寤,卒可其奏。

臣从彦辨微曰:赏罚者,人主之大柄也。赏所以劝功,罚所以惩罪,天下共之。太祖时,臣僚中有功当进官,此天下之大公也。帝不喜其人,欲勿进。此蔽于私者也。普力请之,至犯帝怒。普之言赏罚,盖合天下之大公,无可贬者。然古之善谏者不然,优游不迫,因其所明而道之,则其听之也易于反掌。故讦直强劲者,率多取忤,而温厚明辨者,其说多行。若普者,不遇刚明之君,能勿触鳞乎?呜呼!太祖真大度有容者也,虽不免于私,然亦不能尘其光明也。

太祖一日后苑挟弓弹雀,臣僚中有一人,称有急事请见。帝亟出见之,及览奏,乃常事耳,帝怒曰:"此何为急事?"其人曰:"亦急于弹雀耳。"帝以斧钺柄撞其口,两齿坠焉。其人徐跪地取齿,置于怀中,帝曰:"汝持此齿讼我耶?"曰:"臣不敢讼陛下,自有史官书之。"帝怒解,赐以金帛,慰劳而遣之。

臣从彦辨微曰：古者忠臣之事君也，造次不忘纳君于善。有剪桐之戏者，则随事箴规。违养生之戒者，则即时戒正，不敢嘿嘿也。太祖于后苑挟弓弹雀，当时臣僚中有以急事请见者，岂近是耶？及犯帝怒，因以齿之坠也。而警以史官，使人君动作不敢非礼，莫大之益也。

太祖尝患赵普专政，欲闻其过。一日召翰林学士窦仪，语及普所为不法，且誉仪蕴负才望之意。仪盛言普开国勋臣，公忠亮直，社稷之镇。帝不悦，仪归家，召其诸弟，张酒食，语曰："我必不作宰相，然亦不诣珠崖，吾门可保矣。既而召学士卢多逊，多逊尝有憾于普，又喜其进用，因攻普，罢之出镇河阳。普之罢甚危，赖以勋旧脱祸，多逊遂参知政事作相。太平兴国七年，普复入相，多逊有崖州之行。

臣从彦辨微曰：赵普才器过人，其谋断足以立事成功。若其专政，则信必有之。以太祖之大度有容，而恶其专，至召仪等问之，则普之所为可知也已。古者进退人臣自有道，而宰相者，乃辅天子以进贤退不肖者也，不可不谨也。普身为宰相，使帝不得直道而行，徒以勋旧脱祸，而多逊代之。《诗》曰："公孙硕肤，赤舄几几。"普则愧之矣！

太祖尝幸华州，至龙兴观，赐道士苏澄隐衣一袭，银五百两，绢五百匹。澄隐戒行精至，性颖悟，博涉经史，兼通释典。帝问曰："师年逾八十而容貌甚少，是能养生也，宜以其术教朕。"对曰："臣之养生，不过精思练气耳。若帝王养生，则异于是，老子曰：我无为而民自化……我无欲而民自朴。无为无欲，凝神太和，昔黄帝享国永年者，得此道也。"帝大悦，故有是赐。

臣从彦辨微曰：赐予虽出于人君之仁，要受其赐，必有以称之可也。澄隐善养生，吐谈可喜，不肯以其术市恩，以误至尊。其论帝王养生，则以无为无欲，凝神太和言之。此羽衣中之最贤者也。帝命赐衣一袭足矣。至若金帛之赉，似未有以处之。澄隐不知固辞何耶？盖方外之士，与儒者不同，辞受取舍，非所以责澄隐也。

豫章文集卷三　集录

遵尧录二

太　宗

　　太宗初命赵普为相，谕之曰："朕以卿先帝旧臣，功参佐命，卿宜悉心，以副朕意。但能谨赏罚、举贤能、弭爱憎，何虑军国不治？朕若有过，卿勿面从。古人耻其君不及尧舜，其勉之哉！"他日，谓近臣曰："赵普事先帝与朕最为故旧，能断大事，倾竭自效，尽忠国家，真社稷臣也。"

　　雍熙三年，太宗谓宰相曰："中书枢密院，朝廷政令所出，治乱根本，系之于兹。卿等当各竭公忠，以副任用。大凡常人之理，未免姻故之情，苟才不足称，遗之财币可也。公家之事，不可曲徇。朕亦有亲旧，若才用无取，未尝假以名器也。"

　　淳化五年夏四月，太宗谓吕蒙正等曰："朕以宰相之任所职甚重，欲修唐朝书，考故事，以责卿等辅佐之效。又念考第之设，亦空言耳。莫若抚夷夏，和阴阳，使百度大理一人，端拱无事。此宰相之职也，岂有居其位而不知其任乎？"

　　至道元年夏四月，擢吕端同中书门下平章事。帝召端谓曰："庙堂之上，固无虚授。但能进贤退不肖，便为称职。卿宜勉之。"端历官日最久，今始进擢，常以谓任用之晚。每奏对，同列多出异议，因出诏谕之曰："自今中书事，必经吕端详酌，乃得奏闻。"

　　臣从彦释曰：太宗之命吕端也，说者谓宰相之任，在乎登进贤才，黜远庸佞，而总其纲目，万事自理。故曰天子择宰相，宰相择百官，非才之人，不可虚授。其言是已。若太宗者，其知所以命相者欤！端，贤相也。帝以其任用之晚，且患同列之多异议也，因出诏谕之曰："自今中书事，必经吕端详酌，乃得奏闻。"非信任之笃，遇之专一者，其孰能之？

　　端拱中，考工员外郎毕士安为冀王府记室参军。有诏臣僚，各献所为文。太宗阅视累日，问近臣曰："其文可见矣，其行孰优？"有以士安对，帝曰："卿言正合朕意，命以本官知制诰。"

太宗尤重内外制之任，每命一舍人，必咨问宰辅，求才实兼美者，先召与语，观其器识，然后授之。后因览唐故事，见其多自卑位作学士者。会苏易简荐吴人浚仪尉周亨，俊拔可任。帝俾易简索其文章，得《白花鹰赋》，阅之，语易简曰："可，且令叙迁京秩。"更徐观之，改光禄寺丞卒。

太子中舍王济，方正好言事，太宗谓宰相曰："法官尤宜谨择，苟非其人，或有冤滥，感伤和气，必致天灾。"宰相曰："惟守法不回者，可符圣意。"帝曰："王济数言事，必有特操，可试之。"遂令权判寺事。

太宗选秘书丞杨延庆等十余人，分为诸州知州。因谓宰相曰："刺史之任最为亲民，非其人，则下有受其弊者。昔后汉秦彭为颍川郡守，教化盛行，百姓怀惠，乃有凤凰、麒麟、嘉禾、甘露之瑞。以一郡守尚能有感，若帝王崇尚德教，岂太平之不可致，而和气之不可召也？"

淳化五年夏五月，太宗谓宰相曰："诸州长吏所委，尤重审官院进所选。京朝官充知州者三十余人，御前印纸历子，朕亲书于其前曰：'勤公洁己，奉法除奸，惠爱临民，方可书为劳绩。'本官月俸并给实钱，令知审官院若水分赐之。"因谓若水曰："所赐戒谕，有奉法除奸之语，恐不晓者从而生事，以求功劳，可谕之云：'除奸之要，在乎奉法耳。'"

太宗初，尝诏转运使考按诸州，凡诸职任，第其优劣。未几，复遣使分行州县，廉察官吏。是岁五月，河南府法曹参军高怀、伊关县主簿翟嶙、郑州荥泽县令申廷温，皆以罢软不胜任、惰慢不亲事免官。

至道中，分遣朝臣为诸道转运司，承受公事，以察州县刑政官吏治迹，更次入奏。三年供，奉官刘文质入奏，察举两浙部内官高辅之、李易直、文仲儒、梅旬、高鼎、廖贻庆、姜屿、戚纶等八人有治绩，并降玺书褒谕。

太宗尝谓宰相曰："历代王者多以求贤为难，何代无才，但系用与不用耳！岂必畎游、梦卜乃称贤哉？"

太宗尝谓近臣曰："国家选才，最为切务。人君深居九重，岂能遍识之哉？必须采访。苟称善者多，即是操履无玷。但择得一好人，为益无限。古人云：'得十良马，不如得一伯乐；得十利剑，不如得一欧冶。'兹言有理。朕孜孜谘访，只要求人，庶得良才以充任使。"赵普曰："帝王进用良善，实太平之基。然君子、小人各有党类，不可不察也。"帝然之。

太宗尝谓近臣曰："国家取士，必历级而升。下位之人，韬晦才行，诚亦有之。当勿以此为限，成朕急贤之意。"又曰："人之行实，不以位之高下，虽卑秩下位，不可谓无良士。然君子含章守道，难进易退，不求闻达。朕尝患其不能知也。"吕蒙正曰："迭试可任,则能否洞分。"帝曰："若善恶,则不可得而知矣。"曰："亦迭试可也。苟暂闻其善恶,有涉爱憎,恐误任使。故须久而察之,则赏罚不滥矣。"帝然之。

太平兴国中,太宗谓宰相曰："迩来贡举混杂,乃有道释之流还俗赴举。此等不能专一其业,他日居官,必非廉士。进士须先通经术,遵周、孔之教,亦有迭相仿效,止习浮浅文章,殊非务本之道也。当下诏切责之。"

端拱二年,太宗亲试进士,得陈尧叟等,并赐及第。仍作箴赐之,勉以修身谨行,稽古效官之意。三年,亲试得孙何等。面戒之曰："汝等苦学登科,朕方以文治天下,王事之外,厉精文翰,无坠前功。"命以《儒行篇》赐之,俾为座右之戒。

太宗尝谓近臣曰："朕虽寡薄,乘战争之后,孜孜求理,未尝不欲加惠于民。若杜兼并、抑游惰,前世难行之道,朕当力行之。十数年间,家给人足,庶可致矣。政无巨细,欲速成者,必无其效。苟以道德化民成俗,未可以岁月冀也。"

太宗尝谓宰相曰："井田之制,实经国之要道。后世为天下者,不为井田,则贫富不均,王化何由而行?自秦灭庐井,置阡陌,经界废而兼并作。汉魏以降,民受其弊久矣!朕君临大宝,轸念黎庶,虽井田之制不可卒复,因时创法,渐均贫富,则朕别有规制,终当行之,以安四海。"

太宗尝览郑州何昌龄《均田疏》,语近臣曰："土著之人,欲一一均平,选通达物理之官,周知人间利害者,精于制置,使稍近古,自然衣食丰足,盗贼自消,兵赋可从而省也。彼管榷之利,何所用哉?俟五七年间,当力行之。此朕之志也!"寇准曰："均田之法,隋文尚能兴复,况圣代乎?"

端拱中,太宗谓宰相曰："燕射之礼,废之已久。朕欲恢复古道,当令有司讲求仪法,俟弭兵,与卿等行之。"

至道元年,太宗谓侍臣曰："朕尝求古之制度,思欲振复,而亡者十有七八。古者衣裳冠冕皆有法象,所以检束人之容貌,动遵典礼。汉魏以来,随时所尚,屡经变易。近代服色,去古逾远,旧制罕存,诚可惜也。"寇准曰："古者行步,则有环珮之声;升车,则有鸾和之音。所以节人心而昭礼制也。若令所服之靴,乃赵武灵胡服,公私通用之,与古之履舃殊矣。"

太宗初即位,谓宰相曰："朕嗣守基业,边防事大,万机至重,当悉依先朝旧规,无得改易。"

太宗尝谓近臣曰："朕生于乱世寇贼奸宄之日,已七八岁。当时道路泥泞,人民艰苦,谓更无好时世。孰谓今来万事粗理,常自愧惕。近者荡平寇孽,于朕何功?盖上天开悟朕心,使之克胜。"侍臣曰:"古者天子有道,推德于天。今之圣论,正合古道。"

太宗尝语近臣曰:"国之上瑞,惟在丰年。顷来五谷屡登,人无疾疫。朕求治虽切,然而德化未孚,天贶若此,能无惧乎?"

雍熙元年夏五月,太宗幸城南,因谓近臣曰:"朕观五代以来帝王,其始莫不勤俭,终则忘其艰难,恣于逸乐,不恤士众,自生猜贰,覆亡之祸皆自贻也。在人上者,岂得不以为戒?"

淳化三年,秘书监李至进新校御书,太宗谓至曰:"嗜好不可不谨,不必远验前古,只如近世,符彦卿累任节镇,以射猎驰逐为乐。由是近习窥测其意,竞以鹰犬为献,彦卿悦可,两人而假借之,其下因恣横侵扰。故知人君当淡然无欲,不使嗜好形见于外,则奸邪无自入焉。朕年长无他欲,但喜读书,用鉴古今成败尔!"至拜舞称贺。

臣从彦释曰:太宗语李至曰:"人君当淡然无欲,不使嗜好形见于外,则奸邪无自入焉。"可谓善矣!夫嗜好者,人情之所不能免也。方其淡然,不使之形见于外,则其违道不远也。于是时也,苟有皋夔稷契之徒,以道诏之,当视六经犹筌蹄,上与尧舜相得于忘言之地矣!至虽时之贤者,闻帝喜读书,用监古今成败之语,拜舞称贺,谓为将顺可也。然于稷契皋夔之徒,则非其伦也。

太宗尝语宰相曰:"朕比观书,见楚文王得茹黄之狗,苑路之矰缴,于云梦三月不返,保申谏之。王引席伏地,申束箭五十,跪加王背者再。因趋出请死,王召而谢之。杀狗折矰,务治国事,并国三十九。朕未尝不三复其言,深加叹赏。自非君臣道合,何以至此?若君忽而不信,虽有直臣,将焉用之?"

臣从彦释曰:保申之能谏,楚文王之能从其事,见于刘向《说苑》。然文有小异,《说苑》言荆文王得如黄之狗,苑路之矰缴,于云梦三月不返,得舟之姬,淫期年不听朝。保申谏曰:"先王卜以臣为保吉,今王得如黄之狗、苑路之矰缴,于云梦三月不返。及得舟之姬,淫期年不听朝,王之罪当笞。"王曰:"不榖免于襁褓,托于诸侯,愿变更,无笞。"保申曰:"臣承先王之命,不敢废。王不受笞,是废先王之命,臣宁得罪于王也。"乃席王,王伏,保申束箭五十,跪加王背,如此者再。谓王起矣。趋出,欲自流,乃请罪。王曰:"此不榖之过,保实何罪?"于是杀狗折矰,逐舟之姬,务治乎荆,兼国三十九。至汉兴之初,萧何、王陵闻之,曰:"人君能奉先世之业,而以成功名者,其惟荆文乎!"故天下誉之至今,明王孝子忠臣以为法。夫保申之事有之与无,臣不敢与知也。战国之时,容或有之,亦必先王顾托之臣与!夫慈良之君,不忘先世艰难,克己从义者,乃可行矣。太宗提出言之,取其大意,非特施于一己与子孙也。且以示天下后世,使知人君纳谏之美,有至于此也。

太宗尝谓侍臣曰:"朕读《唐书》,见唐人以公主和番,屈辱之甚,未尝不伤感。今士卒精强,固无此事,但选择得人,委以边任,不令生事,务在息民,训卒练兵,观衅釁而动,可以无患。"

太宗尝召御史中丞王化基至便殿,侍坐甚久。属盛暑,令摺笏挥扇,问以边事,化基曰:"治天下犹植木,然所患者根本未固耳。根本固,则枝叶不足忧。今朝廷既治,则边郡何患乎不安?"

契丹部属有求内附者,太宗语侍臣曰:"国家若无外忧,必有内患。倘无内患,必有外忧。今所忧特边事耳,皆可预防。若奸邪共济为内患,深可惧也。帝王用心,当须谨此。"

唐置拾遗、补阙,掌供奉讽谏。是时日奉内朝,常亲旒扆,故凡事得以微辞讽谏。唐季权臣专政,阻绝谏官,不得侍从。太宗孜孜求谏,渴闻忠言,因改拾遗、补阙为正言司谏,使专掌奏议。

左司谏知制诰王禹偁尝上言:"请群官候见,宰相朝罢,于政事堂同时接见。其枢密使候都堂请见,并不得本厅接见宾客,以防请托。"诏从之。右正言直史馆谢泌言,以为如此,是疑大臣以私也。古人有言曰:"疑则勿用,用则勿疑。"今天下至广,万机至繁,陛下聪明寄于辅臣。苟非接见群官,何以尽知中外事?若令都堂群臣请见咨事,无解衣之暇。夫左右大臣,使非其人,当斥而去之。既得其人,任之以政,又何疑耶?今请不得本厅接见宾客,以防请托,非陛下推赤心待大臣之意。太宗览奏,嘉叹之。即追还前诏,令宰相、枢密使接见宾客如故。仍以泌所上书送史馆。

太宗尝修正殿,颇施采绘,谢泌因对陈其事。即日命代以丹垩,深加称奖,赐金紫,拜左司谏。泌曰:"陛下从谏如流,故臣得以竭诚。唐末有孟昌图者,朝上谏疏,暮不知所在。诗人郑谷为诗以悯之。前代如此,安得不乱?"帝为动容久之。

太宗尝语宰相曰:"朕思君臣之间,要在上下情通,即事无凝滞。若稍间隔,岂能尽其道?"宋琪曰:"《易》卦乾在上,坤在下,谓之否。此天气不下降,地气不上腾之谓也。坤在上,乾在下,谓之泰。此天地交泰之象也。故凡君臣之道,必在情通,乃能成天下之务。"帝曰:"自古帝王未有不任用贤良致宗社延永,皆是自己昧于知人,不能分别善恶,为奸邪蔽惑,以至颠覆。"琪曰:

"前古治乱皆由帝王,若帝王圣明,臣下得以宣力,奸邪之辈自然屏迹。"

太宗谓吕蒙正等曰:"凡为君,作一恶事,简策所载,万祀不灭。使后人观之,以为鉴戒。故尧舜为善,而众美归之;桀纣为不善,而众恶萃之。可不谨耶?大凡有国有家者,未有不欲进君子退小人。然而君子少,小人多,何也?"蒙正曰:"时有盛衰,苟邦国隆盛,则君子道长。及乎将衰,则小人在位,俟其为恶彰败,则政亦有损。古人云小人害事,信不虚也。贤人若遇暗主,晦迹丘园,畏小人之用事耳。有国有家者,尤在辨察小人不可不早。"帝深然之。

淳化四年,开封府雍丘县尉武程上疏,愿减后宫嫔嫱。太宗谓宰相曰:"武程疏远小臣,不知宫阙中事,内廷给事,不过三百人,皆有所掌不可去者。卿等顾朕之视妻子如脱屣耳!所恨未能离世绝俗,追踪羡门矣!必不学秦皇汉武,作离宫别馆,取良家子女以充其中,为万代讥议。卿固合知之。"李昉曰:"臣等家人,朔望朝禁中,备见宫闱简俭之事。武程疏贱,妄陈狂瞽,宜加黜削以惩之。"帝曰:"朕曷尝以言罪人?但念其不知耳。"终不加罪。

臣从彦辨微曰:太宗时,内廷给事不过三百人,皆有所掌不可去也。武程疏远小臣,妄陈狂瞽,帝不罪之,以来天下之忠言,可谓善矣。然语宰相曰:"卿等顾朕之视妻子如脱屣耳,所恨未能离世绝俗,追踪羡门。"则是过高者之言也。夫王化之本,《关雎》之训是也。有《关雎》之德,必有麟趾之应。此周之所以致太平者也。若羡门等语,超然有尘外意,恐后世好高者闻而说之,则其失必有自矣!非人伦之美也。

至道元年三月,太宗召三司孔目吏李溥等对于崇政殿,问以计司钱谷之务。溥等言尽知其利弊,然不可以口占,愿条对,许之,俾中使押送中书,限五日悉令条奏。及上,帝谓宰相曰:"李溥等今陈所见,亦颇各有所长。朕尝谓陈恕曰:若文章稽古,此辈固不可望士人。至于钱谷利病,此辈自幼枕籍寝处其中,必能周知根本。卿但假以颜色,引令剖陈,岂无资益?"恕等刚强,终不肯降意询问。

宰相吕端对曰:"耕当问奴,织当问婢。"

臣从彦辨微曰:曾子曰:"君子所贵乎道者三,笾豆之事,则有司存。"太宗召李溥等,问以计司钱谷之务,使陈恕假之颜色,引令剖陈。恕等终不肯降意下问,未必非也。吕端以"耕当问奴,织当问婢"言之,盖失之矣!

太宗尝曰:"清净致理,黄老之深旨也。汲黯卧理淮、扬,宓子贱弹琴治单父,盖得其旨者也。朕当力行之。"吕端曰:"行黄老之道,以致升平,其效甚速。"吕蒙正曰:"老子曰治大国若烹小鲜。夫鱼,挠之则乱。比来上封事求更制度者甚众,望陛下行清净之化。"

臣从彦辨微曰:道术不明久矣!汉兴,有盖公者治黄老,曹参师之。其言曰:"治道贵清净,而民自定是也。"然其相汉也,不过遵何之法,勿失而已矣!非圣人之诚也。圣人之诚,感无不通,故所过者化,所存者神。其感人也不见声色,而其应之也捷于影响。此尧舜、孔子之道也。宓子贱之为单父也,鸣琴不下堂,而单父大治,任人故也。端与蒙正知有黄老而不知有圣人,得之于彼,而失之于此。可胜惜哉!

太宗尝曰:"人君致理之本,莫先简易。老子,古之圣人也,立言垂训,朕所景慕。经云:'天地不仁,以万物为刍狗。圣人不仁,以百姓为刍狗。'是知覆焘之德,含容光大,本无情于仁爱,非责望于品类也。"

臣从彦辨微曰:易简之理,天理也。而世之知者鲜矣。行其所无事,不亦易乎?君子笃恭而天下平,不亦简乎?《易》曰:"易则易知,简则易从。……易简,而天下之理得矣。"此之谓也。老氏刍狗之说,取其无情而已。以圣人之神化言之,则不见其诚;以万物化生言之,则不见其感。世有为孔老之说者,岂其因循前人,偶未之思故耶?夫鼓万物,不与圣人同忧者,天之道也。圣人则不免有忧矣。若使百姓与万物等而一,以刍狗视之,则亦何忧之有?故老氏之学,大者天之,则诋訾尧舜,不屑世务。其下流为申韩者有之矣!此不可不辨也。

太宗尝谓近臣曰:"以智治国,固不可也。然缓急用之,无不克矣。"又曰:"五常之于人,惟智不可常用。若御戎制胜,临机应变,举为权略可也。固非朝廷为理之道也。老氏之戒正在于此。"

臣从彦辨微曰:《孟子》曰:"仁之实,事亲是也;义之实,从兄是也;智之实,知斯二者弗去是也。"夫立人之道,曰仁与义,仁,体也;义,用也。行而宜之之谓也。所谓智者,知此二者而已。及其行之也,若禹治水然,行其所无事而已矣。尧舜之治,不出乎此。自周道衰,洙泗之教未作,而世所谓智者不然,机变之巧,杂然四出。故鸟乱于上,鱼乱于下,人乱于中。此老氏之所以戒也,非公天下者之言也。

太宗尝谓宰相曰:"朕于浮屠氏之教,微语宗旨。凡为君治人,却是修行之地,行一好事,天下获利。所谓利他者是也。若梁武帝之所为,真大惑尔。书之史策,为后代笑。"赵普曰:"陛下以尧舜之道治世,以浮屠之教修心,圣智高远,洞悟真理,非臣下所及。"

臣从彦辨微曰:佛氏之学,端有悟入处,其言近理,其道宏博,世儒所不能窥。太宗之言是已。然绝乎人伦,外乎世务,非尧舜、孔子之道也。夫治己治人,其究一也。尧曰:"咨,尔舜!天之历数在尔躬,允执其中。四海困穷,天禄永终。舜亦以命禹。"所谓中者,果何物也耶?故尧舜之世,垂拱无为而天下大治。若赵普者,乃析而二之,盖不知言者也。

太宗时,有隐者陈抟,善修养,赐号希夷先生。帝颇与之联和,谓宰相宋琪等曰:"陈抟独善其身,不干势利,真方外之士。且言天下治安,故来朝觐,此意亦可念也。"遣中使送至中书,琪等问曰:"先生得元默修养之道,可以授人乎?"曰:"抟遁迹山野,无用于世,炼养之事,皆所不知,亦未尝习炼吐纳化形之术,无可传授。假如白日升天,何益于治。圣上龙颜秀异,有天人之表,洞达古今治乱之机,真有道之主。正是君臣合德以治天下之时,勤行修炼无以加此。"琪等表上其言,上览之甚喜,未几放还山。

臣从彦辨微曰:唐明皇时有吴筠,颇似有道术者。帝尝问神仙冶炼法,对曰:"此野人事,非人主宜留意。"其所开陈皆名教世务,天子重之。抟对宋琪等语,该于治体,终不以其术市恩,以误朝廷,其吴筠之徒欤!然圣人尽道,以其身所行率天下,盖欲天下皆至于圣人。佛仙之学不然,是二之也。故君子不贵也。

豫章文集卷四　集录

遵尧录三

真　宗

真宗咸平中，帝以边兵未息，手札付宰相、枢密，陈御边之计。李沆等或请以镇、定、高阳三路之兵，会而为一，以当冲要。或请三路各令防捍，或以镇、定兵陈于定州之北，又移高阳兵于宁边军，别设奇兵于顺安军，发丁壮备城，弥缝其阙。帝总揽而裁定之。他日，对便殿内，出阵图，谕之曰："今贼势未息，尤用防备。屯兵虽多，须择精锐，先据要害以制之。凡镇、定、高阳三路兵并会定州，夹河为大阵。量蕃寇远近，出军立栅，贼来坚守勿追，以伺便宜。大阵则骑卒居中，步卒环之，短兵接战，勿离队伍，务在持重。然后分遣魏能、白守素、张锐领骑六千，屯威敌军。杨延昭、张延禧、李怀节领骑五千，屯保州。田敏、杨凝、石延福领骑五千，屯北平寨，以当贼锋。始至勿与斗，待其气衰，据城诱战，使其奔命不暇。若南越保州与大军遇，则令威敌之师，与延昭会，使腹背皆受其敌，乘便掩杀。若不攻定州，纵轶南侵，则复会北平田敏，合势入北界，邀其辎重，令雄霸破敌以来，互为应援。又命孙全照、王德钧、裴自荣领兵八千，屯宁边军。李重贵、赵守伦、张继旻领兵五千，屯邢州，扼东西路。敌寇将遁，则令定州大军与三路骑兵会击。又命石普、卢文寿、王守俊领兵二万，屯莫州，俟敌骑北，去则西趋顺安袭击，断其西山之路。如河冰已合，贼由东路，则命刘用、刘汉凝、田思明领兵五千，会石普、孙全照犄角攻之。其余重兵悉屯天雄。命石保吉镇之，以张军势。朕虽经划如此，以付将帅，尚恐有所未便，卿等审观可否，更同商议。"沆曰："战阵之事，古今所难。且北敌猖蹶，非陛下制胜于内，诸将奉禀成算，分御边要，实未易驱攘。今睿略裁制，尽合机宜，固非臣等愚虑所及。"明年，北戎大寇边，捍御之兵，悉用此制。及驾幸澶渊，王师射杀边将挞览。王超大军将会于驾前，而杨延昭等诸将，又各握劲兵，扼其归路。远人势屈，遂乞通和。

臣从彦释曰：真宗咸平中，命宰相、枢密陈御边之计，帝总览而裁定之。他日对便殿内，出阵图，谕之曰："朕虽经划如此，以付诸将，尚恐有所未便，卿等审观可否,更同商议。"而李沆等以为尽合机宜,此于制胜一时之策,可谓善矣。然非常行之道也。自古朝廷之事可付之相,边事付之将,苟自中制之,立为阵图以授之。内外不相及,必有失机会者矣。古人云阃外之事,将军主之,此最为知言也。

景德初,诏益杨延昭兵万人,屯静戎军东。又令石普屯马村西,以护屯田,扼黑庐口、万年桥敌骑奔冲之路。如北敌入寇,则会诸路兵,犄角追袭。仍令魏能、张凝、田敏以奇兵牵制之。时王超为都总管,诏听杨延昭等,皆隶属之。防遏北敌之势,在此数处而已。

真宗自北道用兵,有边奏至,凡军旅之事,多先送中书,谓毕士安、寇准曰:"此皆欲卿等先知,中书总文武大政。枢密虽专军机,然大事须本中书。顷来李沆往往别具机宜上奏,卿等当详阅之。但干讨论者,悉言利害,勿以事干枢密而有隐也。"

契丹请和,真宗以河北诸州易置牧守,召近臣对资政殿。御笔书李允则等十二人,示之曰:"朕酌今庶官能否以边城远近要害,分命治之,庶保宁静。卿等当更详议。"毕士安曰:"陛下所择,皆才适于用,望付外施行。"从之。

雄州团练使何承矩移齐州以西,上阁门使河北安抚副使李允则知雄州兼河北安抚使。承矩以老病求解边任,帝令自择其代表,荐允则,遂命之。

真宗尝谓马知节曰:"知卿久在边防,卿言御戎之术,何者为善?"知节曰:"边防之地,横亘虽长,据其要害,以扼其来路。惟顺安军至西山,不过二百里。若列阵于此,多设应兵,使其久莫能进。待其疲弊时,以奇兵轻骑逼而扰之,彼将颠覆不暇。今之将帅,喜用骑兵,以多为胜。臣谓善用骑兵者,不以多为贵,但能设伏,观敌寇之多少,度地形之险易,寇少则邀而击之,众则聚而攻之。常依城邑为旋师之所,无不捷矣。"

真宗即位,首下诏书求治。谓近臣曰:"朕乐闻朝政阙失,以警朕心。然臣僚章奏,多以增添事务苛细为利,亦有自陈劳绩者。多是过行鞭扑,以取干办,殊不知国家从简易之理也。国家政事,自有大体,使其不严而理,不肃而成,岂可惨刻虐下,邀为己功?使之临民,徒伤和气。"

咸平元年正月,彗星出营室北。二月,帝谓宰相曰:"朕即位以来,罔敢怠逸,庶陟治道至于和平。今彗出甚异,其祥安在?"吕端等言,变在齐鲁之分。帝曰:"朕以天下为忧,岂直一方耶?"乃下诏,令有位极言无隐。自今避正殿,减常膳。

是年张齐贤、李沆入相,帝谕之曰:"忠孝之诚,始终如一。当同心协力,以济王事。"齐贤曰："古者君臣一体，君为元首，臣为股肱，岂有不同心德能济国家政事者哉？"帝曰："国家之事务，在公共审谨而后行之，则无失矣。况先帝所行之事，各著规程，但与卿等遵守而已。"

真宗尝谓侍臣曰："朕观士大夫中，或有名而无实者，何言行之相违也？"吕端曰："君子之道暗然而章，历试经久，方见为臣之节。"帝然之。

臣从彦释曰：君子之所为，皆理之所必然。世之所常行者，然不可以求近功，图近利，非如世间小有才者，一旦得君，暴露其器能，以钓一时之誉。彼其设施，当亦有可观者。要之，非能致远者也。吕端之言，其几于道者与！

真宗尝谓宰相曰："朕于庶官中求其才干者，尚多有之。若以德行，则罕见其人矣！夫德行之门，必有忠孝，未有德不足而忠孝能全者也。"

真宗尝谓宰相曰："臣僚中有被谤言达朕听者，谂之于众，似得其实。然为臣、为子鲜有无过之人，但能改过知非，即为善也。况朝廷不以一眚废人终身之用乎？"

真宗尝阅两省班簿，谓王旦等曰："近侍之列，各有所长，然求文武适用，可委方面者亦鲜。每念唐贤，比肩而出，何当时得人之多也？"旦曰："方今下位岂无才俊？或恐拔擢未至。然观前古，进贤乐善者甚众，故人不求备，亦不以小疵累大德，是以人得足用。今立朝之士，谁则无过？陛下无不保庇。然流言稍多，终亦梗于任。使鉴其爱憎，惟托圣明，则庶无弃人矣。"

景德元年内，出京朝官二十四人，付阁门召对崇政殿，在外者乘传代归。

真宗采于朝论，皆以廉干称者。及对，或试其词业，或观其言论，多置于台阁馆殿，迁秩任之。

真宗择官判大理寺，谓宰相曰："法官尤宜谨选，若官不称职，或有冤滥，水旱灾沴，自此而兴。"因问几品以上可当是任，李沆曰："执法之任，不必限官高卑，但有执守不同邪者，可当此任。"帝然之。

待制张知白求判国子监，真宗顾谓王旦曰："国庠无事，知白岂倦于处剧耶？"旦曰："知白知书，虽乏利刃，而涉道近雅，谙练民政，未尝以身谋形，言似介而清者。"帝曰："执宪之官久未得人，知白守道若此，可充是选。"力命以谏议大夫权御史中丞。

真宗尝以杨徽之、夏侯峤充翰林侍读学士，邢昺、吕文仲充翰林侍讲。侍讲更直侍读长上，设直庐于秘阁。日给上食、珍膳，夜则迭宿。命中使刘崇超曰：具当宿官名，于内东门进入。自是多召对，谘访或至中夜。

景德元年，邢州地震。真宗问宰相，知州为谁？或以上官正对，帝曰："郡国灾沴,民不宁居,尤在牧守。以道镇静,则封疆无事。正累典藩郡,以知兵自许,但未知其能以镇静钦恤为意否?天下之广,未免焦劳,正为此尔。"

诸王府侍讲孙爽言:"牧民之官,不可用有势援者。"帝曰:"朝廷用人惟问才与不才耳,岂得限以世家?如其败官,自有常典,虽势援何害?"

帝与宰相议择官,王旦曰:"天下重地,为朝廷屏翰者,不过一二十州。若皆得人,则振抚一方,威惠兼著。"帝深然之。

真宗尝语李至等曰:"凡所举官,多闻谬滥,不若先择举主,以类求人。今外官要切,惟转输之任,卿等可先择人,俾令举之。因言外郡长吏,奏举管内职官。虑有受其请托者,宜依条约。又州县阙员甚多,当选有清望朝官,各举所知,庶得良吏,用亲吾民。"

祥符二年,又谓近臣曰:"臣僚赴外任有升殿者,朕皆谕以所行之事,期于振举。若不升殿者,令当各以其事为诫励词,摹印赐之。仍御制七条,以赐文臣,一曰清心,二曰奉公,三曰修德,四曰责实,五曰明察,六曰劝谕,七曰革弊,俾刻石图壁,奉以为法。"

咸平三年,诏天下:"凡所解举人,不得独考艺能,先须察访行实,即许荐送。"

八年,新及第进士授官入谢。帝顾宰相曰:"其中才不才,未可尽知。"王旦曰:"十得二三亦为多矣!然遭逢盛时,享此科级,或才行兼备,便为亨途。"帝曰:"大都立身当官以持重为本,戒于轻率也。"

帝性好文,虽以文辞取士,然必视其器识。每御崇政殿赐进士及第,必召其高第三四人,并列于庭,更察其形神磊落者,始赐第一。或取其文辞有理趣。

终南山隐士种放居东明峰,专以讲习为业。太宗时,尝一召之,以母老不至。咸平元年,母卒,贫不能葬。帝赐钱帛等物,令葬其母,诏曰:"将使天下闻之。"知其厚逸民,旌孝子,相劝而归于善也。五年,帝召放,赐对便殿,命坐,与语久之。喜谓宰相曰:"放召对,与语不山野。访以民事,则曰徐而化之。问边事,久不对,但云爱民而已。"夫赏一逸人,可以劝天下之静退者。乃授左司谏直昭文馆。

真宗初即位,诏访文宣王后,得四十五代孙延世,命为曲阜令。召戒之曰:"汝宜精心典领祖庙,无使隳堕。"仍赐祭器、经书、金帛以遣之。

祥符元年,真宗幸曲阜,谒文宣王庙。有司定仪止肃揖,帝特展拜,以表严师崇儒之意。又幸孔林,以古木拥道,降舆乘马,诣坟拜奠。帝曰:"唐明皇褒先圣为王,朕欲追谥为帝,可乎?当令有司检讨故事以闻。"或云:"文宣,周之陪臣,周止称王,不当加以帝号。"遂止增美名。又议加封十哲爵以公,七十二贤以侯。王旦曰:"颜子旧封兖公,今并列公爵,则亚圣之名无以别异。望封颜子兖国公,余为郡公。"帝然之。

臣从彦释曰:唐时诏郡邑,通得祀社稷、孔子。独孔子用王者事,以门人为配。自天子以下,北面拜跪荐祭,不敢少忽者,非以其为万代之法故耶?行之未几而浅于学者,智不及此,乃请肃揖,以杀太重。历朝循而不改,逮及我宋,章圣皇帝之幸曲阜也,奋独见之明,特展拜,以表严师崇儒之意,德之盛者也。若章圣皇帝,可谓知所本矣!古者帝王称号,因时而已,非德有优劣也。唐明皇既追封先圣为王,袭其旧号可也。加之以帝号,而褒崇之,亦可也。顾时君所欲何如耳。夫礼,惟其称而已矣。而或者不谕,乃以周之陪臣为言,岂知礼也哉?

真宗初即位,诏内外文武群臣:"自今人君有过时政,或亏军事,臧否民间利病,并许直言极谏,抗疏以闻。苟言之弗用,则过在朕躬;若求之不言,则罪将谁执?"田锡好谏,真宗最重之,尝谓宰相李沆曰:"如此谏官,亦甚难得。朝政少有阙失,方在思虑,而锡疏已至矣。朕每览其章奏,必特与语奖激之。锡常虑奏疏不得速达,朕令其具所上事目及月日以闻。"

咸平六年,真宗诏田锡对便殿。锡曰:"臣愿陛下广稽古之道,为治民之要。旧有御屏风及御览,但记分门事类,不若取四部中治乱兴亡之事,可以铭于座隅,为帝王鉴戒者,录之以资圣览。是以皇王之道,至陛下于尧舜也。"帝曰:"善,卿可纂录进来。"俄命兼侍御史知杂,宰相言:"锡性本清介,临事不甚敏悟。"帝曰:"朕览其章奏,有谏臣之风,当试用之。"

真宗自即位,既旦御前殿,中书枢密院、三司、开封尹、审刑院及请对官,以次奏事,至辰后还宫进食。少时,复御便殿视事,或阅军事,讲习武艺,多至巳午间。夜则召侍读学士,谘访政事,或至中夜还宫。

咸平六年,真宗幸金明池,语宰相曰:"士民游乐熙熙然,甚慰朕心,非承平丰年,何以致此?"李沆曰:"陛下即位以来,未尝辄有科徭,官吏禀法,绝无烦扰,信太平之幸。"帝曰:"朕以天下之人当务佚之,至于劳民与师,盖不得已也。今西夏未下,尚烦捍御。然历观载籍,至汉魏以至于唐,四海无事,固亦罕遇。无事之际,更宜详思备预,则无患矣。"

景德四年,帝谓近臣曰:"使人自西北至者云边鄙无事,民人安居。旷土垦辟,稼穑丰茂。关西物价甚贱。每念二边,动烦经置,但当择守臣不妄生事者,戢兵推信,以保安靖。"

祥符中,帝又谓宰相曰:"朕自北鄙和好,边陲无事。然居安虑危,未尝敢自暇逸。每为文置诸左右,朝夕观之,庶以自警也。"

咸平四年,帝谓宰相曰:"军国之事无巨细,必与卿等议之。朕未尝专断,卿等固亦无隐,以副朕意。"秘书丞孙冕上言曰:"在京诸司,每以常行事务诣便殿取裁,况边事烦剧,圣虑焦劳,务在依违,互相蒙蔽,纵其保位,甚非称职。唐景龙中,名臣姚廷均奏言,律令格式,陈之象魏,奉而行之,事无不理。比见诸司官僚不能遵守,事无巨细,皆悉奏闻。且为君在乎任臣,而臣在乎奉法。万机之繁,不可遍览,所以设官分职,委任责成。古帝王垂拱之化,盖在于此。自今若军国大事及条式无文者,听奏取旨,余据章旨合行者,各令准法处分。其别生凝滞,故有稽迟,望许御史奏劾。"帝曰:"冕之此奏,颇知大体。当下诏切戒之。"至祥符四年,太常博士王嗣宗又上言:"陛下躬亲庶政十有五年,小大之事,一取宸断。自今望陛下除礼乐征伐大事之外,其余细务责成左右。"或者曰:"嗣宗不知朝廷事务。"帝曰:"此颇识大体,当降诏奖之。"乃出《勤政论》,以示群臣。宰相等请出示朝堂,从之。

臣从彦辨微曰:孔子称舜曰:"无为而治者,其舜也欤!恭己正南面而已矣。"夫舜之所以无为者,以百揆得其人,九官任其职故也。帝自咸平初以至祥符,躬亲庶政十有五年,而在京诸司每以常行事务诣便殿取裁,事无大小,一决宸衷。故孙冕、王嗣宗等得以言之。昔商中宗、高宗之不敢荒宁,文王自朝至于日中昃,不遑暇食。周公举以戒成王,则昔之人非不贵勤也。至周公作《立政》,则曰:"文王惟克厥宅心,乃克立兹常事。"又曰:"文王罔攸兼于庶言,庶狱庶慎,惟有司之牧夫。"曷尝劳形弊智于事之末流哉?唐杜黄裳对宪宗曰:王者之道,在修己任贤而已。若乃簿书狱讼,百吏能否,非人主所自任。故王者,择人而任之,责其成功。见成必赏,有罪必罚。谁敢不尽力?李唐君臣不足道也。然黄裳之言犹能及此,况兴唐虞之治乎!帝既以冕奏颇知大体,又降诏以奖谕嗣宗,可谓能听言矣。而宰相乃请以《勤政论》出示朝堂,孔子所谓将顺者,岂其然耶?

咸平五年,将议亲郊。盐铁使王嗣宗奏言:"郊祀烦费,望行谒庙之礼,而推庆赐。"吕蒙正曰:"前代停郊谒庙,盖因灾。今无故罢禋祀,典礼无据。"真宗曰:"不惟典礼无据,郊坛一日之费,所省几何?殊非寅恭事天之意也。"因诏三司,非禋祀所须,并可减省。

臣从彦辨微曰:古者岁一郊,牲用茧栗,器用陶匏,无甚繁费,取其恭诚而已。今三岁一有事焉,已非古典。若赏赐士卒,乃太祖一时之命,后因以为例。议者犹欲不给新兵,以渐去之。而两府以下皆赐金帛,何耶?王嗣宗知财用数目而已,固不足与议礼。蒙正名臣也,谓前代停郊谒庙,盖因灾沴。今无故罢禋祀,典礼无据。且水旱无常,不幸有故,用前代故事可乎?善乎!真宗之能守也。不计郊坛一日之费,事天礼不可阙也。若士卒赏赐,可革革之。两府以下金帛,可削削之。一主于恭诚,孰曰不可?神宗时,河北灾伤,两府乞不赐金帛,而司马光以为救灾节用宜自贵近始,王安石乃引常衮辞赐馔事以难之,非知言者也。

景德四年,内侍史崇贵使嘉州还,言平羌知县氏昭度廉干,犍为知县王固贪浊。真宗曰:"内臣将命,乃能察善恶,固亦可奖。然其密侍宫禁便尔赏罚,外人未为厌伏,当须转运使审察之。"

臣从彦辨微曰:察州县官吏善恶,自有常典。又时遣专使,辨其能否、罢软、苛刻以闻,而褒黜之。足以为治矣。崇贵使嘉州,以其责分言之,通传诏命而已。其还也,曰某人廉干,某人贪浊,则非其分。非分而言,于理在所惩,不然,勿问可也。用其言,而使转运使审察之,是犹徇之也。古之人拔本塞源,其智虑深矣!可不戒哉?可不念哉?

杨亿在学士院,真宗忽夜召见于一小阁,深在禁中。既见,赐茶,从容者久之。因出文稿数箧,以示亿云:"卿识朕书迹乎?皆朕自起草,未尝命臣下代作也。"亿惶恐不知所对,顿首再拜而出。由是佯狂,奔于阳翟。是时亿以文章擅天下,然性刚,特寡合,故恶之者,得以事潜之。帝性好文,初待亿眷顾无比,晚年恩礼渐衰,亦由此也。

臣从彦辨微曰:杨亿文章擅天下,真宗使处翰林,则是亿有文章,而帝有亿也。孔子曰:"天何言哉!四时行焉,百物生焉。"以亿之才艺,其处翰林之日,非不久也。不能纳其君以文章,融于性与天道,使间言得行,何所归咎耶?

景德五年正月三日,天书降于左承天门,帝召群臣对崇政殿西序,谕其事。王旦曰:"陛下以至诚事天地,以仁孝事祖宗,恭己爱人,夙夜求治,是以干戈偃戢,年谷屡丰。臣等尝谓天道不远,必有昭报。今者神授秘文,实彰上穹佑德之应。然兹事简册所无,又未审所谕之事,启封之际,当屏左右,不欲显示于众也。"帝曰:"天若谪示阙政,固与卿等,只畏改悔。若诰戒朕躬,亦当克己自修,岂宜隐之,使人不知乎?"遂启其书,读之,帝曰:"朕德微薄,何乃天降明命,昭灼若此?"旦等曰:"昔龙图授羲,龟书赐禹,非常之应,惟圣主得之。陛下应天立极,振古称首,上帝所以申赐秘检,示治国大中之道,此万世一时也。"改元大中祥符。

　　臣从彦辨微曰：昔尧舜（命）重黎绝地天通，罔有降格，恐人神杂糅故也。使天书之降，果真有之，盖已非尧舜之治矣。以理考之，穹然默运于无形之中，而四时行焉，百物生焉，此天之理也。天岂谆谆然有物以命之乎？远求前古，未之或闻；下验庶民，无所取信。而王旦乃以龙图授羲、龟书锡禹比之，使帝之精诚一寓于非所寓，可胜惜哉！

　　祥符元年四月，天书降禁中斋阁，造昭应宫。兖州父老、僧道吕良等诣阙，请封禅。帝命宣谕之曰："封禅大礼，历代罕有，难遂尔等所请。"良等进曰："国家受命五十余年，功成治定，已致太平。天降祥符，以显盛德，固宜告成岱岳，以报天地。"是时朝臣亦有请者，及知兖州邵晔亦率官属奉表陈请，从之。

　　臣从彦辨微曰：封禅，非古也，其秦汉之侈心乎？善乎？王通之言也。古者祭天，有封禅者有之矣。谓其理，起于黄帝。曰黄帝封泰山，禅梁父则失之矣。以唐韩愈之贤，犹溺于习俗，又况其下者乎？本朝太平兴国中，百官三请封泰山，而迫于供顿之不暇。祥符之初，兖州父老诣阙陈请，遂蹿行之。此亦当时用事者之过也。夫尧舜三代之君，所以称太平、颂成功者，皆载在诗书。诗书所无有，则亦无所考证。故不以尧舜三代之君为法者，皆妄作也。

豫章文集卷五　集录

遵尧录四

仁　宗

仁宗为皇太子时,宾客李迪等常侍燕东宫,见帝容止端庄,虽优戏在前,亦不甚顾。他日,因奏事言之,真宗曰:"平时居内中,亦未尝妄言笑也。"

帝既监国,大臣会议必秉笏南面而立听其议论。谓辅臣曰:"但尽公道则善矣。"

天圣七年,玉清、昭应宫灾,帝以守卫者不谨所致,诏付御史台推劾,皆欲戮之。御史中丞王晓上疏曰:"昔鲁僖二宫灾,孔子以为僖等亲尽当毁。汉辽东高庙灾,及高园便殿灾,董仲舒曰:'高庙不当居陵旁,故天灾。'今玉清之兴不合经义,先帝方信方士邪巧之说,蠹耗财用无纪。今天焚之,乃戒其侈而不经也。愿思有以上应天变。"帝感悟,遂薄守卫者罪。

仁宗尝观国史,见章圣东封西祀,及修玉清、昭应、景灵。土木之役,极天下之巧,过为奢侈。谓辅臣曰:"此虽为太平盛事,然亦过度。当时执政大臣及修造者,不得不任其责。"宰相吕夷简曰:"府库一空,至今不充实者,职此之由。"帝曰:"如此之事,朕当戒之。"

真宗时,撰《皇王帝霸论》,又撰《良臣忠臣论》等。仁宗尝观之,因谓大臣曰:"凡为臣,当为良臣、忠臣,无为奸臣、权臣。"宰相等奏曰:"愿陛下行皇王之道,而不行霸道。臣等待罪,宰相敢不奉圣训?"

臣从彦释曰:《孟子》曰:"以力假仁者霸,霸必有大国。以德行仁者王,王不待大。"又曰:"霸者之民,欢虞如也。王者之民,皞皞如也。"善乎孟子之言。昔孔子没,孟子继之,惟孟子为知霸王者也。夫学至于颜孟,则王道其几之矣。故知圣人之学者,然后可与语王道。不知圣人之学,不可与语也。不知圣人之学,骤而语之曰:"此霸道也,此王道也。"必惑而不信矣。圣人不作,自炎汉以来,有可称者,莫不杂以霸道。汉宣之言是也。若唐贞观中,海内康宁。帝曰:"此魏征劝我行仁义之效也。"盖亦假之者也。神宗时,以司马光之学,犹误为之说。又况其下者乎?然则霸王之道,要须胸中灼然,当时宰相未必能知也。

仁宗尝谓辅臣曰："朕自临御以来，命参知政事多矣，其间忠纯可纪者，蔡齐、鲁宗道、薛奎而已。宰相王曾、张知白皆履行忠谨，虽时有小失，而终无大过。李迪亦忠朴自守，第言多轻发耳。"宰相庞籍等对曰："才难，自古而然。"帝复曰："朕于诸臣，记其大，不记其小，皆近世之名臣也。"

庆历三年，宰相吕夷简有疾，帝忧之，使内侍劳问不绝。闻其未愈，叹曰："古人云，髭可疗疾，信必有之。"因剪髭以赐夷简，曰："以此为药，庶几有瘳。"又使疏可以大用者数人，久之，犹不能朝。许乘马至殿门，命内侍取兀子舆以前。夷简不敢当，帝命二府即其家议政事。至和中，陈执中罢相，而用文彦博、富弼二人。二人者久有人望，一旦复用，朝士往往相贺。欧阳修时为学士，后数日奏事垂拱，帝问："新除彦博等外议如何？"修以朝士相贺为对，帝喜曰："古人用人，或以梦卜。苟不知人，当从人望。"于是修作彦博批答云："永惟商周之所纪，至以梦卜而求贤，孰若搢绅之公言，从中外之人望。"盖述上语也。

明道中，宰相欲除亲旧二人为正言司谏。帝谓："祖宗法制，台谏官须自宸选，今不可坏弛祖宗法度。台谏自大臣除，则大臣过失无敢言者。"执政等恐惧，称死罪，流汗浃背，再拜下陛。

太子中舍同正员王文度，摹勒真宗御书，赐紫服，且兼佩鱼。帝谓辅臣曰："先帝尝命伎术官毋得佩鱼，所以别士类也，宜申明之。其后文度又乞换正官出职。"帝曰："伎术人若除正官，则渐乱流品矣。"如旧制，迁同正官而已。

李俶为翰林学士，其父若谷为枢密直学士。俶请班父下，帝曰："父子同朝，宜有以异之。"遂从其请。

孔延鲁为右正言，法当迁官。愿不迁，而为其父尚书祠部郎中致仕，勉求紫章服，帝曰："子为父请，可从也。"特赐勉紫章服。宰相等曰："延鲁所陈，足以厚风俗。陛下曲从其请，实资孝治。"

仁宗尝谓张士逊曰："帝王之明，在于择人。辨邪正，则天下无不治矣。"士逊曰："惟帝其难之，若选用得才，又使邪正分，则二帝三王不易此道也。"

仁宗尝谓近臣曰："人臣虽以才适于用，要当以德行为本。苟怀不正，挟伪以自蔽，用心虽巧，而形迹益彰。朕以此观人，洞见邪正。"宰相等对曰："孔子第其门人，而颜回以德行为首。陛下所言，知人之要尽于此矣。"

仁宗尝谓辅臣曰："比来臣僚请对，其欲进者多矣。求退者少，何也？"王曾曰："士人贪廉，系时之用舍。惟朝廷抑奔竞，崇静退，则庶几有难进之风。"

帝然之。

谏官韩绛尝因对而言曰："天子之柄不可下移，事当间出睿断。"帝曰："朕固不惮，自有处分，所虑未中于理，而有司奉行，则其害已加于人。故每欲先尽大臣之心而行之。"

仁宗尝谓辅臣曰："知州、通判，民之表也。今审官院一以名次用人可乎？"宰相王曾曰："不次用人，诚足以劝群吏。然须更为选任之法，乃可遵行。"帝然之。

仁宗尝谓辅臣曰："朕观古者求治之世，牧民之吏多称其官，而百姓得安其业。今求治之路非不广也，而吏多失职，未称所以为民之意，岂今人才之少，而世变之殊哉？殆不得久于其官故也。盖智能才力之士，虽有兴利除害、禁奸劝善之意，非稍假以岁月，则其吏民亦且偷，而不为之用。欲终厥功，其路无由。今夫州县，恃以为治者，守令也。察其能者，使得久于其官，而褒赏以劝之。今所谓先务者，无以过此。"遂诏今后守令有清白不扰，而政绩殊异、有惠于民者，本路安抚转运使、副判官、提点刑狱司同得保举再任。中书别加察访，审如所举，即与推恩。

仁宗退朝，尝命侍臣讲读于迩英阁。贾昌朝时为侍讲，讲《春秋传》。每至诸侯淫乱事，则略而不说。帝问其故，昌朝以实对，帝曰："六经载此，所以为后世监戒，何必讳也。"

臣从彦释曰：愚闻之师曰《春秋》之书，百王不易之通法也，自周道衰，圣人虑后世圣王不作，而大道遂坠也。故作此一书，若语颜渊为邦之问是也。此书乃文质之中，宽猛之宜，是非之公也。而后世之为《春秋》者特三传耳。彼昌朝略而不说者，果经意耶？抑左氏之僻耶？

真宗尝览前代经史，摭其可以为后世法者，著《正说》五十篇。帝于经筵，命侍臣日读一篇。及侍读丁度等，讲《春秋》，读《正说》终篇，帝谓曰："《春秋》所述皆前世治乱，敢不鉴戒？《正说》，先帝训言，敢不遵奉？"度曰："陛下德音若此，诚天下之幸！"

帝每御经筵，以象架皮书策外向，以便侍臣讲读。

仁宗尝赐及第进士王尧臣等闻喜宴于琼林苑，遣内侍赐以御诗。又人赐《中庸》书一轴，自后遂以为常。初帝将以《中庸》赐进士，命辅臣录本。既上，使宰相张知白读之，至修身治人之道，必命反复陈之。帝倾听终篇始罢。

臣从彦释曰：《中庸》之书，孔子传之曾子，曾子传之子思，子思述所授之言，以著于篇中者，天下之大本。庸者，天下之定理，故以名篇。此圣学之渊源,六经之奥旨者也。汉唐之间,读之者非无其人,然而知其味者鲜矣。自仁祖发之,以其书赐及第进士王尧臣等,厥今遂有知之者。昔者尧舜相授不越乎此,而天下大治。天其或者无乃有意斯文,将以启悟天下后世故耶。

皇祐中,宗室叔韶献所为文,召试学士院。文中等赐进士及第,迁右领军卫将军。入谢,命坐赐茶,帝谓曰:"宗室好学无几,尔独能以文章进士及第,前此无有也。朕欲使天下之人,知宗室中亦有贤者。尔勉之,无忘旧学。"

天圣初,仁宗荐享景灵宫、太庙及祀圆丘。大礼使王曾言皇帝衮冕执圭,酌献庙则七室,每室奏乐章。圆丘之乐,则六变,陟降者再,恐难立俟,请节之。帝不可,曰:"三年一食,朕不敢惮劳也。"

皇祐二年,大飨明堂,帝每遇神主,行礼毕,即鞠躬却行,须尽缛位,始改步移,向赞导从升者,皆约其数。令侍臣遍谕献官及进彻俎豆者,悉安徐谨严,毋忽遽失恭,质明而礼毕。方他时行礼,加数刻之缓云。

仁宗尝谓辅臣曰:"今公卿之家专殖产业,未闻有立庙者,岂朝廷劝戒有所未至耶?将风教陵迟,讫不可复耶?当考诸古制,议其可施于今者行之。"宰相等曰:"陛下庆历初郊祀赦书,尝许群臣立家庙矣。有司不能推广上恩,因循顾望,遂逾十载。王公荐享,下同闾巷,衣冠昭穆,杂用家人。缘偷袭弊,恬不为怪。睿心至意,形于叹息,臣实愧之。夫子亲庙,序昭穆,别贵贱之等,所以为孝,虽有过差,是过于为孝矣。殖产营利或与民争利,反不以为耻。逮夫立庙,则曰不敢。是敢于争利,而不敢为孝也。"于是下两制与礼官参议。惜夫!有君无臣,久之终不克定。

仁宗一夕既寝,闻乐声,命烛兴坐,使内侍审之,曰:"矾楼百姓,饮酒乐声也。"帝欣然曰:"朕为天下父母,得百姓长如此,足矣!"听彻,乃就寝。

吏有过失或枉杀人者,终身不忘其名。他日有司论赦,拟官辄曰:"此人曾非法杀朕赤子,忍复使从殿政乎?"

仁宗爱民恤物,出于圣性。其于断狱,必求以生。尝谓辅臣曰:"朕未尝置人以死,敢滥刑罚乎?"

至和初,京师大疫。帝出犀二株,付太医合药,以疗民。解之,则其一通天犀也。内侍李舜举驰奏曰:"此犀之美者,请以为御所服带。"帝曰:"朕以为带,曷若以疗民疾乎?"命立碎之。

仁宗爱重民力,其于宫室、池台尤谨兴作。三司尝欲以玉清、昭应宫故地为御苑,帝曰:"吾奉先帝苑囿犹以为广,何用此以资游观之侈哉?"

景祐四年,司天上言明年正旦日食。此所谓三朝之始,人君尤忌之。请移闰月,以避之。帝以问大臣,参知政事程琳曰:"日者,众阳之长,人君之象,如有食,恐陛下乾刚之道有所亏而致。惟修德可以免之。"帝曰:"卿言极是,不如自责,以答天变。"

庆历六年,帝谓辅臣曰:"比臣僚有言星变者,且国家虽无灾异,亦当自修警,况因谪见者乎?夫天之谴告人君,使惧而修德,亦犹人主知臣下之过失,示以戒敕,使得自新。则不陷于咎恶。此天心之仁也,敢不祗畏奉承之?"

寿州长史林献可上书论国家休咎之事。帝谓辅臣曰:"朝廷政事得失在于任人,得贤则治,否则乱。若尧舜之世,虽有灾异不为害;桀纣之世,虽有祥瑞不为福。今小人多托虚名,以为直规求进取,不可不察也。"

知无为军茹孝标尝献芝草三百五十本,帝曰:"朕每以丰年为瑞,贤臣为宝,至于草木虫鱼之异,岂足尚哉?"孝标特放罪,仍戒天下,自今毋得以此闻。

天圣七年,契丹大饥,流民过界,河监司以闻,帝谓辅臣曰:"彼虽境外之民,皆朕赤子也。盍多方赈救之。"乃诏契丹流民所过,人给米二升,分送唐、邓、襄、汝四州,以闲田处之。

庆历中,仁宗谓辅臣曰:"自元昊请和,西兵解严。然戎狄之心,不保其往。深虑边臣浸失为备,可诏陕西、河东经略司,及北京夏竦,密戒所部,远为斥候。广蓄储廪,训练士卒,缮葺城池,如对严敌焉,庶无仓卒之患。"

天圣初,监修国史王曾言:"唐史官吴兢于正史实录外,采太宗与群臣问对之语,为《贞观政要》。今欲采太祖、太宗、真宗实录,曰《历时政记起居注》,择简易事迹、不入正史者,命史官别为一书,与正史并行。"帝从之,诏吕夷简专其事。书成,今所谓《三朝实训》是也。

庆历三年,枢密副使富弼言:"臣历观古帝王理天下,未有不以法制为首务。法制立,然后万事有经,而治道可济也。宋有天下八十余年,太祖始革五代之弊,创立制度。太宗克绍前烈,纪纲益明。真宗承两朝太平之基,谨守成宪。近年纪纲颇紊,随事变更,两府执政便为成例,施行天下,咸以为非。而朝廷安然奉行,不思铲革,致使民力殚竭,国用空匮,吏员冗而政道缺。赏罚无准,夷狄外侵,寇盗充斥。如此百端,不可悉数。其所以然者,盖法制不立,沦胥以至于此也。臣今欲选官置局,将三朝典故,及寻计将来诸司所行可用文字,分门类聚,编成一书,置在两府,俾为模范,庶几元纲稍振,弊法渐除。此守基图救祸乱之根本也。"帝嘉其奏,命欧阳修等四人同共编修,诏弼总领之。分别事类,凡若干门。于逐事之后,各释其意之相类者,止释一事。书成,今所谓《太平故事》是也。

臣从彦释曰：仁宗承平之久，纪纲不振。盖因循积习之弊耳。然能为太平天子四十二年，民到于今称之，以德意存焉故也。况德意既孚于民，而纪纲又明，则其遗后代宜如何耶？此弼之所以奋然欲追祖宗、思铲革也。

章圣皇帝之未有上也，尝遣内侍往泰山茅仙祷祈。内侍遇异人言王真人已降生，为宋第四帝耳。内侍问王真人者何人？异人曰："古之燧人氏是也。"时章懿皇后亦梦羽衣数百人，从一仙官，自空而下，谓曰此托生于夫人。觉而奏其事，真宗甚悦。及帝生，火光烛天，佳气满室。帝方五六岁，常持槐木片，以箸钻之，真宗问曰："何用？"曰："试钻火尔。"真宗谓后妃曰："所谓燧人氏，信不虚尔。"

臣从彦辨微曰：二气五行交运，虽刚柔杂糅，美恶不齐，然圣人之生，必得其气之纯粹而不偏者。此理之当也。自古帝王，下至庶人，无不祈祷而得者有之矣，皆出于至诚之所感。感必有应，此亦理之常也。夫事无证不信，不信民弗从。若内侍之遇异人，章懿皇后之梦，所谓无证者也。无证而言，启诈妄之道，君子不取也。或曰："高宗梦得说，载在《商书》，古人不以为非，何耶？"曰：高宗贤君也，傅说贤臣也，以至诚之君思得贤臣，故梦赉良弼，理亦有之。此亦感通之理也。今其言曰皇后梦羽衣数百人，从一仙官，自空而下，曰此托生于夫人，则非理矣。非知道者，孰能识之。

仁宗初，选郭氏为皇后，甚有姿色。然刚妒无子，又尝与向美人争殴。帝以为不可母天下，废为庶人，右司谏范仲淹谏曰："后者所以长阴教而母万国，不宜以过失轻废之。且人孰无过？陛下当谕后失，置之别馆，择嫔妃老者劝导之，俟其悔而复宫。"书奏，不纳。明日，又率其属伏阙论列。帝遣中人押送中书商量，宰相以汉唐有废后故事，仲淹曰："上天姿尧舜，相公奈何以前世弊法累盛德？"御史中丞孔道辅又极论其不可。明日留班，与宰相廷辨是非，仲淹等得罪。后遂废，居瑶华宫。

臣从彦辨微曰：古者天子立六官、三公、九卿、二十七大夫、八十一元士，以听天下之外治。天子后立六宫、三夫人、九嫔、二十七世妇、八十一御妻，以听天下之内治。故曰天子听男教，后听女顺。天子理阳道，后治阴德，终身不变者也。礼有七出，为大夫以下者言之。天子无废后之文，诸侯无废夫人之事，是以《关雎》乐得淑女以配君子。忧在进贤不淫其色，采择之法，在审其初而已。所以防色欲，窒谗间，杜僭乱，治乱祸福之机在于此矣。仁宗时，郭后以无子愿避后位入道，理之所不可者也。故仲淹等争之，至伏阙论列。当时执政之人不知以尧舜侍其君，乃引其君，使蹈汉唐弊法，可胜惜哉！

郭后废之明年,章献明肃皇后服未除,而宰相等劝帝复娶曹后。范仲淹进曰:"又教陛下做一不好事。"他日,宰相语韩琦曰:"此事外人不知,刘既上仙官家春秋盛,郭后、向美人皆以失宠废。以色进者,不可胜数。不立后,无以止之。"

臣从彦辨微曰:男女之配,终身不变者也。故《礼》天子、诸侯不再娶。说者谓,天子、诸侯内职具备后,夫人亡,可以摄治,故无再娶之礼。唐啖氏亦曰:"古者诸侯一娶九女,元妃卒,则次妃摄行内事,无再娶之文。"故《春秋》之法,仲子不得为夫人。由是言之,则天子可知矣。明道中,郭后入道,宰相等劝帝复娶。曹后其累盛德,盖不特章献服未除也。后之为人君者,可不戒哉!可不戒哉!

景祐中,太平日久,仕进之人皆依托权要,以希进用,奔竞成风。又台官言事,琐碎不根,治体多挟仇怨,以害良士。一日,帝谓宰相曰:"古者卿大夫相与,避于朝士;庶人相与,避于道下。至汉文之时,耻言人过。今士人交诬,浸成党与。乃下诏戒敕之。诏既下,邪柔者颇愧焉。"

臣从彦辨微曰:《孟子》曰:"仁言不如仁声之入人深也。"仁言、仁声有以异乎?曰:"仁言,为政者道其所为;仁声,民所称道。"此不可不知也。夫天子所为,要须有以风动天下,如汉光武起循吏卓茂,而以太傅处之。魏以毛玠为尚书,唐以杨绾为宰相是也。区区命令,非所以感人也。彼汉唐之君何足道哉!然一时之间,所为合理,尚足以感动,况以尧舜之道革易天下者乎?

庆历三年,帝以晏殊为相,范仲淹为参知政事,杜衍为枢密使,韩琦与富弼副之,以至台阁多一时之贤。天子既厌西兵,闵天下困弊,奋然有意。遂欲因群才以更治,数诏大臣条天下事,方施行十未及一,而小人权幸者皆不便。明年秋,会殊以事罢,而仲淹等相次亦皆去,事遂已。

臣从彦辨微曰:小人之权幸可畏也久矣!以仁宗之英明,急于图治,晏殊为相,群贤在朝,天下拭目以望太平。而富、范等各条具其事,以时所宜先者,方施行之。欧阳修又以天子更张政事,忧悯元元。而劳心求治之意,载于制书,以讽晓训敕在位者,可谓一时之良。而鈕于谗间,不果其志,何耶?古者人君立政立事,君臣相与,合心同谋。明足以照之,仁足以守之,勇足以断之,为之不暴而持之已久。故小人不得以措其私,权幸不得以摇其成。若庆历之事,锐之于始而不究其终,君臣之间,毋乃有未至耶?致治之难,古今之通患也!可胜咤哉!

诞节,太祖曰长春,太宗曰寿宁,真宗曰承天,仁宗曰乾元,英宗曰寿圣,神宗曰同天,哲宗曰兴龙。

　　臣从彦辨微曰:诞节古无有也,自唐开元中源乾曜等启之耳。说者谓唐太宗不以生日宴乐,以为父母劬劳之日也。乾曜等乃以人主生日为节。夫节者,阴阳气至之候,不可为也。明皇享国日久,侈心渐生,致臣下以逸欲导之耳。及立诞节,虚名宴乐,盖欲夸示四海,非所以垂训后世也。我朝太祖以下诸君,踵而行之,各立诞节之名,亦独何哉!

豫章文集卷六　集录

遵尧录五

李　沆

太宗时以著作佐郎直史馆,赐五品服。雍熙中左拾遗王化基上书,大言自荐,帝谓宰相曰:"李沆、宋湜皆佳士也,可并试之。"明日,并命为右补阙知制诰。沆位二人之次,特升于上。未几,召入翰林充学士,赐金紫。弼违献可多沃上心,天子知其才,乃有意于大用。淳化二年拜给事中参知政事,帝乃循名责实。沆励翼一心,将明庶政,名器有伦,人无侥幸。四年,以本官罢去。

真宗即位,拜户部侍郎参知政事,明年以本官平章事。沆在中书,未尝密进封章。帝谘其故,沆曰:"臣备位宰相,公事当公言之,苟背同列,密有启奏,非谗即佞。臣每嫉此,岂复自为之耶?"帝嗟赏之。

时诏庶官上封直言,有指中书过失,请行罢免者。帝览之不悦,谓沆曰:"此辈皆非良善,止欲自进,当谴责以警之。"沆曰:"朝廷比开言路,苟言之当理,宜加旌赏,不则留中可也。况臣等非才,备员台辅,倘蒙见黜,乃是言事之臣,有辅朝廷。"帝曰:"卿真长者耳。"

臣从彦释曰:自古谏官论事,执政者多忌之,又恶闻过失,杜塞天下之口。惟唐之裴垍与李沆二人不然,垍之相宪宗也,谏官有论事者,必奖激之,使尽言。而章圣时,有指中书过失者,帝欲责之。沆曰朝廷比开言路,顾言之当理与否耳。归咎于己,而自谓非才,非忠于事君,以天下国家为一体者,其孰能之!

咸平五年春,帝以上元御楼,见人物繁盛,因命举酒赐侍臣,曰:"天下富庶如此,嘉与卿等人举此觞。"沆辞避至数四,讫不受,帝为之色变。翌日,王旦谒之。逡巡语及力辞酒事,沆曰:"天下庶事,尚多有未济者,人主岂得言治安?遂极论治体,以为自古人主好尚之弊有三,不好色则好兵,不好兵则好神仙。以沆观之,圣性如此,必无好色、好兵之累。第恐异日为方士所惑,沆老矣,思念相公,适当之耳。"

景德初,北敌寇边。沆当居守之任,坐镇京国,令行禁止,不戮一人,使天下无南顾之忧。同德一心,光辅大政。明年,进门下侍郎王旦,前此已任参知政事,及是西北二方犹梗,羽书边奏无虚日。每延英昼访,王命急宣,或至盱昃不遑暇食,旦谓沆曰:"安得企见太平,吾辈当优游燕息矣。"沆曰:"国家强敌外患,适足为警惧。异日天下晏安,人臣率职,亦未必高拱无事,君奚念哉?"

臣从彦释曰:常人之情,方当有警时,不能随事应酬,或致失措。及太平多暇,则怠忘而不知变生无形。沆以国家强敌外患适足为警惧,异日天下晏安,未必无事。则其所见过于常人远矣。

沆内行修谨,识大体;外居大位,接宾客,常寡言。马亮与沆同年生,又与其弟维善,因以语维。维乘间达亮语,沆曰:"吾非不知也,然今之朝士,得升殿言事,上封论奏,了无壅蔽,多下有司皆见之矣。若邦国大计,北有契丹,西有夏人,日盱条议所以备御之策,非不详究。搢绅中,若李宗谔、赵安仁皆时之英秀,与之谈论,犹不能启发吾意。自余通籍之日,坐起拜揖,尚周章失措。即席必自论功,以希宠奖。此有何可采而与之接语耶?苟屈意与相亲,则世所谓笼罩。笼罩之事,仆病未能也。为我谢马君。"沆常言居重位实无补万分,惟中外所陈利害,一切报罢,此少足以报国耳!朝廷防制,纤悉备具。或徇所陈请,施行一事即所伤多矣。议者谓此正唐人陆象先"庸人扰之"之论也。

臣从彦释曰:李沆之言,以常人观之,甚得太平宰相之体,必不至若张汤辈,取祖宗法度纷然更张,以扰天下之民。然太宗好论钱谷,吕端、寇准等不能言,而张观能之。真宗崇信天书,王旦等不能言,而张乘能之。尺有所短,寸有所长,岂可厚诬以天下皆无人?尧曰:"稽于众,舍己从人。"又况其下者乎?此皆沆之失也。

沆之相也,是时丁谓尚为两制,寇准屡荐之,未及进用。准一日言于沆曰:"如丁谓之才,搢绅无几,相公不用何也?"沆曰:"丁今已为两禁,稍进用,则当国矣!若此人者,果可使当国乎?"准曰:"然相公自度终能抑之乎?"沆曰:"唯唯。行且用之,他日顾勿悔也。"及谓秉政未几,而准有南迁之祸。

初,沆当无事时,尝与王旦语及方士之说,及西北二方有警,又曰异日天下宴安,人臣率职,亦未必高拱无事。其后北鄙和好,西戎款附,不十年间西祀东封。旦讲礼仪,治财赋,力不暇给。追忆其言,使人即其家图像拜之,服其先识。

寇　准

太宗时以通判郓州召见，帝谓曰："知卿有谋，试与朕决一事。今中外不惊扰，此事已与大臣议之矣。"准请示其事，帝曰："东宫所为不法，他日必为桀纣之行。欲废之，则宫中已自有甲兵，恐召乱。"准曰："请某月日，令东宫于某处摄行礼，其左右侍卫皆令从之。陛下搜其宫中，果有不法之器，俟还而示之。隔下左右，勿令入，但一黄门力尔！"帝以为然，东宫服事，遂废之。

太宗久不豫，时准在魏驿，召还，问以后事，准谢曰："知子莫若父，臣愚不敢与也。"帝曰："以卿明智不阿顺，故以问卿，卿不应辞避。"准再拜，请曰："臣观诸皇子，诚无不令，至如寿王，得人心深矣！"帝大悦，遂定策，以寿王为太子，躬行告庙。及还，六宫皆登御楼以观之。时李后在焉，闻百姓皆歌呼，曰吾帝之子，年少可爱。后不悦，归以告帝。帝召准，责曰："万姓但知有太子，而不知朕，卿误朕也。"准曰："太子万世祀社稷之主，若传之失其人，诚为可忧。今天下歌其得贤臣，敢以为贺。"帝始解。自是眷注益厚，累为谏议大夫、枢密副使、参知政事。

真宗即位，并三司为一使，始命准为之。景德元年，同平章事。会契丹寇澶渊，时大臣议宜戒严京城，益兵图西南之幸，准面折之曰："王钦若，江南人，故请陛下幸金陵；陈竞叟，蜀人，故请陛下幸成都。皆浅议耳！不足取也。今敌涉吾地，莫敢前却，陛下若亲征，贼当胆裂，恶在他图哉？"帝至澶渊，贼犹未退，准曰："六军心胆在陛下身上，若令登城擒贼必矣！"帝从之。将吏欢呼，万弩齐发，射杀贼将王统军者。军声大振，贼势蹙，遂乞通和。帝以问准，准划策进曰："如能用臣此策，可保数百年无事。不然，四五十年后，恐贼心又生矣。"帝曰："朕不忍生灵受困，不如听其和。盖五十年后，安知无能捍塞者乎？"敌遂得和。

准在军中，诏令有所不从，及事平，谢曰："使臣尽用诏令，岂得事成之速哉？"帝笑而劳之曰："卿顾为谁？"初帝幸澶渊，乘舆方渡河，敌骑充斥，至于城下，人情汹汹。帝使人微觇准所为，而准方酣寝于中书，鼻息如雷，人以其一时镇物，比之谢安。

臣从彦释曰：人才各有所用，自非大贤，不可责备。若准，多私意强辨，诚可恶。至契丹寇澶渊，折陈尧叟、王钦若乖谬之谋，劝帝亲征，赫然立大功于世。盖非庸庸者所能及也，非才各有用故耶？

准好贤乐善,于知人尤明。其所推荐,若种放、孙何、丁谓之徒,皆出其门。尝语其亲厚者曰:"丁生诚奇才,然殆不堪重任。"其后,自永兴军复拜中书侍郎平章事。是时丁谓为佐,一日会食政事堂,羹污准须,谓起与拂之,准曰:"君为参预大臣,而亲为官长拂须者乎?"谓顾左右,大愧,恨之。帝既倦政,而丁谓奸佞迎合。太后有临朝之谋,准便殿请对曰:"太子睿德天纵,足以任天下之事。陛下胡不协天人之系望,讲社稷之丕谋。若丁谓,负才而挟奸曹,利用恃权而使气,皆不可以辅少主,恐乱陛下家事。"因俯伏流涕,帝命中人扶起,慰谢之。明日,谓之党以急变闻,飞不轨之语,以中准。坐是罢相。乾兴元年二月,贬雷州司户参军。

臣从彦释曰:古之用人,以德器为先,才大而德不足,只为累耳!准始荐丁谓于李沆,沆不可,准曰:"若丁谓之才,相公自度终能抑之乎?及谓当国,又不能容之,斥其挟奸不可以辅少主,遂取南迁之祸。准之南迁可也,然使谓无所忌惮,得结雷允恭以图不轨,皆准之由。后之为大臣者,贪人之才而不究其德,可少戒哉!"

初,真宗问两府曰:"朕欲得一人为马步军都指挥使,卿等择之。"方议其事,吏有以文籍进者,准曰:"为何文字?"曰:"例簿也。"准叱之曰:"朝廷欲用一衙官,尚须检例,则安用我辈哉!夫坏国政,损王道,正由中书屑屑检例耳。"

准在中书,凡有为,多不用旧例,皆此类也。然三入相而不能久于位者,多以此为累。

帝方不豫,谓侍臣曰:"能成吾子为帝,而不朕虞者,惟寇准、李迪可矣。"

王　旦

真宗时,累为翰林学士,人谓有宰相器。尝奏事下殿,帝目送之曰:"与朕致太平者,必斯人也!"

景德二年,拜平章事。时契丹初请盟,赵德明纳誓约,愿守河西二边,兵罢不用。帝遂欲以无事治天下。旦以谓宋兴三世,祖宗之法具在,故其为相,务行故事,谨所改作,进退能否,赏罚必当。群工百司,各得其职。

赵德明纳誓约,愿守河西。已而以民饥为言,求粮百万斛。大臣皆言,德明新纳誓而敢违,乞以诏书责之。帝以问旦,旦曰不可。请降诏书谕之曰:"尔土灾馑,朝廷抚御远方,固当赈救。然边塞刍粟,屯戍者众,自要支持。令敕旨有司,具粟百万于京师,可自遣众飞挽。"帝大喜,德明得诏,惭且拜曰:"朝廷有人矣!"

时契丹征高丽,帝语旦曰:"万一高丽穷蹙,或归于我,或来乞师,何以处之?"旦曰:"当顾其大者,契丹方固盟好,高丽贡奉累岁不至。"帝曰:"然。可谕登州,如高丽使来乞师,即语累年贡奉不入,不敢达于朝廷。如有归款,存抚之,亦不须以闻。"

帝一日谓宰相曰:"方今四海无虞,而言事者谓和戎之利,不若克定之功也。"旦曰:"祖宗平一区宇,每兴工动众,皆非获已。先帝时颇已厌兵,今柔服异域,守在四夷。盖帝王之盛德也!且武夫悍卒,小有成功,过求爵赏,威望既盛,即须姑息,往往不能自保功名。轻议兵戎,不可不察也。"

臣从彦释曰:师旅之兴,必有谓也。在《易》,"师之六五"曰:"田有禽,利,执言无咎。"盖谓戎夷猾夏,寇贼奸宄,以害生民,不可怀来也。然后奉辞以讨之,犹之禽兽在田,侵害苗稼,然后猎之。如此而动,乃得无咎。不然,则其咎大矣!执言,奉辞也。盖明其罪而讨之也。《书》有《甘誓》、《费誓》,《诗》有《采薇》、《采芑》,亦以此也。后世失之,乃有和戎克定之说。至汉武帝时,韩安国、王恢争辨纷纷,不足尚。古者天子有道,守在四夷,《诗》曰"莫敢不来享,莫敢不来王"是也。及其为中国患也,则亦驱之出境则已,《诗》曰"'薄伐猃狁,至于太原"是也。为害则猎而取之,不恤也,易之言是也。此圣人之格言,万世不易之理也。王旦之对章圣皇帝也,善则善矣,然其理未明,其事无证。谓武夫悍卒小有成功,过求爵赏,不能自保功名,是亦利之而已矣,岂知言哉?

祥符八年,帝谓旦等曰:"人言中书罕言事,稀接宾客,政事亦多稽留。"旦曰:"中书当言者,惟进贤退不肖。四方边事,郡县水旱,官吏能否,刑法枉直,此数事动禀进止,外人不知,是臣等无漏言也。稀接宾客,诚亦有之。如转运使、副提点刑狱,切要藩郡、知州,及非常委任者,臣等未尝见。其有携牍至中书者,多是徼求恩渥。大约中书事简,加以动守程式,不敢随意增损。循常细务,应报或有缓急,亦无逾日限。此外,思虑不至,事有未便,不免重烦圣断耳。"帝再三慰谕之。

旦尝因便座奏事,帝语及一省郎姓名,旦曰:"斯人履行才干,俱有可采,今方典郡,宜与甄擢。"旦等皆素知其为人,因共称荐之。自是屡加叹赏,令俟归朝,擢以为转运使,徐更别议升陟。既而代还,会外计阙官,旦即与同列拟定名氏,约以次日奏补。及晚,其人投刺来谒,旦以方议委任,辞弗见。诘朝入对，具道本末，请授以转漕。帝默不许，退而叹骇者久之，乃知昨暮造请，虽弗见，已为伺察者所纠矣。每戒同列以私谒之嫌，当须谨避，庶几免于悔吝。

臣从彦释曰：人主于宰相，疑则勿任，任则勿疑。昔谢泌言之详矣。旦以外计阙官，除一转运使，且大臣所尝共荐者，帝用伺察者之言而不听，非至诚委任之道也。夫君臣一体者也。为旦计者，苟情有不通，当力言之，以除壅蔽可也。奈何以私谒之嫌，欲自免于悔吝？天下之事，有大于一转运使者多矣。每每如此，则其为悔吝可胜言哉？此旦之失也。

初，旦在中书，帝独倚任，凡有议事，帝必曰曾与王旦议否？事无大小，非其言不决。自景德以来，袭二圣休德之后，谨守成宪，务在安靖，外无夷狄之虞者十余年，兵革不用。议者谓得太平宰相之体。

旦于用人，不以名誉，必求其实。苟贤且才矣，必久其官。众以为宜某职，然后迁其所。荐引人未尝知寇准为枢密使，当罢，使人求使、相，旦大惊曰："将相之任，岂可求耶？且吾不受私请。"准深恨之。已而制出，除武胜军节度使，同中书门下平章事。入见，泣曰："非陛下知臣，何以致此。"帝具道旦所以荐者，准始愧叹，以为不可及。

旦任事久，有于上前谤之者，辄引咎，未尝自辨。至他人有过失，可辨者辨之，必得而后已。荣王宫火，延前殿，有言非天灾，请置狱劾火事，当坐死者百余人，旦独请见曰："始失火时，陛下以罪己诏天下，而臣等皆上章待罪，今反归咎于人，何以示信？且火虽有迹，庸知非天谴耶？"由是坐者皆免。

旦尝以任中正知成都代张咏，言者以为不可。帝以问旦，旦曰："非中正不能守咏之成规，若他人往，必妄有变更矣！"帝然之，言者亦伏旦之能用人也。

宦者刘承珪以恭谨得幸，病且死，求为节度使。帝以语旦曰："承珪待此以瞑目。"旦执以为不可，曰："他日将有求为枢密使者，奈何？"至今内臣官不过留后。

王　曾

真宗景德中，授著作佐郎、直史馆。时朝廷与契丹修好，诏遣使以北朝称之。曾抗疏论列，当称契丹，不当称北朝。帝尤加赏激，朝论韪之，然使者已行，遂已。累迁谏议大夫、参知政事。

帝好神仙，筑昭应、景灵宫，用大臣领使。以曾为景灵宫使，不拜。忤旨罢政,出知南京。曾之罢也,日往候故太尉王旦,属旦疾,因辞弗见。既而语之曰:"王君介然,他日勋业德望甚大,顾某不得见之耳。"旦曰:"王君昨以辞避景灵宫使,拂帝意。然进对详雅,词直气和,了无所慑。某自循省,在政府几二十年,每进对稍忤,即蹙缩不自容,以是知其器度矣!"

天禧二年,召为平章事。初,真宗不豫者久之,庄宪太后方有临朝之望。仁宗居储邸,于资善堂决事,物议籍籍,咸有所去就。会曾再贰钧席,语钱惟演曰:"皇储冲幼,非中宫不可独立。中宫非倚皇储之重,则人心不附矣。"惟演以刘氏之姻,亟入白之。两宫由是益亲,遂无间言。

臣从彦释曰:周成王嗣位之初,摄政者周公而已。炎汉以来,乃有太后临朝之事,而后世袭其例,遂以两宫称之。或曰二圣皆非治世典礼也,天禧中物议籍籍,咸有所去就。盖母后听从小人之利,此安危祸福之机也,而世常蹈之何耶?若曾之言,盖亦救其末而已。

乾兴二年,以章圣遗制,皇太后权处分军国事,听断仪式久未定,丁谓每欲议大政,则皇太后坐后殿,朝执政。朔望,则皇帝坐前殿,朝群臣。其余庶务,独令入内押班雷允恭禁中附奏,传命中书、枢密院平决之。众议以为不可,上下隔绝,中外惴恐。曾时判礼仪院,乃采蔡邕独断所述东宫故事,皇帝在左,母后在右,同殿垂帘坐。中书、枢密院以次奏事如仪。议既定,人心乃安。

景祐元年,拜枢密使,迁右仆射门下平章事。曾始参大政,属太尉王旦当国,每进用朝士,必先望实。或告之曰某人才,某人贤。则曰诚知此人,然历官尚浅,人望未著,且俾养望岁久不渝,而后擢任。则荣途坦然,中外允惬。曾尝志之,及执政之日,遵行其言,人皆心服。

臣从彦释曰:古之士者,自十五入学,至四十而后仕。其意若曰,善道以久而后立,人材以久而后成。故处之以燕闲之地,而宽之以岁月之期,俾专其业,俟其志一定。则其仕也,不迁于利,不屈于欲。道之于民,而民从;动之于民,而民和。天下被其泽矣。后世怵于科举,自童稚间,已有汲汲趋利之意。一旦临民,则亦何所不至也?王旦章圣时在中书最久,每进用朝士,必先望实。苟人望未孚,则虽告之曰某人才,某人贤,不骤进也。此真救弊之良图也。曾之当国也,遵行其言,人皆心服,非已行之验故耶?

曾德器深厚而寡言,当时有得其题品一两句者,莫不荣之。是时韩琦为谏官,因纳札子,曾忽云:"近日频见章疏,甚好。只如此可矣。"向来如高若讷辈,多是择利。范希文亦未免近名,要须纯意于国家事耳。后琦果为名臣。

尹洙初入馆,编校四年,欲得一差遣。遂到中书援钱延年例,曾徐曰:"学士自待,何为在钱延年等列耶?"洙终身以为愧恨,其畏之如此。

曾当国时,门下未尝见显拔一人者。范仲淹时为司谏,乘间讽之曰:"明扬士类,宰相之任也。公之盛德少此耳。"曾徐应之曰:"恩若己出,怨使谁当?"仲淹惘然自失,退而叹曰:"真宰相也!"

臣从彦释曰:宰相之职,在于进贤退不肖。古之人有举之至同朝,而人不以为德。有废黜之终其身,而人不以为怨者,合于至公故也。故举一贤,使天下之人知,如是者皆可勉;去一不肖,使天下之人知如是者皆可惩。无非教也。夫以明扬士类为宰相之任,此讽言也。曾答之曰恩若己出,怨使谁当?则是避嫌者也。避嫌非至公之道也。仲淹闻而叹之,盖亦得之于初,而失之于末矣。

曾尝语人曰:"昔杨亿有言,人之操履,无若诚实。窃钦佩之,苟执之不渝,夷险可以一致。"及当国,内外亲戚可任者,言之于上。否者,厚恤之以金帛。终不以名器私所亲。

豫章文集卷七　集录

遵尧录六

杜　衍

仁宗时,以枢密直学士知永兴军。初,夏人叛命,天下苦于兵,自陕以西尤病。吏缘侵渔调发,督迫民至破业不能足,往往自经投水以死。及衍至,语其人曰:"吾不能免汝,然可使汝不劳尔。"乃为之区处计较。量物有无贵贱,道里远近,宽其期会,使得次第输送。由是物不踊贵,车牛刍秣宿食如平时,而吏束手无所施,民比它州费省十六七。

庆历二年,迁吏部侍郎、枢密使、吏部审官,主天下吏员,而居职者类以不久迁去,故吏得为奸。衍始视铨事,一日,选者三人争某阙。衍以问吏,吏受丙赇,对曰:"当与甲,乙不能争。"乃授他阙。居数日,吏教丙讼甲,负某事不当得。衍悟,召乙问之,乙谢曰:"业已得他阙,不愿争。"衍不得已,与丙而笑曰:"此非吏罪,乃吾未知铨法尔。"因命诸曹,各具格式科条以白。问曰:"尽乎?"曰:"尽矣。"明日敕诸吏无得升堂,使坐曹厅行文书而已。由是吏不得与铨事,予夺一出于己。居月余,声动京师。衍掌铨之明年,以本官同中书门下平章事,苞苴宝货不敢到其门。是时帝厌西兵之久出,而民弊甚亟,用丞相富弼、枢密韩琦及范仲淹。而三人者,乃欲尽革众事,以修纪纲。而小人权幸者皆不悦,独衍与相左右。

臣从彦释曰:昔唐明皇开元初,卢怀慎与姚崇同秉政,自以才不及崇,每事推之,但具位而已。其后司马光作《资治通鉴》,深取之曰:"贤知用事为同僚者,专固以分其权,娼疾以毁其功,是诚罪人。"崇唐之贤相,怀慎与之同心勠力,以济明皇中兴之治。故崇则有应变救时之称,怀慎有坐镇雅俗之誉。当时以为奇遇,后世以为美谈,不亦可嘉也哉! 我朝庆历时,杜衍位登枢府,职典铨衡,当韩琦、富弼、范仲淹三贤并用之日,乃欲尽革弊政,以修举纪纲。而权幸小人皆不悦,独衍与相左右,略无尔我之嫌。《书》曰:"同心同德。"《传》曰:"其人休休焉,其如有容焉!"呜呼! 若衍殆庶几矣! 亦岂让于崇与怀慎者哉!

仁宗自庆历中，力止内降之弊，时有权幸干之者，曰："朕与内降不难，然宰相衍公正介执，必不出敕。"忽有不得已而降圣旨者，衍皆收之。俟及十数，则连封而面还之。帝尝谓欧阳修曰："外人知杜衍封还内降耶？吾居禁中，有求恩泽者，每以杜衍不可告而止者多于所封还也。其助我多矣！"初，帝尝谓杜衍曰："朕宫中被宦官、女子求恩泽不得已降旨者，但止勿行。"衍降拜贺曰："陛下为宗庙社稷发此盛德之言，天下幸甚！臣敢不奉诏？"退坐中书召当直史官，具道圣语，使书之。韩琦闻之曰："杜公可谓能钉铰上诏矣！"

衍执政不久，才百日辄罢去。衍之罢相也，以太子太保家居，然圣眷不衰，及将祀明堂，帝谓文彦博曰："朝廷耆旧之在外者，朕欲致之以相大礼，因以示古人尊事黄老之意。"乃诏衍与太子少傅任布等二人陪祀。衍以羸老不任就道，具表谢，以不得与观盛礼为恨。帝复优诏劳之。后王洙谒告归南京，入辞，帝曰："杜衍在彼，卿为朕问其安否。"

韩琦尝语人曰："杜祁公存心至公，而乐与人为善。既知其人，无复有毫发疑间者。"始某为枢密副使，而杜公为太尉。其辄论难一二事，杜公不乐，人或讽解之，则曰："某长渠三十岁耳，尚有误耶！"久之，既相亮，即每事，问曰："谏议看来未？"但曾经谏议看，便将来押字。某益为之尽心，不敢忽也。以此见杜公存心至公，不以必出于己为胜，贤于人远矣！

臣从彦释曰：世俗之人，莫不喜人同乎己，而恶人异于己也。同于己而欲之，异于己而不欲者，以出乎众为心也。以出乎众为心，则以其不大故也。唯大为能有容，善者共说之，不善者共改之，宜无彼己之异。故舜曰大舜，禹曰大禹者，明乎此而已矣。若衍存心至公，而乐与人为善，不以必出于己为胜，其舜禹之徒欤！《诗》云"唯其有之，是以似之"，此之谓也。

衍为人尤洁廉自克。其为大臣，事其上以不欺为忠，推于人以行己取信。故其动静纤悉，谨而有法。其立于朝廷，天下国家以为重。其治吏事，如其为人。其听狱讼，虽明敏而审核愈精。故屡决疑狱，人以为神。其簿书出纳，推析毫发，终日无倦色。至为条目，必使吏不得为奸而已。及其施于民，则简而易行。居家见宾客，必问时事。闻有善，喜若己出。至有所不可，忧见于色，或夜不能寐，如任其责者。

韩　琦

仁宗景祐中，擢左司谏。是时宰相王随、陈尧佐皆老病不和，中书事多不决。参政韩亿、石中立又颇以私害公,琦连疏其失,久之不报。又请下御史台,集百官决是非。帝迫于正论,于是同诏罢执政者四人。琦既攻退四执政,朝议欲以知制诰宠其尽言,琦曰:"谏行足矣,因取美官,非本意也。"人其谓何语,闻遂寝。

臣从彦释曰:凡为天下国家者,其安危治乱,是非得失,必有至当之论,至正之理。而宰相行之,台谏言之,其总一也。至于宰相或取充位,则台谏不可以无言。台谏或非其人,则宰相不得以缄默,趋于至当而已矣。仁宗景祐中,中书事多不决,而参政二人又以私害公。琦为台谏,连疏其失,帝迫于正论,遂罢执政者四人。此其职也。朝议欲以知制诰,宠其尽言,则非矣。夫台谏官,正可以观人,其德量器识足以当大任者,莫不皆见。可则用之,不可则去之,奚屑屑然以知制诰宠之哉?琦曰:"谏行足矣!因取美官,非本意。"若琦之言则是也,非有大器识者其孰能之!

庆历中,以工部尚书同中书门下平章事。仁宗方倚左右大臣,以经太平之务。琦自得选,敕群吏百司,奉法循理,各安其职,而天下晏然。是时范仲淹、富弼与琦同在二府,上前争事,议论不同,然下殿来不失和气,如未尝争也。议者谓琦等三人辅政,正如推车子,盖其心皆主于车可行而已,不为己也。

仁宗在位四十一年,皇嗣未立,天下以为忧。大臣顾避畏缩莫敢言,琦乘间进曰:"皇嗣者,天下安危之所系,自昔祸乱之起,由策不蚤定也。今陛下春秋高,未有建立,何不择宗室贤者而定之,以为宗庙社稷之计乎!"不听。他日又进言之,乃以英庙判宗正寺。琦既得请许立嗣矣,而宫人宦者环泣于内,大臣小臣横议于外。帝意复动,临朝默然不乐,琦每伺颜色,不知身之所容也。洎英庙谦避久之,而帝意尤懈,乃曰:"不如且放下。"琦遂从容对曰:"于下人已知之而中辍,非朝廷举动也。"帝悟,遂立为皇太子。

英庙既即位之数日,初挂服于枢前,哀未发而暴疾作,连声大呼,其语言人所不可晓。左右皆反走,大臣辈骇愕痴立,莫知其措。琦亟投杖于地,直趋至前,抱持入帝曰:"谁激恼官家?且当服药。"内人惊散,呼之徐徐方来,遂拥帝以授之曰:"须用心照管官家。"再三慰安,以出。因戒见者曰:"今日事惟某人见,外人未有知者。"复就位哭泣,处之若无事。时欧阳修归,以语所亲曰:"韩公遇事,真不可及。"

英宗之疾,中外莫知其诚伪。且遇内侍少恩礼,左右不说,多道禁中隐匿者,虽大臣亦惑,顾未敢发口耳,独琦屹然不为众说动,一日昌言曰:"岂有前殿不曾差了一语,入宫门乃有许多错耶?"自尔不敢妄有传语言者。

英庙既骤自外来,又方寝疾,不预事,人情顾向在太后。琦虑宫中有不可测者,一日因对帘下曰:"臣等只在外面见得官家,里面保护全在太后。若官家失照管,太后亦未得安稳。太后照管,则众人自当照管。"同列为缩颈汗流。既出,吴奎长文曰:"语不太过否?"琦曰:"不如此不得。"

琦在嘉祐、治平间,当昭陵未复土,英庙未亲政,中书文字日盈于前,一一从头看,看了,即处置了。接人更久,处事更多,精神意思定而不乱,静而不烦,如终日未尝有事者。

神宗即位,拜司空兼侍中,为英庙山陵使。既还,引故事,固请罢,遂以节镇出。讫熙宁八年,凡两判相州,一判永兴军,一镇大名。王安石用事,尝上疏极论新法,又论青苗,其言切至。帝感悟,欲罢其法,安石称疾求去,乃已之。

琦之为谏官也,凡中外事,苟有所知,未尝不言。其启迪上心,则又每以明得失,正纪纲、亲忠直、远邪佞为急。其在相府也,事有当然不当然者,必坚立不动,反复论列,须正而后退,不敢造次放过。每见人文字有攻人隐恶者,即手自封之,未尝使人见。尝自言,作相极有难处事,盖天下事无有尽如意者,须要包忍。不然,不可一日处也。

欧阳修在政府时,有自陈不中理者,辄峻折之。故人多怨。至琦作相,从容谕以不可之理。同列有不相下者,语尝至相击,琦待其气定,每为平之,使归于是。虽喜胜者,亦自默也。

北都大内壁间有太宗诗,意在燕、蓟,辞甚壮。琦之来也,得旨修护之。既而客有劝以此持进者,曰:"修之则已,安用进为?"客亦莫谕其意。及韩绛来,遂模本进,琦闻之,叹曰:"昔岂不知此耶?顾上方锐意西事,老臣不当更导之耳。"

初,富弼尝荐王安石为翰林学士。琦不听,弼曰:"若安石经术才行,乃不用耶!"曰:"安石经术才行某所备知,此人岂可使长在人主左右?必生事也。"已而果然。在相州时,虽老病,不忘社稷。每闻安石更祖宗一法度、朝廷一纪纲,忧见于色,或至终日不食。

臣从彦释曰:王安石以高明之学,卓绝之行,前无古人。其意盖以孟子自待,自世俗观之,可谓名世之士矣。故熙宁初,富弼屡荐,琦乃谓此人不可使长在人主左右。其后安石入翰林,每奏对黼座之前,惟事强辨。及其大用也,变更祖宗法度,创为新说,以取必天下之人,茅靡其心,而凿其耳目,毒流后世。呜呼异哉！所为贵于鉴明者，为其不可以形遁也；所为贵于衡平者，为其不可以轻重欺也。观李沆之于丁谓，琦之于安石，不啻鉴衡。然不知二人独何以见之，如此其审，此其可贵也已。

范仲淹

　　仁宗天圣初，擢右司谏。当太后临朝，至日，大会前殿。帝将帅百官为寿，仲淹言："天子无北面，且开后世弱人主以强母后之渐。"其事遂已。及太后崩，有遗命立杨太妃代之，仲淹曰："太后圣母也，自古无代立者。"由是罢其册命。是时大旱蝗，奉使安抚东南还，会郭后废，率谏官御史伏阙下。争不能得，贬知睦州。

　　仲淹自睦州徙知苏州，岁余，以礼部员外郎、天章阁待制召还，论事益切。执政者忌之，命知开封府，欲挠以繁剧，而使他议之不暇也。仲淹明敏，决事如神，事日益简，乃取古今治乱安危为上开说。时宰相得君，权无与比，或以己意任人，人不敢言，仲淹因对而言曰："君当任人，臣当任事，若进用贤杰，选择近辅，顾出自圣意，不宜专委宰相。"帝曰："我不能尽记，卿可作一文书来。"仲淹又为百官图以献，曰："任人各以其材，而百职修。尧舜之治，不过此也。"因指其迁进迟速次序，曰："如此而可以为公，可以为私，亦不可不察。"由是吕丞相怒，至交论上前，坐是落职，知饶州司谏。高若讷言"贬黜犹轻"，欧阳修贻书责之，亦得罪。余靖、尹洙皆以朋党出黜，于是蔡襄作四贤一不肖诗，以播其事。仲淹之知开封也，尝曰："侍臣当辅翼天子之政教，固宜朝夕论思，以图称职。如开封乃一郡之事耳，政使如赵张辈，功绩何足为报？"

　　臣从彦释曰：帝王之兴，寻常所谓才智艺能之士，足以效一官一职者，非无其人。于千官百辟中求其最者，若兼善泽民，以天下为心，不忘王室者，何其艰哉！仲淹以侍臣命知开封，谓赵张不足为，惟以辅翼天子政教为念，则其贤可知也已。传曰："器博者，无近用；道长者，其功远。"仲淹有焉。

　　宝元中，赵元昊叛。帝以仲淹才兼文武，复职知永兴道，授陕西都转运使，迁龙图阁直学士。时延安新被围，朝廷择将，皆畏不行。仲淹奏请兼延安事，以待寇至。帝嘉而从之，阅兵得万八千，遣六将军，俾领之，日夕训练，号为精兵。贼闻之，戒曰："无以延州为意，今小范老子腹中有数万兵甲，不比大范可欺。"

　　庆历三年春，召为枢密副使。既至数月，以为参知政事。仲淹每进见，帝必以太平责之,仲淹叹曰:"上之用我者至矣,然事有先后,而革弊于久安,非一朝可也。"既而再下手诏,趣使条天下事。又开天章阁,召见赐坐,授以纸笔,使疏于前。仲淹皇恐避席,始退而条列。时所宜先者十余事,其诏天下兴学取士,先德行,不专文辞。革磨勘例迁,以别能否。减任子之数,而除滥官。用农桑考课守宰等事,方施行而磨勘。任子之法,侥幸之人皆不便。因相与腾口而嫉仲淹者,亦幸外有言,喜为之左右。会契丹与元昊争银瓮族,于是麟府奏警,仲淹乃有请出,为河东陕西宣抚。二敌闻之,皆不敢动。

初,晏殊、杜衍皆居相府,而仲淹、富弼、韩琦皆进用,以至台阁多一时之贤。太子中允石介,作庆历圣德诗,以褒贬大臣,分别邪正,累数百言。仲淹与韩琦适自陕西来,道中得之,仲淹抚股谓琦曰:"为此鬼怪辈坏了也。"琦曰:"天下事不可如此,如此必不成。"

臣从彦释曰:《易》"大有"之象曰:"火在天上,大有。君子以遏恶扬善,顺天休命。"夫当"大有"之时,善者扬,恶者遏,不使并进,固君子所以顺天休美之会也。然忠佞太分,善恶太察,不知有包荒之义。则小人权幸者,将无所容。而交结党羽,何惮而不为也?仁宗时,群贤在朝,石介作庆历圣德诗,以褒贬大臣,失之若此。此仲淹等之所以见忌,而太平之功不成,抑有由矣!呜呼!仲淹可谓明也已。

仲淹为将,务持重,不急近功小利。在延州时,筑青涧城,垦营田,复承平、永平废塞,熟羌归业者数万户。在庆州时,城大顺,以据要害,夺贼地而耕之。又城细腰、胡庐,于是明珠、灭臧等大族皆去,贼为中国用。自边制久隳,至兵与将常不相识。仲淹始分延州兵为六将,训练齐整,诸路皆用以为法。方元昊窥边,其主谋张元辈闻朝廷命将若韩琦等,但嘻笑而已,独闻仲淹至,则相顾有忧色。

富　弼

仁宗时,以开封府推官,擢知谏院。康定元年正旦日食,弼请罢燕撤乐。虏使在馆,亦宜就赐饮食而已。执政不从,及北敌行之,帝以为悔。初,宰相恶闻忠言,下令禁越职言事。弼因论日食,以谓应天变,莫若通下情,遂除其禁。

臣从彦释曰:宰相以天下为己任者也,推公心由直道,务使下情通,以防壅蔽,不亦善乎!而恶闻忠言,则其人可知已。仁宗时,执政者禁越职言事,弼因论日食请除其禁,此亦尧舜明四目、达四聪之意,而治乱之机也。

自西方用兵以来,吏民上书者甚众,初不省用弼言。知制诰本中书属官,可选二人置局中书,考其所言,可用用之。宰相以付学士,弼曰:"此宰相偷安,欲以天下尽付他人,乞与廷辨。又言边事系国安危,不当专委枢密院,周宰相、魏仁浦兼枢密使。国初,范质、王溥亦以宰相参知枢密院事,今兵兴,宜使宰相以故事兼领。"帝曰:"军国之事,当尽归中书,枢密非古官,然未欲遽变。"内降令中书同议枢密院事,且书其检。宰相以内降纳上前曰:"恐枢密院谓臣夺权。"弼曰:"此宰相避事耳,非畏夺权也。"

庆历三年,两除枢密副使。弼言敌既通好,议者便谓无事,边备渐弛。万一败盟,臣死且有罪。非独臣不敢受,亦愿陛下思夷狄轻侮中原之耻,卧薪尝胆,不忘修政。因以诰纳上前,逾月,复除前命。弼不得已乃受。时晏殊为相,范仲淹为参知政事,杜衍为枢密使,韩琦与弼副之,欧阳修、余靖、蔡襄为谏官,皆天下之望。弼既以社稷自任,而帝独责成弼与仲淹,望天下于期月之间。数以手诏,使条具其事。又开天章阁,召弼等坐,且给笔札,使书其所欲为者。遣中使二人更往督之,且命仲淹主西事,弼主北事。弼与仲淹各上当世之务十余条,又自上河北安边十三策,大略以选贤、退不肖、止侥幸,去宿弊为本。欲渐易诸路监司之不才者,使澄汰所部吏。于是小人始不悦矣,小人既怨,而大臣亦有以飞语谗之者。帝虽不信,弼因保州贼平,求为河北宣抚使以避之。

至和中,召拜中书门上平章事,与文彦博并命。宣制之日,士大夫相庆于朝。弼之为相,守格法,行故事,而附以公议。故百官任职,天下无事。以所在民力困弊,赋役不均,遣使分道相视,谓之宽恤民力。又弛茶禁,以通商贾。务省刑狱,天下便之。六年,丁秦国太夫人忧,诏为罢春宴故事,执政遇丧皆起复。弼以金革变礼不可用于平世,仁宗五遣使起之,卒不从命。

神宗熙宁中,召拜左仆射平章事。弼既至,未见,有于上前言灾异皆天数,非人事得失所致者,弼闻之,叹曰:人君所畏唯天,若不畏天,何事不可为者?去乱亡无几矣!是必奸臣欲进邪说,故先导上以无所畏,使辅拂谏净之臣,无所复施其力。此治乱之机也,即上书数千言,杂引《春秋》及古今传记、人情物理,以明其决不然者。时方苦旱,群臣请上尊号。及作乐,帝不许,群臣固请作乐,弼言:"故事有灾变皆撤乐,恐上以同天节故,使当上寿,故未断其请。臣以为此盛德事,正当示夷狄,乞并罢上寿。"从之。即日而雨,弼又上疏,愿益畏天戒,远奸佞,近忠良。帝亲书诏,答之曰:"敢不铭诸肺腑,终老是戒!"弼既上疏谢,复申戒不已,愿陛下待群臣不以同异为喜怒,不以喜怒为用舍。弼始见帝,帝问边事,弼曰:"陛下即位之初,当布德行惠,愿二十年口不言兵。"因以九事为戒。

是年八月,弼以疾辞位,拜武宁军节度使,同中书门下平章事,判河南,改亳州。时王安石用事,行青苗,弼以为此法行,则财聚于上,民散于下。且富民不愿请,愿请皆贫民。后不可复得,故持之不行。而提举常平赵济劾弼以大臣格法,新法行,当自贵近始,若置不问,无以令天下。乃除仆射,判汝州。弼言新法臣所不晓,不可以复治郡,愿归洛养疾。许之,寻请老。弼虽居家,然朝廷有大利害,知无不言。

弼常言,君子、小人如冰炭,决不可以同器。若兼收并用,则小人必胜。薰莸杂处,终必为臭。其为宰相及判河阳,最后请老家居。凡三上章,皆言天子无职事,惟辨君子、小人而进退之。君子与小人并处,其势必不胜。君子不胜,则奉身而退,乐道无闷。小人不胜,则交结党羽,千岐万辙,必胜而后已。小人既胜,必遂肆毒于善良,无所不为,求天下不乱,不可得也!

臣从彦释曰:尧舜之时,垂拱无为而天下太平者,以其举元凯,去四凶也。夫君子与小人相为消长,虽文明之世,不能必天下无小人;虽乱世,不能无君子。唯能辨之,使各当其分。此南面之事,而天子之所守者也。故进君子,远小人,则为宜其职。忠佞杂处,小人在位,则是旷职矣。天子而旷其职,则乱亡而已矣。故秦之亡也,以李斯;汉之亡也,以张禹;唐之乱也,以林甫、国忠。其亡也以縶迫,不可不察也。富弼之言,其后王之龟鉴欤!

豫章文集卷八　集录

遵尧录七

司马光

仁宗时，擢天章阁待制，兼侍讲，仍知谏院。英庙初，执政建言濮安懿王德盛位隆，宜有尊礼，诏太常礼院与两制议。翰林学士王珪等相顾不敢先，光独奋笔立议曰："为之后者为之子，不敢复顾其私亲。今日所以崇奉濮安懿王典礼，宜一准先朝封赠，期亲尊属故事，高官大爵极其尊荣。"议成，珪即敕吏，以光手稿为案，至今存焉。时中外汹汹，御史吕诲、傅尧俞、范纯仁、吕大防、赵鼎、赵瞻等皆争之，相继降黜。光上疏乞留之，不可，则乞与之皆贬。

神宗即位，首擢光为翰林学士。光辞以不能四六，帝面谕之，仍遣内臣以告，强之乃受，遂为御史中丞。初，中丞王陶论宰相不押常朝班为不臣，宰相不从。陶争之力，遂罢。光继之言宰相不押班细故也，陶言之过。然爱礼存羊，则不可已。顷年宰相权重，今陶复以言，宰相罢则中丞不可复为。臣愿俟宰相押班，然后就职，帝曰："可。"

光在英庙时，与吕诲同论祖宗之制，勾当御药院常用供奉官以下，至内殿崇班，则出近岁。居此位者，皆暗理官资，食其廪给，非祖宗本意。又故事，年未五十，不得为内侍省押班。今除张茂，则止四十八，不可。至是又言之，因论高居简奸邪，乞加远窜。章五上，帝为尽罢寄资内臣，居简亦补外。光又言："近者王中正往陕西知泾州，刘涣等诣事中正，而鄜钤辖吴舜臣，违失其意。已而涣等进擢，舜臣降黜，权归中正，谤归陛下。是去一居简，得一居简矣。"上手诏问光所从知，光曰："臣得之宾客，非一人言。事之有无，惟陛下知之。若无，臣不敢避妄言之罪。万一有之，不可不察。"

臣从彦释曰：唐制宦官之法最善，至明皇时，不知谨守，因高力士而轻变之。其源一启，末流不可复塞。自英庙以至神宗之初，光每与吕诲同论祖宗之制，盖惩于此矣。王安石用事，又复启之。蔡京恃以为奸，其权大盛，天下之士，争出其门。根株蟠结，牢不可破，遂为腹心痼疾，可胜言哉！今则祖宗之法具在，但守之勿失，推之万世，虽至于无穷可也。

王安石始为政,创立制置三司。条例司建为青苗、助役、均输之政,置提举官四十余员,行其法于天下,谓之新法。光迩英殿进读,至萧何、曹参事,光曰:"参不变何法,得守成之道。故孝惠、高后时,天下晏然,衣食滋植。"帝曰:"汉常守萧何之法,不变可乎?"光曰:"何独汉也?使三代之君,常守禹汤文武之法,虽至今存可也。"《书》曰:"无作聪明,乱旧章。"汉武帝用张汤言,取高帝法纷更之,盗贼半天下。由此言之,祖宗之法不可变也。后数日,吕惠卿进讲,因言先王之法,有一年一变者,有五年一变者,有三十年一变者。光以为不然,且曰:"治天下者,譬如居室,弊则更之,非大坏不更造也。大坏而更造,非得良匠、美材不成也。今二者皆无有,臣恐风雨之不庇也。公卿侍从皆在此,愿陛下问之。三司使掌天下财,不才而黜之可也。不可使两府侵其事,今为制置三司条例司,何也?宰相以道佐人主,安用例?苟用例而已,则胥吏足矣。今为看详中书条例司,何也?"惠卿不能对,诋光曰:"光为侍从,何不言?言之而不从,何不去?"光答曰:"是臣之罪也。"帝曰:"相与论是非耳,何至是?"吕惠卿讲毕,群臣赐坐户外,将出,命徙于户内,帝曰:"朝廷每更一事,举朝汹汹,何也?"王珪曰:"臣疏贱,在阙门之外,朝廷之事不能尽知,借使闻之道路,又不知其虚实也。"帝曰:"闻则面言之。"光曰:"青苗出息,平民为之,尚能以蚕食下户,至饥寒流离,况县官法令之威乎?"惠卿曰:"青苗法愿取则与之,不愿不强也。"光曰:"愚民知取债之利,不知还债之害,非独县官不强,富民亦不强也。"帝曰:"坐仓籴米何如?"坐者皆起曰:"不便,已罢之。幸甚!"帝曰:"未罢也。"光曰:"京师有七年之储而钱常乏,若坐仓钱益乏,米益陈,奈何?"惠卿曰:"坐仓得米百万斛,则省东南百万之漕,以其钱供京师,何患无钱。"光曰:"东南钱荒而米狼戾,今不籴米而漕钱,弃其有余,取其所无,农末皆病矣。"侍讲吴申曰:"光言,至论也。"光曰:"此皆细事,不足烦人主,但当择人而任之,有功则赏,有罪则罚。此则陛下职也。"帝曰:"然文王罔攸兼于庶言,庶狱庶慎,惟有司之牧夫?"光趋出,帝曰:"卿得无以惠卿之言不乐乎?"光曰:"不敢。"

　　韩琦上疏,论青苗之害。帝感悟,欲罢其法。安石称疾求去,会光拜枢密使,上章力辞,至六七,曰:"陛下诚能罢制置条例司,追还提举官,不行青苗等法,虽不用臣,臣受赐多矣。不然,不敢受命也。"帝遣人谓光曰:"枢密,兵事也,官各有职,不当以他事为辞。"光曰:"臣未受命则犹侍从也,于事无不可言者。"安石起视事,青苗法卒不罢,光亦卒不受命。寻以书论安石,三往反,开谕至切,犹幸安石之听而改也。因以谄谀指惠卿曰:"覆王氏必此人也,小人以利合,势倾利移,何所不至?"后六年,惠卿叛安石,上书告其罪。

光求外补,以端明殿学士出知永兴军。顷之,诏移许州,不赴,遂乞判西京留司御史台以归。自是绝口不言事,至熙宁七年,帝以天下旱蝗,诏求直言。光读诏书泣下,欲默不忍,乃复谏六事(青苗等法)曰:"此六者,尤病民,宜先罢之。"又以书责宰相吴充:"天子仁圣如此,而公不言,何也?"凡居洛十五年,再任留司御史台,四任提举崇福宫。

神宗登遐,光赴阙。临,卫士见光入,皆以手加额,曰:"此司马相公也!"民遮道呼曰:"公无归洛,留相天子,活百姓!"所在数千人聚观之。光惧,会放,辞谢,遂径归洛。太皇太后闻之,诘问主者,遣使劳光,问所当先者。光言近岁士大夫以言为讳,闾阎愁苦于下,而上不知;明主忧勤于上,而下无所诉。此罪在群臣,而愚民无知,归怨先帝,宜下诏,首开言路。于是下诏,榜朝堂。而当时有不欲者,于诏语中设六事,以禁切言者。光曰:"此非求谏,乃拒谏也。人臣唯不言,言则入六事矣。请改赐诏书。"从之。于是四方吏民,言新法不便者数千人。光方草具所当行者上之,而太皇太后已有旨散遣修京城役夫;罢减皇城内觇者,止御前工作;出近侍之无状者三十余人,戒敕中外,无敢苛刻暴敛。废导洛司,物货竭及民所养户马,宽保马限,皆从中出。大臣不与,光上疏谢:"当今急务,陛下略已行之矣!小臣稽慢,罪当万死。"诏除光知陈州,过阙入见,使者劳问,相望于道。至则拜门下侍郎,光力辞,不许。数赐手诏:"先帝新弃天下,天子冲幼,此何时而君辞位耶?"初,神宗皇帝励精求治,安石用心过当,急于功利,小人得乘间而入。吕惠卿之流,以此得志。后者慕之,争先相高,而天下病矣!帝觉其非,出安石金陵,天下欣然,意法必变。虽安石亦自悔之,欲稍自改。而惠卿之流,恐法变身危,持之不肯。然帝终疑之,遂退安石,八年不复召,而惠卿亦再逐不用。元丰之末,天下多故,及哲宗嗣位,天下之民,日夜引领,以观新政。而进说者以为三年无改于父之道,欲稍损其甚者,毛举数事以塞人言,光慨然争之曰:"先帝之法,其善者虽百世不可变。若安石、惠卿等所建为天下害,非先帝本意者,改之当如救焚拯溺犹恐不及,况太皇太后以母改子,非子改父。众议乃定。"

臣从彦释曰:孔子曰"三年无改于父之道",此言孝子居丧,志存父在之道,不必主事而言也。况当易危为安,易乱为治之时,速则济,缓则不及。则其改之,乃所以为孝也。天子之孝,在于保天下。光不即理言之,乃曰"以母改子,非子改父",以此遏众议,则失之矣!其后,至绍圣时,排陷忠良,以害于治,岂亦光有以召之耶?

光尝谓治乱之机在于用人，邪正一分，则消长之势自定。每论事必以人物为先，凡所进退，皆天下之所谓当然者。然后朝廷清明，人主始得闻天下利害之实，遂罢保甲、团教，依义勇法，岁一阅。保马不复买，见在者还监牧，给诸军。废市易法，所储物，鬻之不取息。而民所欠钱，皆除其息。京东铸铁钱，河北、江西、福建、湖南盐及福建茶法，皆复其旧。独川陕茶以边用未即罢，遣使相视，去其甚者。户部左右曹钱谷皆领之尚书。凡昔之三司使事，有散隶五曹及寺监者，皆归户部，使尚书同知其数，量入以为出。

臣从彦释曰：光之相也，天子幼冲，太皇太后临朝，天下之事，听其所为。其所改法令，不当于人心者，惟去。元丰间，人与罢免役二者失之。夫天下之士，未有甘自为小人者也！御之是其道，则谁不可使者？今皆指为党人，使不得自新，人情天理岂其然乎？故浇风一扇，名实大乱？世所谓善人君子者，特贾祸耳！可胜叹哉！安石之免役，正犹杨炎之两税，东南人实利之。若以尧舜三代之法格之，则去之可也。不然，未可轻议也。

程　颢

仁宗时以进士及第，再调江宁上元簿。上元田税不均，他邑尤甚。颢至，为令画法，民不知扰，而一邑大均。会令罢去，摄邑事。上元剧邑，诉讼日不下二百，为政者疲于省览，奚暇及治道？颢处之有方，不阅月，民讼遂简。常云："一命之士，苟存心于爱物，于人必有所济。"仁宗登遐，遗制官吏成服三日而除。三日之朝，府尹率群官皆释服，颢进曰："三日除服，遗诏所命，莫敢违也。请尽今日，若朝而除之，止二日耳。"尹怒不从，颢曰："公自除之，某非至夜不敢释也。"一府相视，无敢除者。再期移泽州晋诚令。

颢之治晋城也，民以事至邑者，必告之以孝悌忠信。入所以事父兄，出所以事长上，泽人淳厚，尤服其教命。于是度乡村远近为保伍，使之力役相助，患难相恤，而奸伪无所容。凡孤茕废疾者，责之亲戚乡党，使毋失所。行旅出于其途者，疾病皆有所养，诸乡皆有校。暇日亲至，召父老而与之谓，儿童所读书，亲为正。句读不善者，为易置之。俗始甚野，不知为学，颢择子弟之秀者，聚而教之。去邑才十余年，服儒服者盖数百人矣。乡民为社会，为立科条，旌别善恶，使有劝有耻。邑几万室，三年之间，无强盗及斗死者。

颢自晋城罢用，荐者改著作佐郎。寻以御史中丞吕公著荐，授太子中允，权监察御史里行。神宗素知其名，召对之日，从容咨访，比一二见，遂期以大用。每将退,必曰"频求对来,欲常相见耳"。前后进说甚多,大要以正心窒欲,求贤育才为先。颢不饰辞辩,独以至诚感动人主。

帝尝使推择人才,颢所荐者数十人,而以父表弟张载暨弟颐为首。常言人主当防未萌之欲,帝俯身拱手曰:"当为卿戒之。"及因论人才,曰:"陛下奈何轻天下士?"帝曰:"朕何敢?"如是言之至再三。

时王安石日益信用,颢每进见,必为帝言君道以至诚仁爱为本,而未尝及功利一日。极陈治道。帝曰:"此尧舜之事,朕可敢当?"颢愀然曰:"陛下此言,非天下之福也。"安石浸行其说,意多不合。事出必论列,数月之间章数十上,若辅臣不同心,小臣预大计,公论不行,青苗取息等是也。安石与颢二人虽道不同,而尝谓颢忠信。颢尝被旨赴中书议事,安石方怒言者,厉色待之,颢徐曰:"天下之事,非一家私议,愿公平气以听之。"安石为之愧屈。颢每论事,心平气和,安石多为之动。而言路好直者,必欲力攻取胜,由是与言者为敌。

方众人论新法纷纷之时,安石以数事于上前卜之,以决去就。若青苗等议是也,大抵帝不欲抑安石,而安石之意,尚亦无必。但立法之始,恐人沮之,谓始不坚定,则其后必不能行。故执之也。颢谓曰:"管仲,霸者之佐也,犹能言出令当如流水,以顺人心。今参政若要作不顺人心事何耶?但作顺人心事,人谁不愿从也?"安石曰:"此则感贤诚意。"既而有于中书大悖者,安石大怒,遂以死力争之,而党与分矣。

帝将黜诸言者,命执政除颢以江西路提刑,颢曰:"使臣言是,愿行之。如其妄言,当赐显责。请罪而获迁,刑赏混矣!"累请得罢,改差佥书镇宁军节度判官事。颢复求对见帝,帝曰:"有甚文字?"颢曰:"今咫尺天颜,尚不能少回天意,文字更复何用?"欲去,则上问者数四。颢每以陛下不宜轻用兵为言,朝廷无能任陛下事者。

哲宗嗣位,覃恩改承议郎。颢虽小官,贤士大夫视其进退,以卜兴衰。圣政方新,贤德登进。颢特为时望所属,召为宗正寺丞。未行,以疾终。士夫识与不识,莫不悲伤,为朝廷恨惜。

颢之为政,治恶以宽,处繁而裕。初移泽州晋城令,在邑三年,百姓爱之如父母。后佥书镇宁军节度判官事,及知扶沟县事。当法令严密之际,未尝从众为虚文逃责之事。人皆病于拘碍,忧以为甚难,而颢处之泰然。虽当仓卒,不动声色。方监司竞为严急之时,其待之率皆宽厚;设施之际,有所赖焉。颢之所为纲条法度,人可效而为也。至其道之而从,动之而和,不求物而物应,不施信而民信,则人不可及也。

颢在扶沟时,扶沟地卑,岁有水旱,为经画沟洫之法,未及兴工而去官。他日,颢语人曰:"以扶沟之地,尽为沟洫,必数岁乃成。吾为经画,十里之地开其端,使后人知其利,必有继之者矣!夫为令必使境内之民,凶年饥岁免于死亡;平居无事,有礼义之训,然后为尽。故吾于扶沟,兴设学校,聚邑人子弟教之,亦几成而废。夫百里之施,至狭也,而道之废兴系焉。是数事,皆不及成,岂非命哉?然知而不为,徒责命之废兴则非矣!此吾所不敢不尽心也。"

初,安石得君,自谓天下学者宗师,以孔孟为己任,帝眷甚厚。一日对颢,因谈安石之学,颢曰:"安石之学,不是。"帝愕然问曰:"何故?"曰:"臣不敢远引,止以近事明之,臣尝读《诗》,《诗》称周公之德云'公孙硕肤,赤舄几几'。"周公盛德,形容如是之盛。若安石者,其身之不能治,何足以及此?

颢尝言王氏之于道,只是说耳。譬之绕塔说相轮,非真有道者也。有道者言自分明,孟子言尧舜性之,舜由仁义行是也。若乃孔子,则又异焉。孔子于《易》中止曰:"立人之道,曰仁与义。"则虽性字由字,已不必道。盖阴阳、刚柔、仁义其理一也。

颢自十五六时,闻汝南周茂叔论道,遂厌科举之业,慨然有求道之志,而未知其要。泛滥于诸家,出入于释老者几十年,反求诸六经,而后得之。明于庶物,察于人伦,知尽性至命必本乎孝弟。穷神知化,由通乎礼乐,辩异端似是之非,开百代未明之惑,秦汉而下未有臻斯理者也。谓孟子没而圣学不传,以兴起斯文为己任,其言曰道之不明,异端害之也。昔之害近而易知,今之害深而难辩。昔之惑人也,乘其迷暗;今之入人也,因其高明。自谓之穷神知化,而不足以开物成务。言为无不周遍,实则外于伦理。穷深极微,而不可以入尧舜之道。天下之学,非浅陋固滞,则必入于此。自道之不明,邪诞妖异之说竞起,涂生民之耳目,溺天下于污浊。虽高才明智,谬于见闻,醉生梦死不自觉也。是皆正道之榛芜,圣门之蔽塞。辟之而后可以入道,其教人自致知至于知止,诚意至于平天下。洒扫应对,至于穷理尽性,循循有叙。病世之学者舍近而趋远,处下而窥高,所以轻自大而卒无得也。其《论王霸》等篇,系教化之本原者,附之于左[下]。

论王霸

臣伏谓:得天理之正,极人伦之至者,尧舜之道也。用其私心,依仁义之偏者,霸者之事也。王道坦然,本乎人情,出乎礼义,若履大路而行,无复回曲。霸者崎岖,反侧于曲径之中,而卒不可与入尧舜之道。故诚心而王则王矣,假之而霸则霸矣。二者其道不同,在审其初而已。《易》所谓差之毫厘,谬以千里者,其初不可不审也。故治天下者,必先立其志,正志先立则邪说不能移,异端不能惑。故力进于道,而莫之御也。苟以霸者之心,而求王道之成,是衒石以为玉也。陛下躬尧舜之资,处尧舜之位,必以尧舜之道自任,然后为能充其道。汉唐之君,有可称者,论其人则非先王之学,考其时则皆驳杂之政,乃以一曲之见幸致小康。其创法立统,非可继于后世者,皆不足为也。然欲行仁政,而不素讲其具,使其道大明而后行,则或出或入,终莫有所至也。夫事有大小,有先后,察其小,忽其大,先其所后,后其所先,皆不可以适治。且志不可慢,时不可失。惟陛下稽先圣之言,察人事之理,知尧舜之道备于己,及身而诚之,推之以及四海。择同心一德之臣,与之共成天下之务,则天下幸甚!

论正学礼贤

臣伏谓:君道之大,在乎稽古正学,明善恶之归,辨忠邪之分晓。然趋道之止,固在乎君志先定。君志定而天下之治成矣。所谓定志者,正心诚意,择善而固执之者也。夫义理不先尽,则多听而易惑。志意不先定,则守善而或移。惟在以圣人之训为必当从,先王之治为必可法,不为后世驳杂之政所牵滞,不为流俗因循之论所迁惑。信道极于笃,自知极于明,必期致治如三代之隆而后已也。然天下之事,患常生于忽微,而志亦戒乎渐习。故古之人君虽出入从容闲燕,必有诵训箴谏之臣。左右前后,无非正人,所以成其德业。伏愿陛下礼命老臣贤儒,不必劳以职事,俾日亲便坐,讲论道义,以辅养圣德。又择天下贤俊,使得陪侍法从,朝夕进见,开陈善道,讲摩治体,以广闻听。如此则圣知益明,王猷允塞矣!今四海靡靡,日入偷薄,末俗浇浇,无复廉耻。盖亦朝廷尊德乐议之风未孚,而笃诚忠厚之教尚郁也。惟陛下稽圣人之训,法先王之治,正心诚意,体乾刚健而力行之,则天下幸甚!

论养贤

臣窃以议当代者,皆知得贤则天下治,而未知所以致贤之道也。是虽众论纷然,未极其要,朝廷亦以行之为难而不为也。三代养贤必本于学,而德化行焉,治道出焉。本朝踵循唐旧,而馆阁清选,止为文字之职,名实未正。故招贤养才以辅时赞化,将何从而致之也?臣历观古先哲王,所以虚己求治,何尝不尽天下之才,以成己之德也。故曰大舜有大焉,善与人同,乐取于人以为善。今天下之大,岂为乏贤?而朝廷无养贤之地以容之,徐察其器能高下而进退之也。臣今欲乞朝廷设延英院,以待四方之贤。凡公论推荐,及岩穴之士,必招致优礼,视品给俸,而不可遽进以官。凡有政治,则委之详定;凡有典礼,则使之讨论。经划得以奏陈,而治乱得以讲究也,俾群居切磨,日尽其才,使政府及近侍之臣互与相接。陛下时赐召对,访以治道,可观其才识器能也。察之以累岁,人品益分。然后使贤者就位,能者任职,或委付郡县,或师表士儒。其德业尤异,渐进以师臣职司之任,为辅弼,为公卿,无施之不称也。若是则引汇并进,野无遗贤,陛下尊贤待士之心,可无负于天下矣!

豫章文集卷九　集录

遵尧录别录

周衰孔子没，道学不明，杨朱、墨翟乃以其所学扇天下。天下之言，不归杨则归墨，杨墨之道盛行。当是时也，辟之者，孟子一人而已。自汉以来至于唐，而释老之徒又以其所学扇天下。当是时也，辟之，韩愈一人而已。释老之害过于杨墨，韩愈之贤不及孟子。然愈犹能辟之，异代同功，至今赖以为功者也。昔者孔子道既不行，惧人之溺于禽兽也，惧夷狄之乱于中国也，于是作《春秋》。故《春秋》一书独谨严。本朝熙宁初，粤有儒者起自江宁，以孔孟之道倡于时，以管商之法施于政，颠倒舜跖，夺其义心；混一庄杨，荡于不法。正道荒芜，士风一变，使蔡氏阶之以济其乱，则其为害，不特释老与杨墨尔！所以发天下之聩聩，莹天下之晦晦者，当在陛下。比虽诏毁其像，未能扩如。故臣别录司马光、陈瓘二人之言，以著其罪。

司马光论王安石

仁宗嘉祐中，纠察在京刑狱，会帝升遐，而安石亦丁忧，服满不起。其在江宁平居，淡然一无所嗜好，唯以讲学为事，其朋游有自四方来者。神宗即位，尝一令赴阙。未几擢翰林学士，遂大用之。安石既得君，且恃其材，弃众任己，变更祖宗法度，汲汲然以敛民财为意。其所荐引，多非其人。言路之臣，攻之者甚众，而翰林学士司马光之言，尤为至切。帝不用光，又以书谕往返，不听。熙宁七年，天下旱蝗，诏求直言。是时光判西京留司御史，于是上言，复以六事为言。其大略曰：臣伏请诏书，喜极以谓，昔成汤以六事自责，今陛下既已知之，群臣夫复何云？曾子曰："尊其所闻则高明矣，行其所知则光大矣。"陛下诚知其如是，断然不疑，不为左右所移，则安知今日灾沴，不如大戊之桑谷，高宗之鼎雉，更为生民宗社之福乎？臣窃观陛下英睿之性，希世少伦。即位以来，励精求治，耻为继体守文之常主。擢俊杰之才，使之执政。言无不从，计无不用。所举者超迁，所毁者斥退，垂衣拱手，听其所为，推心置腹，人莫能间。虽齐侯之管仲，蜀先主之诸葛亮，殆无以过也！执政者亦悉心竭力，以副陛下之所欲，耻为碌碌守法循故事之臣。每以周公自任，固宜百度交正，四民丰乐，颂声旁洽，嘉瑞沓至，乃其效也。六年之间，百度纷扰，四民失业，怨愤之声所不忍闻，灾异之大，古今罕有，其故何哉？岂非执政之臣所以辅陛下者，未得其道故耶？所谓未得其道者，在于好人同己，恶人异己是也。陛下既全以威福之柄授之，使之制作新法，以利天下，是宜与天下共之。舍短取长，以求尽善而独任己意，恶人攻难。群臣有与之同者，则擢用不次；有与之异者，则祸辱随之。常人之情，谁肯去福而取祸、弃荣而就辱？由是躁于富贵者，翕然附之，立得美官。其忠直有守者，皆摈斥废弃，或罹罪谴，一身之无所容。至于台谏之官，天子耳目，所以规朝政之缺失，纠大臣之专恣。此陛下所当自择，而使执政择之彼专用。其所亲爱之人，或小有违忤，则加贬逐，以惩后来。得谄谀之尤者，然后使为之。然则执政之愆谬，群臣之奸诈，下民之疾苦，远方之冤抑，陛下何从得见之乎？又奉法访利害于四方者，亦其所亲爱之人，皆先禀其旨意，凭其气势，以驱迫州县之吏，善恶系其笔端，升沉由其口吻。彼州县之吏，迎承奉顺之不暇，何暇与之讲利害、立同异哉！及其入奏，则云州县之守宰莫不以其所为为便，经久可行。陛下但见其书灿然可观，以为法之至善，谘谋金同，岂知其在外之所为哉？或者更增为条目，务求新巧，互陈利害，各事更张，使划一之法，日殊月异，久而不已，吏民莫知所从。盖由袭旧则无功，出寄则有赏故也。又令使者督责所在监司，监司督责州县，上下相驱，竞为苛刻。奉行新法稍有不尽力，则谓之非材不职。及沮坏新法，立行停替。或未熟新法，误有违犯，皆不理，赦降去官，与犯脏罪者同，而重于犯私罪者。州县之吏，惟奉行文书，求免罪，累之不暇，民事不复留心矣！又遣逻卒，听市道之人，谤议者执而行之。又出榜立赏，募人告捕诽谤朝政者。臣不知自古明王之政，固如是乎？昔尧稽于众，含己从人，舜戒群臣，予违汝弼，汝无面从，退有后言。此其所以为帝王称首也。秦恶闻其过失，杀直谏之士，禁偶语之人。及其祸败，行道之人皆知之矣，而己独不知，此其所以为万世戒也！卫侯言计非是，而群臣和者如出一口。子思曰："以吾观卫，所谓君不君、臣不臣者也。"人主自臧，则众谋不进。事是而臧之尚却众谋，况和非以长恶乎？夫不察事之是非，而说人之赞己，暗莫甚焉！不度理之所在，而阿谀以求容，谄莫甚焉！君暗臣谄，以在民上，民不与焉！若此不已，国无类矣！子思言于卫君："君之国事将日非矣！……君出言皆自以为是，而卿大夫莫敢矫其非；卿大夫出言亦皆自以为是，而士庶莫敢矫其非。君臣既自贤矣，而群下同声贤之。贤之则顺而有福，矫之则逆而有祸。故使如此，如此则善安从生？"今执政立新法，而群下同贤之，有以异于卫国之政乎？是以士大夫愤懑郁结,视屋窃叹,而口不敢言。庶人饥寒憔悴,怨叹号泣,而无所控告。此则陛下所谓忠言谠谋郁于上闻,而阿谀壅蔽其私者也!苟忠谠退伏,阿谀满侧,而望百度之正,四民之富,颂声之洽,嘉瑞之臻,固亦难矣!今朝廷之缺政,其大者有六而已,一曰广散青苗,使民负债日重,而县官实无所得。二曰免上户之役,敛下户之钱,以养浮浪之人。三曰置市易司与细民争利,而实耗散官物。四曰中国未治,而侵扰四夷,得少失多。五曰排结保甲,教习凶器,以扰农民。六曰信狂狡之人,妄兴水利,劳民费财。若其他琐细,不足为陛下道也。舍其大而言其细,舍其急而言其缓,外有献替之迹,内怀附会之心,是奸邪之尤者,臣不敢为也。陛下左右前后之臣,日誉新法之善者,其心亦知其不可。但欲希望圣心,附会执政,以盗窃富贵。一旦陛下之意移,则彼之所言异矣。臣今不敢复费简札,叙六者利害,以烦圣听。但陛下勿问阿谀之党,勿徇权臣之意,断志罢之,必有能为陛下言其详矣!此六者之中,青苗为害尤大。又闻青苗之法,灾伤及五分,则当倚阁官吏不仁者,止放四分以下税,此尤可罪也!臣在冗散之地,若朝廷小小得失,固不得与闻。今坐视百姓困于新法如此,窃为朝廷除忧,而陛下曾不知之。今年以来,臣衰病日增,万一溘先朝露,有所不尽,长抱恨于黄泉。用是冒死为陛下言之,陛下犹忽而不之信,此则天也。臣不敢复言之矣。

臣从彦释曰:异哉!安石之为人也,观其平时,抗志羲黄之上。其学圣人,必造孔氏渊源。其经术文章,下视雄愈。及其立朝也,登对从容,每告其君,必以尧舜为法。而自任以夔龙,神宗眷遇特厚,遂大用之。言无不听,计无不从,一时之间,可谓明良相际矣。然考其所存,则自私;论其所为,则自专。必求其实效,则捕风搏影之为。原安石之心,其初实以儒者为之,而其效一不应其功烈,曾不足以比管仲,是何也?《礼》曰:"差之毫厘,谬以千里。"古人有之,安石无乃失之于此故耶?非臣愚所及知也!唯兴舍法,以经义易词章,训释三经,挽天下学者从之,以为先王一道德、同风俗之意,果在于此。鼓之以名,导之以利。当是时也,安石方名重,自谓一世宗师,天下之人,谁不愿从?故唱者雷震,应者风靡。遗风余泽,沦入肌骨不可去。民无有被其泽者,至今野叟能言其非,而诵其说于都人、邑士之前,不笑以为狂,则必怒也。盖其所以入之者,非朝夕也。此不足怪。大抵安石类伯鲧,才辨过人。初自江宁来,天下倾想。既以才名擅天下,而又得君。遂谓海内无人,弃众任己。执政未逾年,御史中丞吕诲奏疏,极诋其非。然伤于太刻,有不当于人心者。今掇其众所共知,显显者数事,著之于篇,庶几以悟宸衷,且使天下后世有所考证云。诲之言曰：安石自居政府，事无大小必与同列异议。或因奏对留身，进说多乞御批。自中而下，以塞同列。是则归善于己，非是敛怨于君。此众人之所同知也。宰相以道佐人主者也，于事无所与，旬日差除，安石皆自亲之。凡近臣之不附己者，皆逐之，使外补。乃以为出自圣意，矫诬不恭，作威害政。此亦众人之所同知也。安石尝奏对黼座之前，不考情实，唯事诬辩，彼与唐介论谋杀刑名，以至喧哗。介，忠劲之人，务守大体，不能以口舌胜之，不胜愤懑，发疽而死。自是同列罔不忌惮，虽丞相，亦退避，不敢与校。此亦众人之所同知也。安石初入翰林，未闻进士之贤者。有弟安国，人望未孚，仍使同列共荐之朝廷，以状元恩例处之，犹谓之薄。文卷不优，而主试之人，遂罹中伤。及居政府，曾不半年，窃弄威福，无所不至。自鬻希进者，奔走其门，怙势招权，浸成党与，此亦众人之所同知也。上方稽唐尧睦亲之意，友爱其弟，以风天下。为大臣者，当务将顺，反纳小人。章辟光建言以惑聪明，意在离间，遂成其事。此亦众人所同知也。其终诘之曰："臣指陈猥琐，未免干犯，诚恐陛下悦其才辩，日久岁深，情伪不得知，邪正无复辩。群阴汇进，小人众多，则贤者必遁，祸乱必至矣！又曰："臣推安石之迹，固无远略，惟以立异于人。误天下苍生者，必此人也！若安石久居庙堂，必无安静之理，其大略如此。"已而果然。是以天下旱蝗，诏求直言，而司马光所陈，略尽之矣。方安石未用之时，天下颙然，谓必可致太平。于是时也，知其不可用者，三人而已，韩琦、吴长文与诲是已，而司马光不与焉。此三人者，以经术文章较之，皆出安石之下远甚；以政事言之，则此三人者，决不为安石所为然。则安石之经术文章，只以为不祥之具而已。故相继论列者多矣，唯诲与光独任其责焉。彼二人之言，其理昭然，不可不谓至也。然帝不能用，卒使祸乱成于蔡京之手，庸非天乎？

陈瓘论蔡京

哲宗时，京与其弟卞俱在朝廷。是时章子厚执政，威福自己出，京、卞二人实赞道之，奸慝相济。太上皇即位，擢京为翰林承旨。京阴结权贵，专务不德。帝将有大用之意，中外汹汹。右司谏陈瓘力言之，章十上，其尤切至者曰：臣闻尽言招祸，古人所戒。言路之臣，岂能免此，臣伏见翰林学士承旨蔡京，当绍圣之初，弟兄在朝，赞道章子厚，共作威福。卞则阴为谋划，子厚则果断力行。且谋且行者，京也。哲宗笃于继述，一于委任，事无大小，信子厚不疑。卞于此时，假继述之说，以美私史。子厚于此时，因委任之笃，自明己功。

京则盛推安石之圣，过于神考。又推定策之功，毁灭宣仁，以取合二人。子厚之矜伐，京为有助之乖悖，京实赞之。当此之时，言官常安民屡攻其罪，京与子厚、卞共怒安民，协力排陷，斥为奸党。而孙谔、董端逸、陈次升因论京，相继黜逐。哲宗晚得邹浩，不由进拟，置之言路。浩能忘身徇节，上副圣知，京又因其得罪而挤毁之。七年之间，五害言者。掩朝廷之耳目，成私门之利势。言路既绝，人皆钳默，凡所施行，得以自恣。遂使当时之所行，皆为今日之所蔽。臣请略指四事，皆天下之所以议京者也。蔡卞之薄神考，陛下既知其恶矣。伯仲相符，埙篪如一，事无异议，罪岂殊科？一黜一留，人所未谕。此天下之所以议京者一也。邢恕之累宣仁，陛下暨察其罪矣。于是司马光、刘挚、梁焘等皆蒙叙复。京尝奏疏请诛挚等家族，审如京言，则所以累宣仁者，岂特邢恕一人而已哉？在恕则逐之，在京则留之，何以塞邢恕不平之口，而慰宣仁在天之灵乎？此天下之所以议京者二也。章子厚自明定策之功，追贬王珪。京亦自谓元丰未被命，带开封剑子携剑入内，欲斩王珪。京之门人，皆谓京于此时禁制宣仁，京亦有社稷之功。今陛下雪珪之罪，还其旧官，则是以珪之贬于子厚为非也。在子厚则非之，在京则留之，如是则子厚有辞矣！珪有憾矣！此天下之所以议京者三也。子厚之初笃信京、卞，倾心降意，随此二人假继述之说，以行其私，三人议论如出一口。自绍圣三年九月，卞为执政，于是京始大怒，而与子厚绝矣。自今观之，京之所以与子厚绝者，为国事乎？为己事乎？此天下之所以议京者四也。陛下即位之初，以用贤去邪为先，而京之蒙蔽欺罔，曾无忌惮，陛下必欲留京于朝者，其故何哉？臣知陛下之意本无适莫，而京之所以据位希进，牢不可破者，则以韩忠彦、曾布不能为国远虑，轻率自用，激成其势故也。京、卞同恶，天下所共知，若用天下之言，以合公议，则显正二人之罪不难也。忠彦等不务出此，托之师谋，而出之太原，虽加以两制学士之职，而实以诡计除之。想当进拟之时，必有不情之奏。用奇设策，不由诚心，二圣安得而无疑？公议亦以为未允。及京之留布，复争辩再三之渎，无以取信，相激之势，因此而成。陛下进贤退邪法则尧舜，然天下之心，皆疑陛下有大用京之意者，以京之复留故也。京之所以复留者，以忠彦等去之不以其道故也。去之不以其道，则留之者生于相激。万一京果大用，则天下治乱自此分矣！崔群谓唐之治乱，在李林甫、张九龄进退之时。今京欺蔑先帝，与卞无异，而又归过于先烈，卖祸于子厚。卞曲为自安之计，而陛下果留之矣。今既可以复留，则后亦可以大用。天下治乱之势，系于一京。崔群之言，可不念哉！臣恐后之视今，亦犹今之视昔，祸乱之机，亦不可以不早辨也。陛下嗣位之初,首开言路,可为知所先后矣。臣愚首预兹选,明知京在朝必为大患,而不能以时建言,万一有意外不虞之变,陛下幡然悔悟,诛责当时言事之臣,则臣虽碎首陷胸何补于事?此臣之所以愤懑而不敢默也。臣尝为卞所荐,与京无纤介之隙,所以言之者,为国事尔。非特为国事也,亦为蔡氏也。且京、卞用事以来,笼络荐引天下之士,处要路、得美官者,不下数百千人。其间材智艺能之士,可用之人,诚为不少。彼皆明知京、卞负国,欲洗心自新,舍去私门,顾朝廷未有以招之耳。臣谓京在朝廷,则此数百千人,皆指为蔡氏之党。若去朝廷,则此数百千人,皆反为朝廷之用。所以消去朋党,广收人才,正在陛下果于去京而已。此亦已用之术。在昔熙宁之末,王安石、吕惠卿纷争,以后天下之士分为两党,神考患之。于是自安石既退,惠卿既出,后不复用此两人,而两门之士,亦兼取而并用之也。当时天下之士,有王党、吕党,而朋党之士,终不及于朝廷者以此。然则消去朋党之术,惟在去京而已。今京关通交结,其势益牢,广布腹心,共成私计。羽翼成就,可以高飞,愚弄朝廷,有同儿戏。陛下若不早悟,渐成孤立,后虽悔之,亦无及矣。自古为人臣者,官无高下,干犯人主,未必得祸;一触权臣,破碎必矣。或以为离间君臣;或以为卖直归怨;或托以他事,阴中伤之;或于己黜之后,责其怨望。此古人之所以不免也,臣岂敢自爱其身?若使臣自爱其身,则陛下不得闻京之罪矣。国家内外无事一百四十一年矣,古所无有,甚可畏也。譬如年老之人,康强无疾,日服温暖,犹恐气衰。至于保养,阴邪必成腹心之疾。伏望陛下谨保祖宗之业,独持威福之柄,断自宸衷,果于去恶,则天下幸甚!取进止,帝以瓘之所论不根,罢右司谏,添差监扬州粮料院。寻改差知无为军,瓘复上章条其事件曰:臣上件所言,在既责扬州粮料院以前,陛下若以臣言为是,则当如臣所请,按京之罪,明正典刑,然后改臣差遣,以示听纳。若以臣言为非,则当重加贬窜,乃得允当。今京桀骜自肆,无所畏惮,而臣章屡上,并未蒙降出,则是陛下不以臣言为信。不信其言,而轻于改命,传之天下,人必骇惑。其为圣政之累无大于此。且京久在朝廷,专以轻君罔上为能,以植党任数为术,挟继述之说,为自便之计。稍违其意,则以不忠、不孝之名加之,协持上下,决欲取胜而后已。主威不行,士论忧恐。京若不去,必为腹心之患,宗社安危未可知也!臣之一身,迁贬荣辱何足道哉!所有差知无为军敕命,臣不敢祗受,迤逦乘船,前去扬州,听候指挥。

臣从彦释曰:杨子称樗里子之智也,曰:"使知国如知葬,则吾以疾为蓍龟。"以甚言知国之难也。陈瓘之论蔡京,其吉凶祸福莫不兆见,可为国之蓍龟者矣。然京终大用,鞠为祸胎。瑾言不售,终斥逐流落,以死于外。王黼继之,遂召金人犯阙之变,岂不甚可悯哉!

豫章文集卷十　集录

二程先生语录

凡看书各有门庭。《诗》、《易》、《春秋》不可逐句看，《尚书》、《论语》可以逐句看。

"赤舄几几"，只是形容周公一个气象，乃孟子所谓睟面盎背、四体不言而喻之意。"雍雍在宫，肃肃在庙"，亦只是形容文王气象。大抵古人形容圣人，多此类。如"倬彼云汉，为章于天"，亦是形容圣人也。

不识不知，言文王化其民。日用不知，皆由天理也。

与子游闻之，当作于子游闻之。若两人同闻，安得一个知，一个不知。

利字不联牝马，为义如云："利牝之贞，则坤便只有三德。"

阴必从阳，然后乃终有庆也。

黄中色裳，宜在下，则元吉。

他卦皆有悔、凶、吝，惟《谦》未尝有。他卦有待而亨，惟《谦》则便亨。

谦，君子所以自终，故不言吉。裒以其多，而增益其寡，天理也。六二鸣谦，处中得正，而有德者。故鸣谦者，乃中心得也。上六鸣谦，乃有求者也。有求之小，止于征国邑而已。故曰"志未得也"。

蹇，以反身修德，故往者在外也。在外，必蹇。来者，在内也。在内，则誉无尤。来连朋来，来硕，皆反身修德之谓也。蹇蹇，不暴进，内顾之象也。暴进，出外则无事矣。连音平过，则无穷也。朋来则众来，言朋来未免于有思也。至于来硕，则来处于大人之事也，故曰从贵。

阖辟便是易，下阖有辟，谓之变。

尧之亲九族，以明俊德之人为先。盖有天下国家者，以知人为难，以亲贤为急。

善学者，要不为文字所梏。故文义虽解错，而道理可通行者，不害也。

《论语》曾子、有子，弟子论撰所以知者，唯曾子、有子，不名。——伊川

学而时习之，应乃学习之义。子路有闻，未之能行。惟恐有闻，说在心，乐主发散在外。——伊川

孝弟，本其所以生，乃为仁之本。孝弟有不中理，或至犯上，然亦鲜矣！《孟子》曰："孰不为事？事亲，事之本也。孰不为守？守身，守之本也。"不失

其身而事亲,乃诚孝也。推此,亦可以知为仁之本。——明道

敬事而信以下事,论其所存,未及治具,故不及礼乐刑政。——伊川

行有余力者,当先立其本也,有本而后学文。然有本,则文自至矣。——明道

致身犹言致力,乃委质也。——明道

人安重,则学坚固。——伊川

礼之用,和为贵。有不可行者,偏也。——伊川

贫而能乐,富而能好礼,随贫富所治,当如此。子贡引"切磋琢磨",盖治之之谓也。若贫而言好礼,则至于卑;富而言乐,则至于骄。然贫而乐,非好礼不能;富而好礼,非乐不能。——明道

为政以德,然后无为。——伊川

回于孔子之道,无所不说,故如愚。退而省其所自得,亦足以开发矣,故曰不愚。

视其所以所为也,观其所由所从也,察其所安所处也。察其所处,则见其心之所存在己者。能知言穷理,则能以此察人,如圣人也。——明道

君子不器,无所不施也。若一才一艺,则器也。——伊川

子贡问"君子",孔子告以先行其言,而后从之,而可以为"君子"。因子贡多言而发也。——伊川

"先行其言而后从之",谓观人者,彼能先行其言,吾然后信之。——伊川

周谓周旋,不比谓不相私比也。——伊川

学而不思,则无得,故罔。思而不学,则不进,故殆。博学之,审问之,慎思之,明辨之,笃行之,五者废其一,非学也。——伊川

尤,罪自外至也;悔,理自内出也。修天爵则人爵至,禄在其中也。子张学干禄,故告之以此,使定其心,而不为利禄动。若颜渊,则不然矣。君子谋道不谋食,学也,禄在其中矣。然学不必得禄,犹耕之必得食,亦有馁在其中矣。君子知其如此,故忧道不忧贫。此所以告干禄也。——伊川

奢自文生,文过则为奢,不足则为俭。文者称实而为饰,文对实,已为两物。奢又文之过,则去本远矣。俭乃文不足,此所以为礼之本。——伊川

仁者如射,射而不中,不怨胜己者,反求诸己而已。

岂有争也?故曰其争也君子。——伊川

下而饮,非谓下堂而饮,离去射位而饮也。若下堂而饮,则辱之甚,无此。——伊川

素喻质,绘喻礼。凡绘,先施素地而加采。如有美质,而更文之以礼。——伊川

灌以降,神谛之始也。既灌而往者,自始以至终,皆无足观。言鲁祭之非礼也。不知者盖为鲁讳,如自此事而正之,其于天下如指掌之易。——伊川

为力犹言为功,射有五善,而功不一,故曰不同科。所谓五善,观德行、别邪正、辨威仪云云。——伊川

事君尽礼,在他人言之,必曰小人,以为谄也。圣人道洪,故止曰人以为谄也。——伊川

乐得淑女,以配君子。不淫其色,是乐而不淫。哀窈窕,思贤才。求之不得,辗转反侧,是哀而不伤。——明道

成事不说至既往不咎者,大概相似,重言之,所以深责之也。如今人嗟惜一事,未尝不再三言之也。——伊川

成汤放桀,惟有惭德,武王亦然,故未尽善。尧舜汤武,其揆一也。征伐非其所欲,所遇之时然耳。——伊川

里居也,择仁而处之为美。——明道

知者利仁,知者以仁为利而行之。至若欲有名而为之之类,是皆以为利也。

知者知仁为美,择而行之,是利仁也。必有其仁,故曰利。——伊川

君子怀德,惟善之所在;小人怀土,惟事之所在。君子怀刑,惟法之所在;小人怀惠,惟利之所在。——伊川

子贡问:"赐也何如?"赐自矜其长,而孔子以瑚琏之器答者,但瑚琏可施礼容于宗庙。如子贡之才,可使于四方,可使与宾客言而已。——伊川

"未能自信,不可以治人",孔子所以说漆雕开之对。——明道

子贡常方人,故孔子答以不暇。而又问"与回也孰愈",所以抑其方人也。闻一知十,闻一知二,举多少而言也。曰:"吾与汝弗如也!"使子贡喻其言,知其在勉。不喻则亦可使慕之,皆有教也夫。

不欲人之加诸我者,施诸己而不愿者也。无加诸人者,"己所不欲,勿施于人"者也。此无伐善、无施劳者能之,故非子贡所及。——伊川

夫子言"性与天道不可得而闻",准子贡亲达其理,故能为是叹美之辞。言众人不得闻也。——伊川

蔡与采同,大夫有采地。而为山节藻梲之事,不知也。山节藻梲,诸侯之事也。——伊川

"三月不违仁"言其久也,然非成德之事。

祝鮀之佞,所谓巧言;宋朝之美,所谓令色。当衰世,非此难免。——伊川

上知高远之事,非中人以下所可告。盖逾涯分也。——伊川

民之所宜者,务之;所欲,与之。聚所恶,勿施尔也。人之所以近鬼神而亵之者,盖惑也。故有非鬼而祭之淫祀,以求福,知者则敬而远之。——明道

知如水之流,仁如山之安。动静,仁知之体也。动则自乐,静则自寿,非体仁知之深者,不能如此形容之。——明道

觚之为器,不得其法制,则非觚也。举一器,而天下之物莫不皆然,天下之事亦由是也。——伊川

宰我言:"如井中有人,仁者当下而从之否?"子曰:"君子可使之往,不可陷以非其所履;可欺以其方,难罔以非其道。"——明道

博学于文,而不约之以礼,必至于汗漫。所谓约之以礼者,能守礼而由于规矩者也,未及知之也,止可以不畔道而已。多闻,择其善者而从之。多见而识之,知之次也,与此相近。颜渊曰:"博我以文,约我以礼,欲罢不能。"是已知之,而进不止者也。——明道

中庸之德,不可须臾离,民鲜有久行其道者也。——伊川

圣则无大小。至于仁,兼上下大小而言之,博施济众,亦仁也;爱人,亦仁也。尧舜其犹病诸者,犹难之也。博则广,则无极,众则多而无穷。圣人必欲使天下无一人之恶,无一物不得其所。然亦不能,故曰病诸。修己以安百姓,亦犹是也。——伊川

人于文采,皆不曰吾犹人也,皆曰胜于人尔。至于躬行君子,则吾未见其人也。——伊川

泰伯知王季之贤,必能开基成王业。故为天下而三让之,言其公也。——明道

泰伯三以天下让者,立文王,则道被天下。故泰伯以天下之故,而让之也。不必革命,使纣贤,文王为三公矣。——伊川

凡人有所计较者,皆私意也。《孟子》曰:唯仁者为能以大事小。仁者欲人之善,而矜人之恶。不计较大小强弱而事之,故能保天下。犯而不校,亦乐天顺理者也。——伊川

人而不仁,君子当教养之。不尽教养,而惟疾之甚,必至于乱。——明道

为学三年,而不至于善,是不善学也。——明道

乱始也,师挚始治。《关雎》之乐,其声洋洋乎盈耳哉!美之也。——明道

洋洋盈耳,美也。孔子返鲁,乐正雅颂,各得其所。其后自太师而下,入河蹈海,由乐正。鲁不用,而放弃之也。——伊川

禹,吾无间然矣。言德纯完,无可非间。——明道

子罕言利,非使人去利而就害也。盖人不当以利为心。《易》曰:"利者,义之和也。"以义而致利,斯可矣。罕言仁者,以其道大故也。《论语》一部,言仁岂少哉?盖仁者大事,门人一一纪录,尽平生所言,如此亦不为多也。——伊川

吾有知乎哉?无知也者。尽以告人,他无知也。与吾无隐乎尔同。——伊川

叩,就也。两端,犹言两头,谓终始。告鄙夫也。——伊川

凤鸟不至,河不出图,吾已矣夫者,嗜欲将至,有开必先也。——伊川

可与共学,所以求之也。可与适道,知其所往也。可与立者,笃志固执而不变也。权与权衡之权同,称物而知其轻重者也。人无权衡,则不能知轻重。圣人则不以权衡,而知轻重矣。圣人则是权衡也。——伊川

寝食不当言语时,必齐如也。临祭则敬也。——明道

色,斯举矣,不至悔吝。翔而后集,审择其处。——明道

山梁雌雉,得其时,遂其性。而人逢乱世,反不得其所。子路不达,故共具之。孔子俾子路复审言详意,故三嗅而起,庶子路知之也。——伊川

先进,犹言前辈也;后进,犹言后辈也。先进之于礼乐,有其诚意而质也。故曰野人后进之于礼乐,习其容止而文者也,故曰君子。孔子患时之文弊,而欲救之以质。故曰如用之,则吾从先进。取其诚意之多也。——明道

先进于礼乐,野人也,谓其质朴。后进于礼乐,君子也,谓其得宜。周末文弊,当时之人自谓得宜,而以古人为质朴。故孔子欲从古人,非质朴也。——伊川

从我于陈蔡者,皆不及门。言此时皆无及孔子之门者。思其人,故数颜子以下十人,有德行者、政事者、言语者、文学者,皆从于陈蔡者也。——明道

四科,乃从夫子于陈蔡者尔。门人之贤者,固不止此。曾子传道而不与焉,故知十哲,世俗之论也。——明道

闵子之于父母昆弟,尽其道而处之,故人无非间之言。——伊川

过犹不及,如琴张、曾晳之狂,皆过也。然而行不掩焉,是无实也。——

明道

　　才高者过,过则一出一入。卑者不及,则怠惰废弛。——明道
　　师商过不及,其弊为杨墨。杨出于义,墨出于仁。仁义虽天下之美,然如此者,失之毫厘,谬以千里。——伊川
　　曾子少,孔子始也鲁。观其后明道,岂鲁也哉？——明道
　　善人非豪杰特立之士,不能自达者也。苟不履圣贤之迹,则亦不入其奥。故为邦,必至于百年,乃可以胜残去杀也。孟子以乐正子为善人,信人有诸己之谓。信能充实之,可以至于圣贤。然其始必循辙迹,而后能入也。论笃言之笃,厚者也。取于人者,惟言之笃厚者。是与君子者乎？色庄者乎？未可知也。不可以论笃,遂与之,必观其行事乃可也。——明道
　　一日克己复礼,天下归仁者,言一旦以克己复礼,则天下称其仁,非一日之间也。——伊川
　　子路之方信,故片言可以折狱。——伊川
　　宿,谓预也。非一宿之宿也。——伊川
　　子张少仁,无诚心爱民,则必倦而不尽心者也。故孔子因问而告之。——伊川
　　先之劳之者,昔周公师保万民。《易》曰:"以左右民。"师保左右。先之也,劳勉也,又劳勉之。——伊川
　　子路问政,孔子既告之矣。及请益,则曰:"无倦而已。"未尝复有所告,姑使深思之也。——明道
　　凡有物,有形,则有名。有名则有理,如以大为小,以高为下,则言不顺。至于民,无所措手足也。——伊川
　　如有用我者,期月而已可也。三年有成,如何？曰:昔在经进时,尝说因言陛下若以期月之事问臣,臣便以期月之事对。若以三年之事问臣,臣便以三年之事对。期月而已者,整顿大纲也。若夫有成,则在三年也。然期月、三年之说,今世又不同,须从头整理可也。汉公孙弘言:"三年而化,臣窃迟之。"李石对唐文宗以谓:"陛下责治太急,皆率尔之言,本不知期月、三年之事。"——伊川
　　三十年为一世。三十,壮有室也。必世而后仁,化浃也。——伊川
　　冉子谓季氏之所行为政,孔子抑之曰:"其事也,言季氏之家事而已。谓之政者,僭也。如国有政,吾虽不用,犹当与闻之也。——伊川
　　言不必信,行不必果,唯义所在。大人之事,言必信,行必果。硁硁然,小

人之事。小人对大人为小,非为恶之小人也,故亦可以为士。——明道

刚者,坚之体。发而有勇,曰毅。木者质朴,讷者迟钝。此四者,比之巧言令色,则近于仁。亦犹不得中行,而与狂狷也。——伊川

"切切如体之相磨,偲偲则以意",此言告子路,故曰:"切切偲偲,怡怡如也!"——明道

善人教民,七年亦可以即戎,圣人度其时可矣。如大国五年,小国七年云。——伊川

原宪,孔子高弟,问有所未尽。盖克、伐、怨、欲四者无,然后可以为仁。有而不行,未至于无。故止告之以为难。——伊川

邦有道,谷;邦无道,谷,耻也。此泛举也。直哉!史鱼不若君子哉!蘧伯玉然,则危言危行。危行言逊,乃孔子事也。危犹独也,与众异,不安之谓。邦无道,行虽危,而言不可不逊也。——明道

直哉!史鱼不若君子哉!蘧伯玉卷而怀之,乃危行言逊也。危行者,严厉其行而不苟,言则当逊。——伊川

晋文公谲而不正,齐桓公正而不谲。此为作《春秋》而言也。晋文公实有劝王之心,而不知召王之为不顺,故谲掩其正。齐桓公伐楚,责包茅,虽其心未必尊王,而其事则正。故正掩其谲,孔子言之以为戒。正者,正行其事耳,非大正也。亦犹管仲之仁,止以事功而言也。——伊川

桓公杀公子纠,管仲不死,而从之。杀兄之人,固可从乎?曰:桓公子纠,襄公之二弟也。桓公兄而子纠弟也。襄公死,则桓公当立。此以《春秋》知之也。《春秋》书桓公则曰齐小白,言当有齐国也。于子纠,则止曰纠,不言齐,以不当有齐也。不言子非君之嗣子也。公穀并注四处,皆书纳纠。《左传》独言子纠,误也。然书齐人取子纠,杀之者,齐大夫尝与鲁盟于蔇。蔇欲纳纠以为君,又杀之。故书子是二罪也。管仲始事纠,不正也,终从于正义也。召忽不负所事,亦义也。如王珪、魏征不死建成之难,而从太宗,可谓害于义矣。——伊川

君子固穷者,固守其穷也。——伊川

知及之,仁不能守之。此言中人以下也。若夫真知,未有不能行者。——伊川

民于为仁,甚于畏水火。水火犹有蹈而死者,言民之不为仁也。——伊川

为仁在己,无所与让也——明道

谅与信异，自大体是信，亮必为也。——明道

谅，固执也，与亮同，古字通用。《孟子》曰："君子不亮，恶乎执。"——伊川

性相近，对习相远而言，相近犹相似也。上智下愚，才也。性则皆善。自暴自弃，然后不可移，不然则可移。——伊川

"吾其为东周乎？"若用孔子必行王道，东周衰乱，所不肯为也，亦非革命之谓也。——明道

恭则不侮。盖一恭则仁道尽矣。又宽以得众信，为人所任，敏而有功，惠以使人，行五者于天下，其仁可知矣。——明道

佛肸召子必不徒然，其往，义也。然终不往者，度其不足与有为也。

"六言"、"六蔽"正与恭而无礼则劳，宽而栗，刚而无虐之义同。盖好仁，而不好学，乃所以愚。非能仁而愚，徒好而不知学乃愚。——明道

二南，人伦之本，王化之基。苟不为之，则无所自入。古之学者必兴于诗，不学诗，无以言。故犹正墙面而立。——明道

《孟子》曰："教亦多术矣。予不屑之教诲也者，是亦教诲之而已矣。"孔子不见孺悲，所以深教之也。——明道

君子不施其亲。施，与也。言其不私其亲昵也。——伊川

与人交际之道，则子张为广，圣人亦未尝拒人也。——明道

日知其所无，月无忘其所能，此可以为人师法矣。非谓此可以为人师道。

学不博，则不能守约；志不笃，则不能力行。切问近思在己者，则仁在其中矣。——明道

望之俨然，秉天阳高明气象。即之也温，中心和易而接物也。温，备人道也。听其言也厉，则如东西南北，正定地道也。盖非礼勿言也，君子之道三才备矣。——明道

大德不逾闲，指君臣父子之大义。小德如援溺之事，更推广之。——伊川

学既优则可以仕，仕既优则可以学。优裕、优闲一也。——伊川

子张既除丧而见，予之琴，和之而和，弹之而成声。作而曰："先王制礼，不可不至焉。"推此言之，子张过于薄，故难与并为仁矣。——明道

子贡言性与天道，以夫子聪明而言，绥之斯来，动之斯和。以夫子德性而言。——伊川

因民之所利而利之，若耕、稼、陶、渔，皆因其顺利而道之。——明道

知言之善恶是非,乃可以知人。孟子所谓知言是也。必有诸己,然后知言,知之则能格物而穷理。——伊川

今之城郭,不为保民。——明道

君子道宏,故可大受而不可小。小知测,此孟子所以四十不动心。小人反是。——明道

有若等,自能知夫子之道。假使污下,必不为。阿好而言,谓其论可信也。——伊川

恻恻然隐,如物之隐应也,此仁之端绪。赤子入井,其颡有泚,推之可见。——伊川

墨子爱其兄之子犹邻之子,墨子书中未尝有如此等言。但孟子拔本塞源,知其流必至于是。故直之也。——伊川

广居正位,大道一也。不处小节,即是广居。

事亲若曾子而曰可者,非谓曾子未尽善也。人子事亲,岂有太过?曾子、孟子之心,皆可见矣。——明道

君仁莫不仁,君义莫不义。天下之治乱,系乎人君仁不仁耳。离是而非则生于其心,必害于其政,岂待乎作之于外哉!昔者孟子三见齐王而不言事,门人疑之,孟子曰:"我先攻其邪心,心既正,然后天下之事可从而理也。"夫政事之失,用人之非,知者能更之,直者能谏之。然非心存焉,则一事之失,救而正之,后之失者将不胜救矣!格其非心使无不正,非大人,其孰能之!——伊川

君子、小人泽及五世者,善恶皆及后世也。——伊川

可以仕则仕,可以止则止,可以久则久,可以速则速,皆时也。未尝不合中,故曰君子而时中。——伊川

命皆一也,莫之致而至者,正命也。桎梏而死者,君子不谓命。——伊川

恕者,入仁之门。——伊川

仁理也,人物也。以仁合在人身言之,乃是人之道也。——伊川

充实而有光辉,所谓修身见于世也。——伊川

带,盖指其近处。下犹舍也,离也。古人于一带,必皆有意义。不下带而道存,犹云只此,便有至理存焉。——伊川(此一段伊川语得之马时仲)

经德不回,乃教上等人祸福之说,使中人以下,知所畏惧修省,亦自然之理耳。若释氏怖死以学道,则立心不正矣。——明道

按:龟山先生答胡康侯书云:"《伊川先生语录》,在念未尝忘也。但以兵

火散失，收拾未悉。旧日惟罗仲素编集备甚。今仲素已死于道途，行李亦遭贼火，已托人于其家寻之。若得五六，便下手矣。"又书云："伊川先生语录，昔尝集诸门人所问，以类相从编录成帙，今皆失之。罗仲素旧有一本，今仲素已死，托其婿寻之，未到。"《沙阳志》亦云先生所辑，有程先生语录，不存。今所录一百四十九条，见《程氏外书》，晦庵先生所序次也，题曰罗氏本拾遗。盖已见于诸篇者，不复录。元本固不止此也。今元本不可见，姑从外书录之如右[上]云。

龟山先生语录

按：《沙阳志》，先生所辑有《杨文靖公语录》一卷。今考之《龟山语录》，凡四卷，未知所录何卷？《行实》云第三卷先生所录。然卷中所明，每称仲素。疑书于他人之笔，或者但见此卷，记先生所问为多，遂以为先生所录耳。又第四卷，毗陵所闻注云辛卯七月，自沙县来，至十月去萧山。所闻注云壬辰五月，又自沙县来，至八月去。或疑经卷先生所录。然先生受学龟山，在政和二年壬辰，则辛卯所录亦非先生笔意者。陈默堂所录亦未可知，今既不知所录，姑存其概于此，以俟知者。

豫章文集卷十一　　杂著

议论要语

（1）人主读经则师其意，读史则师其迹。然读经以《尚书》为先，读史以《唐书》为首。盖《尚书》论人主善恶为多，《唐书》论朝廷变故最盛。

（2）朝廷立法不可不严，有司行法不可恕。不严，则不足以禁天下之恶；不恕，则不足以通天下之情。汉之张释之，唐之徐有功，以恕求情者也。常衮一切用法，四方泰清，莫有获者。彼庸人哉！天下后世典狱之官，当以有功为法，以衮为戒。

（3）人主欲明而不察，仁而不懦。盖察常累明，而懦反害仁故也。汉召帝明而不察，章帝仁而不懦，孝宣明矣，而失之察；孝元仁矣，而失之懦。若唐德宗，则察而不明，高宗则懦而不仁。兼二者之长，其惟汉文乎！

（4）祖宗法度不可废，德泽不可恃。废法度则变乱之事起，恃德泽则骄佚之心生。自古德泽最厚，莫若尧舜。向使子孙可恃，则尧舜必传其子。至于法度，莫若周家之最明，向使子孙世守，则历年至今犹存可也。

（5）仁义者，人主之术也。一于仁，天下爱之，而不知畏；一于义，天下畏之，而不知爱。三代之主，仁义兼隆，所以享国至于长久。自汉以来，或得其偏，如汉文帝过于仁，宣帝过于义。夫仁可过也，义不可过也。

（6）名器之贵贱，以其人何则，授于君子则贵，授于小人则贱。名器之所贵，则君子勇于行道，而小人甘于下僚。名器之所贱，则小人勇于浮竞，而君子耻于求进。以此观之，人主之名器，可轻授人哉！

（7）周厉王监谤，秦始皇偶语者弃市，徒能禁于一时，岂能禁之于万世？观厉王之恶，至秦之世而不可禁；始皇之恶，至汉之世而不可禁。非惟不能禁于后世，而又必有明白其是非者。贤君所以专务修德，而乐闻善言。当时之臣，故亦乐告以善道，而成一代之治安。比二主不达此，规规然徒禁一时之论难。行事不善，使人不敢议其非，或臻亡于一朝。而取讥评于万世，不亦误哉！然想当时，未必其身亲为不善也，必有奸佞之臣济之，此可以为世戒。

（8）可爱非君，可畏非民。后世荒淫之君，所为不善，故君不知民可畏，而知民可虐。民不知君可爱，而知君可怨，是君民为仇也，安得无颠覆之祸？

（编者按：清正谊堂本缺录）

（9）仁、义、礼、智，所以为立身之本，而阙一不可。故孟子以恻隐之心为仁之端，而无恻隐之心则非人。以羞恶之心为义之端，而无羞恶之心则非人。以辞让之心为礼之端，而无辞让之心则非人。以是非之心为智之端，而无是非之心则非人。李林甫为宰相，在廷之臣皆非人也。掊克生灵，无恻隐之心；阿附宦官，无羞恶之心；势利相倾，无辞让之心；上下雷同，无是非之心。夫一端之亡，亦非人矣！况四端俱亡，安得谓之人？宜乎有天宝之乱也！

（10）君明，君之福；臣忠，臣之福。君明臣忠，则朝廷治安，得不谓之福乎？父慈，父之福；子孝，子之福。父慈子孝，则家道隆盛，得不谓之福乎？俗人以富贵为福，陋哉！

（11）老子曰："祸兮福所倚，福兮祸所伏。"指国家而言，故晋武平吴，何曾知其将乱？隋文平陈，房乔知其不久。祸福倚伏者，其在兹乎！

（12）唐德宗之恶，过于纣。孟子曰："贼仁者，谓之贼；贼义者，谓之残。残贼之人，谓之一夫。"何则？仁义所以治天下之本，而纣皆残贼之，遂失天下。观德宗之恶，讵止于贼仁义哉？社稷不亡幸矣！

（13）奸邪之人乱国政，李林甫是也。庸鄙之人弱国势，张禹是也。荀子曰："权出于一者强。"谓权出于一，则主势不分，而君道尊矣。后世宰相侵君之权，而不令终者多。贤如李文饶，尚不能免此，况李林甫之徒哉！为人臣者，视此以为戒。

（14）秦暴如火，天下怨之。怨而不离者，扶苏在焉。及扶苏死，二世立，而秦亡。贤主之国家为何如？（编者按：清正谊堂本缺录）

（15）王者富民，霸者富国。富民，三代之世是也。富国，齐晋是也。至汉文帝，行王者之道，欲富民而告戒不严，民反至于奢。武帝行霸者之道，欲富国而费用无节，国乃至于耗。

（16）教化者，朝廷之先务。廉耻者，士人之美节；风俗者，天下之大事。朝廷有教化，则士人有廉耻；士人有廉耻，则天下有风俗。或朝廷不务教化，而责士人之廉耻。士人不尚廉耻，而望风俗之美，其可得乎？

（17）君子在朝，则天下必治。盖君子进，则常有乱世之言，使人主多忧，而善心生。故天下所以必治。小人在朝，天下必乱。盖小人进，则常有治世之言，使人主多乐，而怠心生。故天下所以必乱。

（18）正者，天下之所同好；邪者，天下之所同恶。而圣贤未尝致忧于其间，盖邪正已明故也。至于邪正未明，则圣贤忧之，观少正卯言伪而辩，行僻而坚，孔子则诛之。杨墨一则为我，一则兼爱，孟子则辟之。皆邪正未明，而惑人者众,此孔孟之所汲汲。

(19)继志述事,《礼记》独指武王,周公不可执此而行。使宣王继厉王志,述厉王事,可乎?

(20)石守道采摭唐史中女后、奸臣、宦官事,各以其类,作三卷。目之曰《唐鉴》,而言曰巍巍巨唐,女后乱之于前,奸臣坏之于中,宦官覆之于后。考其所论,可为万世鉴,异乎不推其本而言之。故人主欲惩三者之患,其本不过有二。以内则清心,以外则知人。能清心,则女后不能乱之。能知人,则奸臣不能坏之,宦官不能覆之。请借明皇一君而论,开元能清心矣,能知人矣,武后、惠妃、萧嵩、杨思勖岂能易其志?及天宝之际,不能清心矣,不能知人矣,而杨贵妃、李林甫、高力士遂乱其心。清心知人,其人主致治之本欤!

(21)天下之变,不起于四方,而起于朝廷。譬如人之伤气,则寒暑易侵;木之伤心,则风雨易折。故内有李林甫之奸,则外有禄山之乱。内有卢杞之邪,则外有朱泚之叛。《易》曰:"负且乘,致寇至。"不虚言哉!

(22)三代法度,秦尽变之。然独不去肉刑,以此用心,安得不遽灭?

(23)汉宣帝诘责杜延年治郡不进,乃善识治体者。夫治郡不进,非人臣之大罪,而宣帝必欲诘责之,何耶?盖中兴之际,内之朝廷,外之郡县,法度未备,政事未修,民人未安,堵(杜)或治郡不进,则百职废矣!乌可不责之夫?一郡尚尔,况天下乎!予谓汉宣帝识治体。

(24)汉武帝知汲黯之贤而不用,唐太宗知宇文士及之佞而不去。何其误耶!夫人主知贤而不能用,未若不知之为善。知佞而不知去,未若不知之为愈。苟知贤而不能用,则善无所劝。知佞而不能去,则恶无所惩。虽然,武帝知贤而不用,犹愈于元帝知萧望之之贤而反罪焉。太宗知佞而不去,犹愈于德宗知卢杞之奸而复用焉。观元帝、德宗之与武帝、太宗,岂不相寥绝哉?

(25)三代之治,在道而不在法。三代之法,贵实而不贵名。后世反之此,享国与治安所以不同。

(26)士之立朝,要以正直忠厚为本。正直则朝廷无过失,忠厚则天下无嗟怨,二者不可偏也。一于正直,而不忠厚,则渐入于刻;一于忠厚,而不正直,则流入于懦。汲黯正直,所以辟公孙弘之阿谀,忠厚所以辟张汤之残刻。武帝享国五十五年,其臣之贤,独此一人而已。武帝反不用,其为君可知。

(27)立朝之士,当爱君如爱父,爱国如爱家,爱民如爱子。然三者,未尝不相赖也。凡人爱君,则必爱国,爱国则必爱民,未有以君为心,而不以民为心者。故范希文谓"居庙堂之上,则忧其民;处江湖之远,则忧其君"。谅哉!

(28)士之立身,要以名节忠义为本。有名节,则不枉道以求进;有忠义,则不固宠以欺君矣。

(29)朝廷大奸不可容,朋友小过不可不容。若容大奸,必乱天下;不容小过,则无全人。

(30)孔子曰:"道之以政,齐之以刑,民免而无耻。"以君言之则宣帝、明帝,以臣言之则赵广汉、张敞得之。又曰:"道之以德,齐之以礼,有耻且格。"以君言之则文帝、景帝,以臣言之则龚遂、黄霸得之。君臣优劣于此可见。

(31)圣人无欲,君子寡欲,众人多欲。

(32)路温舒之见高矣。宣帝初立,政之宽猛,中外未尝见之。而路温舒首以尚德缓刑为戒,援引古今至于千言。其后盖宽饶、杨恽以无罪见戮,果符温舒之言。呜呼!人臣见几而能谏,人主闻善而能徙,然后君臣两尽其道。温舒见而能谏矣!宣帝闻善不能徙,惜哉!

(33)昔季氏伐颛臾,孔子曰:"吾恐季孙之忧,不在颛臾,而在萧墙之内也。"其后阳货果囚季桓子。圣人之言,可不为万世法哉?自三代而下,人主不师孔子之言,不戒季氏之事,而被萧墙之害者多矣!

(34)成汤处心过于武王。成汤放桀于南巢,惟有惭德,曰:"予恐来世,以台为口实。"武王以受罪,浮于桀,曰:"今朕必往。"则岂复有惭德哉?又《汤誓》、《汤诰》数桀之恶浅,而《泰誓》数纣之恶深。善乎!古人谓纣虽无道,不如是之甚者,诚知武王之心欤!

(35)人君纳谏之本,先于虚己。禹拜昌言,故能纳谏。德宗强明自任,必能拒谏。

(36)人之立身,可常行者在德,不可常行者在威。盖德则感人也深,而百世不忘;威则格人也浅,而一时所畏。然德与威不可偏废也。常使德胜威,则不失其为忠厚之士。苟威胜德,则未免为锻炼之流。观羊祜与杜预俱守襄阳,后人思祜之深,而思预之浅者,岂祜尚德而预尚威乎?

(37)中人之性,由于所习。见其善则习于为善,见其恶则习于为恶。习于为善,则举世相率而为善,而不知善之为是。东汉党锢之士与夫太学生是也。习于为恶,则举世相率而为恶,而不知恶之为非。五代君臣是也。

(38)西汉人才可与适道,东汉人才可与立,三国人才可与权。杜钦、谷永可与适道,而不可与立,故附王氏。陈蕃、窦武可与立,而不可与权,故困于宦官。至于诸葛孔明,然后可与权。夫人才至,可与权,则不可以有加。

(39)张良近太公之材略,诸葛近伊尹之出处。然良佐高祖,论其时则宜,语其德则合。亮处三国,则才大任小。惜哉!

《议论要语》不止于此,仅录得遗稿三十九段。

编者按:兹从《宋史·罗从彦传》增补如下一段。

(40)周、孔之心使人明道,学者果能明道,则周、孔之心,深自得之。三代人才得周、孔之心,而明道者多。故视死生去就如寒暑昼夜之移,而忠义行之者易。至汉、唐以经术古文相尚,而失周、孔之心。故经术自董生、公孙弘倡之,古文自韩愈、柳宗元启之,于是明道者寡。故视死生去就如万钧九鼎之重,而忠义行之者难。鸣呼!学者所见,自汉、唐丧矣。(录自《宋史·罗从彦传》)

豫章文集卷十二　杂著

春秋指归序

　　余闻伊川先生有绪言曰："三王之法,各是一王之法。"《春秋》之法,乃百王不易之通法也。圣人以谓三王不可复回,且虑后世圣王之不作也,故作此书,以遗惠后人。使后之作者,不必德若汤武,亦足以起三代之治也,大略如此。《春秋》诚百王之通法邪！先儒之说《春秋》不然。先儒纷纷不足道。(此处有误,姑依原本。)孟子于圣门,盖得其传者也。曰："王者之迹熄而《诗》亡,《诗》亡然后《春秋》作。"又曰："《春秋》,其事则桓、文。孔子成《春秋》而乱臣贼子惧。"此孟子之说《春秋》者也,然未尝以《春秋》为百王之通法也。伊川何从而得之哉？已而反求诸其心,不立一毫,不失不旷,一以其言征之,豁若梦觉,曰:《春秋》之为《春秋》也,尚矣！乃今知之。

　　自周室板荡,宣王拨乱反正,其《诗》美之,"小有吉"曰："鸿雁大有,嵩高蒸民。"不幸继以幽王,而骊山之祸作焉。然而文武之泽未珍也,故平王东迁,人犹望其复兴也。及其久也,政益衰,法益坏,《黍离》变为《国风》,陵迟极矣！方是时也,去文王已五百余岁矣！冠履颠倒,夷狄乱华,天生圣人又不见用。《春秋》于此时傥不复作,天下不胥为夷狄禽兽者,吾不敢信也！故夫子因鲁史一十二公始隐终麟,以二百四十年之事,创为一代之典。善善而恶恶,是是而非非。宽不慢,猛不残,文不华,实不陋,久而弥光。可以垂后世,传无穷,真后王之懿范也！所谓考诸三王而不谬百世,以俟圣人而不惑者,其此书之谓乎！或者曰:《春秋》,其事则桓、文。孔子成《春秋》,而乱臣贼子惧,其信然乎！曰:《春秋》自隐公以来,征伐四出,盟会纷然。迨庄厉僖,楚人大为中国患。于时尊天子、攘夷狄,使天下不遂左衽者,桓、文二公之力也。故伐楚之役,齐桓称爵;城濮之战,文公以霸。自后世言之,二公之功烈莫盛焉！自三王之时言之,不免为罪也。首止之会,河阳之狩是也。夫子因其事而辞之以明王道,故曰《春秋》其事,则桓、文。

　　古之圣人,能以天下为一家,中国为一人者,非有甚高难行之行,卓异之术也。君君、臣臣、父父、子子,而天下治矣！《书》曰："天叙有典,敕我五典五惇哉！天秩有礼,自我五礼有庸哉！"盖典也、礼也,皆天也。尧舜之治天下,不越乎君臣、父子之间,而礼以文之者也。故《春秋》诛一世子止,而天下之为人子者,莫敢不孝。戮一大夫盾,而天下之为人臣者,莫敢不忠。故曰孔子成《春秋》而乱臣贼子惧。孟氏之言,抑有由也。或曰孔子删《诗》、《书》,定礼乐,赞《易》道,三王之道,尽于此矣!而又作《春秋》何也?曰:五经论其理,《春秋》见之行事。《春秋》,圣人之用也。龟山尝语人曰:"《春秋》,其事之终欤!学者先明五经,然后学《春秋》,则其用利矣!"亦以此也,久矣哉!《春秋》之掩于传注也,犹镜掩于尘。不有人焉,刮垢磨光,以还其明。则是后之学者,将终不睹圣人之心,天下生灵将终不见三代之治,而夫子生平之志将终不行,理必无是也。此伊川之所以有《春秋传》也。

近世说《春秋》者多矣,政和岁在丁酉,余从龟山先生于毗陵,授学经年,尽衷得其书以归,惟《春秋传》未之获睹也。宣和之初,自辇下趋郏鄏,门人尹焞出以授予。退而考合于经,验之以心,而参之以古今之学,盖其所得者十五六。于《春秋》大义,譬如日月经天,河海带地,莫不昭然。微词妙旨,譬如玑衡之察,时有所见用,是掇其至当者作指归。又因前人纂集之功,分别条章,裁成义例者,作释例,未知中否?要须雍容自尽于燕闲静一之中,迟之以岁月,积之以力久,优而游之,使自求之;餍而饫之,使自趋之。则于《春秋》之学,其庶几乎!

韦斋记

宣和三年,岁在癸卯之中秋,朱乔年得尤溪尉,尝治一室,聚群书,宴坐寝休其间。后知《大学》之渊源,异端之学,无所入于其心。自知下急害道,名其室曰"韦斋",取古人韦佩之义。泛观古人,有以物为戒者,有以人为戒者。所谓佩韦,以物为戒者也。人之大患,在于不知过。知过而思自改,于是有戒焉。非贤者,孰能之乎?予始以困淹未能遂志,因作舫斋陆海中。且思古人所以进此道者,必有由而然。久之,乃喟然叹曰:自孟轲氏没,更历汉唐,寥寥千载,迄无其人。有能自树立者,不过注心于外,崇尚世仁儒之语而已。与之游孔氏之门,入于尧舜之道,其必不能至矣。夫《中庸》之书,世之学者尽心以知性,躬行以尽性者也。而其始则曰:"喜怒哀乐之未发,谓之中。"其终则曰:"夫焉有所倚,肫肫其仁,渊渊其渊,浩浩其天。"此言何谓也?差之毫厘,谬以千里。故《大学》之道,在知所止而已。苟知所止,则知学之先后;不知所止,则于学无自而进来。漆雕开之学曰:"吾斯之未能信。"曾点之学曰:"异乎三子者之撰。"颜渊之学曰:"回虽不敏,请事斯语矣。"而孔子悦开与点,称颜回以庶几,盖许其进也。此予之所尝自勉者也。故以圣贤,则莫学而非道;以俗学,则莫学而非物。乔年才高而智明,其刚不屈于俗,其学也方进而未艾。斋成之明年,使人来求记于余。余辞以不能,则非朋友之义;欲蹈袭世儒之语,则非吾心。故以其常所自勉者,并书之。使人知其在此,而不在彼也。或曰"韦斋"之作终无益于学也邪! 曰古之人,固有刻诸盘杅,铭诸几杖,置金人以戒多言,置欹器以戒自满,圣人皆有取焉。苟善取之,则"韦斋"之作不无补也!

延平先生答晦翁云:承录示《韦斋记》,追往念旧,令人凄然。某中间所举《中庸》始终之说,元晦以谓"肫肫其仁,渊渊其渊,浩浩其天",即全体是未发底道理,惟圣人尽性能然。若如此看,即于全体处,何处不是此气象?第恐无甚气味尔。某窃以谓"肫肫其仁"以下三句,乃是体认到此,达天德之效处。就喜怒哀乐未发处存养,至此气象尽有地位也。

诲子侄文

东邻有千条家,子孙不肖。博弈饮酒,驰马试剑,挟弹持弩,与群小为伍,见士人则逃遁。西邻有百贯家,子孙不羞里巷,不顾父母,日复如是。诸子前行,路人肉杖之。曰:"为人子孙,固如是乎?"二家之长,一日聚议曰:"吾二家子孙,不肖如是之深。治之,恐伤骨肉之情;不治之,则恐败先君之业。若之何而为是乎?"旁有客曰:"此乃至愚至贱之徒,终遭刑责而后已。吾将拉汝二人,访诸南邻万斛之丈人,请问训子孙之术矣。南邻万斛之家数十人,入孝出悌,文行忠信,口不绝吟于六艺之文,手不停披于百家之篇。阃门之内,肃肃如也;阃门之外,雍雍如也。君之子孙若是,夫何为而至是也?"南邻万斛丈人曰:"吾之诲子孙也,非鞭非笞,非诟非骂,但写唐文人杜牧示小侄阿宜二句。又写本朝宰执诸公仿杜牧示侄联句,又写范文正公家训题东轩壁句,时人谓之东壁句。吾将示之仿效,写于东壁,示子孙尤佳。"东西二丈曰:"敬闻命矣,愿得本以写于壁焉。"

杜牧曰:"愿汝出门去,取官如驱羊。"富郑公曰:"愿汝出门去,锦绣归故乡。"韩魏公曰:"愿汝出门去,早早拜员郎。"范文正公曰:"愿汝出门去,翰林著文章。"曾公亮曰:"愿汝出门去,锦绣为肝肠。"陈了斋曰:"愿汝出门去,柱石镇岩廊。"真德秀曰:"愿汝出门去,德行重八方。"其后苏东坡打浑示子苏迈曰:"愿汝出门去,毋玷辱爷娘。"

罗古人,即仲素先生也。族有不肖子数人,撰此以勉之,况其亲子弟乎?此见仲素先生仁也。故曰仁人之言,其利溥哉!

族人罗绰敬跋

罗仲素先生无书不读,深造圣经之奥旨,有志于学,无志于仕。不求人知,人自知之。远近之士,闻风慕道,踵迹而前,肩摩而袂属也。予尝得之《诲子弟文》,藏之以为家宝。今镂板以广其传。幸观览者诵其文,而究其义;师其言,而尊其人。为尊长者劝焉,为子弟者免焉,其有补于风教岂细也哉!传有之曰:"君子之言,信而有证。"其先生之谓乎!然则信斯言也,宜书诸绅。

隆兴元年六月十五日,左奉议郎致仕,赐绯鱼袋孙大中敬跋

与陈默堂书

从彦承喻:"圣道甚微,有能于后生中,得一个半个可以与闻于此,庶几传者愈广,吾道不孤,又何难之不易也!"从彦闻尊兄此言,尤着意询访。近有后生李愿中者,向道甚锐,曾以书求教,趋向大抵近正。漫录其言,并从彦所作小诗呈左右,未知以为然否?

豫章文集卷十三

诗

观书有感

静处观心尘不染,闲中稽古意尤深。
周诚程敬应粗会,奥理休从此外寻。

自　警

性地栽培恐易芜,是非理欲谨于初。
孔颜乐地非难造,好读诚明静定书。

示书生

知行蹊径固非艰,每在操存养性间。
此道悟来随寓见,一毫物欲敢相关?

颜乐斋

山染岚光带日黄,潇然茅屋枕池塘。
自知寡与真堪笑,赖有颜瓢一味长。

邀月台

矮作垣墙小作台,时邀明月写襟怀。
夜深独有长庚伴,不许庸人取次来。

延平先生云:罗先生山居诗,侗记不全。今只据追思得者,录去《邀月台》诗云云。侗见先生出此诗后两日,不甚惬人意,尝妄意云:"先生可改下两句,不甚浑然。"先生剖云:"也知邻斗非吾事,且把行藏付酒杯。"盖作此数绝时,正靖康间也。

送南剑王守归

三年政化被生民,甘雨祥风溢剑津。
解组幡然赋归去,攀辕无计可留徇。
未把阳关三叠吟,且将谬句写离心。
千寻浩浩镡溪水,别恨不知谁浅深?

勉李愿中(五首)

愿中以书求道甚力,作诗五首,以勉其意。然借视听于聋盲,未知是否?

其一

圣道由来自坦夷,休迷佛学惑他歧。
死灰槁木浑无用,缘置心官不肯思。

学道以思为上,《孟子》曰:"心之官则思。"《书》曰:"思曰睿","睿作圣","惟狂克念作圣"。佛法一切反是。

其二

不闻鸡犬闹桑麻,仁宅安居是我家。
耕种情田勤礼义,眼前风物任繁华。

其三

今古乾坤共此身,安身须是且安民。
临深履薄缘何事?只恐操心近矢人。

外吾圣人之学,申韩佛老皆有书,在抉择也。

其四

彩笔书空空不染,利刀割水水无痕。
人心但得如空水,与物自然无怨恩。

吾道当无碍于物。

其五

权门来往绝行踪,一片闲云过九峰。
不似在家贫亦好,水边林下养疏慵。

自　述

松菊相亲莫厌频,纷纷人世只红尘。
自怜寡与真堪笑,赖有清风是故人。

题一钵庵

可怜萱草信无忧,谁谓幽兰解结愁？
欲得寸田断荆棘,只消长伴赤松游。

挽吉溪吴助教(二首)

其一

室富真儒业,门多长者车。
明经方教子,得弟已荣家。
性守仍知分,天然不爱奢。
百年成古昔,行路亦咨嗟。

其二

新生夸踯躅,旧德叹凋零。
冷带商岩月,光凌处士星。
布衣难得禄,白首易穷经。
追想今何在,溪流对洞庭。

颜乐亭用陈默堂韵

平时仰止在高山,要以亭名乐内颜。
颠倒一生浑是梦,寻思百计不如闲。
心斋肯与尘污染,陋巷宁容俗往还。
坚守箪瓢心不改,恐流乞祭向墦间。

寄傲轩用陈默堂韵

自嗟踽踽复凉凉,糊口安能仰四方?
目送归鸿心自远,门堪罗雀日偏长。
家徒四壁樽仍绿,侯户千头橘又黄。
我醉欲眠卿且去,肯陪俗客语羲皇?

濯缨亭用陈默堂韵

十载犹缁京洛尘,归欤那复厕朝绅。
君今谈笑青油幕,我但巍峨乌角巾。
江汉更从尼父濯,衣冠宁羡屈原新。
欲赓孺子沧浪水,会意须还舍瑟人。

题静亭

鼎创新亭静更幽,四时景象镇长留。
端如和气里谈笑,恍若春风中泳游。
排闼山供蓝色重,凭栏水拥璧光浮。
我来登赏无穷趣,好把篇诗与唱酬。

送延年行

圣言天远海潭潭,独在潜心久泳涵。

猥念百家非已好，妄将一贯与君谈。
贤如赐也才知二，学若陈亢只得三。
此道悟来因自足，却随鹏鸟话图南。

再用韵送延年

心源寂静映寒潭，每欲操存更养涵。
顾我日思攀剧论，荷君时与得高谈。
眼前旧识知多少，物外深交没二三。
幸久相亲频握手，遽成分别又东南。

和延年岩桂

几树芬芳檀与沉，枝枝若占郄家林。
风摇已认飘残菊，日照浑疑缀散金。
仙窟移来成美景，东堂分去结清阴。
我今不愿蟾宫折，待到蟾宫向上吟。

题德士退庵

牛头山顶锁烟霞，檐月松风即我家。
筏渡有情新活计，袋空无物旧生涯。
已将黄叶分双手，却捃白茅占一窊。
会得懒慵归去路，索然忘鸟更忘花。

贺田溪张公迁居

华构经营占地灵，浓岚环合数峰青。
苟完公子方成室，趋训儿孙已过庭。
岂止一时夸壮丽，定知百世享安宁。
顾惟善颂非张老，只贡汤盘往日铭。

和张公叙别

良工创新第,潇洒侔洞府。
经营未毕工,四面方兴堵。
蛟龙忽夜徙,空中震雷雨。
亲旧贺于门,主人迎孔户。
连唤凤儿来,藏书几多部?
为我张广筵,酬宾酌以旅。
人谓主公贤,敦朴嗤峻宇。
规模出心匠,务卑由乃祖。
欲图久安逸,勿辞暂劳苦。
忠孝阐门家,诗礼光族绪。
居室云苟完,谦冲弥自处。
玉石不分别,鹤鸡漫为侣。
顾予局促辈,乡评少推许。
尝游庄岳间,喜作齐人语。
何幸天相之,幡然交邹鲁。
早年钦大名,驰书聊以序。
比来挹清风,谈笑挥玉麈。
见之名利尽,久侍岂无补。
素志以深酬,青眼犹相与。
默念汤盘颂,未为倾肺腑。
何当惠古风,锦绣施笺楮。
妙曲诚寡和,取则凭柯斧。

先生曰:白云亭、独寐龛、寄傲轩,皆有诗及铭记数篇。以纸蠹朽,录不能全,俟后搜寻真本,当得具录。

时嘉定己卯中春,屏山罗棠君美敬书

豫章文集卷十四　附录上

事　实

先生讳从彦,字仲素,剑浦之罗源人。罗源昔曰上国,先生远祖迁于是乡,聚族百余,皆罗姓也,故改曰罗源。出先生曾祖文弼墓志碑。曾祖文弼、祖世南、父神继,皆隐身不仕。先生自幼颖悟,不为言语、文字之学。及长,坚苦刻励,笃意求道。初从审律先生吴国华游,已而闻龟山先生得伊洛之学于河南,遂往学焉。乃知旧日之学非也,三日惊汗浃背,曰:"几枉过一生。"龟山倡道东南,从游者千余人。然语其"潜思力行,任重诣极如先生,一人而已"。尝讲《易》至"乾九四"一爻,龟山云:"囊闻伊川先生说得甚好。"先生遂鬻田裹粮,至洛见伊川,其所闻亦不外龟山之说。及归,于是尽心力以事龟山。抠衣侍席二十余载,尽得不传之秘(《龟山语录》第三卷则先生所编也)。同门友默堂陈几叟,与先生俱游龟山门,情好尤密。定交几四十年。默堂尝云:忆初从龟山,龟山以"孟子饥者甘食,渴者甘饮,与夫人能无以饥渴之害为心害,则不及人不为忧矣"令先生思索,且云:"此语若易知易行,而有无穷之理。"先生思之数日,疏其义以呈龟山曰:"饮食必有正味,饥渴害之,则不得正味而甘之。犹学者必有正道,不悦于小道,而适正焉。则尧舜人皆可为矣,何不及之有哉?"龟山云:"此说甚善,更于心害上一着猛省,则可以入道矣!"先生一生服膺此语,凡世之所好,一切禁止。故学问日新,尤不可及。先生清介绝俗,虽里人,鲜克知之。郡人李愿中、新安朱乔年,闻先生得伊洛之学于龟山之门,遂执弟子礼,从之游。(《晦庵年谱》云:朱松、字乔年,少以诗闻,从豫章先生罗某游,则闻龟山所传伊洛之学。)初,李愿中以书谒先生云:先生性明而修,行全而洁,充之以广大,体之以仁恕,精深微妙,多极其至,汉唐诸儒无近似者。至于不言而饮人以和,与人并立,而使人化,如春风发物,盖亦莫知其所以然也。凡读圣贤之书,粗有见识者,孰不愿得授经门下?以质所疑,从之问学,终日相对静坐,只说文字,未尝一及杂语。先生极好静坐,愿中退居室中,亦只静坐。先生令静中看"喜怒哀乐未发之谓中,未发时作何气象"?不惟于进学有力,亦是养心之要。相从累年,受《春秋》、《中庸》、语孟之说,从容潜玩,有会于心,尽得其所传之奥。先生少然可,亟称许焉。绍兴壬子,州学落成。八月上丁,先生以太守周侯绾之命,领袖诸生宗升、张元侯、符藻、廖援、张维、廖拱行释菜礼,有洙泗断断气象。舍人吕大中以诗叙之,龛诸夫子庙壁。今石刻在礼殿东庑下。

先生山居,有颜乐斋、寄傲轩、邀月亭、独寐龛、白云亭。又池畔有亭曰"濯缨",每自赋诗,默堂诸公皆有唱和。尝曰:"士之立朝,要以正直忠厚为本。正直则朝廷无过失,忠厚则天下无怨叹。"又曰:"朝廷大奸不可容,朋友小过不可不容。大奸必乱天下,小过必微全人。"其著《遵尧录》,历言我宋一祖开基,三宗绍述,若舜禹遵尧,相守一道。迨熙宁间王安石用事,管心鞅法,甲倡乙和,卒稔裔夷之祸,未尝不为之痛心疾首也。又有《春秋解》、《毛诗解》、《中庸说》、《语孟解》、《议论要语》、《台衡录》、《春秋指归》。晚就特科,授惠州博罗县主簿。卒于官,享年六十有四。子敦叙早殁,无嗣,丧不得归者数年。其后族人罗友为惠州判官,遣人扶护以归。至汀州,遇草寇窃发,遂寄殡于郡之开元寺。又数年,其门人李愿中始为归葬于本郡罗源黄漈坑之原,母夫人坟之侧。(教授公革云卒于汀之武平县,又一本云附葬于黄漈坑府君墓之侧。)去县二十里,墓久榛塞。嘉定六年刘守允济,久闻先生之名,自到任后,力加搜访,遂得《春秋解》、《毛诗解》二书墨本,今藏于学。及《遵尧录》八卷,尚未脱稿,于是精加审订。录《遵尧录》奏请于朝,乞宣付史馆。外赐一谥号,以示褒表儒先之意。又得先生墓于荆榛颓圮之中,重新修葺,立石以表道,架亭以行祀。命教授方大琮率诸生致祭于坟所,每岁展祀无阙。又给官田,差人看守。(拨官田计米一十二石一斗六升,令守坟人尤三老自行佃作。却于内以六石输学中,为每岁祀事之资。余以给守坟之人,每岁寒食节,教授率职事生员,备酒杀牲币,亲到坟下行礼。郡拨钱五贯省助祭。)

淳祐六年三月十七日,闽宪杨左史栋,乞谥罗、李二先生。寻送太常博士陈协,撰谥议云:道德博厚曰文,言行相应曰质,师友渊源,洞明天理,非道德博厚乎?清介绝俗,著书有闻,非言行相应乎?请谥先生为"文质"。上可其奏,丁未冬制书下,戊申春到郡。夏五月,权郡丁倅镕命推官沈元忠,率职事并其子孙诣坟所,燎黄礼毕而归。

问　答

问龟山云:"横渠气质之性如何?"龟山曰:"人所资禀,固有不同者。若论其本,则无不善。盖一阴一阳之谓道,阴阳无不善,而人则受之以生故也。然而善者其常也,亦有时而恶矣。犹人之生也,气得其和,则为安乐人。及其有疾也,以气不和而然也。然气不和,非其常,治之而使其和,则及常矣。其常者性也,此孟子所以言性善也。横渠说气质之性,亦云人之性,有刚柔缓急,强弱昏明而已,非谓天地之见然也。今夫水清者,其常然也。至于湛浊,则沙泥混之矣。沙泥既去,其清者自若也。是故君子于气质之性,必有以变之,其澄浊而水清之义欤!"

问:"知微之显,莫只是戒慎其所不睹,恐惧其所不闻否?"龟山曰:"然。"因言"有僧入僧堂,不言而出。或曰莫道不言,其声如雷。庄周尸居,而龙见渊。默而雷声,可谓善言者也"。

龟山语先生云:"今之学者只为不知为学之方,又不知学成要何用。此事体大,须是曾着力来,方知不易。夫学者,学圣贤之所为也。欲为圣贤之所为,须是闻圣贤所得之道。若只要博通古今,为文章,作忠信愿悫,不为非义之士而已。则古来如此等人不少,然以为闻道则不可。且如东汉之衰,处士逸人,与夫名节之士,有闻当世者多矣!观其作处,责之以古圣贤之道,则略无毫发仿佛相似。何也?以彼于道,初无所闻故也。今时学者,平居则曰:'吾当为古人之所为。'才有事到手,便措置不得。盖其所学,以博古通今为文章,或志于忠信愿悫,不为非义而已。而不知须是闻道故应如此。由是观之,学而不闻道,犹不学也。"

问:"《诗》如何看?"龟山先生曰:"《诗》极难卒说,大抵须要人体会,不在推寻文义。在心为志,发言为诗,情动于中,而形于言。言者,情之所发也。今观是诗之言,则必先观是诗之情如何,不知其情,则虽精穷文义,谓之不知诗可也。子夏问:'巧笑倩兮,美目盼兮,何谓也?'子曰:'绘事后素。曰:礼后乎?'孔子以谓可与言诗。如此,全要体会。何谓体会?且如《关雎》之诗,诗人以兴后妃之德。盖如此也,须当想象雎鸠为何物?知雎鸠为挚而有别之禽。则又想象关关为何声?知关关之声,为和而通。则又想象在河之洲为何所在?知河之洲为幽闲远人之地。则知如是之禽,其鸣声如是,而又居幽闲远人之地,则后妃之德可以意晓矣。是之谓体会,惟体会得,故看诗有味。至于有味,则诗之用在我矣。"

语先生云:"《西铭》只是发明一个事天底道理。所谓事天者,循天理而已。"

语先生云:"时尝有数句教学者读书之法云:以身体之,以心验之,从容默会于幽闲静一之中,超然自得于书言象意之表。此盖某所为者如此。"

又云:"《西铭》会古人用心要处,为文正,如杜顺作法界观样。"

先生问:"尽其心者知其性,如何是尽心底道理?"曰:"未言尽心,先须理会心是何物?"又问曰:"心之为物,明白洞达,广大静一,若体会得了然分明,然后可以言尽。未理会得心,尽个甚?能尽其心,自然知性,不用问人。大抵须先理会仁之为道,知仁则知心,知心则知性,是三者初无异也。横渠作《西铭》,亦只是要学者求仁而已。"

晦翁问延平云:"'祭如在,祭神如神在。'熹疑此二句,乃弟子记孔子事。又记孔子之言于下,以发明之。曰吾不与祭,如不祭也。李先生应之曰:"侗尝闻罗先生曰:祭如在,及见之者。祭神如神在,不及见之者。以至诚之意,与鬼神交,庶几享之。若诚心不至,于礼有失焉。则神不享矣!虽祭何为?"

延平答晦翁书云:"侗自少时从罗先生学问,彼时全不涉世故,未有所入。闻先生之言,便能用心静处寻求。"延平云:"昔闻之罗先生云,横渠教人,令且留意神化二字,所存者神,便能所过者化。私吝尽无,即浑是道理,即所过自然化矣!"

又云:"侗幸得早从罗先生游,自少时粗闻端绪,中年一无似助,为世事渀汩者甚矣。所幸比年来得吾元晦相与,讲学于颓堕中。复此激发,恐庶几于晚境也。"

李先生云:"舜之所以能使瞽瞍底豫者尽事亲之道,共为子职,不见父母之非而已。昔罗先生语此云:'只为天下无不是底父母。'了翁闻而善之曰:唯如此,而后天下之为父子者定。彼臣弑其君,子弑其父者,尝始于见其有不是处耳。"

先生令愿中"静中看喜怒哀乐未发之谓中,未发时作何气象?不惟于进学有力,亦是养心之要"。

李先生云:"侗昔于罗先生得入处,后无朋友,几仗倒了。"《晦庵年谱》云:"朱松,字乔年,甫冠擢进士第,入馆为尚书郎。少以诗文名,从豫章先生罗某游,则闻龟山杨氏所传伊洛之学。"

晦翁云:"罗公清介绝俗,虽里人鲜克知之。"

又云:"罗仲素先生,都是着实仔细去理会。"

又云:"罗先生严毅清苦,殊可畏。"

龟山先生(原注:脱句)"潜思力行,任重诣极如罗公者,一人而已"。罗博文云:"延平先生之传,乃某伯祖仲素先生之道,河洛之学源流深远。"

《晦庵年谱》云:"延平先生受学于豫章罗先生,与韦斋为同门友。"

晦庵门人问云:"李延平先生静坐之说,闻先生不以为然,如何?"曰:"此亦难说。静坐理会道理自不妨,只是讨要静坐,则不可。若理会得道理明透,自然是静。尝见李先生说,旧见罗先生云说《春秋》,颇觉未甚惬意,不知到罗浮极静后,义理会得如何?某心尝疑之。以今观之,是如此。盖心下热闹,如何看得道理出。"

晦翁祭延平文云:"惟时豫章,传得其宗。一箪一瓢,凛然高风。"

诸儒议论（缺）

豫章文集卷十五　附录中

缴进遵尧录状

刘允济

　　臣闻言:尽忠而得录于后者,固先贤之素志。事若缓而有切于今者,亦治世所乐闻。山林之士,虽弗急于功名,畎亩之中未尝忘夫君父,言不用世事或遇时。司马迁藏《史记》于名山,以俟后圣。孔安国得《尚书》于屋壁,悉上送官人,虽无速售之心,道岂有终穷之理? 载念湮沦之断简,果逢熙洽之昌期。臣少挟椠铅,长游学校,久闻罗从彦为闽名士,制行甚高。其在徽庙朝,居乡授徒,守道尤笃,未得平生言行之实,每识尊闻,钦慕之心。昨叨圣上之误恩,来守延平之偏垒,始知从彦实为郡人。问其世家,寥绝难迹。咨诸故老,搜索良勤。久而见《春秋》与《诗解》之累编中,乃有《圣宋遵尧录》之八卷,亲书楷笔,自为叙文。大抵以我国家一祖开基,列圣继统,纲正目举,无汉唐杂霸之未醇。君圣臣贤,若舜禹遵尧而不变。备述太宗凡边防事机之重,尽守规模。复言仁祖承封祀宫室之余,益加恭俭,揄扬丕宪,推本深仁,大而郊庙宫掖之严,次而朝廷郡国之政。或释言,以极发明之旨;或辨微,以寓讽谏之诚。末陈元丰间改制之因,皆自王安石作俑之过,管心鞅法,创为功利之图,章倡蔡随,浸兆裔夷之侮,痛心疾首,杜门著书。在靖康丙午而已成,值金寇边尘而莫上。八十九年孤愤之气,郁郁未伸;四万余言剀切之文,彬彬可撷。臣以是见从彦道术精粹,议论正平,虽然,山泽之寒儒,蔚若台阁之素宦。义由中激,言不诡随。生同葵藿之所倾,殁与草木而俱腐。愤诚可悯,忠永难磨。臣谨录成书,缴进黼座,欲望万几之暇,特加乙览之勤。傥有合于宸衷,幸宣付于史馆,仍乞睿慈,赐谥如近朝尹焞、邵雍之俦,庶几天下归心希古者,下惠少连之举。非特慰遗忠于泉壤,亦将兴大道于人心。臣还观从彦,凡所立言,不愧今古。念无后嗣可续声猷,所图斯文遭遇于圣明,庶使其名流传于永久。言诚狂瞽,罪分诛夷。所有罗从彦元撰《圣宋遵尧录》八卷,谨缮写成二册,实封随状缴进,须至奏闻者。

　　臣窃见故端明汪应辰、待制朱熹所撰延平李侗行状、墓志,具言侗师罗仲素。且言故议龟山杨时,唱道东南,从游甚众,语其"潜思力行,任重诣极如仲素,一人而已"。仲素乃从彦之字,以是知从彦学有源流。臣到郡日,力加搜访。或云从彦尝应举就特科为主簿，缘无子孙，别无证据。今观所著书，只称延平罗从彦，尚未脱稿。臣取元本更加审订，方敢奏闻。伏乞睿照。

臣照得罗从彦既无子孙，荒坟一所委之榛莽，深为可悯。臣比类嘉定五年赦文内，忠臣孝子坟墓，量加封护一项，已行修饰，量给官田，差人看守。仍牒州学，每岁展祀无阙。如蒙圣慈，从臣所乞，以《遵尧录》宣付史馆，外赐一谥号，即乞颁下本州遵奉施行。并乞睿照。

请谥罗李二先生状

杨　栋

礼部状准淳祐六年三月十七日，都省批下朝奉郎、直秘阁福建提刑杨栋状：臣窃惟欲治天下者，先正人心；欲正人心者，先正学术。学术不正，则名实淆乱，是非颠倒。上无所折衷，下无所则效。无所折衷，故上听惑；无所则效，故民志乱。民志靡定，则遗亲后君之俗兴，而天下之患，从此始矣。故正学术，以正人心，诚当今之急务也。恭惟圣朝天开文治，纯公、正公、二程先生崛兴伊洛之间，闻道于元公、周夫子，而遂造其至，续孔孟太公之传，开万世可久之业。本末一贯，人已俱立。尧舜复起，不易吾言。呜呼盛哉！二先生没，门人传其道者，曰龟山杨文靖公。文靖传之罗先生从彦。罗先生传之李先生侗，时朱文公笃志讲学，求师四方，后见李先生闻所谓"默坐澄心，体认天理"之语，脱然知道之大本在乎是也。从游累年，往复问辨，而卒传先生之学。由周程而来，其所传授，本末源流，不可诬也。陛下嗣登大宝，首宗朱文公之道，以风天下。其门弟子之贤者，亦蒙褒表或赐美谥，甚大惠也。然朱文公之学，实师乎先生，独未闻有以推尊其师者，岂以其师著书不多，不若诸人之论述详而发明广欤？不然，何隆礼于其弟子，而反遗其师也？夫天下之至善曰："师道立，则善人多。善人多，则朝廷正而天下治矣。"此言为道义而发，书之多寡初不足计。且圣贤著述，皆非得已。孔子曰："予欲无言。"孟子曰："予岂好辩哉！予不得已也！"颜子不著书，实为亚圣。然而《论语》必以《尧曰》终篇；孟子末章，历叙尧舜至孔子。而韩愈原道之作，所谓以是传之，必谨择而明辨者，所以示万世之公传。率天下以正道，实至重至大之事，不可忽也。观朱文公所称罗氏，曰："潜思力行，任重诣极如公，一人而已。"其称李氏曰：讲诵之余，危坐终日，以验夫喜怒哀乐未发之前，气象为如何，而求所谓中者。若是者，盖久之而知天下之大本在乎是也。然则朱文公之所得于李先生，李先生所得于罗先生者,厥或在此,而有出于文字词义之表者可知矣。今天下学士,家有朱氏之书,人诵朱门之语,而其切要远大,精实中正,得之心而见于行,则知者鲜焉。是徒诵文公所著之书,而不知文公所传之道。若非明示正宗,使天下晓然,识所趋向,以求造夫至善之地。栋恐名实淆乱,是非颠倒。文公之书虽存,文公之道将丧矣!故窃以为,欲明文公之道,莫若尊文公之师。栋滥将明指谂闽部,实在罗、李二先生之乡,而平生之志,颇知景慕。用敢列其事以闻,欲乞圣慈,探圣学之传,重师道之本。以其所以尊崇朱文公者,而推尊其师。等而上之,以及罗氏。各赐美谥,昭示宠褒,表励方来,庶几伊洛之学不沦于言语。朱氏之书,实见于践行,岂惟二臣潜德发挥,其道光大。而于损文华以崇德行,正学术以正人心,实非小补。寻送太常寺丞通直郎、太常博士兼景献府教授陈协撰到,罗先生谥议节,文曰"生有爵,死有谥"云云。

谥 议

陈 协

生有爵,死有谥。故爵隆者,然后得谥,所以示其节也。至于蕴德丘园,而其立言有补于当世,可传于后学。则节惠之典,出于朝廷之特命,又不可拘以常制也。若罗公从彦,可谓有德有言之隐君子矣。初,龟山得伊洛之学,倡道东南,士之游其门者甚众。其潜思力行,任重诣极,辈流中推公一人而已。当徽庙时,居乡授徒,守道尤笃,而同郡李公侗传其学。厥后朱文公熹,又得李公之传,其道遂彰明于世。学者仰之如泰山北斗者,其端皆自公发之。公延平人,既没之后,家无子孙,故其遗言不多见于世。嘉定七年,郡守刘允济始加搜访,得公所著《遵尧录》八卷,进之于朝。其书四万言,大要谓艺祖开基,列圣继统,若舜禹遵尧而不变。至元丰改制,皆自王安石作俑,创为功利之图,浸兆裔夷之侮。是其眷眷不忘君之心,岂若沮溺辈,素隐行怪之比邪?谨按谥法,道德博厚曰文,言行相应曰质。公师友渊源,洞明天理,可谓道德博厚矣;清介绝俗,著书有闻,可谓言行相应矣。请谥公为"文质"云云。谨议。寻请官覆议,朝散郎尚书考功员外郎兼礼部郎官周坦撰到,故罗先生覆谥议节文曰云云。

覆谥议

周　坦

　　士有处身隐约，而道德问学足以师表来世。虽生无一命之爵，身没之后，斯道之传，愈久愈光，所以为人心纲常之标准者，关系甚大。则沿流溯源，节惠之典安可缺也？罗公从彦，不求闻达于世，胸次抱负，不少概见。独得其大者，所谓道德问学之渊源，上承伊洛之正派，下开中兴以后诸儒之授受，昭然不可泯也。公受学龟山之门，其"潜思力行，任重诣极"，同门皆推敬之。义理之学，正郁于时。一线之传，赖是得以仅存。观其在罗浮山静坐三年，所以穷天地万物之理，切实若此。著《遵尧录》一篇，述皇朝相传宏规懿范，及名臣硕辅论建模划。下及元丰功利之人，纷更宪度，贻患国家。撮要提纲，无非理乱安危之大者。公之学，其明体适用略可推矣。奉常谥公曰"文质"，于法为宜。

五月二十四日奉圣旨，依右[上]札付本家照会，准此。

淳祐七年十月

谥　告（缺）

豫章文集卷十六　　附录下

见罗先生书

李　侗（延平先生）

　　侗闻之，天下有三本焉，父生之，师教之，君治之。阙其一，则本不立。古之圣贤莫不有师，其肄业之勤惰，涉道之浅深，求益之先后，若存若亡，其详不可得而考。惟洙泗之间，七十二弟子之徒，议论问答，具在方册，有足稽焉。是得夫子而益明也。孟氏之后，道失所传，枝分派别，自立门户，天下真儒不复见于世。其聚徒成群，所以相传授者，句读、文义而已耳，谓之熄焉可也。夫巫医、乐师、百工之人，其术贱，其能小，犹且莫不有师。儒者之道，可以善一身，可以理天下，可以配神明而参变化。一失其传，而无所师，可不为之大哀邪？恭惟先生乡丈，服膺龟山之讲席有年矣。况尝及伊川先生之门，得不传于千五百岁之后，性明而修，行完而洁，扩之以广大，体之以仁恕，精深微妙，各极其至，汉唐诸儒无近似者。至于不言而饮人以和，与人并立，而使人化如春风发物。盖亦莫知其所以然也。凡读圣贤之书，粗有识见者，孰不愿得授经门下，以质所疑。至于异论之人，固尝置而勿论也。侗之愚鄙，欲操枲彗以供扫除，几年于兹矣。徒以习举子业，不得服役于门下，先生想不谓其可弃也。且侗之不肖，今日拳拳，欲求教于先生者，以谓所求有大于利禄也。抑侗闻之，道之可以治心，犹食之充饥，衣之御寒也。人有迫于饥寒之患者，遑遑焉为衣食之谋，造次颠沛，未始忘也。至于心之不治，有没世不知虑者，岂爱心不若口体哉？弗思甚矣！然饥而思食，不过乎菽粟之甘；寒而求衣，不过乎绨布之温。道之所可贵，亦不过君臣、父子、夫妇、长幼、朋友之间，行之以仁义忠信而已耳。舍此之不务，而必求夫诬诡谲怪可以骇人耳目者而学之，是犹饥寒切身者，不知菽粟绨布之为美，而必期乎珍异侈美之奉焉。求之难得，享之难安，终亦必亡而已矣。侗不量资质之陋，妄意于此，徒以祖父以儒学起家，不忍坠箕裘之业，孳孳矻矻为利禄之学。两终星纪，虽知真儒有作，闻风而起，固不若先生亲炙之得。于动静语嘿之间，目击而意会也。身为男子，生在中华，又幸而得闻先生长者之风，十年于今二十有四岁矣。茫乎未有所止，烛理不明，而是非无以辨。宅心不广，而喜怒易以摇；操履不完，而悔吝多。精神不充，而智巧袭。拣焉而不净，守焉而不敷，朝夕恐惧，不啻犹饥寒切身者,求充饥、御寒之具也。不然,安敢以不肖之身,为先生长者之累哉?圣学未有见处,在佛子中有绝嗜欲、捐想念,即无往以生心者,特相与游,亦足以澄汰滓秽,洗涤垢坌,忘情乾慧,得所休歇。言踪义路有依倚处,日用之中不无益也。若曰儒者之道可会为一,所以穷理尽性、治国平天下者,举积诸此,非自愚则欺也。众人皆坐侗以此,而不知侗暂引此以为入道之门也。仰惟先生不言而饮人以和,接物而与之为春,未占而孚,无有远迩。此侗所以愿受业于门下,以求安身之要。故吾可舍,今我尚存。昔之所趋无途辙之可留,今之所受,无关键之能碍。气质之偏者,将随学而变。染习之久者,将随释而融。启之迪之,辅之翼之,使由正路行,而心有所舍,则俯焉。日有孳孳,死而后已。侗当守此,不敢自弃于门下也。

答罗仲素书

胡安国(字康侯,文定其谥也)

安国顿首,主簿足下:记居南北,尚昧平生。往岁乃辱惠书数千里之外,并示所著《春秋指归》备览二序。惟贤者钦慕圣门之笃,良慰孤想。书词宜即报。会兵戈纷扰,久不果。重念雅意不可虚辱,聊有所闻。夫《春秋》大要明天理,世衰道微,臣子弑君,妾妇乘其夫,夷狄侵中国,天理灭矣。圣人为是作《春秋》,戒履霜之渐,明嫡妾之别,谨夷夏之辨。其微辞隐义,抑纵予夺,是非进退,必多求博取,贯通类例,未易以一事明也。必心解神受,超然自得,非可以闻见到也。观百物然后知化工之神,聚众材然后知作室之用。今足下乃谓诛一世子止,而天下之为人子者,莫敢不孝;戮一大夫盾,而天下之为人臣者,莫敢不忠。窃恐其言之过矣,且许止以不尝药而书弑。赵盾以不越境而书弑,郑归生以惮老而书弑,陈乞以流涕不从而书弑。至于栾武子亲弑其君,州蒲而不书;楚公子围亲弑其君,郏敖而不书;郑公子騑亲弑其君而不书。邴独阎职,罪归齐人,而不以盗称;里克宁各存其官,而不以贼讨。《春秋》举法,曷为轻重不伦如此哉?使后世君子致疑经传,著论排之,圣人精意愈晦而不明也,则有由矣。《春秋》大法既晦不明,而谓能使乱臣贼子惧,则亦妄矣。夫圣笔诛乱臣、讨贼子,其法至详。先儒皆秘而未之发也,宜熟思之。足下又谓因孔子答颜渊为邦之问,而知《春秋》为百王不易之通法。不知于二百四十二年间,兼用虞、夏、商、周之法,如夏时商辂,周冕韶舞之类者,果何事乎?得与指归、备览,并以见教,以启发其所未闻,不胜幸甚!

安国顿首

答罗仲素书

陈　渊

（缺）

语孟师说跋

陈　渊

予与仲素定交几四十年，忆初从龟山，龟山以"孟子饥者甘食，渴者甘饮，与夫人能无以饥渴之害为心害，则不及人不为忧矣"令仲素思索。且云："此语若易知易行，而有无穷之理。"仲素思之累日，疏其义以呈龟山曰："饮食必有正味，饥渴害之，则不得正味而甘。犹学者必有正道，不悦于小道而适正焉。则尧舜人皆可为矣！何不及之有哉？"龟山云："此说甚善，但更于心害上一着猛省留意，则可以入道矣。"仲素一生服膺此语，凡世之所嗜好，一切禁止。故学问日新，尤不可及。自非龟山抽关启钥，而仲素于言下省悟，何以臻此？使仲素而不死，则其精进此道，又岂予之所能知哉！今日李君愿中以其遗书质予，其格言要论，自为一家之书。阅其学益进，诵其言益可喜，信乎自心害而去之也。自仲素之亡，传此书者绝少，非愿中有志于吾道，其能用心如此之专乎？既录一本，以备玩味。今录其书，并以仲素之所授于龟山者语之，以俟异日，观其学之进。则此语不无助焉。

绍兴辛酉正月元旦后三日，庵山陈渊谨书

韦斋记跋

石　墪

吏部朱公尉尤溪时，命其燕居之斋曰"韦"，郡之儒先罗公仲素记之，吴郡户曹曹君令德铭之。宣和六年，更兵火，栋宇易置。乾道七年，墪猥当邑，寄公之子编修先生仲晦父适以事来，墪学于先生者，相与访故"韦斋"。所得小室，虽非其旧，而风景不殊，遐想高踪，叹慕不已。先生亦泫然流涕，因出张舍人安国所作斋榜二大字。墪请揭之，并刻记铭，以成公志。惟公道学高妙，充之于身，洪纤中节，犹怀卞急之虑，而有佩韦之警。夫子曰："德之不修，学之不讲,闻义不能徙,不善不能改,是吾忧也。"公之谓欤!

题集二程语孟解卷后

罗 革

族兄仲素,笃志好学。推研义理,必欲到圣人止宿处。以王氏解经释字,虽富赡详备,然终不得圣贤大学之意。遂从龟山游,抠衣侍席二十余载,独闻至当。得洛中横渠语论颇多,乃编成《语孟二解》,记当时对问之语,不加文采,录其实也。廖仲辰于龟山门下,与仲素为友,得其本录之。庚戌辛亥中,来聚生徒于南斋(罗源南斋也),授予此本。廖讳衒,为龟山之侄婿,议论尤得壶奥。程氏,西洛人,明道先生讳颢,字伯淳,明道其号也。伊川讳颐,字正叔,明道先生之弟。横渠先生,陕西人,姓张讳载,字子厚,与伊川兄弟同时。龟山讳时,字中立,在洛中为入室高弟,仕至工部侍郎,世居将乐。仲素讳从彦,以特奏中下科。盖吾族后山之裔,后山乃罗源之后山,享年六十有四岁。自广回,卒于汀州之武平县。

绍兴壬申六月廿八日,弟革因阅此书,记于汀州教授厅云

题义恩祠壁

盛 木

从彦,先生名也;仲素,先生字也;博罗主簿,先生官也。先生姓罗氏,与宗约王父殿撰公五世兄弟也。先生稔闻伊洛之学,师事龟山杨先生,得所未得,闻所未闻。尝从龟山讲《易》,至"乾·九四"一爻,龟山云:"曩闻伊川先生说得甚好。"先生闻之,鬻田裹粮至洛,见伊川。归语龟山,其说亦不外龟山。于是尽心力以事龟山,得不传之妙,此先生之学也。先生无嗣,诸经解遗文在诸从学者家。《春秋解》昔宗约处见之,此先生之文也。先生同殿撰公肄业于义恩寺,后绘先生遗像,从祀于先世香火之侧。盖其寺,先生八世祖舍田所创故也。宗约官桂林,木自广西从宗约归延平。宗约西行,改秩馆。木此寺以俟其归。尝闻宗约讲及先生道学梗概,今拜先生遗像,起敬起慕之余,拾旧所闻,辄敢僭易,书于祠侧之壁。复系之以辞云:

先生之学,精一之学。先生之传,伊洛之传。
至道无文,至学无词。以心传心,天地不知。

先生之道,天人之师。其道光大,有俟他时。

喝来瞻慕,后学得依。

时绍兴乙亥十月廿日,东里盛木仁叔题

书《议论要语》卷后

罗博文

伯祖先生《议论要语》得之于眉人石安民大任,其仲父道叟公辙,绍兴乙卯尝为延平学官,获此题,云得之郡人彭君。今先生云亡,无所取证,恐兵火之后,飘散未可知。观其议论高致,真有用之学。致主庇民,修身养心,尽在于斯。于是知先生之学,不为空言也。归当以示友人朱元晦而审订之。

时乾道丙戌十月,寓成都燕堂罗博文敬书

题罗仲素颜乐亭

陈　渊

亭名颜乐枕高山,自有行藏远契颜。
玉陛不求千载遇,筚门赢得一生闲。
箪瓢陋巷堪游衍,富贵浮云任往还。
更续洛川求所学,会传余论落人间。

明道先生有颜乐亭铭。

题罗仲素寄傲轩

陈　渊

南窗何似北窗凉,寄傲乘风各有方。
俯仰尚嫌天地窄,卷舒宁计古今长。
酒斟盏里浮醅绿,菊采篱边满眼黄。
万事醉来俱不醒,时飞清梦到羲皇。

是日重九,先生置酒故云。

题罗仲素濯缨亭

陈　渊

涉世谁能不混尘,幸无尘土点簪绅。
沧浪解洗许由耳,醽醁还浇靖节巾。
心地已非污可染,盘铭自警德常新。
此亭要与名俱永,不信西风能污人。

上舍辞归

李延年

学道求师久剑潭,岂缘枯朽预濡涵。
致知事业同归理,克己工夫判立谈。
未借老商颜笑一,已谐韩氏俗重三。
过庭若问论诗礼,应问从谁学指南?

和罗仲素寄子静长篇(见《默堂文集》)

陈　渊

(缺)

豫章先生遗稿序

胡清献

(缺)

豫章先生遗稿序

冯梦得

豫章罗先生潜思力行,任重诣极,上按伊川、龟山之传,下授延平、晦庵之学。东南学者未能或之先也。余后七十岁而生,异时闻先生在罗浮山静坐三年,所以穷极天地万物之理。《遵尧序》录其言帝王行事之道著焉,《春秋》等解其言圣贤制述之意备焉,诗记柬牍其言讲明自得之旨深焉。属时多故,赍志而殁。道之不行有以也。咸淳庚午十月既望,先生之从孙泰孙出此编,示余于龙津驿舍,且求鄙言,序其首。余惟先生之道德学问闻于朝,录于太史,传诵于天下之经生学士,固不待遗稿而显,而此稿亦不待此序而传。然不辞者,自以生发未燥时,已知敬慕。今六十五年矣!泰山岩岩,鲁邦所瞻。若获挂名于文字中,以自托于门人弟子之末,岂非畴曩之至愿也哉!"春木之苞兮,援我手之鹑兮"。茫茫九原,爱莫起之。

后学冯梦得敢拜手稽首而为之书

豫章先生遗稿跋

黄大任

濂洛接洙泗之正传,盖汉唐数百年之所未有。考亭集濂洛之大成,所传闻者龟山,所闻者豫章,所见者延平。三先生皆剑津人,一脉相传,又他邦之所未见。龟山先生云:"潜思力行,任重诣极如罗公,一人而已。"晦庵祭延平文云:"惟时豫章,传得其宗,受于前而授于后,犹水木之有本源,天下知敬豫章先生非一日矣。"初心先生所谓不待遗稿而后显。信夫!罗君以其编辑之勤,益求其在我者,使验之于心,体之于身,无一忝焉。是亦先生之所望于后人也。"孔颜乐地非难造,好读诚明静定书",诵先生之言,以为君勉可乎!

咸淳六年腊后五日,建安黄大任谨书

豫章先生遗稿跋

刘将孙

《学记》曰:"三王之祭川也,先河而后海。此之谓务本。"至哉言乎!此师友之定论也。考亭朱氏出延平李氏,延平出豫章罗氏。今朱氏之书满天下,延平豫章之遗言绪论未有闻者。将孙一来,延平适兵革之乱,慨然求之耆旧间,久乃得《延平问答》。其词语浑朴,皆当以三隅反者,且自谓不能发挥以文。又久之,得豫章家集所传者寥寥,仅见又非延平比。愚于是益信二先生之所以上接伊洛,而下开考亭者。或曰:"其简也若是,道乌乎传?"余作而言曰:兹道之所以传也,子曰:"予欲无言。"又曰:"文莫吾犹人也。"躬行君子,则吾未之有。得言语之道盛,而自得之学隐矣。二先生之自得者,有不能得于言也。其所以传朱氏者,亦不在于言也。朱氏之得于二先生者,亦有不能言者也。而朱氏之所为言之长者，其所授者，无二朱氏也。朱氏之言，不得已而言者也。而世之求道者，往往必求之言也。则吾为斯道，慨然于此久矣。此集鸠集劳矣，宝守尤不易。正亦不必他求，而附益之，先生之所以为先生者，不在此。盖尝拜先生之晬容矣，光风霁月，玉色金声。剑山青青，剑水流清。徘徊瞻极，何往而不闻金石丝竹之音也！

元贞第二春廿有二日，庐陵后学刘将孙拜手书先生从孙鄞叔所藏家集后

豫章先生遗稿跋

揭祐民

先生大节，箪瓢如颜，质问如曾，言志如点，雍和如仲弓，宜师友相传，谥议相尚。巍乎冠冕，追祀千载也。间世之姿，遭时之穷，小人在位，君子在野。当王安石用事，先生知其管心鞅法，使正人斥逐，举纲几尽，先生明哲保身。时及靖康，有"也知邻斗非吾事"句，岂忘平昔禹稷之心哉？思不出其位，静交圣贤，远溯伊洛，不取于彼，而诣极于此，安吾素也。著书立言，幽而光，潜而微，充前拓后而窈冥者，莫可测识其书。初也散亡灭没于乡里中，莫知所求。惟天不泯斯文，后死者有幸，许氏乃密购遗本于欲燔未燔之际。豫章之美采，干将之宝气，有藉而存。许源以儒学任南平教职，亟锓诸梓。适予过摈之年，切朝闻之念，辱举示教，读而忘餐，知九原为重起也。源复语予以是书，当与延平先生文集并行。遂决意藏诸书院之古牺洞，庶托永久。山高石坚，猿声岁年。呵护之专，谁能舍旃。谨跋。

后学旴江揭祐民从年父

豫章文集卷十七　外集

延平书院志

呜呼！自龟山没,而斯文之统赖先生以有传。不幸山颓梁坏,乃在蛮荒数千里之外,留滞数十年而后归葬,是以嘉言善行,散失不传。然朱文公尝谓龟山先生倡道东南,士之游其门者甚众,语其"潜思力行,任重诣极如罗公者,一人而已"。则先生之学术可知矣。又云罗公清介绝俗,虽里人鲜克知之,则先生之操守可知矣。先生尝论舜尽事亲之道,则曰:"天下无不是底父母。"陈了翁闻而是之曰:"如此而后,天下之为父子者定。彼子弑其父,臣弑其君,尝始于见其有不是处耳。"片言之间,足以扶三纲,立五常。如此则其言而世为天下法者可知矣。于书有《春秋指归》《春秋释例》《春秋集说》及《遵尧录》。其规模之大,条目之详,该贯之博,考校之精,使其得志于当世,则举而措之,事业又可知矣。其学一传而为李延平,再传而为朱文公,始集大成。所以为天地立心,为生民立道,继往圣而惠来世者如此。学者自流溯源,可不知所自哉？

志释菜事

教授石公辙

绍兴二年壬子,州学落成。八月上丁,惠州博罗县尉罗从彦以太守周侯绾之命,领袖诸生宗异、张元侯、符藻、廖援、张维、廖拱同行释菜之礼,有洙泗断断气象。而吾友吕居仁舍人,以诗见褒,不免有过情之誉。然意在纪实,谨刻石而龛诸夫子庙壁,俾来者有感发焉。

会稽石公辙道叟谨志

燎黄祝文

通判丁　镕

维淳祐八年岁次戊申五月朔二十六日癸酉,朝散郎、通判南剑州军州,兼管内劝农事、权州事丁镕恭睹制书,特赐故罗先生谥"文质"。敬委从事郎、南剑州军事推官、书院钱粮官沈元忠,燎黄于墓下。谨以清酌庶羞之奠,而祭之曰:生有爵,死有谥。士蕴德,乃特赐。维先生,学杨氏。推诣极,一人已。授延年,暨朱子。集大成,公启秘。丘园湮,恩未贲。昔刘侯,曾表异。录遵尧,请于帝。岁三十,俞音閟。会平舟,适将指。夙景慕,申前议。下太常,考行事。曰"文质",公有是。谥告颁,劝善士。镕摄符,率官吏。告于祠,荐牲醴。兹燎黄,祭扫地。刻坚珉,上赐侈。公不亡,千万祀。

祭　文

剑守刘允济

维嘉定六年岁次癸酉十二月丁酉朔二十八日甲子,朝奉大夫、权知南剑州军州事刘允济,谨具清酌庶羞之奠,俾迪功郎南剑州州学教授方大琮,率诸生致祭于有宋罗仲素先生之墓。呜呼!大道之南,鼎峙镡津。前后相望,龟山延平。嗣源演流,实维先生。龟山之门,受业者千,潜思诣极,独推一人。析万理之精微,测六艺之渺深。凡厥立言,大猷是经。遵尧之编,上媲典坟。谓兹成宪,万祀丕承。推先生之志,岂从傲睨一世?索隐行怪,若沮溺之伦哉?曾不百年,莽然遗踪。岂无他人,子孙绳绳。徒登牲牢于乡校之从祀,顾遗松楸于空山之悲风。允济假守此邦,素尊所闻。讯故老之往实,得兆域于将湮。固斩板之旧封,夷隧径之欹嵌。守冢者复展祀有亭,庶期先生以妥厥灵。尚发弗平之微吟,邀斯月兮濯斯缨。此邦人士近先生之居,去先生之世未远,盍兴起乎斯文!蕙肴椒浆,聊荐苾芬。

祭　文

石公辙

惟公禀德醇厚,问学渊源,信道之笃,卫道之坚,识与不识,咸称其贤。士蔽于俗,刓方破圆。沉迷利禄,莫之或痊。芜没道义,离析圣言。心到之学,废而不传。公悯斯道,求觉之先。伊水之涯,太白之巅。裹粮担簦,讲贯精研。道志其妙,见此纯全。诗书礼易,靡不贯穿。解释麟经,勇积简编。褒贬之旨,如镜媸妍。往游罗浮,意气仙仙。欲成其书,归胡不遄。孰诘此理,彼苍者天。呜呼!不丰其禄,而丰其德。不与其命,而与其年。坎坷一生,其志可怜。了斋之知,龟山之联。道同志合,与公齐肩。皆达其志,何公独捐。早慕盛德,心旌已悬。晚官延平,冀奉周旋。弛担之初,首访丘园。翩然南游,日望归船。遽以讣闻,涕泪潸然。驽骀下乘,谁系谁鞭?问路莫指,求鱼何筌?迎拜公枢,悲深痛缠。自何能够,起于九原。谨以寓奠,情文曷宣!

祭　文

高斯得

昔在龟山,倡道南服。士游其门,云合雾集。显允罗公,表表独立。笃学力行,深思默识。饥食渴饮,道所从入。未发之中,静观自得。渊源所渐,以有信国。为万世师,立我民极。斯得无似,备使于兹。职在劝学,维政之基。舍菜之后,蕴藻是持。尊礼风励,存乎其辞。先生如在,其昭鉴之。

时淳祐二年八月也。

与教授公书

李　侗

侗顿首再拜鼎元秘教尊兄座前:侗不见颜范甚久,咫尺时闻动静,深以自慰。梅雨方郁,伏惟燕居。爽垲颐神,尊候万福。侗块处山樊,绝无曩昔。师友不闻道义之训,朝夕兀坐。赖天之灵,尚得以旧学寻绎,以警释愚怠而已。其他亦何足言?苦于无侣,可以纵步前造斋馆,以承近月余论。临纸驰情未间,伏冀顺序为远业加卫,以须升用。至扣至扣,乘便谨上状,不宣。

重午后一日,侗顿首再拜上

又小简借《遵尧录》《台衡录》

李　侗

侗向承见喻,旧写得罗先生《遵尧》、《台衡》二录,欲望颁示一观。若蒙寄附便来,甚望!盖兀坐绝无过从,正赖师友之说,散胸中溃溃耳!有吾兄昔日唱和佳篇,亦冀不外相示,看毕即上纳也。

侗再拜

教授公复书

某再拜:仲辰诗甚佳(廖衙字仲辰,罗先生友人也),不谓志趣如此,乃不永年,天于善人何如邪?可叹!可叹!《遵尧》、《台衡》二书乃为八一哥取去(八一哥,恐是先生之子讳敦叙者),可惜忘录。此子近闻其为绝世也。既趋向异途,存在罔知,但可太息耳!

某再拜

与教授公书

李　侗

侗顿首再拜鼎元秘书契旧:昨便中传示诲幅,并录示盛制,一睹心画,如见颜角。玩味以还,慰感未易可言。区区欲即嗣状,窃聆车马近与。日者他适,以故未果于奉书,惟积倾仰耳!秋暑尚炽,远惟即日以还。庆侍尊候,动止万福。侗块处山间,绝无过从。赖有经史,中古人心迹可以探赜。虽粗能遣释朝夕,然离群索居,不自知其过者亦多矣!尚何敢疏一二于吾兄者邪?忽得不外指示所志,一一谛思,足见别后造道之深。钦服!钦服!侗文采鄙拙,未尝辄敢发一语。近为朋游见迫,有一二小诗,辄不揆录去求教。取笑而已,非敢以报来辱也。便次有以警诲者,千万勿吝。至恳至恳!咫尺未期,会合且冀。勉励以赴省闱大敌,行席巍科,为交游庆。此外加爱为祷。

七月十四日,侗顿首再拜

答延平先生书

陈　渊

仲素晦迹求志,人罕知者。吾友独能自拔流俗,而师尊之。其为识虑,岂浅浅者所能窥测?圣学无穷,得其门者或寡,况堂奥乎?孔子之门,从游者三千,独得颜子为殆,庶又不幸短命。道之难也如此。世之儒者,捃摭前修纸上语,自以为有得于圣人,欢欢纭纭,莫知其非。甚矣!其可哀也云云。用是庆吾道之不孤,而喜朋友之得人,不独今日也。

又答延平先生书

陈　渊

　　自仲素老友之亡,龟山先生继迹。旧学荒废,无所就正。获罪于往日从游之贤者多矣。方兹待尽丘壑,朝廷不知其愚,置在要地。平日自诳,一旦暴露,益复难处。想虽如吾愿中之恕,恐亦不能掩其恶也。用是日念在朝,转求外补,以毕余境。尚赖忧诲,洗涤积垢,而来教过奖,何以当之?行亲杖履远,纸言不能尽。

续录(赞)

皇明大学士、前延平府推官徐　阶

道南之传,前后五公。惟公之生,实居其中。
四公视公,如肘有腕。腕病而脱,手臂衡断。
公视四公,如轴负轮。轴折不支,轮仆以因。
伟哉惟公,缵杨铸李。程得成终,朱得成始。
身任继开,道兼授受。四公之功,皆公之有。
翼翼公祠,嘉荐令芳。以报以崇,百世勿忘。

豫章文集跋

谢　鸾

系自洙泗，浚源濂溪。默契道体，伊洛衍派。龟山载道于南，维时文质先生师事杨公，一传延平，再传朱子。身际斯道之会，启集诸儒大成。一脉授受，渊源有自，厥功岂浅浅哉！先生精蕴，具在著述，微斯集诚缺典也！进士曹公编次校正，匪隐括也。邑宰张公重锓诸梓，匪铅椠也。慨经岁久，板失渐尽，幸书犹存。迨今弗复翻刻，愈久将并遗编而亡。鸾忧后之学者，慕而求之不可得而睹也，用捐廪金刊行，庶俾仰止前修者有所考而私淑焉！文不在兹乎？先正曰："笃其实而艺者，书之美则爱，爱则传焉。"欲永其传者，鸾心也。吾侪既获生长教化之地，乌可靳费而忽此重宝也哉！

嘉靖甲寅岁仲春既望，闽沙后学谢鸾谨跋

重刻罗豫章先生集序

留 保

余门人罗苍重刻先祖文质公豫章先生遗集，属序于余。余思豫章先生固受业龟山，而上承伊川，传授延平，而下启朱紫阳，有宋一代之大儒也。夫通天地人而为儒，游心六经之中，留意仁义之际，夫岂自有余而已哉？凡以助人君，理阴阳，明教化，世有否泰而斯文不坠，身有潜见而秉志常贞。名山之著述，与王佐之事业，其揆合一，而未尝有所加损于其间。先生之《遵尧录》，其庶几乎？盖君道，以尧为至。而尽臣道以事君者曰舜。唐虞而后，成周为盛。当成康践阼之时，平格夹辅，保乂王家，作为豳南雅颂之章，述后稷封邰、公刘迁邠、古公邑岐、文王都丰、武王宅镐之积累功德，而厘戒风谕。君子读周公之七月，思文召公之笃。公刘、毕公之《关雎》诸什，未尝不叹息三圣贤之动嗣王法，祖绳武之心者，何其丁宁反复，而至深且切也！《遵尧录》之取义固有然者。宋之立国仁厚，有似于周。艺祖开基，太宗、真宗、仁宗贤明继统，海内乂安。自熙宁变法，元祐绍述，剥复相循，下逮政宣而极。先生怀家父凡伯之隐情，而不欲明言其故，爰述四朝之纲纪法度。其于皇祐、至和、嘉祐间之慈惠恭俭，尤言之不厌其详。而李、寇、二王、杜、韩、范、富、司马、大程十贤之章疏议论，附于卷中。正见君子道长，乃祖宗致治之本，深冀徽宗之聿念尔祖，而率由旧章云尔。是则先生忠君爱国之惓惓微意，固与周、召、毕公之作诗以厘戒风谕成康者，其心合一。曷尝谓身在江湖，而忘魏阙之志哉！夫先生，龟山入室弟子，亲见伊川，以道授延平，为紫阳集大成渊源所自。其载诸文集者，经解则备诸圣贤制述之意，诗束则发进修自得之旨。若《遵尧》一录，明王道而斥霸功，表公忠而别奸佞。是盖根自身心，本乎诚笃，而以道学为经纶者也。其较之高谈性命，而贻迂疏寡效之诮者远矣。张子曰："为天地立心，为生民立命，为往圣继绝学，为万世开太平。"豫章先生集有焉。余嘉罗令之不坠先德，妄抒固陋而序其大概如此。

乾隆辛未春王月吉旦

赐进士出身、经筵日讲官、翰林院掌院学士兼詹事府，礼部左侍郎兼工部右侍郎，历任吏部户部右侍郎，自盛京工部侍郎，以内阁学士兼礼部侍郎，预告加一级，纪录十二次后学留保谨序

（此序据1996年沙县罗从彦纪念馆印本所录）

《豫章文集》点校后记

沙县罗从彦文化研究会筹备伊始，便拟将《豫章文集》标点横排重版，以方便更多读者。

2004年初，沙县出土一方珍贵的"宋故殿撰罗公墓志铭"，引起海内外关注。我出于对罗畸这位殿撰公铭文的好奇和关心，将其标点，刊于《三明客家》。与此同时，也将沙县罗从彦纪念馆1996年重刊的《豫章文集》试加标点。罗从彦文化研究会常务副会长、县文联罗辉主席知情后，汇报给罗从彦文化研究会会长、县政协赖忠厚主席，得到高度重视和大力支持，当即决定出版。罗辉主席给我提供了一套《钦定四库全书·豫章文集》复印本，嘱我以该本认真标点。

着手工作后，遇到不少困难。文集中经常引用的四书、五经等，古代读书人烂熟于心，何况"于书无所不读"的豫章先生。而浅学如我，只曾涉猎浏览一些古籍，故每感学力不逮，对于宋代的典章制度、人事、地名更觉陌生者多。虽尽阅月之劳，搜检工具书，全神贯注，领会玩味，勉成其事，力求少出差错。仍恐望文生义，讹误多在，愧对先贤，贻笑大方。

在点校中，以四库本为主。有疑义处，参校沙印本。如四库本有两处标"原阙"者，均据沙印本添补，达80余字。四库本有列标题、作者，沙印本也无文者，均略去。四库本亦有笔录差讹者10余处，均细加订正。另外，根据沙印本增加留保序文一篇。尤其需要表出者，罗辉主席始终关心督促，更于电脑校对排版阶段，亲自操作，不惮其劳，精诚敬业，将此9万余字书稿校改编排妥当，方得如期交付成书。原沙县人大副主任、罗从彦文化研究会副会长李泽曾先生，共同参与校对工作。三人几次忙至深夜，为有疑义处切磋探讨，愉快合作，尽心尽力。

乡先贤豫章先生罗从彦，是"闽学四贤"中承先启后的重要学者，他的"潜思力行，任重诣极"为历代所称道，他的学术思想也为当代学者所重视挖掘，以有所资用于当代社会。我们能为此书的标点聊尽绵薄，能为桑梓的文化建设敬献微忱而由衷高兴，并以此就教于方家。

邑后学林仟典于甲申（2004年）孟冬十五日